W0181176

Über die Autorin:

Claude Njiké-Bergeret lebt heute, nach dem Tod ihres Häuptling-Ehemannes, mit ihren vier Kindern und einer früheren Mitehefrau auf ihrer Farm in einem unberührten Tal am Ufer des Flusses Noun.

Claude Njiké-Bergeret

Meine afrikanische Leidenschaft

Aus dem Französischen von
Karin Balzer

BASTEI
LÜBBE

BASTEI LÜBBE TASCHENBUCH

Band 61462

1. Auflage: Dezember 2000

Vollständige Taschenbuchausgabe
der im Gustav Lübbe Verlag erschienenen Hardcoverausgabe

Bastei Lübbe Taschenbücher und Gustav Lübbe Verlag sind Imprints
der Verlagsgruppe Lübbe

Titel der französischen Originalausgabe: Ma passion africaine
© 1997 by Edition Jean-Claude Lattès
© 1999 by Verlagsgruppe Lübbe GmbH & Co. KG,
Bergisch Gladbach
Textredaktion: Ulrike Brandt-Schwarze, Bonn
Umschlaggestaltung: DYADEsign, Düsseldorf
Druck und Verarbeitung: Cox & Wyman Ltd., Reading
Printed in Germany
ISBN 3-404-61462-3

Sie finden uns im Internet unter
http://www.luebbe.de

Der Preis dieses Bandes versteht sich einschließlich
der gesetzlichen Mehrwertsteuer.

Für meine Kinder Serge, Laurent,
Rudolf und Sophie,
durch die ich gelernt habe,
das Leben auch heute noch
mit den Augen meiner Kindheit zu sehen.

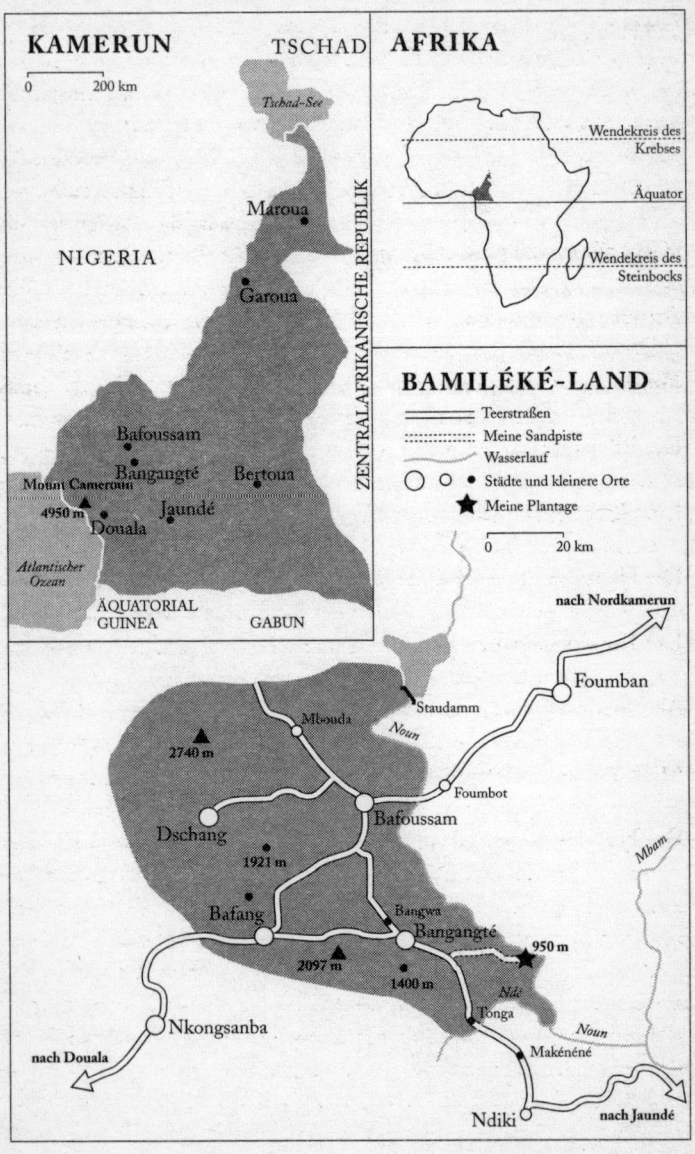

KAMERUN
TSCHAD
AFRIKA

0 200 km

Tschad-See

NIGERIA

Maroua

Garoua

ZENTRALAFRIKANISCHE REPUBLIK

Bafoussam

Bangangté   Bertoua

Mount Cameroun

4950 m   Jaundé

Douala

Atlantischer
Ozean

ÄQUATORIAL
GUINEA   GABUN

Wendekreis des
Krebses

Äquator

Wendekreis des
Steinbocks

BAMILÉKÉ-LAND

Teerstraßen
Meine Sandpiste
Wasserlauf
Städte und kleinere Orte
Meine Plantage

0   20 km

nach Nordkamerun

Foumban

Staudamm

Mbouda   Noun

2740 m

Foumbot

Dschang   Bafoussam

1921 m

Mbam

Bafang   Bangwa

Bangangté   950 m

2097 m   1400 m

Ndé

Tonga   Noun

Nkongsanba

Makénéné

nach Douala

Ndiki   nach Jaundé

Inhalt

»Gott allein weiss, warum«

Warum ich den Stammeshäuptling der Bangangté geheiratet habe, obwohl er schon dreißig Frauen hatte? Weil ich ihn liebte, das ist alles.«

»Wie war denn Ihr Verhältnis zu den Mitehefrauen?«

»Es gab ein paar, die ich sehr mochte und die auch nach dem Tod unseres Ehemanns meine Freundinnen blieben. Andere waren mir gleichgültig. Manche habe ich schlicht vergessen. Einige blieben ihr ganzes Leben am Hof des Stammesführers, andere gingen nach ein paar Monaten oder ein paar Jahren wieder weg.«

»Aber Sie, eine Weiße, eine Französin, aus einer protestantischen Familie, Akademikerin, geschieden, Mutter von zwei – französischen – Kindern, wie konnten Sie es fast zehn Jahre aushalten in einem …«

»In einem Harem, wollten Sie sagen? Einem Frauengemach? Der Hof eines Stammesoberhaupts in Kamerun hat absolut nichts mit den Vorstellungen zu tun, die man sich in der westlichen Welt von einer polygamen Familie macht. Außerdem stellt man sich in meinem Land solche Fragen nicht, in ganz Afrika käme niemand auf solche Gedanken. Fragen Sie doch mal einen Afrikaner, was eine Weiße an dem polygamen Hof eines Stammesführers zu suchen hat. Er wird Ihnen einfach antworten: Gott allein weiß, warum.«

Für den Afrikaner ist niemand Herr seines Schicksals. Er braucht keine Erklärung, keine Begründungen – Gott allein weiß es. Weisheit ist weit wichtiger als Wissen. Und im übrigen: Bin ich wirklich weiß, bin ich wirklich Französin?

Ich betrachte Bangangté als mein Geburtsland, obwohl ich im Juni 1943 ungefähr dreihundert Kilometer südwestlich davon in

Douala, dem großen Hafen von Kamerun, auf die Welt kam. Als ich drei Jahre alt war, gingen meine Eltern nach Bangangté, und hier verbrachte ich meine gesamte Kindheit. Anschließend lebte ich achtzehn Jahre, meine Jugendzeit eingeschlossen, in Frankreich. Dann endlich bin ich nach Hause zurückgekehrt, nach Afrika, mit einem Universitätsdiplom, geschieden und Mutter von zwei Kindern. Hier habe ich das Oberhaupt meines Dorfes geheiratet, Njiké Pokam François. Zehn weitere Jahre meines Lebens verbrachte ich an seinem Hof, in Gesellschaft meiner Mitfrauen. Heute bin ich Witwe und bebaue ein Stück meines Geburtslandes wie Voltaires »Candide« seinen Garten. Der Name leitet sich übrigens von dem lateinischen »candidus« ab und bedeutet »weiß«. Meine Haut ist eigentlich weiß, nun ja, nicht ganz weiß, ein bißchen gebräunt und vom Arbeiten unter der afrikanischen Sonne gegerbt. Damals, als ich noch ein Kind war – und manchmal auch heute noch –, unterhielten wir uns mit Freunden über die »Weißen«, machten uns über sie lustig, weil uns ihr Benehmen, ihre Art zu leben und ihr Wesen so eigentümlich, so unbegreiflich erschien. Aber das Wort »weiß« bezeichnete nicht nur ihre Hautfarbe. Ich denke, es bedeutete eher »fremd« oder »europäisch«. Meine Haut ist weiß, aber seit meiner Kindheit fühlte ich und betrachtete ich das Leben wie eine Schwarze. Ich sprach Bangangté, also war ich schwarz. Ich empfand mich nicht anders als meine Freundinnen in der Schule, meine »Schwestern«. Und vor allem hatte ich nicht die geringste Lust, jemals wie die Weißen zu leben.

Man könnte also sagen, daß ich schon immer Afrikanerin war und auch heute noch bin. Wirklich Afrikanerin? Dieses Bemühen, mich in diese oder jene Kategorie einzuordnen, um zu beweisen, daß jede Situation das Ergebnis einer logischen Folge von Ereignissen sein muß, ist für mich eine typisch europäische Art zu denken. Durch eine strenge protestantische Erziehung, fasziniert von wissenschaftlichen oder philosophischen Studien, die schließlich zum Abschluß meines Geographiestudiums führten, trage ich noch immer – mehr oder minder bewußt – die ganze kalvinistische und akademische Last mit mir herum, die mich zu einer Weißen macht, einer Europäerin, einer Französin – und das nicht nur laut Personalausweis. Und doch bin ich gleichzeitig Afrikanerin, eine Schwarze in Kamerun. Darin sehe ich keine Spaltung der Persönlichkeit, keinen Widerspruch. Mein Leben und mein Schicksal haben enge, unauflösbare Verbindungen zwischen diesen beiden Welten geschaffen. So ist das eben – Gott allein weiß, warum.

Ich bin eine Bangangté, ich spreche den Dialekt wie eine zweite Muttersprache, ich lebe wie die Frauen dieses Landes, ich bestelle diese Erde, die ich liebe und in der ich verwurzelt bin.

Bangangté ist nicht ganz Kamerun und auch nicht ganz Afrika. So wie Cognac und die Region Charente, wo ich meine Jugend verbracht habe, nicht ganz Frankreich, nicht ganz Europa sind.

Im Westen herrscht eine traurige Vorstellung von Afrika, die weiß Gott durch Bilder von Kriegen, Hungersnot, Dürre, Flüchtlingslagern und Elendsvierteln gerechtfertigt ist. Häufig wird diese Vorstellung durch Klischees von paradiesischer Natur und herrlichen Tieren in einer prächtigen, aber ständig durch den Menschen bedrohten Landschaft überlagert. Doch es gibt auch andere Bilder, viele verschiedene Arten von Afrika, von den Küsten des Mittelmeers bis zum Kap der Guten Hoffnung und von Dakar bis zum Indischen Ozean.

Aus dem ganzen Spektrum kenne ich nur einen Teil – Kamerun – und davon wiederum nur das Bamiléké-Land, Bangangté.

Bei uns sagt man oft: »Sie können mit uns machen, was sie wollen, nur keinen Krieg ins Land bringen!«

Glücklicherweise ist für Bangangté dieser Wunsch in Erfüllung gegangen; seit der Entkolonialisierung gab es keine kriegerischen Auseinandersetzungen mehr. In diesem Land verhungern die Menschen nicht, auf diesem Boden wächst alles und läßt sich auf dem Markt tauschen. Innerhalb der »Stämme«, wie »sie« es nennen, oder eher der Völker, leben die Angehörigen der verschiedenen Stammesführer friedlich und ohne Probleme nebeneinander.

Solange die anderen, solange »sie« uns nicht den Krieg bringen.

Afrikanische Wurzeln

Mit einem Mann, der solche Kisten bauen kann, würde ich meine Tochter bis ans Ende der Welt ziehen lassen!«

Mit diesen Worten kommentierte mein Großvater mütterlicherseits die Abreise seiner Tochter Yvette mit ihrem gerade erst vierundzwanzigjährigen Ehemann, Charles Bergeret, nach Kamerun. Die Kisten waren zweifellos sehr gut gebaut, denn mein Vater war nicht bloß ein Bastler, sondern ein geschickter Konstrukteur. Er stammte aus Neu-Kaledonien, wo sein Vater, Etienne Bergeret, als evangelischer Missionar tätig war. Nach dem Abitur am La-Pérouse-Gymnasium in Nouméa segelte er ein ganzes Jahr lang mit einem selbstgebauten Schiff über den Pazifik. Am Ende dieses Jahres der Abenteuer, Entdeckungen und weiten Horizonte beschloß er, Pastor zu werden – wie sein Vater. Also ging er nach Genf, die Heimat seiner Mutter, und studierte Theologie. Seine Vikarzeit verbrachte er in Nantes, wo er den dortigen Pastor unterstützte. Hier lernte er meine Mutter, Yvette Guiton, kennen. Sie war damals sechsundzwanzig Jahre alt und arbeitete als Sozialhelferin. Auch sie war die Tochter eines Pastors. Ihr Vater hatte eine Zeitlang als Missionar in Lesotho gearbeitet.

1937, kurz nachdem meine Eltern geheiratet hatten, wurde mein Vater von der »Société des Missions évangéliques de Paris« nach Kamerun geschickt. Er brach nicht in ein unbekanntes Land auf: Zwischen zwei Missionen in Neu-Kaledonien hatten seine Eltern dort von 1917 bis 1921 deutsche Missionare vertreten, die von französischen und englischen Truppen aus dem Land gejagt worden waren.

Meine Eltern sollten in Douala bleiben, bis sie sich wirklich eingewöhnt und Sprache und Sitten des Landes gelernt hatten. 1938 wurde in dieser erstickend schwülen Hafenstadt mein älterer Bruder

Jean-Pierre geboren. Auch ich kam fünf Jahre später, am 5. Juni 1943, in dem europäischen Krankenhaus zur Welt, das die Deutschen Anfang des Jahrhunderts erbaut hatten.

Bis zum Ende des Ersten Weltkriegs war Kamerun eine deutsche Kolonie. 1919 wurde das Land durch den Völkerbund Frankreich zugesprochen. Seine Grenzen – wie die Grenzen aller afrikanischen Länder – wurden gezogen und verändert durch die Willkür europäischer Kriege, finanzielle Vorteile oder strategische Erwägungen einer Handvoll Diplomaten und englischer, französischer, portugiesischer, spanischer, belgischer, deutscher und italienischer Geschäftsleute, einfach mit Bleistift und Lineal. Was die Einwohner des Landes davon hielten, die Eingeborenen … Ich frage mich, ob sich die Kolonialmächte bei dieser Beschneidung Kameruns überhaupt Gedanken darüber gemacht haben – soweit kommt es noch –, wie die etwa zweihundertzwanzig Stämme, Volksgruppen oder Höfe, die jeweils eine eigene Sprache hatten, dazu standen. Nach dem Sieg von 1918 fiel der größte Teil Kameruns an die Franzosen. Das Goldene Zeitalter des Kolonialismus konnte beginnen.

Ob sich katholische und evangelische Missionare ihre Bekehrungsgebiete ebenfalls aufteilten, weiß ich nicht. Aber ich erinnere mich, daß ich als Kind in Bangangté nur einen einzigen weißen Pater kennenlernte, der meine Eltern manchmal besuchte. Jedenfalls habe ich mich nie für die religiöse Zugehörigkeit der Menschen in meiner Umgebung interessiert. Ich bin immer noch überrascht, wenn mir jemand erklärt: »Ich bin Protestant, Baptist oder Anhänger der Pfingstbewegung, Katholik oder Jude, Moslem oder Atheist …« Danach habe ich die Menschen nie gefragt. Eigentlich frage ich sie auch sonst nichts. Als 1939 der Krieg ausbrach, kamen meine Eltern nicht mehr aus Douala heraus. Kamerun war die erste französische Kolonie in Afrika, die sich schon am 22. August 1940 dem freien Frankreich und de Gaulle anschloß. 1943, kurz nach meiner Geburt, wurde mein Vater als Militärgeistlicher nach Algerien einberufen, nahm an der Landung in der Provence teil, kam schließlich über Paris nach Straßburg und machte den ganzen Deutschlandfeldzug mit. 1945 folgten wir, meine Mutter, mein Bruder und ich, ihm mit dem ersten Schiff, das den Hafen verließ, eskortiert von Kriegsschiffen, die auf Minen und feindliche U-Boote zu achten hatten. Die Fahrt nach Marseille dauerte zwei Monate. Ich erinnere mich natürlich nicht mehr daran, auch nicht an das Jahr, das ich zusammen mit meinem Bruder Jean-Pierre bei der Familie meiner Mutter in Paramé in der Nähe von Saint-Malo verbrachte, während Mama ihren Mann auf seinen verschiedenen Posten begleitete. Es sind nur jene Anekdoten geblieben, die Eltern immer wieder erzählen und von denen man schließlich glaubt, sie kämen aus der eigenen Erinnerung…

»Didi Strand gehen.«

Didi ist die Kurzform von »Claudie«. Ich war damals zweieinhalb Jahre alt, und alle nannten mich Didi. »Didi Strand gehen.«

Dieser Satz, den ich nun schon zum zehnten Mal wiederholte, ging meiner Großmutter so auf die Nerven, daß sie mir die Tür öffnete, weil sie dachte, ich wollte auf dem Sandhaufen in der Mitte des Bauernhofs spielen. Und ich machte mich auf den Weg mit meiner kleinen Schubkarre – an den Strand, den richtigen Strand. Nach zwei Kilometern sprach mich eine Dame an, die erstaunt beobachtete, wie dieses kleine Mädchen ganz allein – das Rad der Schubkarre in der Schiene der Straßenbahn – dahinwanderte. Sie ging ein paar Schritte mit mir und versuchte mich aufzuhalten. Es hatte keinen Sinn – Didi Strand gehen! Schließlich gelang es der Dame, mich bis zu ihrem Haus zu locken, indem sie versprach, mir eine kleine Katze zu zeigen. Sie versuchte herauszufinden, wer ich war und woher ich kam. Das dauerte zwei Stunden. Dann kam eine Nachbarin herein und erkannte mich als »die Enkelin von Madame Yvonne«.

Viel später gestand mir meine Großmutter, daß ich ihr den Schrecken ihres Lebens eingejagt hatte, denn der fragliche Strand war, wie viele Felder und Dünen an der Côte d'Emeraude, total vermint. Während der Landung hatte es an diesem Küstenstrich um Saint-Malo erbitterte Kämpfe und Bombenangriffe gegeben.

Noch heute denke ich manchmal, daß ich diesem kleinen Mädchen sehr nahe bin. Immer wenn ich eine wichtige Entscheidung getroffen habe, die mein ganzes Leben in eine andere Bahn gelenkt hat, meine Scheidung, meine Rückkehr nach Kamerun, meine Heirat mit dem Häuptling der Bangangté – nichts und niemand konnte mich davon abbringen. Ich bin noch immer die kleine Didi, die ihre Schubkarre in der Straßenbahnschiene Richtung Strand schiebt, quer durch die Minenfelder. Und heute würde mich auch eine kleine Katze nicht mehr von meinem Weg abbringen.

1946, nach der Geburt meiner Schwester Mireille, kehrten die Bergerets, nun um ein Familienmitglied reicher, nach Kamerun zurück. Nach kurzem Aufenthalt in Ntolo, einhundertfünfzig Kilometer nördlich von Douala, wurde mein Vater nach Bangangté versetzt. Er sollte Pastor Dieterles Stelle einnehmen, der sechs Jahre zuvor die Missionsstation Mfetom aufgebaut hatte. Das Land dafür hatte der Stammesführer, Häuptling Njiké II., ein Vorfahre meines künftigen Ehemanns, zur Verfügung gestellt. Ich war damals drei Jahre alt.

Die Bamiléké-Ebene in der Provinz Westkamerun erstreckt sich über achttausendzweihundert Quadratkilometer, fast so groß wie das Elsaß. Das Land selbst erinnert dagegen eher an die französische Region des Massif Central, allerdings auf einer Höhe zwischen tausendvierhundert und zweitausend Meter: ein Gewirr bewaldeter Hügel, karger Steilhänge und flacher Täler mit ruhig dahinziehenden Flüssen, deren Wasser in Teichen und toten Flußarmen versickert. Manchmal verschwinden diese Gewässer in der Trockenzeit ganz. Dann erhebt sich die rote Erde in Staubwirbeln, setzt sich in den Mauern der Häuser fest und überzieht Bäume und Pflanzen mit einer dünnen Ockerschicht. Der westliche Rand dieses buckligen Plateaus fällt in relativ sanften, mit hohem Gras oder Bäumen bewachsenen Hängen zum Fluß Noun ab. Das Bamiléké-Land ist dicht besiedelt, im Durchschnitt einhundertvierzig Einwohner pro Quadratkilometer. Einst, vor der Kolonialisierung, konzentrierte sich ein Großteil der Bevölkerung – ebenso wie die Markt- und Handelsplätze – um die Höfe der Stammesführer. Die Macht dieser sozialpolitischen, religiösen und völlig unabhängigen Einheiten, die im 14. Jahrhundert entstanden, wuchs ständig und erreichte zwei

Jahrhunderte später ihren Höhepunkt. Sie bildeten damals kleine, voneinander unabhängige Staaten mit sehr ähnlichen Sitten und Gebräuchen, jedoch mit eigenen Sprachen. Daher konnten die Bewohner der Nachbarhöfe die Sprache von Bangangté nur verstehen, wenn sie sie gelernt hatten. Heute zählt das Bamiléké-Land noch immer genau sechshundert solcher Höfe.

Als die ersten Weißen kamen, schenkten ihnen die traditionellen Herren, die »Verwalter« der Erde ihrer Väter, die höhergelegenen Flächen auf einigen Hügeln. Die Kolonialmacht setzte die Stammesoberhäupter nicht ab, sondern nahm ihnen ganz allmählich die Macht und vermied damit die direkte Konfrontation. Heute, nach über einem Jahrhundert europäischer Anwesenheit und sechsunddreißig Jahren Unabhängigkeit unter der Schirmherrschaft eines Zentralstaats, sind die Bindungen der Stammesführer zu ihrem Volk noch immer sehr tief, unwandelbar und unvergänglich, auch wenn der »irdische« Teil ihrer Macht deutlich geschrumpft ist.

Nach dem Ende des Ersten Weltkriegs entstanden auf den Hügeln, jenen Geschenken der Stammeshäuptlinge, Verwaltungsgebäude, die Post, das Kommissariat und öffentliche Schulen. Auf anderen Erhebungen wuchsen Missionsstationen aus dem Boden. Ganz allmählich, ganz natürlich fühlte sich ein Teil der Bevölkerung aus dem Busch oder der Umgebung der Höfe durch die bezahlten Arbeitsplätze und die neuen Geschäftsmöglichkeiten von diesen Hügeln der weißen Macht angezogen. Das Dorf Bangangté verschob sich auf diese Weise und entwickelte sich an den Hängen des »Verwaltungshügels« neu. Der Hof des Stammesoberhaupts und das Dorf selbst sind nun völlig getrennt und liegen zwei Kilometer voneinander entfernt. Sie sind nur durch einen Höhenweg von einem Hügel zum anderen verbunden.

An einem Dezembertag 1946 brachte uns eine rote, von Eukalyptus und Sisalbäumen gesäumte Sandpiste auf die Hügel von Mfetom, wo sich die Mission befand. Im Bangangté-Land gibt es unzählige dieser Erhebungen mit einem atemberaubenden Panorama. Die Mission bestand aus dem Wohngebäude des Pastors, einer Kirche und einer Grundschule – insgesamt drei strohgedeckten Ziegelhäusern.

Mein Vater, der geschickte Baumeister, muß sich die Hände gerieben haben. Es gab Arbeit in Hülle und Fülle, denn er wollte diesen Menschen das bieten, was er für die Wohltaten der Zivilisation hielt – seiner Zivilisation. Meine Mutter und er wollten ihnen aber vor allem das Evangelium nahebringen, das »Wort Gottes«. Ich glaube, in der ganzen Zeit, die meine Eltern in Kamerun lebten, hatten sie niemals den geringsten Zweifel an der Richtigkeit ihrer Mission und auch nicht daran, daß Gott selbst sie in dieses Land, so weit entfernt von ihrer Heimat, entsandt hatte und daß sie in seinem Dienst standen. »Der Mensch denkt, Gott lenkt« war ihr Motto. Sie waren nur seinem Ruf gefolgt.

Seit vier Jahrhunderten waren die Familien Bergeret und – seitens meiner Mutter – Guiton Kalvinisten und viele von ihnen Pastoren. Einer von ihnen, Jean Guiton (nicht der katholische Philosoph), war zu der Zeit Bürgermeister von La Rochelle, als Richelieu die Stadt belagerte. Meine Eltern waren für Gott hierher gekommen, für ihren Glauben. Und doch habe ich auf dem Schreibtisch meines Vaters nie eine Predigt gesehen, immer nur Zahlen, Pläne, An- und Umbauprojekte der Mission und der Schule. Er verbrachte viel mehr Zeit auf seinen Baustellen als an seinem Schreibtisch.

Die breite, leicht gewölbte Kuppe des Hügels von Mfetom umfaßte eine Fläche von etwa dreißig Hektar, eine Baustelle, die den Erwartungen meines Vaters gerecht wurde. Endlich konnte er diesen idealen Erziehungs- und Evangelisierungsbereich nutzen, von dem er sicher schon seit seiner Jugend, als er in den südlichen Meeren umhersegelte, geträumt haben muß. Sein Ziel war ein Pensionat für junge Mädchen, die dort ab dem dritten Lebensjahr bis zur Heirat zu guten Christinnen und Müttern erzogen werden sollten. Man mußte sie von ihren Familien trennen, von ihren Sitten und »heidnischen Aberglauben und Gebräuchen«. Sie sollten das Pensionat nur verlassen, um zu heiraten, und hätten dann europäische, christliche und daher normale und verständliche Verhaltensweisen erworben, die sie an ihre Kinder weitergeben könnten. Auch den künftigen Ehemännern käme ihre schulische Ausbildung zugute. Aber Charles und Yvette

Bergeret hatten noch einen weiteren Auftrag: Sie wollten ihre Schüler bis zum Volksschulabschluß bringen. Mein Vater entwickelte daher eine zweigleisige Lehrmethode, einerseits eine praktische Anleitung zur Kindererziehung und Hauswirtschaft, andererseits die Grundschule, in der den kleinen Mädchen in Kamerun beigebracht wurde, daß sich ihre Vorfahren Gallier nannten, und sie sollten die Liste der Besitztümer des Kaiserreichs auswendig aufsagen können ...

Am Eingang der Mission errichtete Papa »Hütten«, eine Reihe von sechs langgestreckten, rechtwinkligen Gebäuden, in denen die jungen Mädchen wohnen und den Beruf »Mutter« erlernen sollten. In der ersten Hütte waren die Neuankömmlinge untergebracht, egal welchen Alters. Sie lebten dort wie im Dorf und hatten nur ein sehr einfaches Lernprogramm zu absolvieren. Danach kamen sie in die dritte Hütte, denn die zweite war für Bestrafungen vorgesehen. Und zum größten Bedauern meiner Mutter verbrachten meine besten Freundinnen mehr Zeit dort als ihnen eigentlich zugedacht war ...

Die beiden nächsten Hütten waren in gewisser Weise die Übergangsklassen zur fünften Hütte, in der die Zöglinge schon fast europäisch lebten. Der Fußboden war betoniert, und in der Küche gab es anstelle der drei Steine für die herkömmliche Kochstelle einen richtigen Herd. Auch die Schlafsäle waren kleiner und besser eingerichtet. Es gab sogar ein Wohnzimmer. Hier wurden die Mädchen zu echten Europäerinnen und trugen Schuhe und Halstücher. Meine Mutter zog sie abwechselnd zu den verschiedenen Hausarbeiten heran und brachte ihnen Bügeln, Stricken, Waschen, die Pflege des Gemüsegartens und Kochen bei – französische Küche natürlich.

Die sechste Hütte war ein einstöckiges Gebäude, in dem die Zöglinge des letzten Schuljahrs Hauswirtschaft und Kindererziehung lernten. In den zweiundvierzig Zimmern war jedes Mädchen für zwei Waisenkinder zuständig, die von der Mission aufgenommen wurden. Sie hatten auch Spielplätze und eine Bibliothek. Als Mütter auf Zeit setzten sie nun das theoretische Wissen der Kindererziehung, das sie in den vorangegangenen Jahren erworben hatten, in die Praxis um.

In jeder dieser Hütten übernahmen wöchentlich wechselnde Gruppen die Küche, den Haushalt, die Wäsche, die Feldarbeit und die Wasserversorgung – fließendes Wasser auf der ganzen Mission gab es erst ab 1954.

Die Zöglinge lebten also nicht ohne einen gewissen Komfort, und auch die Technik war für die damalige Zeit relativ fortschrittlich. Die von meinen Eltern entwickelte Methode gab den Mädchen dennoch die Gelegenheit, ihre traditionelle Lebensweise nicht zu vergessen. Sie hatten somit keine Probleme, sich wieder in ihr als »ärmliches ländliches Dasein« bezeichnetes Umfeld einzufügen, sobald sie die Schule verließen. Sie konnten sich auch in der Stadt zurechtfinden, wo das Leben als komplizierter galt.

Die »richtigen« Schulzimmer, in denen alle, von der Vorschule bis zum Volksschulabschluß, Lesen, Schreiben und Rechnen lernten, waren auf verschiedene weitere Gebäude verteilt. Im Zentrum der Mission standen die Häuser der Lehrer und des Personals sowie das Haus meiner Eltern.

Es dauerte nicht lange, und die Station entwickelte einen eigenen Lebensrhythmus, unbeeinflußt durch den Hof des Stammesoberhaupts und die koloniale Verwaltung. Mfetom bestand aus zwei Teilen: Die größere, umzäunte Fläche war der Schule vorbehalten. Darunter lagen die Kirche und die eigentliche Gemeinde, für die ein einheimischer Pastor, unterstützt durch einen Ältestenrat, zuständig war. Ganz in der Nähe befand sich die Grundschule der Jungen, die kein Internat war.

Ein so gewaltiges Werk konnte nur schrittweise entstehen, und, um es gleich vorwegzunehmen, es wurde niemals wirklich fertig. Baumaterial war Mangelware, und um es aus Douala herbeizuschaffen, bedurfte es einer regelrechten Expedition über dreihundert Kilometer Sandpiste, die in der Regenzeit zu einem einzigen Schlammloch wurde. Oft brauchte man mehrere Tage für die Strecke. Nachts schlief man in den Lastwagen oder Autos. Außerdem fehlte es meinen Eltern an den erforderlichen Geldmitteln. Die Station veränderte sich ohne Unterlaß. Erst 1950 erfolgte die Elektroinstallation, nachdem es meinem Vater endlich gelungen war, einen Generator aus Douala hierherzuschaffen, und die letzte der sechs Hütten konnte erst in dem Jahr eröffnet werden, in dem wir abreisten. Diese ständige Baustelle machte meinem Vater sicher Spaß. Er fühlte sich in der Haut des Bauherrn ebenso wohl wie in der des Missionars. Sämtliche Bauten waren sein Werk, unterstützt hatte ihn nur Jean-Louis, ein weißer Handwerker und Missionar. Zu zweit hatten sie ungefähr achtzig Gehilfen ausgebildet: Maurer, Schreiner, Mechaniker usw. Der Erfolg war nicht zu übersehen. Bei ihrer Gründung 1946 zählte die Schule nur ein Dutzend Schüler, zehn Jahre später waren es bereits über hundert.

Die Mädchen verließen das Pensionat normalerweise erst, wenn sie heirateten. Sie durften nur vorher in ihr Dorf zurückkehren, wenn es besondere Gründe gab, zum Beispiel einen Todesfall oder eine schwere Erkrankung. Sie durften nicht länger als drei Tage wegbleiben. Im Gegenzug konnten ihre Eltern sie in der Schule besuchen. Und zu Neujahr, am Tag der Offenen Tür, kamen die Familien der Zöglinge zur Mission und erlebten ein Theaterstück, das von der Pensionatsleiterin, meiner Mutter, geschrieben und inszeniert wurde.

Indem sie ihre Zöglinge von der Außenwelt abschotteten, wollten meine Eltern in erster Linie die überlieferten Riten und den Glauben an die Beseeltheit der Natur, durch die das Volk der Bangangté mit der Erde der Vorfahren und den Vorfahren selbst in Verbindung steht, unwiederbringlich aus ihrer Erinnerung löschen. Als absolute Herren der Mission, verantwortlich nur der Generalversammlung der Missionen, die aus Paris kam, hatten sich meine Eltern mit Pastoren, Lehrern und Katechisten umgeben, nicht zu vergessen die »Kirchenältesten«, eine Art weltlicher Rat der Weisen. Alle, oder fast alle, waren Kameruner. Sie kannten diese Gebräuche und heidnischen Riten und konnten sie deshalb um so besser ausmerzen. Obwohl, so einfach war das auch wieder nicht …

Mfetom war keineswegs ein Gefängnis. Die älteren Mädchen konnten sich mühelos davonschleichen, nicht, um an ich weiß nicht welchen mysteriösen Zeremonien teilzunehmen, sondern vielmehr um im drei Kilometer entfernten Dorf ihren Geliebten zu treffen.

Für sich, seine Frau und seine drei Kinder hatte mein Vater ein hübsches weiß-rotes ebenerdiges Haus gebaut, eingebettet in ein von meiner Mutter angelegtes Schmuckkästchen von Garten aus Lorbeer, Gladiolen, Rosen und Bougainvillea. Dahinter lagen ein Gemüsegarten, eine Schäferei, die Kaninchenställe und der Stall für die Esel und das Vieh – das Reich Daniels, des Gärtners, den meine Mutter angelernt hatte. Das gesamte Gebiet der Schule bildete den Pausenhof für uns Kinder und die Zöglinge, ausgenommen natürlich der Obstgarten mit den Guajavabäumen.

Mit seiner permanenten Geräuschkulisse aus Vogelgezwitscher und Kirchenliedern, dem laut im Chor aufgesagten Einmaleins und dem leise durch die Blätter rauschenden Wind, den Stimmen der Haustiere und dem Lachen der jungen Mädchen wirkte der Hügel wie ein Ferienlager, in dem strikteste Disziplin mit liberaler Freiheit abwechselte. Hätten meine Eltern es gewollt, wären mein Bruder, meine Schwester und ich völlig isoliert von unserer afrikanischen Umgebung aufgewachsen, wie die meisten anderen kleinen Weißen, Söhne von Missionaren, Verwaltungsbeamten oder Siedlern, wohl behütet und vor jedem Kontakt mit den Ureinwohnern und der Natur bewahrt.

Zum Glück hatten unsere Eltern entschieden, daß wir die gleiche Schulausbildung genießen sollten wie ihre Zöglinge, mit denselben Lehrern, nach denselben Regeln. Allerdings mit zwei Ausnahmen: Meine Schwester und ich folgten nicht dem Kurs der »sechs Hütten«. Wir aßen und schliefen im Haus des Direktors, und Küche und Haushalt wurden bei uns von unseren Schulkameradinnen erledigt. In meiner kindlichen Vorstellung erschien mir das ungerecht. Warum durfte ich nicht den gleichen Spaß haben wie die anderen abends im Schlafsaal oder mit ihnen auf der anderen Seite der Eukalyptusallee essen? Daß unsere Eltern uns soviel Freiheit ließen, ist wohl in erster Linie auf eher praktische Gründe zurückzuführen. Sie hatten zuviel zu tun, um ständig ein Auge auf uns haben zu können. Aber das war sicher nicht der einzige Grund. Sie hatten uns Gott anvertraut, wie sie ihm auch ihr eigenes Leben anvertraut hatten – nur er könnte uns beschützen.

Noch heute bin ich ihnen trotz der Bestrafungen und körperlichen

Züchtigungen, die sie mir antaten, dankbar dafür, daß sie uns – meinen Bruder, meine Schwester und mich – nie eingesperrt haben, um uns vor tatsächlichen oder vermeintlichen Gefahren der Welt, in der wir lebten, zu schützen.

Meine Freiheit wurde jedoch durch eine Reihe von Verboten eingeschränkt. Das wichtigste war, die Bambusumfriedung der Mission, die ohnehin mehr symbolischen Charakter hatte, nicht zu verlassen. Dieses Verbot galt für die Bergeret-Kinder ebenso wie für die anderen Zöglinge. Außerdem durften Mireille und ich außerhalb unseres Hauses nicht essen und nicht schlafen, kein ungefiltertes Wasser trinken und nicht barfuß laufen.

Sobald mir meine Mutter den Rücken kehrte, und das kam sehr häufig vor, mißachtete ich alle Gesetze, trotz meiner Versprechen und der drohenden Bestrafung, die von einer einfachen Ohrfeige bis zur Peitsche reichen konnte. Aber die Freiheit war die Strafe wert.

Ich war bei weitem kein so braves und folgsames Kind, wie meine Mutter es sich gewünscht hätte. Ganz im Gegenteil, ich war ein richtiger Racker.

»Claude läßt wirklich keine Dummheit aus«, seufzte Mama immer wieder.

Es war nicht nur der Spaß, sie zu ärgern, und es war auch nicht gegen sie gerichtet, wenn ich immer die eigensinnigsten, die widerspenstigsten Mädchen des ganzen Pensionats mit hineinzog. Es war einfach nur, weil..., weil...

Man kann alle möglichen Erklärungen dafür finden: daß ich in meiner frühesten Kindheit soviel reisen mußte, von Douala nach Paris und von Paris nach Paramé, dann von der Bretagne wieder nach Douala und von dort nach Bangangté, oder daß sich neben diesem Nomadenleben auch die Geburt meiner Schwester störend auf mich auswirkte.

Als Kind weinte ich wegen der kleinsten Kleinigkeit. Das brachte mir Kopfnüsse, Klapse auf den Hintern oder einen Eimer kaltes Wasser über den Kopf ein, um mich zu beruhigen. Mama bemühte sich wirklich, einen psychologischen Schock auszulösen. Anstatt mich »Didi« oder »Claudie« zu nennen, wurde ich nun bei meinem richtigen Namen »Claude« gerufen. An meiner Widerspenstigkeit änderte das aber absolut nichts.

Meine Mutter war mittelgroß und kräftig gebaut. Es hieß, daß sie früher schön war. Ich habe sie immer nur mit grauen Haaren gekannt. Sie lebte für ihre Religion, oder vielmehr, sie lebte ihre Religion, betete viel, zitierte häufig aus der Bibel, in der sie immer wieder las. Sie war zwar sehr autoritär, hatte aber nicht diese rigorose Strenge, die man Protestanten so gern zuschreibt. Ganz im Gegenteil, ich habe sie oft lachen gehört. Und wenn alles in ihrem Sinne zu laufen schien – Ordnung, Ruhe, gewissenhafte Arbeit und eine fromme Umgebung –, floß sie schier über vor Zuneigung für alle und ganz besonders für ihre Kinder. Und da sie wußte, wie gerne ich zeichnete, nähte, stickte und strickte, achtete sie immer darauf, daß mir das notwendige Material zur Verfügung stand. Sie konnte mich auch trösten oder beruhigen, wenn ich krank war oder schlecht geträumt hatte. Dann blieb sie die ganze Nacht an meinem Bett und machte mir Fleischbrühe und Gemüsesuppe. Noch heute habe ich den Duft in der Nase und den Geschmack auf der Zunge.

Aber es mußte alles genau ihrer Vorstellung vom Leben entsprechen. Ihre Bemühungen, mich nach ihrem Bild zu formen, waren natürlich der Beweis ihrer Liebe für mich, aber wie hätte ich das damals wissen können? Meine Eskapaden, mein ständiger Ungehorsam mußten bei ihr Panik auslösen, sie völlig verunsichern. Sie hatte kein Verständnis dafür. Meine Streiche lösten bei ihr eine Bestürzung aus, die bis zum Nervenzusammenbruch gehen konnte. Geschrei, großes Heulen, Strafe … und dann, wenn sich alles beruhigt hatte, zitierte sie ihren Lieblingssatz: »Wen der Herr liebt, den züchtigt er.« Wie sehr mußte sie mich lieben!

»Erhebt Euch, Brüder, erhebt Euch!«

Wie jeden Morgen um sechs Uhr wurden meine Schwester und ich – wir schliefen im selben Zimmer – durch diesen Ruf geweckt. Die Nächte sind kalt im Bamiléké-Land, und das Leben beginnt erst mit den ersten Sonnenstrahlen gegen sieben Uhr wieder, wenn sich alles entfaltet, wenn die Vögel zu singen anfangen.

Ich rollte mich unter der Decke zusammen. Es könnte ein schlechter Tag werden, denn vorgestern hatte ich meine Schultasche auf einem meiner Ausflüge irgendwo liegenlassen und konnte mich nicht mehr erinnern wo. Und gestern war ich mit leeren Händen in die Schule gekommen. Zur Strafe hatte mich der Lehrer mit diesem langen, biegsamen Gras geschlagen, das er immer in der Hand hielt und mit dem er zuschlug, bis es zu kurz wurde. Wo war denn nur diese verflixte Schultasche? Pech, dann konnte ich heute eben nicht zur Schule gehen. Und wenn ich dafür bestraft werden sollte, dann bitte gleich aus zwei Gründen und nicht nur aus einem: Die Anzahl der Schläge blieb ohnehin gleich! Und außerdem gab es so viele Pilze in der Nähe des toten Flußarms. Es wäre doch wirklich ein Jammer, nicht hinzugehen.

Die Putzgruppe der größeren Mädchen kam ins Zimmer. Eine zog mir die Decke weg, unter der ich mich versteckte:

»Los, verschwinde!«

In der Küche stand das Frühstück auf dem Tisch. Es war der ewig gleiche Maisbrei, in Wasser gekocht, abgekühlt, ein klein wenig Milch darüber und mit ein paar Stückchen Zucker gesüßt. Ich konnte das Zeug nicht ausstehen. Wenn meine Eltern nicht herschauten, schob ich den Teller unter den Tisch für Bari, den Schäferhund, der zu meinen Füßen schlief. Heute waren sie leider da, beide, und wütend über meine Verspätung. Ich setzte mich hin, Tränen stiegen mir in die Augen, meine Nase lief, und ich fing leise zu weinen an. Ich hatte noch keinen einzigen Bissen gegessen. Papa seufzte und schüttete mir dann genervt ein Glas Wasser ins Gesicht. Das war für mich das Zeichen, ich brüllte laut los. Patsch, eine Ohrfeige von meiner Mutter. Und um mich zum Schweigen zu bringen – denn mein Geschrei war nun doppelt so laut –, packte sie mich und tauchte meinen Kopf in einen Eimer Wasser.

»Du wirst ihn zu Mittag essen, vermischt mit dem Rest. Lauf jetzt los, sonst kommst du noch zu spät zur Schule.«

Das war mir egal, Mittag war noch weit. Ich würde schon einen Weg finden, um dieses scheußliche Zeug nicht hinunterschlucken zu müssen. Eigentlich mußte ich froh sein, daß Schule war, denn in den

Ferien banden sie mich am Stuhl fest, bis ich schließlich doch aufgab und meinen Teller leer aß.

In der Eukalyptusallee stürzten Denise und Jeannette auf mich zu.

»He, Claude, was machen wir denn nun?«

Eine hatte Probleme, die andere … Und ich, ich hatte meine Schultasche verloren.

»Wir gehen in die Pilze.«

Damit uns Mama nicht sehen konnte, die uns sicher vom Wohnzimmerfenster aus nachspionierte, gingen wir auf die andere Seite des Hauses und verschwanden dann in den Büschen. Jetzt konnte uns niemand mehr sehen. Unsere Halstücher und Schuhe landeten hinter einem Baum, Denise und Jeannette warfen ihre Schultaschen weg, und schon ging es durch das Gestrüpp und den Hügel hinunter zum toten Flußarm.

Wir unterhielten uns nur auf Bangangté. Wie alle Kinder, die zweisprachig aufwachsen, wechselte ich mühelos von einer Sprache in die andere. Im übrigen wurde in der Vor- und Grundschule Rechnen, Lesen und Schreiben in beiden Sprachen unterrichtet. Erst in den höheren Klassen fiel Bangangté weg.

Es fiel mir nie schwer, ein paar meiner Mitschülerinnen zu finden, die mit mir zusammen die Schule schwänzten. Manchmal waren wir sechs oder sieben. Nur bei den »hochriskanten« Ausflügen, die uns weit von der Mission wegführten, waren wir nicht mehr als vier oder fünf. In ganz schwierigen Fällen blieben nur Denise, Jeannette und ich.

Die erste Etappe war das schlammige Wasser des toten Flußarms, in dem ich versuchte, schwimmen zu lernen. Es war mir viel lieber als das seifige Wasser in der heimischen Badewanne, dem ich immer mit allen Mitteln zu entkommen suchte. Diese wilde Landschaft bot uns tausend Spiele und Abenteuer. Wenn wir uns davonmachten, legten wir oft einen Stamm über einen anderen, wie bei einer Wippe. Mit den Füßen stieß man sich kräftig ab, um seine Seite so heftig wie möglich anzuheben und damit die Mädchen auf der anderen Seite aus dem Gleichgewicht zu bringen. Wir brüllten und schrien vor Spaß. Manchmal kam ich nach Hause zurück und hatte keine Stimme mehr, meine Kleider waren zerrissen, und an vielen Stellen war die Haut abgeschürft.

Ich war vielleicht drei oder vier Jahre alt. Am Tag zuvor hatte ich gesehen, wie mein Bruder gut zwanzig Meter hoch auf einen Eukalyptusbaum geklettert war, und mein einziges Bestreben war nun, das auch zu tun. Ich versuchte also mit Hilfe einer Freundin den untersten Ast zu erreichen. Plötzlich kam ich ins Rutschen und fiel auf ein Stück Holz, das sich tief in meine Fußsohle bohrte. Der Schmerz war entsetzlich. Ich mußte aber meine Schuhe und meinen Hut wiederfinden, denn ich durfte meine Kleidung nicht ablegen. Schließlich biß ich die Zähne zusammen und ging nach Hause. Ich wußte, daß mich niemand trösten würde, ganz im Gegenteil. Ich würde wahrscheinlich für dieses Vergehen wieder bestraft werden. Als mich die Hausmädchen abends in die Badewanne steckten und mir die Füße waschen wollten, brüllte ich vor Schmerz. Mein Mutter stürzte herein, mit erhobener Hand.

»Mein Fuß tut mir weh!«

Er war inzwischen ziemlich geschwollen. Entsetzt rief meine Mutter meinen Vater herbei. Vier Erwachsene mußten mich festhalten, während er mit einem Rasiermesser die Wunde vergrößerte, um den Holzsplitter herauszuholen. In meiner ganzen Kindheit habe ich ab diesem Tag nie wieder Schuhe an den Füßen vertragen. Selbst meine Mutter mußte sich damit abfinden. Schließlich war sie es müde, mir Schuhe zu kaufen, und begnügte sich damit, ein Paar halbwegs passende für den Sonntagsgottesdienst oder Fahrten außerhalb der Mission bereitzustellen.

Die Natur bot meinen Komplizinnen und mir die herrlichsten Leckerbissen: Pilze, aber auch Heuschrecken und Termiten, die wir in leeren Konservendosen rösteten, mit Öl und Salz, das ich zu Hause aus der Küche klaute, Palmkerne und viele andere Früchte, deren Namen ich in Französisch nicht kenne. Zur Erntezeit gingen wir auf die Felder und sammelten Maniok, Süßkartoffeln, Erdnüsse und frische Maiskolben. Besondere Leckerbissen waren die großen weißen

Larven einer bestimmten Art Maikäfer, die wir in den Bambuspalmen fanden und die gegrillt wie Speck schmeckten.

Bambuspalmen waren eine der Segnungen des Bamiléké-Landes. Jeden Morgen bei Sonnenaufgang holten »Sammler« den süßen Saft dieser stammlosen Palmen, der innerhalb von vierundzwanzig Stunden vergor und einen ausgezeichneten Wein lieferte. Die Äste dienten der Herstellung von Möbeln, Musikinstrumenten, Bastkörben, Bütten, Besen oder auch für Zäune und Umfriedungen der Hütten. Ihre frische Rinde ließ sich zu Seilen verarbeiten, und ihre Blätter deckten, zu Matten geflochten, die Dächer.

Aber für uns, die »Entlaufenen der Schule«, bot die Bambuspalme vor allem diese Larven, die wir so schön rösten konnten. Wenn ich dann nach Hause kam, war ich satt, vollgestopft und schmutzig. Bei Tisch konnte ich keinen Bissen mehr herunterbringen. Damit war mir wieder eine Bestrafung sicher, auch wenn ich es schaffte, meinen Teller für den Hund unter den Tisch zu halten.

Die weiteren Gründe für Bestrafungen waren höchst unterschiedlich und zahlreich. So kam zum Beispiel heraus, daß ich meine Chinintabletten im Saum meines Kleides versteckt hatte. Ich konnte diese bitteren Pillen, die mich vor Malaria schützen sollten, einfach nicht schlucken. Da kam die Ohrfeige, der Kopf wurde in einen Eimer kaltes Wasser gesteckt, die Peitsche sauste auf mein Hinterteil. In der Überzeugung, ich könnte der Bestrafung entgehen, schnitt ich eines Tages die Riemen der »neunschwänzigen Katze« (in Wirklichkeit waren es nur fünf) ab. Schritte ... Ich konnte nur drei Riemen abschneiden, und die Peitsche, nun nur noch mit zwei Riemen, war genauso schmerzhaft.

Für diese Bestrafung gab es eine Art Vorschrift, die von allen Kindern, Lehrern und Eltern eingehalten wurde. Das Auspeitschen mußte beim ersten Schrei aufhören. Natürlich fingen meine »Schwestern« und ich nicht gleich beim ersten Hieb zu schreien an. Wir waren ja nicht dumm. Wir warteten bis zum dritten Hieb. Und das Beste, es funktionierte!

Meine Mutter bestrafte mich ohne jeden Sadismus, wenn sie mich schlug oder für das eine oder andere Vergehen ins Zimmer einsperrte. Im übrigen war diese schnell erledigte Pädagogik damals sicher keine Ausnahme, zumindest bei den kleinen Europäern.

Aber es kam schon mal vor, daß sie den Kopf verlor, wenn ich ihr eine freche Antwort gab, weil ich sicher war, recht zu haben. Dann prügelte sie mich rückhaltlos, verlor jede Kontrolle. Manchmal brauchte sie ein oder zwei Tage, um sich in ihrem Zimmer wieder zu sammeln. Mein Vater, der Streitereien nicht ausstehen konnte, schlug mir vor, sie um Verzeihung zu bitten. Ich glaube nicht, daß ich auch nur ein einziges Mal diesen Schritt getan habe, der mir äußerst ungerecht erschien. Inzwischen betete sie, flehte zu Gott, er möge mir meine Vergehen verzeihen, und bat ihn, mir Weisheit zu schenken. An den Tagen, an denen ich wirklich große Dummheiten gemacht hatte – was ziemlich oft vorkam –, begann sie das gemeinsame Abendgebet:

»Mein Gott, wir bitten dich ganz besonders für deine kleine Claude, die ...«

An solchen Abenden konnte ich nicht einschlafen. Ich sah mich bereits in der Hölle. Die Nacht war endlos lang. Alles, was mir im Lauf des Tages so einfach, so natürlich vorgekommen war, schien plötzlich im Dunkeln und in der Einsamkeit immer komplizierter zu werden. Meine Sorglosigkeit und meine Lebensfreude verschwanden ohnehin immer mit der Sonne. Draußen hörte ich die Rufe der Uhus, die ich für Vampire hielt, den Schrei der Hyänen, die den Hügel heraufkamen. Manchmal hörte ich unter meinem Fenster dumpfe Geräusche: Ein Panther schlich ums Haus. Einmal fand sich meine Mutter Auge in Auge mit diesem herrlichen Tier. Sie dachte, es wäre ein Einbrecher. Zum Glück greifen Panther Menschen nicht an. Nachts wuchs meine Angst. Warum konnte ich mir nicht abgewöhnen, das zu tun, was ich wollte? Warum war ich so schlimm? Fast hätte ich Gott um Verzeihung gebeten, daß ich sein Mißfallen erregte. Und dann dachte ich an Jesus. Er liebte alle kleinen Kinder. Wenn ich ihm begegnet wäre, hätte er mich so hingenommen, wie ich war. Schließlich schlief ich ein. Und es kam der Alptraum, immer der gleiche. Ich träumte vom *tsi*. Der *tsi* war ein halbnackter Mann, ein Verrückter, ein Gesetzloser, ein Verfluchter, ohne Dorf, ohne

Stammeshof, der von Hügel zu Hügel irrte. Gott sei dir gnädig, wenn dich der *tsi* berührt, dann wirst du selbst ein *tsi*, von da an lastet der Fluch auf dir, und der andere Mensch wird wieder normal.

Heute, fast fünfzig Jahre später, gibt es noch immer *tsis*. Es sind Menschen, die ganz normal aussehen. Aber wie früher wird man auch ein *tsi*, wenn man berührt wird. Für Männer gibt es ein gutes Rezept, sich davon zu heilen. Es genügt, meine Herren, eine Prostituierte aufzusuchen. Dort gelingt es euch sicher, eine Frau anzufassen, den Fluch auf sie zu übertragen. Dann müßt ihr euch schnell entfernen, auf die Toilette zum Beispiel. Und raus aus dem Fenster! Und vergeßt nicht, alle Kleider in dem Zimmer zu lassen. Und vergeßt vor allem nicht, Freunde zu bitten, auf der Straße mit frischen Kleidern auf euch zu warten. Ein Rezept für Männer. Und die Frauen? Sie haben bestimmt längst eine ähnliche Methode gefunden.

Natürlich wußte das kleine Mädchen mit seinen sieben oder acht Jahren nichts von den sexuellen Bedeutungen, die sich hinter solchen Geschichten verbargen, aber in meinem Alptraum sah ich den *tsi* auf mich und meine Freundinnen zulaufen. Sie schafften es alle, ihm zu entkommen, nur ich konnte mich nicht bewegen. Ich brüllte, und meine Mutter lief herbei. So hart und streng sie tagsüber war, fand sie dann doch die richtigen Gesten und Worte, um mich zu beruhigen. Und ich versank in friedlichen Schlaf.

Gegen fünf Uhr morgens stand mein Vater auf, ich roch den angenehmen Duft des Kaffees, der sich wie ein unendliches Wohlgefühl in mir ausbreitete. Ich rollte mich noch einmal zusammen, bis sein Ruf erschallte: »Erhebt Euch, Brüder, erhebt Euch!« Wie hätte mir die Schule und die dort herrschende Strenge – ebenso übertrieben wie zu Hause – gefallen können, nachdem ich diese Freiheit inmitten einer so großzügigen Natur gekostet hatte?

Wenn wir in die Schule kamen, nahm unser Lehrer der zweiten Vorschulklasse, stets bewaffnet mit seinem biegsamen Gras, eine Inspektion der Schüler vor. Er befahl all jenen, die sich nicht gewaschen oder gekämmt hatten, vor seinem Schreibtisch niederzuknien. Er inspizierte die Füße nach Sandflöhen, Parasiten, die sich unter der

Haut einnisten und dort ihre Eier ablegen. Es mußten sich auch diejenigen hinknien, die ihre Sachen vergessen hatten. Dann setzte er seine Peitsche ein und erlaubte keinen einzigen Schrei.

Reinlichkeitsvergehen betrafen mich nicht, aber auch ich kam an die Reihe. Wie gewöhnlich verlangte der Lehrer auch an diesem Morgen, daß wir unsere Lesebücher aufschlugen. Ich steckte den Kopf hinein und wünschte, ich wäre unsichtbar. Aber ich wußte, daß es mich treffen würde.

»Claude!«

Noch bevor die Hiebe auf mich herunterprasselten, hatte ich Tränen in den Augen. Die Buchstaben verschwammen, ich hätte sie sowieso nicht entziffern können. Ich brauchte lange, bis ich die Buchstaben kannte und noch länger, bis ich Silben lesen konnte. Ich glaube, es war meine Mutter, die mir in vielen Privatstunden schließlich beibrachte, wie es funktionierte. Bis dahin zog mir der Lehrer sein Gras über, aber nicht so hart wie bei meinen Schulkameraden.

Trotz dieser echten Schulangst gefielen mir die Sonntage auch nicht. Am Tag des Herrn gab es kein Herumstreifen. Am Vormittag dauerte der Gottesdienst zwei bis drei Stunden. Die ganze Mission hatte sich in der Kirche einzufinden, und in meiner kindlichen Vorstellung war ich ganz sicher, daß sich dieses Ritual mein ganzes Leben lang fortsetzen würde. Ich mußte mich also daran gewöhnen. Gott sei Dank waren die Lieder sehr schön, sie wurden von der ganzen Gemeinde gesungen. Es kamen so viele Gläubige, daß die Kirche nicht alle fassen konnte. Ich fühlte mich bis ins Innerste aufgewühlt, getragen von Freude inmitten der Gemeinschaft mit Jesus, den ich liebte. Dann entstand nervöses Schweigen. Jetzt kam die Predigt. Mein Vater las selten die Messe. Er hatte neben meiner Mutter im Sessel auf dem Podium hinter der Kanzel Platz genommen und hörte dem Kameruner Pastor zu, der die Predigt in Bangangté hielt, die anschließend für meine Eltern und die wenigen weißen Gläubigen ins Französische übersetzt wurde.

Ich durfte bei meinen Mitschülern sitzen, es sei denn, es fiel auf, daß ich schwätzte oder mit meinen Freundinnen spielte. Dann kam ich auf das Podium unter die strenge Aufsicht meiner Mutter. Die Predigt dauerte lange, und trotz der Aufpasser, die leise durch die Reihen gingen und den Schwätzern oder Schläfern, Kindern wie Erwachsenen, mit langen Stöcken auf den Kopf schlugen, gab es in unseren Bänken spontanes Grimassenschneiden und Geflüster.

Den Rest des Sonntags verbrachten wir mit der Familie. Fleisch gab es nur zum sonntäglichen Mittagessen. Und doch fand ich diese Mahlzeit nicht angenehmer als die anderen, vor allem wenn Gemüse oder Gewürze auch nur den geringsten Schimmer Grün aufwiesen: Ich war allergisch gegen diese Farbe.

An einem dieser Sonntage beschloß ich nachmittags, meinen Hunger im Obstgarten zu stillen und heimlich meine Termiten oder Lieblingsheuschrecken zu rösten. Damit meine Mutter den Rauch nicht sehen konnte, baute ich meine Konservendosen mitsamt ihrem Inhalt in einem Blechkanister auf, der wohl Öl enthalten hatte. Ich stieg hinein, zündete mein Feuerchen an und wurde eine Minute später hustend, spuckend und mit schwarzem Gesicht gewaltsam von meiner Mutter aus meinem improvisierten Ofen herausgezerrt.

Allerdings kam es in dieser Gegend häufig zu Bränden in der Trockenzeit. Und ich wundere mich noch heute, daß meine Freundinnen und ich nie einen Brand verursacht haben.

Zweimal brannte die Mfetom-Mission. Meine Eltern haben nie herausgefunden, ob es sich bei diesen Bränden um Unfälle oder Brandstiftung handelte. Mein Vater mußte jedenfalls sein völlig vernichtetes Werk wieder aufbauen. Beim ersten Mal baute er die neuen Mauern aus Rohziegeln, nahm statt des Strohdachs jedoch Matten. Das nächste Mal entschied er sich für gebrannte Ziegel und Zinkbleche.

Als es das erste Mal brannte, war ich sechs Jahre alt. Es war in der Trockenperiode, in der Zeit der Buschfeuer. Wie immer befand ich mich gerade da, wo ich nicht hätte sein sollen – im Schlafsaal einer Pensionatshütte. Mit meinen Freundinnen spielte ich Ringen auf den Betten. Plötzlich ließ uns ein Schrei erstarren.

In Bangangté sind auch Schreie eine Sprache, die so ausgefeilt ist, daß man damit selbst über eine große Entfernung eine richtige Unterhaltung bestreiten kann. Diese Rufe schallen von Hügel zu Hügel und kündigen allen Bewohnern eine Gefahr an.

Aber der Schrei an jenem Tag bedeutete unmittelbar Gefahr. Im Handumdrehen waren wir draußen. Die Nachbarhütte, die für die Bestraften, brannte bereits lichterloh. Die Flammen glühten dunkelrot, dicker schwarzer Rauch stieg auf. Dann stürzte der Dachstuhl aus Bambusstangen mitsamt dem Strohdach ein und hinterließ eine Bresche, und meine Wangen erhitzten sich, obwohl ich gut zwanzig Meter weit weg stand. Dann fing auch die Hütte Feuer, in der wir gespielt hatten. Ich rannte in Panik nach Hause, wo mich meine Mutter, in größter Sorge, in die Arme schloß. Auf dem Hügel hatte sich eine hilflose Menschenmenge angesammelt. Es gab kein Wasser, den Wasserturm baute mein Vater erst fünf Jahre später. Das Feuer fraß sich von Haus zu Haus. Es wurde gerufen, die Leute rannten in alle Richtungen und versuchten zu retten, was noch zu retten war. Wieder erhob sich ein Schrei, die Kirche ging ebenfalls in Flammen auf, trotz der frischen Bananenblätter, die auf das Dach geworfen worden waren. Die Heftigkeit, mit der sie zerstört wurde, ließ mich in Tränen ausbrechen. Die Flammen schienen bis ans Himmelstor hinaufzureichen, es fast zu durchstoßen. Kein Schrei drang mehr aus der Menschenmenge, die fasziniert auf dieses grandiose und entsetzliche Schauspiel starrte. Alles verbrannte, bis auf unser Haus, obwohl meine Eltern es nicht besser geschützt hatten als die anderen Gebäude. Es blieb auch von den Flammen des zweiten Brandes verschont. Aber beide Male zerstörte mein Vater das Dach, um die gleichen Änderungen vorzunehmen wie bei den anderen Dächern.

Ich glaube, durch diese beiden Brände wurde mir – mit einem gewissen Fatalismus – die Schwäche des Menschen gegenüber der Übermacht der Natur bewußt. In dieser Hinsicht war ich Afrikanerin. Gleichzeitig erkannte ich mit Bewunderung auch den Mut und die Beharrlichkeit meines Vaters, der trotz allem den Wiederaufbau in Angriff nahm. Darin wiederum war ich Europäerin.

Es passierten in meiner Kindheit in Bangangté aber nicht nur Katastrophen. Ganz im Gegenteil, wie alle Schüler der Welt habe auch ich besonders die Ferien, die ganz kurzen und die langen, in lebhafter Erinnerung behalten. Meistens verbrachten wir sie in Bangangté, denn die Zöglinge verließen das Pensionat nie. Manchmal nutzte meine Mutter die Ferien zu Rundreisen mit der Theatertruppe in den westlichen Teil des Landes. Papa setzte seine Bauarbeiten fort. Mama hatte mehr Zeit für uns, denn die Mittelstufe, in der sie unterrichtete, blieb natürlich geschlossen. An Regentagen spielte sie daher mit uns Kindern Monopoli, Karten oder Pferderennen. Und mein Bruder trotzte meinem Vater in langen Schachpartien. Zur Musik unseres alten Phonographen tanzten Jean-Pierre, Mireille und ich im großen Gemeinschaftssaal auf unseren Rollschuhen eine selbst ausgedachte Kür. Nostalgische und zärtliche Erinnerungen, die sich keineswegs von dem unterscheiden, was anderen Kindern im Frankreich der fünfziger Jahre von einem verregneten Sommer im Gedächtnis geblieben ist. Wir aber waren in Afrika, in einem Land, in dem es mit seinen wilden Tieren, den tropischen Krankheiten und dem trockenen Klima in der Vorstellung vieler Menschen von Gefahren und Risiken nur so wimmelte...

Meine Freundinnen und ich kannten diese Gefahren. Wir hatten keine Angst davor. Oft lagen bei meinen Ausflügen Kobras auf dem Weg. In meinen Kinderaugen erschienen sie mir riesig. Wenn ich sie dann aber vor mir fliehen sah, wußte ich instinktiv, daß eine Schlange niemals angreift, es sei denn, sie fühlt sich in Bedrängnis – aus Notwehr gewissermaßen. Selbst innerhalb der Umfriedung der Mission hätte mich eine beißen können. Eines Tages erschoß Jean-Louis, der Missionar und Handwerker, eine mindestens drei Meter lange Kobra, die friedlich zusammengerollt in der Küche der Ehefrau des einheimischen Vikars lag. Rund ums Haus gab es auch Vipern und Mambas, grüne und schwarze. Meine Eltern kannten die Gefahren, aber sie wußten uns in Gottes Hand. Dagegen blieben die anderen Kinder immer unter strengster Aufsicht. Die Söhne der Verwaltungsbeamten, der Siedler und Missionare durften sich nur in Stiefeln und mit dem lächerlichen Tropenhelm auf dem Kopf aus dem Haus wagen. Ich habe sogar Kinder gesehen, die man in eine Art Laufstall mit einer dicken Sandschicht am Boden gesperrt hatte, damit sie ja nicht mit der Erde in Berührung kamen. Also noch einmal Dank an meine Eltern für die Freiheit, die sie uns gelassen haben.

Natürlich galten in den Schulferien die gleichen Verbote: nicht im Flußarm baden, die Umfriedung der Station nicht verlassen… Weil Ferien waren, hatte ich noch mehr Zeit und Muße, diese Verbote zu mißachten. Wir, die Mitschüler aus dem Pensionat und ich, haben uns nie besonders einschränken lassen.

Wir gingen so weit weg wie möglich, bemühten uns, die Grenzen unseres Territoriums auszudehnen. Ziegen und Schafe konnten frei durch die Gegend ziehen, denn die Pflanzungen hinter ihren Zäunen waren gut geschützt in dieser kargen Landschaft voller Gestrüpp. Aber man darf sich natürlich nicht die Normandie vorstellen! In dieser wilden Natur lagen die Häuser verstreut im Busch. Weit entfernt klebte die Ortschaft Bangangté unten am Hang eines Hügels, und sie war nur mit dem Auto zu erreichen. Manchmal machten wir mit den Eltern Besuche bei Verwaltungsbeamten, die in ihrem schönen Haus voller Blumen lebten, im Schatten majestätischer Bäume. Mir gefiel es genauso, dort brav mit den kleinen weißen Kindern meines Alters zu spielen, wie mit meinen schwarzen Schwestern durch den Busch mit seinen Geheimnissen und Überraschungen zu wandern.

Denn wir waren wirklich Schwestern. Und so bezeichneten wir uns auch. Eine, Juliette, hatte mir sogar ihr »Loblied« oder ihren »Dank« übertragen, das ist ein besonderer Name, durch den man die Abstammung jedes einzelnen Menschen oft Generationen zurückverfolgen kann. *Ntechun* war das Loblied, das mir Juliette übertrug. Es bedeutet: »Diejenige, die freundschaftliche Bande schafft«. Im täglichen Gebrauch gerät diese Bedeutung jedoch in Vergessenheit.

Unsere Streifzüge, eine wahre Lehrzeit für das Leben, waren jedoch nicht unsere einzige Abwechslung. In den Ferien ebenso wie in der Schulzeit nahmen die klassischen Spiele einen großen Raum in unseren Beziehungen ein – mehr oder minder komplizierte Spiele, Wettstreite im Liedersingen, Tanzen und Erzählen improvisierter Geschichten, die sich manchmal über den Sonnenuntergang hinaus erstreckten. Ganz allmählich kamen wir zu einem gemeinsamen

Takt, zum gleichen Rhythmus, zu Harmonie. Und wir sangen unsere Lebensfreude hinaus in die friedliche, vom Mond erhellte Nacht, einem Mond, der uns zu noch mehr Gesängen anregte.

Manchmal wurden die Spiele zu einem Handgemenge, hart oder harmonisch. Wir lernten in der Gruppe zu leben, spontan zu sein und offen aufeinander zuzugehen. Ich war wie sie, ganz genau wie sie. Ich war ihre Schwester und hatte die gleiche Freude am Leben, die gleiche Vorliebe für Freiheit ... Eines Abends nach dem Abendessen beschloß ich, mit ihnen zu leben. Ich kletterte aus dem Fenster, ging hinüber zu ihnen in den Schlafsaal und schlief bei ihnen. Am nächsten Morgen fühlte ich mich zerschlagen, denn ich hatte die Nacht nicht auf meiner weichen Matratze verbracht, sondern auf einer Matte auf dem Fußboden geschlafen, mit dem Kopf auf dem Unterarm, wie alle Afrikaner.

»Madame kommt, Madame kommt!«

Daniel, der Gärtner, hatte gerufen oder vielleicht nur geflüstert. Ich kletterte aus dem schmutzigen Wasser des toten Flußarms, nackt, triefend naß und voller Schlamm. Meine Schwestern hatten sich mit ihren Kleidern unterm Arm aus dem Staub gemacht.

»Was soll ich bloß jetzt machen, was soll ich nur tun?«

Daniel war trotz seines Alters – er war mindestens fünfundzwanzig! – unser Freund, der Schutzengel von uns kleinen Ausreißern der Mission. Schlank, lässig, immer lächelnd, machte es ihm nichts aus, als Puffer zwischen meiner Mutter und uns zu dienen, obwohl es auch vorkam, daß er sehr wütend wurde oder zumindest so tat, wenn wir uns über die Früchte in »seinem« Obstgarten hermachten. Für mich war er wie ein zweiter Vater.

»Mach dir keine Sorgen, Claude. Ich werde ihr sagen, daß du voller Ameisen warst und ich dich ins Wasser werfen mußte.«

Ob Mama das glauben würde? Egal, bestrafen würde sie mich auf jeden Fall. Und ein bißchen fühlte ich mich auch beschützt durch Daniels Solidarität und die der Arbeiter auf der Station und meiner Schwestern ...

»Und warum haben dich deine Eltern nicht lieb? Warum schlagen sie dich immer so?« fragten mich Juliette und Denise, die miterlebten, wie mir meine Mutter den Hintern versohlte.

Wir saßen unter einem Baum und diskutierten ganz ernsthaft, während wir uns die Beute eines Raubzugs einverleibten. Das ließ sie nicht ruhig schlafen, sie konnten es nicht verstehen. Ich wußte auch nicht, was ich darauf antworten sollte. Wie alle Kinder wollte ich so sein wie die anderen. Und die anderen hier waren Schwarze, Afrikanerinnen, Zöglinge des Pensionats – ich nicht. Also erfand ich, daß ich nicht die Tochter von »Monsieur und Madame« sei, sondern ein Findelkind. Sie glaubten es oder auch nicht. Ich ahnte damals, daß das Leben in einer Bangangté-Familie ganz anders sein mußte.

Erst viel später, als ich schon am Hof des Stammesführers lebte, verstand ich die afrikanische Erziehung, die nur aus Liebe, Achtung und Freiheit besteht. Bereits bei der Geburt nennen die Eltern den Säugling »Papa« oder »Mama«, als wollten sie ihm damit schon zu diesem Zeitpunkt zeigen, daß er ein Glied in einer langen Kette ist, die ihn mit seinen Vorfahren verbindet. Ein Kind wird niemals hart angefaßt. Es wird höchstens einmal laut angeschrien oder bekommt einen Klaps, sonst nichts. Man achtet lieber darauf, daß es lernt, selbst aufzupassen. Sobald es krabbeln kann, läßt man es ans Feuer herankriechen und paßt nur auf, daß es nicht hineinfällt. Das gleiche gilt auch für »gefährliche« Gegenstände – Macheten, Hacken, Messer – und für scharfe Nahrungsmittel, die auf der Zunge oder in den Augen brennen wie spanischer Pfeffer. Das Kind lernt allein aus Erfahrung und wird sich der Wirklichkeit bewußt. So entdeckt es die Welt und findet ganz natürlich seinen Platz darin. Ein Erwachsener erteilt niemals Befehle, sondern bietet seine Hilfe an, seine Dienste, wie bei einem Freund. Die kleinen Afrikaner kennen zumindest auf dem Land keine Spielsachen. Mit vier oder fünf Jahren haben die Mädchen eine herrliche, lebende Puppe zum Spielen, ihre kleinen Geschwister, die sie füttern, waschen, herumtragen und wiegen, während ihre Mutter und die Brüder auf den Feldern »spielen«. So lernt das Kind, daß das Leben ein Spiel ist. Es spielt das Leben!

»Achtung, Monsieur kommt!«

Diesmal stand ich Schmiere. Sofort hoben die Arbeiter meines Vaters ihre Werkzeuge auf und machten sich hektisch an die Arbeit. Seit gut einer Stunde hatten sie sich im Schatten eines Baumes unterhalten oder ein wenig geschlummert.

Nicht nur aus Angst vor einem Tadel oder sogar einer Bestrafung »arbeiteten« sie nur, wenn der Weiße dabei war. Die Afrikaner empfanden tiefes Mitleid mit dem Europäer, für seine Schwäche. Denn jemand, der so impulsiv reagiert – dachten sie, dachten wir – der sich wegen jeder Kleinigkeit so aufregt, der muß ein Schwächling sein. Und man darf ihn nicht hart anfassen oder überfordern, sondern muß ihm Freude machen, ihn gewissermaßen trösten für all die Mühe, die er sich umsonst macht. Es war auch Mitleid für diese Menschen, die so weit weg waren von ihrer Heimat, ihrer Familie, ihrer bekannten Umgebung, obwohl die Afrikaner sehr wohl wußten, daß sie von diesen Leuten erobert und beherrscht wurden. Auch wenn man damals schon über gewisse Leute sprach, die in den Untergrund gegangen seien, bewaffnet …

»Was sind diese Weißen doch kompliziert!« hieß es.

Ich wußte, was sie über meine Eltern sagten und dachten. In Mfetom hatte sie jeder gern, wirklich. Aber vieles wurde vor ihnen geheimgehalten, um sie nicht zu verletzen. Zum Beispiel die Wasserfilter, die mein Vater mit viel Mühe eingebaut hatte und die der ganzen Mission ein völlig geschmackloses Getränk lieferten. Arbeitern wie Schülern war klar, auch wenn sie es nicht laut aussprachen, daß dieses Wasser den Organismus schwächte, weil es ihm jede natürliche Abwehr entzog.

Die Kranken hatten es immer eilig, nach den europäischen Medikamenten die herkömmliche Medizin, einen Sud aus Kräutern und Rinden, einzunehmen. Selbst den einheimischen Prediger, der von der Kanzel auf die »falschen Christen« schimpfte, die heimlich zum Medizinmann oder Heiler gingen, habe ich beobachtet, wie er im stillen die überlieferten Riten ausführte. Heute glaube ich sogar, daß mein Lehrer, der in der »Schule der Weißen« so geschickt mit seinen biegsamen und stabilen Gräsern umzugehen wußte, zu Hause seine eigenen Kinder mit der ganzen Sanftmut und Achtung erzog, die man den Seinen schuldet. »Wenn die Weißen sagen, man muß schlagen, dann schlagen wir eben, aber bei mir zu Hause ist das etwas anderes …« Das war wohl der Preis für den Seelenfrieden des Predigers und des Lehrers. Ich selbst vollführte zwangsläufig einen Seiltanz zwischen beiden Welten. Einerseits erschien mir die afrikanische Lebensweise wie eine ständige Entfaltung: Ich wuchs darin, erwarb Geschicklichkeit, körperliche Kraft, auch Intelligenz. Auf der anderen Seite war ich gezwungen, die Grundsätze, die man mir einbleute, zu verarbeiten. Ich wurde listig, hinterhältig, denn ich mußte immer Mittel und Wege finden, aus den Sackgassen, in die ich mich selbst unvorsichtigerweise hineinmanövriert hatte, wieder herauszufinden. Diese kleinen Tricks glichen in gewisser Weise dem Verhalten des Kolonisierten gegenüber dem Kolonialherren, einem Verhalten, das meine »Schwestern« in der Schule ebenso angenommen hatten wie Daniel, der Gärtner, und die Arbeiter der Missionsstation. List, aber auch Hilfsbereitschaft, sehr weitreichende gegenseitige Unterstützung – wie damals, als eine Schülerin bestraft wurde und den ganzen Tag in einem schmalen Flur zum Lagerhaus, den wir »Gefängnis« nannten, fasten mußte. Ich mußte dort vier- oder fünfmal einen Tag verbringen. Aber niemals bekam eine Bestrafte soviel zu essen wie an diesen Tagen, denn die anderen schlichen sich in die daneben liegende Vorratskammer und warfen ihr alles, was sie brauchte, über die oben offene Mauer – und noch viel mehr!

Als meine Eltern dieses geheime Einverständnis mit meinen Freundinnen und Schwestern bemerkten, war ihnen sicher nicht bewußt, daß ihre Tochter eine Afrikanerin war. Sie wiesen mich deutlich zurecht. Ihrer Meinung nach sollte ich, die Weiße, die Tochter des Pastors, als Musterschülerin mit gutem Beispiel vorangehen.

Ich meinerseits konnte nicht erkennen, warum ihre Lebensregeln, die sie den anderen aufzwingen wollten, besser sein sollten als die Lebensweisen, die ich täglich in der Natur und im Zusammenleben mit meinen Freundinnen erfuhr. Meine Eltern konnten mir noch so viele endlose Vorträge halten und mir erklären, daß man nicht nach Lust und Laune leben konnte, daß eine gute Erziehung und Ausbildung der einzige Weg ist, von anderen geachtet zu werden. In meinem Inneren sagte ich mir immer wieder diesen Satz der Bangangté: »Du kannst fließendes Wasser und den Wind nicht aufhalten. Mein Leben wird niemand aufhalten.«

In meiner Auflehnung und Empörung verstand ich nicht, wieviel Opferbereitschaft und Mut meine Eltern aufbringen mußten, um ihren Glauben auch hier zu verbreiten, und mit welcher Selbstlosigkeit mein Vater sich durch Wälder und Sümpfe kämpfte, um häufig völlig gleichgültigen Bewohnern die allgegenwärtige Liebe Jesu Christi zu predigen. Und auch meine Mutter, wie selbstlos sie sich allein um uns kümmerte, ohne die Unterstützung eines Arztes oder eines Krankenhauses. Meine Eltern brauchten ihre gesamte Kraft, um zu überleben und ihren Glauben zu verkünden, und es blieb ihnen nicht viel Zeit, sich für die Glaubensvorstellungen und Sitten dieser Menschen, die sie »erretten« wollten, zu interessieren. Dazu hatten sie weder Zeit noch Lust, höchstens um diesen »heidnischen Aberglauben« besser bekämpfen zu können. Sie wären nie auf den Gedanken verfallen, daß diese Glaubensvorstellungen, diese Zivilisation der ihren ebenbürtig sein könnten.

Sie haben zweifellos Momente großer Enttäuschung erlebt, denn die Schwarzen setzten ihnen passiven Widerstand entgegen, den sie bestenfalls als Faulheit ansahen. Sie kämpften darum, ihnen ihre Vorstellung von materiellem und geistigem Glück nahezubringen. Mein Vater fand zumindest Trost in den sichtbaren Ergebnissen seiner Arbeit. So konnte zum Beispiel die ganze Station – Lehrer, Arbeiter, Zöglinge – nun fließendes Wasser und Elektrizität genießen.

Aber meine Mutter mühte sich ab, weil sie die Lebenseinstellung der Menschen verändern wollte. Sie paßte auf alles auf, traute niemandem. Sie öffnete sogar die Schülerpost. Manchmal brach sie dann zusammen. Eines Tages hatte eines der für die Wäsche zuständigen Mädchen das beste Kleid meiner Mutter auf der Wiese zum Trocknen ausgebreitet, wie das im Dorf üblich war. Sie hatte einfach die Wäscheleine mit den Klammern hinter dem Haus vergessen oder nicht gewußt, daß es dort eine Leine gab. Ein Esel, der auf der Wiese graste, fand das Kleid ganz nach seinem Geschmack. Ich hörte großes Geschrei im Haus und rannte nach Hause. Das beklagenswerte Mädchen hielt die Fetzen des schönen Kleides in der Hand, und Mama, außer sich vor Wut, versuchte ihr etwas ins Gesicht zu werfen. Da tauchte mein Vater auf und zog Mama ins Zimmer, um sie zu beruhigen.

»Die haben ja alle keine Ahnung!« schrie sie. »Man bringt sich schier um, ihnen die Grundbegriffe des guten Benehmens beizubringen, aber das hat alles keinen Sinn. Die Schwarzen werden sich nie entwickeln. Sie bemühen sich überhaupt nicht. Sie warten einfach, daß man ihnen die ganze Arbeit abnimmt. Wenn man sie allein ließe, wäre bald alles wie zuvor.«

Wenn meine Mutter solche Reden führte, fühlte ich mich als Afrikanerin. Schule, Kirche, gute Manieren, Hygiene, ordentliche Kleidung, diese seltsamen Gewohnheiten der Weißen, über die meine Schwestern und ich nur lachten, lehnte ich als Behinderungen unserer Freiheit ab. Entschieden und ohne Hintergedanken hatte ich mich auf die Seite derer geschlagen, die das Leben so nahmen, wie es kam, mit ein wenig Fatalismus vielleicht, aber vor allem mit Freude und Genuß.

Ich begegnete allerdings selten anderen Franzosen als meinen Eltern, meinem Bruder und meiner Schwester.

Bei meinem Vater empfand ich ein starkes Gefühl der Sicherheit, ganz besonders in den seltenen Fällen, wenn meine Mutter nicht da war. In diesen Augenblicken schienen sich alle Probleme mit einem Mal aufzulösen, alles wurde einfach. Er zog sich gerne zurück, um Krimis oder Science-Fiction-Romane zu lesen. Ich bewunderte ihn, wenn er uns von den außergewöhnlichen Abenteuern erzählte, die er in Neu-Kaledonien erlebt hatte, wo ich ihn mir wie in einem Traum am Ruder seines Segelschiffs vorstellte.

Mein fünf Jahre älterer Bruder begleitete ihn oft bei der Arbeit. Mit vierzehn Jahren konnte Jean-Pierre bereits den großen zehnrädrigen Militärlaster der Station fahren. Manchmal, wenn meine Eltern nicht da waren, ließ er mich mitfahren. Jean-Pierre hat mir oft gesagt, daß er sich bei meiner Geburt sehr gefreut hatte, weil er sich schon immer eine kleine Schwester gewünscht hatte.

Mein Vater hatte mir seine Vorliebe für manuelle Arbeit, für jede Form von Mechanik vermittelt, und Jean-Pierre gab mir die praktischen Anleitungen. Mit acht Jahren, als einmal beide unterwegs waren, brachte ich ganz allein den Generator wieder in Gang. Ihnen habe ich es zu verdanken, daß ich allein durch Zuschauen gelernt habe und heute noch einen Kraftfahrzeugmotor reparieren oder ein Möbelstück selbst herstellen kann. Das Verhältnis zu meiner kleineren Schwester Mireille war ganz anders. Sie war drei Jahre jünger als ich, und ich habe sie lange als Baby angesehen. Natürlich hatten wir zu Hause die gleichen Spiele, aber sobald ich zusammen mit meinem Freundinnen draußen war, schickte ich sie zurück, denn ich fand, daß sie zum Mitspielen noch zu klein war. Und natürlich rächte sie sich und verpetzte mich wegen des kleinsten Ungehorsams bei meiner Mutter. Wenn ich dann meine Strafe erhalten hatte, bekam sie die ihre von mir, auch wenn ich dafür noch einmal bestraft wurde. Meine Mutter hielt immer zu ihr: Ich sei schließlich die ältere, hätte daher Pflichten gegenüber meiner kleineren Schwester. Irgendwann schaffte sich Mireille endlich eigene Freundinnen in ihrem Alter an und brauchte meine Begleitung nicht mehr. Ich hatte jedoch auch eine französische Freundin, Marie-Josée, alle nannten sie »Majo«. Sie war die Tochter des Polizeikommissars von Bangangté. Ihre Eltern schickten sie in die Missionsschule. Wir standen das erste Jahr der Mittelstufe gemeinsam durch. Sie schlief oft bei uns, und mit der Zeit entstand eine wirklich enge Freundschaft, die noch heute besteht. Sie sprach jedoch nicht Bangangté und konnte sich daher mit meinen einheimischen Schwestern nicht verständigen.

Es mag vielleicht paradox erscheinen, aber zur Zeit der Kolonien gab es in Kamerun weit weniger Europäer als nach der Unabhängigkeit. Mein Vater kannte alle Europäer zwischen Bangangté und Douala. Ich lernte vor allem Kolonialbeamte und Lehrer der nichtkirchlichen Schule kennen, die auf dem Verwaltungshügel oberhalb des Dorfes lebten. Sie besuchten uns regelmäßig in Mfetom, fünf Autominuten entfernt. Sie blieben aber meist nur kurze Zeit in Bangangté und wechselten häufig.

Dagegen kamen die protestantischen Missionare, die wir »die Kollegen von Papa und Mama« nannten, nur selten zur Mission, sicher weil Bangangté ein bißchen abseits liegt und schwierig zu erreichen ist. Ich hatte den Eindruck, daß wir eine große Familie bildeten. Manche kannten meinen Vater schon sehr lange.

Papa nahm mich nur ausnahmsweise auf seinen Fahrten mit. Aber wohin wir auch kamen, wir wohnten immer bei Missionaren. Ich fand ihre Häuser nüchtern, traurig und still und vor allem voller Verbote. Die Kinder mußten in Blickweite bleiben und still sein, wurden wohl behütet in ihrem blumengeschmückten Gefängnis und vor jedem Kontakt mit Schwarzen bewahrt. Manchmal schlichen sich kleine schwarze Schatten lautlos in den Garten unserer Gastgeber und warteten auf den richtigen Augenblick, um auf die Guajavabäumen, die Cayenne-Kirschbäume, die Mango- und Avocadobäume zu klettern. Leider machten die kleinen Diebe bald Lärm, fingen an, sich zu streiten. Sogleich kam der Missionar wütend herausgerannt. Ich habe aber nie erlebt, daß einer auch nur den kleinsten Kerl zu fassen bekam. Wenn er die Katastrophe dann betrachtete, schrie der arme Mann:

»Oh, diese Affen! Schauen Sie sich das an, sie können einfach nicht warten, bis das Zeug reif ist.«

Die Hälfte der unreifen Früchte im Garten war angebissen. Und ich, die ich vom Fenster aus die ganze Szene beobachtete, erstickte fast vor Lachen. Wie oft hatten meine Schwestern und ich im Obstgarten meiner Mutter auf den Bäumen gesessen!

In Bangangté fühlte ich mich gelegentlich als Französin, vor allem bei den Feierlichkeiten zum Nationalfeiertag am 14. Juli, bei den Festlichkeiten des 8. Mai und des 11. November. In der Schule hatte man uns immer wieder erklärt, Frankreich sei »die Mutter der Freiheit«. Ich verstand nicht genau, was das bedeutete, aber ich war stolz, einem Land anzugehören, das als Vorreiter galt. Und für mich stellten der Unterbezirksleiter, der Regionalleiter und der Gouverneur die ganze Macht dieser Nation dar, wenn sie in ihren weißen Uniformen mit den schwarzen Epauletten und Goldknöpfen auf der

Tribüne des Fußballstadions endlose Paraden an sich vorüberziehen ließen. Ich war beeindruckt, geblendet. Am Nachmittag bot die Kolonialverwaltung der Bevölkerung als Dank für ihre dem »Heimatland« bezeugte Treue diverse Vergnügungen: einen Klettermast, Sackhüpfen, Geschicklichkeitsspiele und ein Fußballspiel, bei dem die Menge begeistert zuschaute. War das Fest dann zu Ende, kehrte ich zu den Kamerunern zurück und stellte fest, daß diese Herren in Uniform doch nicht so mächtig waren. Aus den Gesprächen mit meinen Schwestern konnte ich entnehmen, daß es anderswo, auf einem anderen, hinter Bangangté versteckten Hügel, eine mysteriöse Macht gab. Im Grunde konnten die Entscheidungen der weißen Verwalter nur mit Hilfe des Stammesoberhaupts umgesetzt werden. Und der Häuptling, der seine Diener übers Land schickte, um Nachrichten zu verbreiten, konnte auf diesem Wege die Befehle leicht zu seinem Vorteil verändern, denn alles wurde in der Sprache der Ureinwohner mündlich weitergetragen, ein sehr viel sichererer Weg als per Telefon oder durch ein Dokument mit Stempel. Der Stammesführer erfuhr auf dem gleichen Weg alles, was in seinem Land passierte.

Die Kolonialbehörden kannten seine Macht und bezeugten dem Häuptling, wenn auch widerwillig, größten Respekt. Ohne ihn durfte keine offizielle Feierlichkeit beginnen.

Njiké Pokam Robert, Oberhaupt von Bangangté und Vater meines künftigen Gatten, näherte sich auf einem mit schillernden Decken geschmückten Pferd feierlich dem Podium der Würdenträger. Inmitten der reglosen Menge stieg er ab und setzte sich in seiner weißen Gandura, dem Hemd, das unter dem Burnus getragen wird, und mit dem Turban auf dem Kopf neben den Bezirksleiter. Erst dann erklang in das aufmerksame Schweigen hinein die »Marseillaise«.

Njiké Pokam Robert, Sproß einer Dynastie, die bis zum Ende des 17. Jahrhunderts zurückreicht, herrschte seit 1943 – ein stattlicher und würdevoller Mann. Von ihm wurde gesagt, er sei gerecht und geduldig, höre seinen Untertanen zu. Er war ein Weiser, ein Herrscher, der es verstand, sein Volk zusammenzuhalten. Außerdem besaß er übernatürliche Kräfte. Er konnte bei Gefahr einfach verschwinden, konnte es regnen lassen und die geheimsten Gedanken eines Menschen lesen. Und vor allem hatte er ein Totem – dieses Privileg stand sonst nur den wichtigen Persönlichkeiten wie den Medizinmännern und den Vampiren zu. Aber nur der Häuptling und seine mächtigsten Söhne durften als Alter ego den Panther wählen. Der Mensch und sein Totem leben miteinander, dürfen sich jedoch niemals sehen, sonst müssen beide sterben. Verschwindet einer, ist der andere verdammt, ihm kurze Zeit später ins Grab zu folgen.

Am Hof des Stammesführers wurden bei Beerdigungen oder Eheschließungen auch große Feste gefeiert. Meine Eltern wurden häufig dazu eingeladen und gingen auch hin, denn sie legten Wert darauf, mit allen Häuptlingen des Bamiléké-Landes, von denen sie Geschenke, Elfenbeinschmuck und unterschiedlichste Skulpturen erhielten, beste Beziehungen zu unterhalten. Manchmal durfte ich sie begleiten, auf diese Weise konnte ich Njiké Pokam ansehen und doch seinen Blick vermeiden, denn er hätte ja meine Gedanken lesen können. Sein Totem machte mir schreckliche Angst. Ich fragte mich, ob dieser Panther bösartig sei und wo er sich wohl gerade versteckt hielt.

Die Veranstaltungen an seinem Hof fanden meistens in der Trockenzeit statt, bei brennender Hitze. Umgeben vom ohrenbetäubenden Lärm der Tamtams und der Schreie erahnte ich durch eine dicke Staubwolke die Bewegungen der Tänzer, ihre Leichtigkeit und die Genauigkeit des Rhythmus, dem sie gehorchten, ohne den kleinsten falschen Schritt. Sie waren nicht mehr sie selbst. Welche Kraft erlaubte es ihnen, vierundzwanzig Stunden ohne Unterbrechung zu tanzen, zuerst in der Sonne, dann die ganze Nacht hindurch bis zum Morgengrauen? Gelegentlich vibrierten sie mehr, als daß sie tanzten, plötzlich erhoben sich von überall her Schreie. Das Hämmern der Tamtams wurde intensiver: Der Häuptling hatte sich erhoben, die Menge wandte sich ihm zu und ging ihm entgegen, öffnete ihm eine breite Schneise. Er schritt auf die Gruppe der Tänzer zu, betonte dabei den Rhythmus mit langsamen, noblen Bewegungen. Man hätte meinen können, das Volk, die etwa tausend Menschen, die ihn umgaben, wurde eins. Selbst die Alten bewegten sich wie elektrisiert in dem von ihm vorgegebenen Rhythmus. Und ich stand versteckt hinter den Sesseln meiner Eltern, damit sie nicht sehen sollten, wie verzaubert ich von diesem heidnischen Fest war, ich konnte dem Sog der Musik kaum widerstehen. Unmerklich wiegte sich mein Körper und folgte dem gleichen Takt.

Wie alle evangelischen Missionare konnte die Familie Bergeret grundsätzlich alle vier Jahre für einen sechsmonatigen Aufenthalt nach Frankreich reisen, je nach ihren finanziellen Mitteln. Zweimal, im Frühjahr 1949 und 1954, nahmen wir das Schiff von Douala nach Le Havre. Wir verließen Kamerun etwa Mitte März, damit die Reise ungefähr in die Osterferien fiel und wir Kinder in Frankreich so wenig wie möglich vom dritten Quartal versäumten und dann im Oktober in Bangangté wieder ins nächste Schuljahr kamen. Wir mußten viele Tage in Douala warten, bis ein Schiff, ein Passagierdampfer oder Frachter mit Passagierkabinen, ablegte. Die Überfahrt auf einem Frachter war sehr viel angenehmer, denn es gab nur etwa zwölf Passagiere, die deshalb deutlich komfortabler untergebracht waren als die Reisenden der zweiten Klasse auf einem Linienschiff.

Die Fahrt dauerte etwa zwei Wochen, das hieß zwei Wochen Nichtstun, in denen ich mich wieder an französische Sitten gewöhnte. Es war praktisch eine Schleuse zwischen den beiden Zivilisationen. Die Zeit verging mit Essen, Spielen und Ruhen in den Liegestühlen. Die Besatzung und die Offiziere verwöhnten uns, wir spielten Schwarzer Peter mit dem Kapitän, der gar nicht gern verlor. Ich erinnere mich noch an den zweiten Offizier bei unserer letzten Überfahrt. Er mochte mich besonders gern und sagte immer »meine kleine Närrin« oder »mein kleines Körnchen Eden« zu mir, nach einem gerade modernen Schlager. Je weiter wir nach Norden kamen, um so kälter wurde es und um so mehr Winterkleidung mußten wir tragen.

Anfang April gingen wir in Le Havre an Land und nahmen den nächsten Zug nach Paris. Dort wohnten wir im »Maison des missions«, Boulevard Arago 102. Diese wenigen Tage in der Hauptstadt vergingen mit ärztlichen Untersuchungen, aber wir konnten auch mit der Metro fahren, Denkmäler besichtigen und im zoologischen Garten, dieser Insel mitten im Gewühl der Menschen und Autos, spazierengehen. Sowohl mit sieben als auch mit elf Jahren überwältigte mich soviel Neues und Unbekanntes, doch mein Vergnügen wurde überschattet von einer weniger erfreulichen Aussicht – dem Schulbeginn.

Bei unserem ersten Aufenthalt in Frankreich hatten mich meine Eltern in der Schule in Cognac angemeldet, ganz in der Nähe meiner Großeltern väterlicherseits, damit ich meine Vorschule abschließen konnte. Beim zweiten Mal ging ich in Paramé bei meiner Familie mütterlicherseits in die Schule und beendete dort mein zweites Jahr der Mittelstufe.

Wenn ich versuche, mich an diese zwei Schulbesuche in Frankreich zu erinnern, sehe ich einen dunklen Tunnel und am Ende das Licht der Ferien. Aber ich erinnere mich ganz genau an jenen Tag Ende April 1954, als meine Schwester und ich, wie in Afrika üblich, die Schultasche auf dem Kopf tragend, die zwei oder drei Kilometer zu unserer vorübergehenden Schule in der Bretagne marschierten. Wegen des Gespötts unserer Schulkameraden zogen wir es ab dem nächsten Tag vor, die Taschen auf dem Rücken oder in der Hand zu tragen wie alle in diesem merkwürdigen Land.

Die Ferien waren zu gleichen Teilen zwischen Poitou bei den Bergerets und der Bretagne bei den Guitons aufgeteilt. Mir war der offene Horizont des Meeres und die Dünenlandschaft von Saint-Malo lieber. »Ville-au-Ray« war ein sehr schönes Anwesen, das mein Urgroßvater vor langer Zeit erworben hatte. Über einem Park mit großen alten Bäumen ragte der Herrensitz auf. Dahinter bildeten die landwirtschaftlichen Gebäude einen Innenhof, an dessen Rückseite mit einer alten quietschenden Handpumpe frisches Wasser aus dem Brunnen geholt wurde. Beim Tod meines Urgroßvaters war der Herrensitz an meinen Großonkel Emile gefallen und der Hof an seinen Bruder Jean, meinen Adoptivgroßvater. Denn der Vater meiner Mutter, Jules Guiton, fiel im Ersten Weltkrieg. Er war 1914 aus Lesotho zurückgekehrt, verweigerte als Missionar jedoch den Dienst an der Waffe und wurde daher als Sanitäter an die Front geschickt. Er wurde verwundet, als er versuchte, einen deutschen Soldaten zu retten, der zwischen zwei Gräben angeschossen worden war. Er starb im Krankenhaus und überließ die Sorge für seine Frau und die Kinder seinem Bruder Jean, der daher mein Adoptivgroßvater wurde.

Gemeinsam bestellten Jean und Emile ihre Gemüsefelder. Vor den Pflug spannten sie ein riesiges Zugpferd. Großvater Jean verkaufte auch die Milch seiner Kühe, die auf den endlosen Wiesen mit den zahllosen Apfelbäumen weideten. In diesen Ferien saßen bei den Mahlzeiten alle um einen langen Tisch, Großeltern, Onkel, Tanten und eine Horde Cousins und Cousinen, insgesamt etwa zwanzig Personen. Jede Mahlzeit begann mit einem Gebet oder einem Kirchenlied. Nach dem Essen ging es auf eine lange Fahrradtour, und den Rest des Nachmittags verbrachten wir am Strand. Mir gefiel es vor allem auf dem Bauernhof. Großvater Jean war groß, und wenn ich bei Wind und Wetter neben ihm herging, verschwand meine Hand in der seinen. Er war sanft und heiter, hatte immer ein Lied auf den Lippen und erzählte mir von Jesus, den er ständig zitierte. Für Feste, Geburtstage, Hochzeiten oder Taufen komponierte er Lieder und Gedichte voller Freude und Naturliebe. Ich blieb stundenlang bei ihm, ohne mich im geringsten zu langweilen. Vielleicht habe ich es Großvater Jean zu verdanken, daß ich meine europäische und afrikanische Kultur ohne innere Spaltung verarbeiten konnte. Und ich bin ganz sicher, daß er mir beigebracht hat, wieviel Freude es macht, das Land zu bestellen, eine Freude, die ich auch heute noch empfinde. Meine Großmutter kümmerte sich nicht um die Arbeit auf dem Hof. Sie las uns Geschichten vor, spielte Klavier und verteilte nach einem höchst komplizierten Belohnungssystem – je nachdem wie willig oder unwillig wir ihr gehorchten – Bonbons an uns.

Am Sonntag fuhren wir mit der Pferdekutsche in die Kirche in Saint-Servan. Dort wurden wir, mein Bruder, meine Schwester und ich, 1949 getauft. Die Stimmung hier war andächtiger, nüchterner und kälter als in der Kirche unserer Mission, es kamen weniger Gläubige zum Gottesdienst und noch weniger Kinder, mit denen man sich hätte unterhalten können. Kurz, ich sehnte mich nach den Sonntagsgottesdiensten in Bangangté.

Dann mußten wir die wilde Landschaft der Bretagne verlassen, um die zweite Hälfte der Ferien bei der Familie meines Vaters zu verbringen. Etienne Bergeret, der Missionar aus Neu-Kaledonien, war 1939 gestorben. Das Haus lag an der Hauptstraße von La Mothe-Saint-Héray, einer Kleinstadt im Departement Deux-Sèvres. Auf der Rückseite erstreckte sich ein großer Garten, dessen Obstbäume reichlich Konfitüre für den Winter lieferten. Er wurde von einem alten Mann gepflegt, der mir einmal erzählte, daß er Nacktschnecken roh hinuntergeschluckt habe. Er dachte sicher, daß er mich beeindrucken konnte, ausgerechnet mich, die ich mit großem Vergnügen lebende Heuschrecken verzehrte.

Während unseres Aufenthalts lernten wir auch die ältere Schwester meines Vaters und ihren Mann, einen Missionar und Krankenpfleger in Lesotho, sowie ihre sechs Kinder kennen, die wie wir regelmäßig nach Frankreich kamen. Das dunkle Stadthaus mit den zwei Stockwerken war weit weniger interessant als der Herrensitz und der Bauernhof bei Saint-Malo. Für neugierige Kinder wie uns verbarg es jedoch vom Keller bis zum Dach unvorstellbare Schätze, zum Beispiel die im 16. Jahrhundert in Holland gedruckte und in Altfranzösisch verfaßte Familienbibel, die mit abschließbaren Verschlüssen versehen und so schwer war, daß ich sie nicht einmal hochheben konnte, außerdem eine alte Uhr, einen Kuckuck, eine Spieldose, die mein Urgroßvater, ein Schweizer Uhrmacher, gebaut hatte, Stickereien und Gemälde, die seit Urzeiten die dicken Wände schmückten. Aber vor allem fanden wir auf dem Dachboden die Kleider unserer Urgroßeltern. Es machte großen Spaß, sich zu verkleiden. Und so entdeckte ich unbeabsichtigt meine tiefsten Wurzeln, meine Vorfahren, die Gallier und Helvetier.

Ohne jeden Übergang befand ich mich dann wieder auf dem Schiff, in der Schwebe zwischen meinen beiden Welten – Douala, die Sandpiste, Bangangté. Im Handumdrehen hatte ich mich wieder an meine Gegend, meine Sprache, mein freies Leben gewöhnt und lebte im Bamiléké-Land ebenso sorglos wie in der Bretagne oder im Poitou.

Französische Jahre

Nein, ich werde nicht nach Bagam gehen. Wenn ich Bangangté verlassen muß, beantrage ich, nach Frankreich zurückversetzt zu werden.«

Hinter der Tür ihres Schlafzimmers hörte ich diese Worte meines Vaters und das Weinen meiner Mutter. Aus Bangangté fortgehen! Diese Nachricht traf mich wie ein Schlag. Es war Anfang Januar 1956, das übliche Neujahrsfest meiner Eltern war gut verlaufen. Die Versammlung hatte mit dem Gottesdienst begonnen. Gleich nachdem die Gläubigen gegangen waren, feierten meine Eltern in der Kirche mit weißen Missionaren, die zu Besuch gekommen waren.

Die Ankündigung seiner Versetzung kam für meinen Vater völlig unerwartet. Mfetom, das er seit zehn Jahren mit eigenen Händen aufbaute, war sein Werk, sein viertes Kind. Er hatte gerade die sechste Hütte fertiggestellt. Ganz vertieft in seine enorme, nun fast beendete Aufgabe, hatte er vergessen, daß ein Missionar jederzeit versetzt werden kann. Er hatte Gott und seiner Kirche ganz zur Verfügung zu stehen.

Für mich war es noch schlimmer. Ich war nun fast dreizehn und eigentlich groß genug, um die Situation meiner Eltern zu verstehen. Aber ich dachte, die Mission sei eine Art großer Bauernhof, der uns gehörte, etwa so wie der von Großvater Jean drüben in Saint-Malo.

Ich mußte die sechste Klasse wiederholen. Vor vierzehn Monaten, nach unserem zweiten Aufenthalt in Frankreich, hatte meine Mutter mich und meinen älteren Bruder für den Fernunterricht in Vanves bei Paris eingeschrieben. Es gab zwar Gymnasien in Jaundé und in Douala, aber ich hätte dort ins Internat gehen müssen. Da sie die guten Ergebnisse bei Jean-Pierre sahen, beschlossen meine

Eltern, das Experiment mit mir fortzusetzen. Es klappte nicht, mir wollte nicht in den Kopf, daß ich anders behandelt werden sollte als meine einheimischen Schwestern. Sie durften weiterhin die Dinge lernen, die mir sinnvoll und praktisch erschienen. Warum sollte ich mehr lernen? Aber immerhin hatte ich mehr Freiheit als vorher. Ich saß ganz allein in meinem Zimmer vor den Hausaufgaben. Manchmal, wenn mein Vater Zeit hatte, half er mir, aber im allgemeinen wurde ich im Haus eingeschlossen, die Nase in meinen Heften. Sobald ich meine Eltern außer Sicht wußte, sprang ich aus dem Fenster und überredete eine meiner Schwestern, mit mir loszuziehen.

Also mußte ich die sechste Klasse wiederholen. Doch anstatt sich nach einer anderen Lösung umzusehen, bestanden meine Eltern zum Schulbeginn 1955 darauf, den Fernunterricht fortzusetzen. Wahrscheinlich wären meine Ergebnisse wieder nicht besser geworden, doch davor bewahrte mich nun die Tatsache, daß wir fort mußten.

In dem Haus, unter den großen Bäumen und zwischen den sechs Hütten der Schule, überall liefen die Schüler und das Personal ziellos und hilflos umher und unterhielten sich ganz leise, als mein Vater am Tag nach dem abgebrochenen Fest beim Morgengebet ankündigte, daß wir in drei Wochen nach Frankreich zurückkehren würden. Alle Mädchen der Schule weinten. Ich selbst konnte es noch immer nicht glauben. Weg aus Bangangté, für immer? Unmöglich! Mit welchem Recht riß man mich von hier fort? Dies war mein Land, mein Leben, das durfte mir niemand wegnehmen!

Der Tag der Abreise kam, das Gepäck stand fertig im Hausflur. Zwischen den Kisten und Koffern nahmen meine Eltern die Abschiedsgeschenke der gesamten Bevölkerung als Dank und Beweis ihrer Freundschaft entgegen. An diesem letzten Sonntag weinte ich während des ganzen Gottesdienstes, denn mir wurde erst jetzt so richtig bewußt, daß ich mein Heimatland für immer verlassen mußte. Als das Auto den Weg von der Schule zur Straße nach Douala hinunterfuhr, liefen mir noch immer die Tränen übers Gesicht. Das hatte nichts mehr mit dem Kummer eines Kindes zu tun, das weinte, weil die Ferien vorbei sind. Es zerriß mir fast das Herz. Einem jungen Baum, den man aus seiner Baumschule reißt und in einen Topf verpflanzt, muß ähnlich zumute sein. Das Auto schaukelte jetzt über die Sandpiste nach Douala, meine Tränen waren versiegt, und mit einem gewissen Zorn dachte ich: Das ist mir egal, ich komme doch wieder.

Ich wußte damals noch nicht genau, was »endgültig« bedeutet. Aber mir war klar, daß ich mein Land nicht wiedersehen und meine Freiheit verlieren würde. Wie mochte mein neues Leben wohl aussehen? Ich konnte es mir nicht vorstellen, fühlte mich wie am Anfang eines dunklen Tunnels und empfand die Entscheidung der »Mission« als persönliche Kränkung. Ich sann auf Rache, doch dieser ganze Haß und Schmerz verdampfte in der feuchten Hitze von Douala. Ich war völlig benommen, wie betäubt.

Dann kam die Überfahrt auf einem Bananenfrachter. Wir spielten wieder Schwarzer Peter mit dem Kapitän. Und das kleine hübsche Mädchen mit seinen dreizehn Jahren fühlte sich geschmeichelt, wenn der Zweite Offizier »Du, meine kleine Närrin, mein kleines Körnchen Eden...« sang.

Jahre später gestand mir mein Vater, für ihn sei diese Versetzung ebenfalls äußerst schmerzlich gewesen. Er und Mama hatten sie wie eine Niederlage empfunden, wie eine Strafe Gottes. Rückblickend war er sich gleichzeitig sicher, daß es richtig war, die neue Stelle in Bagam abzulehnen, obwohl es nur etwa hundert Kilometer von Bangangté, im Norden des Bamiléké-Landes, lag. Ohne es zu wissen, hatte er uns die Schrecken des Bürgerkriegs erspart, der wenige Jahre später dort ausbrach. Außerdem, sagte er, wären wir Kinder nicht mehr fähig gewesen, uns in die französische Gesellschaft einzugliedern, wenn wir länger geblieben wären – ich ganz besonders.

Wieder in Frankreich, wurde meine Vater nicht sofort an eine neue Stelle versetzt. Wir richteten uns zunächst bei meiner Großmutter väterlicherseits in Cognac ein. Seit sie Witwe war, lebte sie dort allein. Es war für sie nicht einfach, sich mitten im Winter an eine Familie mit drei Kindern zu gewöhnen, die nichts anderes kannten als die Weite Afrikas. Auch für meine Mutter war die Lage ein bißchen heikel, denn ihre Schwiegermutter ließ sie durch ihre ständigen Anspielungen – »Mein Gott, sind diese Kinder schlecht erzogen!« – immer wieder spüren, daß wir bloß kleine Wilde waren. Und da meine Mutter erfüllt war von der Sorge, was andere von uns denken könnten, herrschte eine gewisse Spannung. Die erste Maßnahme zur Europäisierung war ein sehr einschneidender Schritt. Von nun an durfte nicht mehr Bangangté gesprochen werden. Meiner Großmutter zufolge würde uns diese Sprache nie mehr nützen. In Wirklichkeit konnte sie es nur nicht ertragen, daß wir uns in ihrer Gegenwart in einer Sprache unterhielten, die sie nicht verstand, denn sie glaubte zwangsläufig, wir redeten schlecht über sie. Also hielt ich von nun an den Mund und zog mich immer mehr in jenen Zustand der Benommenheit zurück, der seit meiner Abreise aus Afrika anhielt. Es war passiver Widerstand. In Cognac standen wir ständig unter Aufsicht, überall Hindernisse, Mauern, nur sehr selten waren wir uns selbst überlassen. Und mit wem hätte ich mich schon in meiner Sprache unterhalten können? Mein älterer Bruder hatte mit achtzehn Jahren ganz andere Dinge im Kopf. Meine Schwester war sehr viel disziplinierter als ich und hätte sich geweigert. Ich vergaß daher – überraschend schnell – meine Sprache und mit ihr auch mein Land. Ich wurde Europäerin, eine richtige Weiße.

Schon bald galten in Cognac noch weit schlimmere Vorschriften: nicht zu viel trinken, damit sich der Magen nicht ausdehnt, langsam und ohne Gier essen, jeden Lärm vermeiden, sich sauber halten, im Haus nur in Filzpantoffeln umhergehen und dabei gleich das Parkett polieren.

Es war Winter. Die Kohleöfen verbreiteten in jedem Zimmer eine angenehme Wärme. Im Wohnzimmer, in dem es stark nach Wachs roch, erinnerten mich Möbel, Nippes und Fotos an der Wand an das väterliche Neu-Kaledonien. Aus der Küche kam der Duft des Gemüses und der Kräuter der Provence, der selbst die Straße noch erfüllte.

Und dann die Musik: Meine Großmutter war vor ihrer Heirat Pianistin gewesen, sie hatte sogar in einigen europäischen Ländern Konzerte gegeben. Ich, die früher nicht stillsitzen konnte, hörte ihr nun stundenlang zu, wenn sie Beethoven, Bach oder Chopin spielte. Ich staunte über die Energie, die Sanftmut, die sie in ihr Spiel legte. War sie vielleicht doch nicht so hart und schroff, wie sie immer tat? In solchen Augenblicken fühlte ich mich in völligem Einklang mit ihr, hineingezogen in ihre Welt der Musik. Das gleiche empfand ich auch sonntags, wenn sie beim Gottesdienst auf der Orgel spielte. Allerdings brachte ich nie die Geduld auf, die Übungen zu machen, die sie mir aufgab. Ehrlich gesagt war sie nur mit meinem begabteren Bruder zufrieden und mit meiner Schwester, die sich mehr Mühe gab und fleißiger übte. Sie meldete uns bei der »Jeunesse musicales de France« an. Jede Woche wartete ich ungeduldig auf den Tag der Konzerte, denn dort eröffnete sich mir eine völlig neue Welt. Ohne diese »Entdeckung« der Musik – ich weiß nicht, was aus mir geworden wäre, sicher nichts Ordentliches.

Nach dieser Zwischenstation, die ich in Watte gepackt im Haus der warmen Düfte verbrachte, kam ich ins Gymnasium. Während des letzten Vierteljahres besuchte ich die erste Klasse des Gymnasiums, Jean-Pierre die fünfte, Mireille ging noch zur Grundschule. Es war ein Alptraum. Alle diese »Weißen«, die mich anstarrten wie ein merkwürdiges Tier aus einem wilden Land, sie machten mir angst. Ein merkwürdiges Tier war ich auch für meine Lehrer, und das war noch schlimmer.

»Haben Sie schon Ihre Menstruation?« wollte der Lateinlehrer wissen. Klar, in Afrika sind die Mädchen alle früh entwickelt, oder?

Sobald mich ein Erwachsener nur anschaute, fing mein Herz an zu rasen, ich wurde rot, drehte den Kopf zur Seite. Ernüchtert zuckte der Lehrer mit den Schultern und wandte sich anderen Dingen zu. Nicht einer machte sich die Mühe, auf mich zuzugehen, keiner versuchte mich zu verstehen. Sie dachten wahrscheinlich, daß ich »verloren« sei, ein Naturkind, eine kleine Negerin, die kaum mehr in die Zivilisation integriert werden konnte. Und ich, auf die sie es abgesehen hatten, konnte nicht einmal fliehen. Manchmal redete ich mir ein, daß dieses Vierteljahr in einer französischen Schule wie früher nur eine unangenehme Phase sei, die vorübergehen würde, dann kämen die Ferien und ... die Rückreise nach Hause. Zum ersten Mal im Leben hatte ich die Situation nicht mehr im Griff. Die kleine Afrikanerin saß in der Falle, und sie war nicht einmal mehr eine Afrikanerin.

Im Juni kam, was kommen mußte. Ein Notenschnitt von zwei aus möglichen zwanzig Punkten als Abschlußnote – mir drohte der Verweis von der Schule. Und doch rettete mich jemand, ein Mensch, der mich zum richtigen Zeitpunkt mit einem anderen Blick betrachtete. Wie sehr ich bedaure, den Namen der Direktorin des Mädchengymnasiums von Cognac vergessen zu haben, ich hätte ihr gerne gedankt! Während ich immer tiefer in meine stumme Einsamkeit versank, war sie die einzige, die versuchte, mich zu verstehen, mir zu helfen, mich zu mögen.

Ich hätte also die erste Klasse Gymnasium noch einmal wiederholen müssen, aber meine Eltern entschieden sich anders. Die Ferien 1956 fielen sowohl in der Umgebung von Saint-Malo als auch in La Mothe-Saint-Héray aus, denn ich mußte in diesen zwei Monaten meinen schulischen Rückstand aufholen. Als die Schule wieder anfing, erklärten mir meine Eltern strahlend, daß es ihnen gelungen war, die Direktorin zu überzeugen, mich am nächsten Morgen an den Aufnahmeprüfungen für das zweite Jahr Gymnasium teilnehmen zu lassen.

Das Thema des Aufsatzes inspirierte mich ebenso wenig wie der ganze Rest – so etwas wie »Mein schönstes Ferienerlebnis«. Ich weiß nicht mehr, warum ich plötzlich begann, Bangangté zu beschreiben, obwohl darunter sicher »Thema verfehlt« stehen würde. Wahrscheinlich war es mein Wille zu überleben. Zu meinem Erstaunen schien der Direktorin mein Aufsatz gefallen zu haben, denn sie war bereit, mich trotz meiner katastrophalen Noten in allen anderen Fächern, probeweise in das nächste Schuljahr aufzunehmen. Das war meine Rettung! Schon Ende Oktober hatte ich in verschiedenen Fächern sehr gute Noten. Ich hatte die erste rettende Hand ergriffen, die sich mir entgegenstreckte, die jener Direktorin, die erkannt hatte, daß ich keine halb verblödete und für die Zivilisation »verlorene« Wilde war.

Seither hatte ich nie wieder Schwierigkeiten in der Schule, ganz im Gegenteil. Aber ich ließ mich bei den Hausaufgaben nicht mehr von meiner Mutter oder Großmutter überwachen. Ich nahm nur noch die Unterstützung meines Vaters in Anspruch, denn ich saß gerne neben ihm im Rauch seiner Zigaretten, während er meine Lateinübersetzung zerpflückte.

Anfang 1957 wurde Papa wieder eine Gemeinde zugewiesen, in Pons, dem Land des protestantischen Dichters Agrippa d'Aubigné, etwa zwanzig Kilometer von Cognac entfernt. Gleichzeitig war er für drei weitere Kirchen der Umgebung zuständig. Er machte sich zunächst allein auf den Weg, entdeckte ein altes zweistöckiges Haus, das sich als Pfarrei eignete, und begann, es herzurichten. Zu Beginn der Ferien sollten wir dann nachkommen.

Pons war nur eine ganz gewöhnliche kleine Provinzstadt, trotz ihres riesigen quadratischen Kerkers, der hoch über der weitläufigen Ebene der Charente aufragt. Das Gymnasium befand sich in den früheren Nebengebäuden des Schlosses. Die Kirche lag eingezwängt zwischen den alten Gemäuern der Rue des Dames. Die Pfarrei blickte auf den Platz Saint-Martin genau gegenüber der katholischen Kirche gleichen Namens. Unser Wohnhaus war noch düsterer und älter als das Haus in Cognac, nicht ein Zentimeter Garten gehörte dazu. Im Erdgeschoß führte ein dunkler Flur ins Wohnzimmer, das sich hin und wieder belebte, wenn mein Bruder dort Klavier spielte. Das Eßzimmer wurde nur benutzt, wenn Gäste kamen oder Geburtstage gefeiert wurden. Darunter lag der Keller, in dem mein Vater praktisch unsere gesamten Möbel selbst herstellte. Wir aßen in der Küche, die ihr Licht durch ein Glasdach im ersten Stock erhielt. Dort wurde eigentlich nur Wäsche getrocknet, denn unter dem Glasdach war es im Winter zu kalt und im Sommer zu heiß. Daneben, ebenfalls im ersten Stock, lag das Zimmer meines Bruders mit einem großen Balkon. Allerdings wohnte er nur zwei Jahre bei uns in Pons, denn nach seinem Abitur ging er nach Bordeaux, wo er heute noch lebt und arbeitet. Darüber lag das Zimmer meiner Eltern, das dritte Schlafzimmer bewohnte ich zusammen mit meiner Schwester.

Dieser Raum hatte nur einen Nachteil, aber einen schier unerträglichen: Er befand sich auf gleicher Höhe wie der Glockenturm der Kirche. Manchmal dröhnt mir heute noch der Kopf von den lauten Glockenschlägen.

So sah die enge Welt aus, in der ich fünf Jahre lang die höhere Schule besuchte. Erst dann wachte ich aus dieser Starre auf, die ich seit unserer Abreise aus Kamerun nie ganz abgelegt hatte.

Ich erinnerte mich an Bangangté. Morgens, wenn ich den Gesang der Vögel in den Platanen hörte, dachte ich an ihre Brüder, weit im Süden, die einst meine Begleiter waren. Ich wurde erwachsen und merkte, daß die Zeit verging. Mein ganzes Wesen reckte sich der Zukunft entgegen, ich griff zur Feder, stellte mir mein Leben vor:

In zehn Jahren ... Zehn Jahre später kehrte Claude nach Kamerun zurück. Der Mfetom-Hügel sah verwildert aus. Es war, als hätte sich das ganze Bangangté-Land gehen lassen, um mich dafür zu bestrafen, daß ich es verlassen hatte. *In zehn Jahren ...* Hier stockte die Feder, nur meine Phantasie wanderte weiter, mein Geist erhob sich über die Meere, die Wüsten und Wälder, bevor er auf mein Land hinunterblickte. Mein Land, verzeih', daß ich dich vernachlässigt, vergessen habe! Stirb' nicht, warte auf mich! In zehn Jahren, wenn ich zurückkomme ... Du wirst sehen, alles wird wieder gut, wird wiedergeboren werden. Mein Land, das waren nicht meine Freundinnen, meine Schwestern, Daniel, der Gärtner, die Spiele und Eskapaden, zu denen ich zurückkehrte. Es war meine Erde, meine Heimat Bangangté, die sich an heißen Tagen plötzlich in roten Wirbeln erhebt, die zu »bluten« beginnen, wenn es gelingt, sie an der Wurzel zu unterbrechen. Diese Erde, die ich wie eine Persönlichkeit empfand, zu der ich in diesem Buch, das ich nicht schrieb, sprach. Man hatte mich ihr entrissen, mich meiner Stütze, meines Fundaments, in dem ich so tief verwurzelt war, beraubt. Seither war ich nicht mehr ich selbst. Ich mußte mich neu pflanzen. Ich war auf du und du mit meiner Erde, ich sagte: »Wenn wir uns wiedersehen, werde ich mich zu dir hinunterbeugen und ein bißchen von deiner Haut essen«, wie es die Menschen bei mir zu Hause machen. Sie nehmen ein trockenes, graues, sprödes Stück Erde, das als Zement zwischen den Ziegeln dient, in die Hand, schieben es in den Mund, saugen und lutschen daran, kauen es wie eine exzellent zubereitete Speise. In zehn Jahren, wenn ich dich wiedersehe, meine Erde, werde auch ich dich essen, und du wirst wieder fruchtbar werden. Hab' Geduld, meine Erde, warte auf mich! *In zehn Jahren ...* Der Federhalter fiel wieder auf das karierte Papier.

Die kleine Stadt Pons, grau und verschlossen, erschien mir weder hübsch noch häßlich, sie war mir gleichgültig. Ich hatte mir ein Ziel gesteckt: »normal« zu werden. Um das zu erreichen, mußte ich meine Schulzeit erfolgreich hinter mich bringen. Ich tat das mit einer gewissen Wut, dickköpfig und schweigend. Ich hatte mir einen sehr strengen Zeitplan aufgestellt, mein Leben war genau eingeteilt, präzise geplant.

Um sieben Uhr morgens weckte uns Papa, aber meine Angewohnheit, noch ein bißchen im Bett zu bleiben, konnte ich nie ganz ablegen. Keine Zeit mehr zum frühstücken, wenn ich noch vor dem Läuten in der Schule sein wollte. Ich lief mit leerem Magen los. Kaum aus der Tür, war ich eine andere, schüchtern, ruhig, diszipliniert, am liebsten wäre ich durchsichtig oder unsichtbar gewesen. Das hätte ich sicher auch geschafft, wenn ich nicht zu den besten Schülerinnen gehört hätte. Und vor allem, wenn meine Eltern mehr Geld gehabt hätten. Ich trug die Kleider, die man ihnen geschenkt hatte, und das sah man natürlich. Und die Jungen – es war ein gemischtes Gymnasium – riefen mich immer »Fräulein Söckchen«, denn die anderen Mädchen trugen Nylonstrümpfe. Die meisten Schüler stammten aus groß- oder kleinbürgerlichen Verhältnissen und kamen aus dem Umland. Einmal bat mich der Geographielehrer, über Afrika zu sprechen, sein Klima, seine Vegetation. Das tat ich, und von da an betrachtete mich niemand mehr als wildes Naturkind, sondern als jemand, der etwas Außergewöhnliches erlebt hat, eine Entdeckerin. Trotzdem, in der Schule hörte und schaute ich meist nur zu – wie im Theater. Ich wunderte mich vor allem über das Verhalten meiner Mitschüler den Lehrern gegenüber. Sie hatten keine Angst und boten ihnen die Stirn. So verbrachte unsere Mathematiklehrerin den größten Teil der Stunde an der Tafel. Hinter ihrem Rücken unterhielten sich die Jungen, gingen zwischen den Schultischen hin und her, spielten Karten, bis zu dem Augenblick, in dem die Lehrerin wütend ins Klassenzimmer brüllte, was jedoch im Gelächter der Schüler unterging. In dem Bemühen, ihre Würde zu wahren, warf sie sich ihr schwarzes Cape über die Schulter und erklärte noch immer unter dem Gelächter der Schüler: »Ich gehe jetzt zur Direktorin.«

Diese Drohung schien meine Mitschüler nicht übermäßig zu beunruhigen. Und selbst die Chemie- und Biologielehrerin, ein wahrer Eisschrank, konnte die unverbesserlichen Störenfriede nicht aus der Fassung bringen. Es kam sogar vor, daß sie ihren Schreibtisch mit beiden Händen packte und in die Luft stemmte. Dann flohen wir wie ein Schwarm Spatzen. Ich aber, die lebhafte kleine Schulschwänzerin der Mfetom-Schule, war nun die bravste Schülerin. Über das merkwürdige Benehmen der Schüler und Lehrer amüsierte ich mich erst zu Hause mit meinen Geschwistern. Ich benahm mich ein bißchen wie im Theater, aber nicht nur als Zuschauer, sondern spielte in der Maske des jungen, ernsthaften Mädchens, strebsam und voll integriert, eine Rolle, an die ich selbst fast glaubte.

Und dennoch – oft folgte ich dem Unterricht mit großer Aufmerksamkeit, weil es mich inzwischen wirklich interessierte. Nur in Latein hatte ich große Probleme. Eine meiner besten Mitschülerinnen, die mit ihrer Mutter beim Pfarrer wohnte, zeigte ebenso wenig Begeisterung für die Sprache Vergils, so daß unser Lehrer, dem das natürlich auffiel, einmal sagte: »Ich habe genug davon, immer die Lateinübersetzungen des Pfarrers und des Pastors zu korrigieren!«

In diesen Jahren hat mir mein Vater oft geholfen, in die »Normalität von Pons« zu finden, eine typische Jugendliche aus der Provinz zu werden, wie alle anderen. Und er tat es mit viel Geduld, Liebe und auch Humor. Er war immer für mich da, obwohl er wenig zu Hause war, denn sein Dienst führte ihn oft weit weg von Pons, da in dieser Gegend mit einer alten hugenottischen Tradition die meisten seiner Gemeindemitglieder auf dem Land wohnten.

Für meine Mutter dürften die ersten Jahre in Pons auch nicht leicht gewesen sein. Aus war es mit ihren vielfältigen Aktivitäten auf dem großen Anwesen in Mfetom. Manchmal begleitete sie meinen Vater bei seinen Besuchen auf dem Land und zu seinen vier Pfarrgemeinden, aber für gewöhnlich blieb sie zu Hause, wie alle Mütter in der Provinz. Morgens brachte Papa ihr das Frühstück ans Bett, dann las sie in der Bibel, meditierte und betete. Wenn ich mittags nach Hause kam, begrüßte ich sie in der Küche, und an der Art, wie sie mich empfing, wie sie mich umarmte, konnte ich ihre Laune ablesen. Aber auch ein Lächeln erschien mir verdächtig, es gelang mir nur selten, ihr etwas recht zu machen. Allerdings bot ich durch meine guten Erfolge in der Schule und mein geregeltes Leben wenig Angriffsfläche. Sie schaffte es dennoch, mir immer wieder Vorwürfe zu machen und mich zu bestrafen: Mal war mein Bett nicht gemacht, mal mein Zimmer unordentlich. Es fiel mir schwer, mich an diese häuslichen Aufgaben zu gewöhnen, die in meiner Kindheit in Mfetom von Hauswirtschaftsschülerinnen erledigt worden waren.

Mireille, Jean-Pierre und ich gingen nun weitgehend getrennte Wege und kamen zu Hause nur noch bei den obligaten Hausarbeiten zusammen, zu den Mahlzeiten oder im »Studienraum«, der entstand, als das Eßzimmer durch eine Schiefertafel in zwei Räume unterteilt wurde. Wir trafen uns auch jeden Abend und sonntags beim Gottesdienst oder bei der Kirmes und bei Veranstaltungen, an denen wir zusammen mit anderen jungen Leuten der Gemeinde teilnahmen. Meine Schwester und ich verstanden uns in dieser Zeit der Eingliederung in das Leben der Provinz trotz der drei Jahre Altersunterschied ausgezeichnet. Am Sonntag nachmittag gingen wir in die gleiche Pfadfindergruppe und spielten in den gleichen Theaterstücken und religiösen Aufführungen mit, die meine Mutter für die protestantische Gemeinschaft der Umgebung inszenierte.

Bis zu seiner Abreise nach Bordeaux diente mir mein älterer Bruder ein bißchen als Beschützer. Ich durfte mit ihm ins Kino und sogar auf spontan stattfindende Parties gehen, obwohl seine Freunde deutlich älter waren als ich. Im Rauch ihrer Zigaretten diskutierten sie stundenlang, hörten klassische Musik und Jazz. Jean-Pierre kam oft spät nach Hause, und ich bildete mir ein, daß er und seine Freunde sehr intensiv lebten. Ich verliebte mich sogar in einen seiner Mitschüler, eine hoffnungslose Liebe, denn ich war viel zu jung für ihn. Ich stellte mir vor, daß der Junge sicher viel hübschere Mädchen kannte, die nicht gleich rot wurden, wenn sein Blick sie streifte.

Später, als mein Bruder sein eigenes Geld verdiente, schlug er meinen Eltern vor, mir eine Freizeitbeschäftigung außerhalb des Hauses zu bezahlen, die ich mir aussuchen könnte. Er hatte bemerkt, daß ich nicht mehr fortgehen durfte, seit er aus dem Haus war, daß sich meine Bewegungsfreiheit auf den Weg vom Pfarrhaus zur Schule und zur Kirche beschränkte. Ich bat darum, meinen Flugschein machen zu dürfen, damals eine eher unschickliche Bitte für ein sechzehnjähriges Mädchen. Natürlich lehnte meine Mutter ab, nicht aus Angst vor einem Unglück, sondern weil es in dem kleinen Fliegerhorst von Pons viel zu viele Jungen gab! Meinen zweiten Vorschlag, Judo, akzeptierte sie jedoch. Ich ging eifrig in die Kurse und erlangte sogar den schwarzen Gürtel.

Meine Schulkameradinnen im Gymnasium sah ich eigentlich nur im Studiersaal und im Pausenhof. Ich besuchte sie selten, und zu mir kamen sie auch nicht, obwohl es die einzige Gelegenheit gewesen wäre, mit Mädchen meines Alters zusammen zu sein, denn in der Pfarrgemeinde von Pons gab es sonst nur »alte Leute«. Also war ich zu Hause allein, das war mir auch ganz recht, denn die Gespräche meiner Mitschüler erschienen mir so nichtssagend, so sinnlos, sehr theoretisch und so weit entfernt vom Lachen und den Spielen meiner Schwestern einst in Bangangté. Ich zog mich zurück, sprach immer weniger, schaute nur noch zu. Das ging so weit, daß ein Gemeindemitglied der oberen Zehntausend der Charente meine Mutter einmal fragte, ob ich nicht ein bißchen »anders« wäre.

Und so wandte ich mich immer mehr einsamen Beschäftigungen zu: der Malerei und der Musik. Sonntags in der Kirche spielte ich mit großer Leidenschaft Harmonium, denn ich fühlte mich unwiderstehlich vom Glauben angezogen. Ich vertiefte mich in die Bibel. Natürlich wurde mir seit meiner frühesten Kindheit aus dem Buch der Bücher vorgelesen und erläutert, aber seit meinem fünfzehnten Lebensjahr entdeckte ich dort selbst andere oder ergänzende Auslegungen zu dem, was ich schon kannte. Ich wollte den Glauben zum Leitfaden meines Lebens machen, doch mit meinen Eltern sprach ich nie darüber. Als ich ihnen sagte, daß ich konfirmiert werden wollte, waren sie höchst erfreut. Als gute Kalvinisten hatten sie mir immer erklärt, daß es meine freie Entscheidung sei, diese Verpflichtung einzugehen, wenn ich die Notwendigkeit dazu verspürte. Als ich mich darauf vorbereitete, erkannte mein Vater sehr bald, daß es mir wirklich ernst war. Es wurde eine sehr feierliche Zeremonie. Vor Gott und einer Menge Zeugen verpflichtete ich mich, Ihm in der reformierten Kirche Frankreichs zu dienen. Während der Einsegnung liefen mir heiße Tränen über das Gesicht. Ich war ebenso aufgewühlt wie damals, als ich eines Nachts in den Alpen mein Versprechen als Pfadfinderin vor einem riesigen Lagerfeuer abgab.

Nach meiner Konfirmation nahm ich an Konfirmandenlagern in Royan teil, wo wir unser biblisches Wissen vertieften. Ich fühlte mich in dieser Umgebung so wohl, daß ich ernsthaft in Betracht zog, später Theologie zu studieren und – warum nicht – Missionarin zu werden. Ich wurde erwachsen und erkannte, daß ich den Spuren meiner Ahnen folgte, die alle für ihren Glauben eintraten. Also spielte ich in der Kirche inbrünstig Harmonium, um die Versammlung der Gläubigen noch stärker zusammenzuschweißen, der ich mich zutiefst zugehörig fühlte.

Ich war sechzehn Jahre alt, und wie alle jungen Mädchen in diesem Alter, in der Charente ebenso wie im Bamiléké-Land, verliebte ich mich. An jenem Tag war es nicht die Musik der Engel, die mir zu Kopf stieg, sondern eine einfache Gitarre. Paul, einer der jüngeren Freunde meines Bruders, zupfte sie mit viel Talent. Er war nur zwei Jahre älter als ich. Ehrlich gesagt, faszinierte mich vor allem seine Gitarre. Ich sah mich schon spielen, allein in meinem Zimmer, ohne Zeugen. Sie würde in meinen Händen vibrieren, mir das Herz mit Zärtlichkeit und Freundschaft erwärmen. Paul ließ mich seine Gitarre ausprobieren. Als er meine Begeisterung sah, schlug er vor, mir zu Hause Stunden zu geben. Erstaunlicherweise hatte meine Mutter nichts gegen die Anwesenheit dieses Mannes einzuwenden, der wie zufällig an meiner Seite unter unserem Dach auftauchte. Es konnte allerdings keine Rede davon sein, meine Zimmertür zu schließen. Häufig warf meine Mutter im Vorbeigehen einen Blick herein. Da mir Paul eine seiner alten Gitarren lieh, mußte niemand auch nur einen Pfennig ausgeben.

Mit zunehmender Stundenzahl erstreckte sich meine Liebe zur Gitarre auch auf meinen Lehrer. Zwischen Paul und mir war bald alles klar, auch wenn unsere Beziehung lange Zeit rein platonisch blieb. Es war 1959, und ich war gerade erst sechzehn Jahre alt.

Mein Vater hatte im Zusammenhang mit der Elternvertretung viel mit Pauls Familie zu tun. Das Verhältnis war gut. Die Eltern meines Freundes waren jedoch nicht gläubig, wie jeder wußte, und sogar strikt dagegen. Papa kämpfte an ihrer Seite für die religions- freie Schule, für die Trennung von Kirche und Staat – zumindest in Frankreich. Pauls Familie wohnte in einem sehr komfortablen Haus unter einer violetten Glyzinie, die aus einem üppig wuchernden Blu- mengarten aufragte. Dieser beschauliche Ort atmete sanft dahin- fließendes Leben. Vier Frauen wohnten hier, die Taufpatin und die Cousinen, denn Pauls Eltern lebten in Paris. Ich fand sein Leben herrlich, obwohl einer seiner Onkel diese Erziehung in meiner Ge- genwart als zu liberal bezeichnete und mehrmals wiederholte, ein Kind zu lieben bedeute nicht, ihm jegliches Leid zu ersparen.

Sehr bald trafen wir uns auch außerhalb der Gitarrenstunden, besonders in den Schulpausen. Bald machte es Paul zur Gewohn- heit, mich nach der Schule ein Stück nach Hause zu begleiten. Ein- mal gingen wir gerade nach Hause und plauderten über schwerwie- gende Probleme, als meine Eltern auf dem Rückweg von einer ihrer Pfarrgemeinden im Auto an uns vorbeifuhren. Zu meiner großen Verwunderung kam es daraufhin zu einem schrecklichen Krach:

»Du zeigst dich mit diesem Jungen ... Unser guter Ruf ... Denk doch an die Folgen deines Handelns ...«

Meines Handelns? Ich wußte überhaupt nicht, worum es ging. Es gab nicht den geringsten Beweis eines Flirts mit meinem Gitarren- lehrer. Wir waren nicht einmal Hand in Hand gegangen! Unsere sel- tenen und flüchtigen Berührungen waren eher zufällig, zumindest glaubte ich das. Trotzdem, und ich verstehe bis heute nicht warum, gestatteten sie, daß ich weiterhin zu Hause Stunden nahm, natürlich immer unter Aufsicht. Ein paradoxes Verhalten, das sich genau ins Gegenteil verkehrte. Es war ihre Schuld, daß aus der kleinen Liebelei in der Schule eine richtige Liebesgeschichte wurde.

Wir diskutierten oft religiöse Angelegenheiten. Ich kam zu ihm, die Bibel unter dem Arm, und war noch immer fest überzeugt. Doch ganz allmählich, ungefähr ab meinem siebzehnten Lebensjahr, veränderte sich mein Blick für die reformierte Kirche, er wurde kritischer. Ich ging zwar noch immer regelmäßig in den täglichen Gottesdienst, aber ehrlich gesagt, fand ich es jetzt ziemlich langweilig. Wenn ich die kleine Versammlung aufmerksamer Menschen sah, die mechanisch nachsprachen, was sie längst auswendig wußten, hatte ich oft Mühe, das Lachen zu unterdrücken. Was erwarteten sie sich von diesen vorprogrammierten Begegnungen mit Gott, zu festen Zeiten und an bestimmten Orten? Schließlich war Gott doch überall, nicht nur in diesen Mauern, die bei dem Durchschnittsalter der Gläubigen bald leerstehen würden. Und doch blieb die Bibel meine Lieblingslektüre, auch wenn ich fand, daß diese Riten nichts mit dem Glauben zu tun hatten. Ich veränderte mich, ich suchte das Unvorhergesehene, wollte Entscheidungen selbst treffen, ich suchte den Weg zum verbotenen Wasser des toten Flußarms. Ich war auch im Gottesdienst nicht mehr so inbrünstig wie früher. Ich las andere Bücher, die, zumindest für eine Protestantin, nicht ganz so konservativ waren. Sartres »Ekel« schien mir für eine Weile genau meinen eigenen Geisteszustand widerzuspiegeln. Papa war entsetzt, stellte mir unzählige Fragen und war mit der Auswahl meiner Bücher nicht einverstanden. Jedoch, je mehr ich von Sartre las, um so weniger paßte er zu mir. Seinen Pessimismus wies ich weit von mir. Sehr schnell ließ ich diese traurige Vision des Lebens fallen. Wozu sich einen Vordenker suchen? Ich würde künftig meinen eigenen Weg der Freiheit gehen.

Neben Sartre gab es auch noch George Brassens. Mein Bruder hatte seine Lieder schon in Bangangté gesungen, und ich war nun in dem Alter, ihn zu entdecken. Die dichterischen, anarchistischen und stürmischen Texte des »Pornographen des Phonographen« waren, gelinde ausgedrückt, das absolute Gegenteil dessen, was meine Eltern dachten. Wie damals viele Menschen fand auch Papa seine schmutzigen Wörter unschicklich. Und meine Mutter? Eines Tages stürzte sie ins Zimmer, einen »Liebesbrief« schwenkend, den sie beim Durchsuchen meiner Sachen gefunden hatte. Der Gegenstand des Vergehens, diese unappetitlichen Verse, das war »L'Orage«!

»Erzählt mir vom Regen und nicht von schönem Wetter …«

Ich hatte es abends abgeschrieben und unter mein Kopfkissen gelegt, um es singen und mich dabei mit der Gitarre begleiten zu können. Wir stritten wie schon lange nicht mehr. Ich bemühte mich nicht einmal, das Mißverständnis aufzuklären, sondern ließ das Gewitter einfach an mir vorüberziehen. Aber eigentlich tauchte meine Auflehnung, die ich erstickt und seit unserer Ankunft in Pons unter der Maske des strebsamen und stillen jungen Mädchens versteckt hatte, wieder auf. Nein, dieses enge, geregelte Leben war nichts für mich. Unbewußt suchte ich nach der phantastischen Freiheit, die ich in Afrika genossen hatte. Und meine Liebe zu Paul, zur Gitarre, zu Brassens waren nur Meilensteine auf diesem Weg.

Im Juni 1961 bestand ich mühelos den ersten Teil der Abiturprüfungen. Um in den Ferien ein bißchen Geld zu verdienen, arbeitete ich als Hausmädchen in der Nähe von Evian bei der Familie eines Atomforschers in Saclay. Als ich meine Vorliebe für die Naturwissenschaften entdeckte, boten mir diese freundlichen Menschen an, sie nach Kalifornien an die Universität von Berkeley zu begleiten, einfach so! Dort würden sie für meine Studiengebühren aufkommen, als Gegenleistung müßte ich mich um ihre Kinder kümmern. Ein Vorschlag, der meinen Eltern gefiel. Ich hätte auf diese Weise Gelegenheit, an eine der berühmtesten Fakultäten der Welt zu kommen, und meine Beziehung zu Paul wäre zu Ende.

Ich beschloß, mit meinem Geliebten darüber zu reden. Paul verlangte von mir, mich zwischen diesen brillanten Studienaussichten und ihm zu entscheiden. Wenn ich ginge, wäre er wieder frei. Ich entschied mich für die Liebe. Als sie erfuhren, daß ich seinetwegen lieber in Frankreich blieb, waren meine Eltern tief enttäuscht.

Ich kam also in die letzte Klasse, elementare Mathematik. Da das

Gymnasium von Pons diesen Abschnitt nicht anbot, beschloß ich gemeinsam mit meinen Eltern, mich auf den zweiten Teil der Abiturprüfungen durch Fernkurse am Gymnasium von Vanves – wieder einmal – vorzubereiten. Nun schloß sich der Kreis. Dieses Mal kam ein »aus dem Fenster springen und Schule schwänzen« nicht in Frage – ich saß im zweiten Stock. Aber ich hatte auch keine Lust dazu, denn es machte mir wirklich Spaß, ohne jede Aufsicht zu büffeln, völlig frei, als Herrin meiner Zeit und meiner Arbeit.

Die einzelnen Prüfungen fanden in Saintes statt, etwa zwanzig Kilometer von Pons entfernt. Ich wurde beim Pastor des Ortes untergebracht, zusammen mit den Prüflingen aus anderen Gemeinden der Umgebung. Gewissenhaft begab ich mich jeden Tag zu den Prüfungssälen, und mit der gleichen Gewissenhaftigkeit lieferte ich nach der vorgeschriebenen Viertelstunde ein völlig weißes Blatt ab. Diese Tat war vorsätzlich, lange herangereift in diesem letzten Jahr, das ich lernend zu Hause verbracht hatte. Ich hatte mir viele Ausreden zurechtgelegt, manche verwirrend, die meisten irreführend. Um ehrlich zu sein, heute, mehr als dreißig Jahre danach, fällt es mir schwer, die Gründe meines Handelns zu erklären.

Wie geplant, ging diese absichtliche Sabotage des zweiten Teils meiner Abiturprüfung über das hinaus, was meine Eltern ertragen konnten. Nachdem sie mich mit Vorwürfen überhäuft und mir die lange Liste meiner Schandtaten aufgezählt hatten, erklärten sie mir, daß ich künftig selbst für mich sorgen müsse. Endlich, zum ersten Mal waren wir einer Meinung! Mit knapp neunzehn Jahren war ich unabhängig. Ich bewarb mich als Lehrerin für externe Schüler eines anderen Gymnasiums unserer Region in Saint-Jean-d'Angély und erhielt die Stelle. Paul hatte sein technisches Abitur wieder nicht bestanden. Allerdings hatte er sich auch nicht besonders angestrengt, trotz der eher unauffälligen Ermutigungen seiner Familie. Er konnte damit aber nicht noch einmal antreten und wurde zum Militärdienst einberufen. In wenigen Wochen würden wir getrennt sein, und so gab ich mich ihm hin, zum ersten Mal – als Unterpfand meiner Treue.

Als Aufsichtslehrerin am Gymnasium in Saint-Jean-d'Angély

lernte ich eine »Mitleidende« kennen. Sie war, wie ich, durch das Abitur gefallen, allerdings in Philosophie. Für meine neue Freundin waren die Naturwissenschaften ein wahrer Alptraum. Ich half ihr, obwohl ich beschlossen hatte, selbst nicht noch einmal zur Prüfung anzutreten. Wir hatten diesen Posten jedoch nur unter der Bedingung bekommen, daß wir uns noch einmal den Prüfungen stellten. Also meldete ich mich schließlich für die Abiturprüfung im philosophischen Zweig an, obwohl ich dieses Fach haßte.

Ein paar Monate vorher hatte mir Paul in einem Brief mitgeteilt, daß er bei der Armee Tuberkulose bekommen hatte und ins Militärkrankenhaus von Rochefort verlegt worden war. Sobald ich konnte, fuhr ich ihn besuchen. Von da an machte ich diese Fahrt fast jedes Wochenende und verbrachte soviel Zeit wie möglich in dem Gemeinschaftssaal, in dem er mit anderen Tuberkulosekranken lag. Meine Eltern erfuhren davon und fanden endlich ein wenig ruhmreiches Argument, warum ich mich von Paul trennen sollte, die Ansteckungsgefahr. Wie konnten sie nur einen Augenblick glauben, daß ich diesen Jungen gerade jetzt verlassen würde, da er meine Zuneigung am meisten brauchte? In einem Jahr würde ich volljährig werden; hätten sie mich gewähren lassen, wäre meine Beziehung zu Paul vielleicht weniger eng geworden, vielleicht … Nach einiger Zeit wurde er in ein Sanatorium in den Pyrenäen verlegt, wo ich ihn nur einmal, gemeinsam mit seiner Familie, besuchte.

Am Ende dieses Aufsichtsjahres in Saint-Jean-d'Angély brachte mich meine Kollegin und Freundin doch dazu, das Abitur noch einmal zu machen. In den wissenschaftlichen Fächern erhielt ich gute Noten, ansonsten waren sie aber katastrophal. Ich mußte also in die mündliche Nachprüfung im September. Allein der Gedanke machte mich fast krank, und meine Freundin mußte mich mit Gewalt ins Prüfungszentrum zerren.

Alles lief ganz gut, bis zur letzten Prüfung, Philosophie. Die Prüferin war durch die Antworten der Prüflinge völlig entnervt.

»Sie wiederholen nur Ihre Lektionen, Sie wissen überhaupt nicht, was Sie sagen. Möchten Sie noch etwas hinzufügen?«

Nun war ich an der Reihe, diese Litanei ironischer Bemerkungen über mich ergehen zu lassen. Wie beim Lotto mußte ich ein Stück Papier ziehen: »Ist Geschichte eine Wissenschaft?« Nicht gerade ein Thema, das mich inspirierte. Nach einer Viertelstunde war das Blatt zur Vorbereitung ebenso leer wie mein Gehirn ... Ich stand meiner gefürchteten Prüferin gegenüber. Schneidende Fragen, ausweichende Antworten. Gleich würde das Urteil fallen. Plötzlich – der Geistesblitz. Bei der Vorbereitung auf die Philosophieprüfung mit meiner Freundin hatte ich die »Abhandlung über die Methode« entdeckt. Und es hatte mir gefallen, nicht nur, weil dieses Werk den großen Vorteil hatte, kurz zu sein, sondern auch, weil der Autor seine Argumentation auf Kausalität, Finalität und Dialektik aufbaut – das absolute Gegenteil der afrikanischen Denkweise, die sich auf Analogie stützt.

»In seiner ›Abhandlung über die Methode‹ sagt Descartes ...«, begann ich mutig.

Der ernüchterte Blick der Prüferin wandte sich mir zu, mit einem unmerklichen Aufleuchten von Interesse fragte sie:

»Haben Sie es gelesen?«

Ich nutzte die Chance, faßte das Werk zusammen, erklärte, zog Schlußfolgerungen. Es war mir zwar nicht bewußt, aber wieder hatte ich auf die rettende Methode zurückgegriffen, die mir schon acht Jahre zuvor für den Übergang in die zweite Klasse des Gymnasiums geholfen hatte, als ich über Bangangté schrieb anstatt über das eigentliche Thema »Ferienerlebnis«. Im Grunde spielte ich wieder das Spiel des Kolonisierten angesichts des Kolonialherren.

»Ich gebe Ihnen vierzehn von zwanzig Punkten«, sagte die Prüferin erfreut.

Draußen fiel mir meine Freundin um den Hals. Aber ich konnte nicht die gleiche Begeisterung aufbringen wie in Pons. Natürlich besaß ich nun die volle Hochschulreife, aber ohne meine Eltern, denn sie hatten meine »Laune« des vergangenen Jahres noch immer nicht verdaut. War ich überhaupt bereit, lange Jahre an der Universität zu studieren? Sehr gut, mein Kind! Aber warum habe ich ihnen nicht mitgeteilt, daß ich noch einmal zur Prüfung antrat? Warum habe ich mit ihnen nicht darüber gesprochen? Warum mußte meine Mutter von anderen erfahren, daß ich im Schriftlichen durchgefallen war und das Mündliche bestanden hatte? Wieder einmal war ich ihnen entkommen.

Trotzdem wurden die Ferien herrlich. Meine Eltern hatten, dank einer Erbschaft, ein Haus auf der Halbinsel Rhuys gekauft, ein altes Gebäude, das vollständig renoviert werden mußte. Mein Bruder und ich – Mireille verbrachte ihre Ferien anderswo – spielten begeistert die Rolle der Restaurateure, gruben, mauerten, brachten den Garten in Ordnung, alles nach den Anweisungen meines Vaters, der seine alten Instinkte als Erbauer von Mfetom wiederfand. Dann fuhren wir mit dem Fahrrad ans Meer, an dieses wilde und stürmische Meer, bevor wir uns fröhlich um den Kamin versammelten, während Papa von seinen Segelerlebnissen im Pazifik erzählte.

Über so viel familiärem Glück vergaß ich Paul. Oder vielmehr, ich begann zu erkennen, was uns unterschied. Er träumte von einem schmucken, komfortablen Häuschen, ich suchte eher den rauhen Kontakt zur Natur. Auch gut, ich würde mich erst entscheiden, wenn er wieder gesund war.

Zu Semesterbeginn schrieb ich mich in Philosophie an der Universität Poitiers ein. Ich hatte ein Stipendium beantragt, doch während ich darauf wartete, verdiente ich mein Geld als Internatslehrerin an einem Mädchengymnasium in Niort. Sobald ich dort Fuß gefaßt hatte, stellte ich fest, daß Philosophie wirklich nichts für mich war. Nur Nietzsche gefiel mir, er sagte, ich solle über mich hinausgehen, mich nicht von der Kirche, dem Staat oder der Mittelmäßigkeit einengen lassen. Außerdem hatten er und ich mindestens eines gemeinsam: Auch sein Vater war Pastor!

Paul wurde aus dem Sanatorium entlassen, als ich gerade ein wenig brillantes, erstes Jahr an der Universität abschloß. Wir kannten uns nun schon seit fast sechs Jahren, und ich teilte ihm ohne Umschweife meine Entscheidung mit: »Entweder wir leben zusammen, oder ich trenne mich von dir.« Welche Antwort hatte ich erwartet? Genau kann ich es nicht sagen. Er wählte die erste Möglichkeit, obwohl er nicht wußte, wie er seinen Lebensunterhalt verdienen sollte.

Ich war einundzwanzig Jahre alt, volljährig und teilte meinen Eltern meinen Entschluß mit. Sie hatten mir nichts mehr zu verbieten. Mama wollte unsere Verlobung unbedingt in ihrem Haus in Morbihan feiern. Mir war es recht. Beide Familien nahmen an der Zeremonie teil, danach folgte ein wunderbares Fest, bei dem mir Paul einen Diamantring über den Finger schob. Dann fragte ich einen meiner Onkel, ob er nicht einen Arbeitsplatz für meinen Verlobten wisse, am besten an einem Ort, der für einen Tuberkulosekranken geeignet war. So wurde Paul Industriezeichner beim Sonderdienst der Autobahnen in Aix-en-Provence.

»Du kannst nicht mit ihm dorthin gehen, ohne verheiratet zu sein!« rief meine Mutter aufgeregt.

Trotz meines Zögerns organisierte sie in aller Eile eine herrliche Hochzeit. Ich hätte gerne noch etwas mit der Entscheidung gewartet, mich endgültig an Paul zu binden. Aber schließlich war es ja nur ein Verwaltungsakt, was mich jedoch nicht hinderte, an diesem Herbsttag 1964 in der Kirche von Génozac unter dem weißen Schleier, den mir meine Mutter aufgezwungen hatte, wie ein Schloßhund zu heulen. Ich war ebenso aufgewühlt wie damals bei den Pfadfinderinnen und später bei meiner Konfirmation. Papa segnete die Ehe, und das Fest dauerte bis zum frühen Morgen.

In Aix-en-Provence mußte ich mir eine Arbeit suchen, denn das Gehalt meines Mannes als Industriezeichner ohne Erfahrung und das Geld, das meine Schwiegereltern schickten, reichten nicht aus. In dieser Universitätsstadt, in der es fast nur Dienstleistungsgewerbe gab, hatte ich wenig Auswahl; Sekretärin und Schreibkraft oder gar nichts. Einen Monat lang übte ich zehn Stunden täglich auf einer gemieteten Schreibmaschine. Dann stellte ich mich bei dem gleichen Unternehmen vor, bei dem auch mein Mann tätig war, und wurde nach einem Probemonat fest angestellt.

Einundzwanzig Jahre alt, verheiratet, Auto, Fernsehgerät, HiFi-Anlage, zwei Gehälter, Sonntagsspaziergänge in einer der schönsten Landschaften Frankreichs, Schwimmbad und – allerdings nur für mich – Haushalt und Küche. Unsere Wohnung in Clos-Cézanne wurde schon bald ein gemütliches Nest, und wir hatten die Perspektive eines wahrscheinlich sanften sozialen Aufstiegs für das ideale Paar, das wir in jenen sechziger Jahren darstellten. Das Leben des kleinen Naturkind aus Bangangté lag nun lange zurück! Und doch quälte mich manchmal die Angst, wenn ich allein zu Hause war. Grundlos brach ich in Tränen aus, rügte mich dann selbst. Es konnte doch nicht so schwierig sein, so zu leben wie alle anderen.

Ich war außer mir vor Freude, als ich erfuhr, daß ich schwanger war. Das war alles, was ich wollte – Leben schenken! Serge, mein erster Sohn, kam am 10. März 1966 auf die Welt. Unaufhörlich betrachtete ich mein Kind und fand es wunderschön, unglaublich. Er war vollkommen! Sein Vater wollte nicht, daß ich ihn stillte: »Du sollst ja nicht zu früh häßlich werden.«

Später ärgerte ich mich, daß ich diesem ausgesucht höflichen Argument nachgegeben hatte, denn Serge vertrug die künstliche Babymilch nie. Irgendwo im Hintergrund meiner Erinnerung tauchte ein verschwommenes Bild einer afrikanischen Frau auf, ihr rundliches Kind an der Brust. Mein Schuldgefühl wurde noch größer, als Serge mit zehn Monaten wegen einer Vergiftung ins Krankenhaus mußte. Zehn Tage lang blieb er isoliert, und ich durfte ihn nur durch eine Glasscheibe sehen. Als mir die Krankenschwester mein Kind endlich wieder in den Arm legte, beschloß ich, meine Arbeit aufzugeben und mich nur noch um mein Kind zu kümmern. So blieb ich eine Zeitlang allein zu Hause, und als Serge seine Krankheit endgültig überwunden hatte, sagte ich meinem Mann, daß ich mein Studium wieder aufnehmen wollte. Er hatte nichts dagegen.

Die Universität in Aix-en-Provence hatte keine naturwissenschaftliche Fakultät. Ich entschied mich daher für das Fach, das einem wissenschaftlichen Studium am nächsten kam, die Geographie. Es war Liebe auf den ersten Blick. Ich entdeckte die ungewöhnlichen Zyklen der Natur, wenn Meere zu Kontinenten, Gletscher zu trockenen Wüsten werden und die Flora sich in Erdöl verwandelt. Und ich selbst war nur ein winziges Staubkorn auf der Erde, die selbst nichts war, verloren im Weltall. Wie unbedeutend wirkten angesichts dieser Beweise meine typischen Hausfrauenängste, meine Nostalgie! Meine

Begeisterung mag vielleicht naiv erscheinen, aber das macht mir nichts aus. Zweifellos war das Studienjahr 1967-1968 der erste Schritt, der mich auf den Weg in mein Heimatland zurückbrachte. Dieses Heimatland, das ich vergessen zu haben glaubte, das ich vergessen wollte. Aber die Geographie, die Wissenschaft von der Erde, führt auch zur Erde. *In zehn Jahren ...*

Ich träumte nicht mehr von einer Reise nach Kamerun. In den Ferien vielleicht ... Im Jahr 1968 hätten mich jedoch zwei Ereignisse von der Rückkehr nach Afrika abgehalten, falls ich sie geplant hätte: meine zweite Schwangerschaft und die Ereignisse im Mai 1968. Ich war über diese erneute Schwangerschaft ebenso erfreut wie über die erste. Ich wollte nicht nur zwei Kinder, sondern fünf, zehn! Da mochten meine Schwiegereltern ruhig das Gesicht verziehen und hinter vorgehaltener Hand sagen, daß in diesen Studentenkreisen die Väter keine Väter mehr sind. Für mich blieben Liebe, Treue und Mutterschaft weiterhin untrennbar miteinander verbunden.

Als die Ereignisse des Mai 1968 Aix-en-Provence erreichten, beobachtete ich das Geschehen aus einer gewissen Distanz. Erstens konnte ich mich in meinem Zustand schlecht unter die Demonstranten mischen, zweitens hat es mich schon immer gestört, in eine Massenbewegung mit hineingezogen zu werden. Und dann diese Menschen, die »Nieder mit der Konsumgesellschaft« brüllten. Ich wußte überhaupt nicht, gegen wen sie kämpften. Ich hatte mich nie mit den innerfranzösischen wirtschaftlichen, sozialen und politischen Problemen befaßt. Meine Studienkollegen waren alle jünger als ich. Den meisten von ihnen hatte es nie an etwas gefehlt, sie waren völlig anders aufgewachsen als ich! Außerdem wußte ich, daß die jungen Kameruner davon träumten, in Europa zu leben, um dort ein weniger beschwerliches Leben führen zu können. Diese ganze Aufregung überzeugte mich nicht, und ich konnte auch nicht erkennen, welche Art Gesellschaft meine Studienkollegen aufbauen wollten.

Meine Studien hatten mich wieder mit Afrika in Berührung gebracht. Ich wollte alles darüber wissen, schnitt Artikel aus »Le Monde« aus, diskutierte häufig mit einer befreundeten Nachbarin und Soziologin. Meine Träume, meine Liebe, meine »In zehn Jahren« hatten nun eine feste, theoretische Grundlage. Ich konnte das Umfeld analysieren, in dem ich in Bangangté aufgewachsen war, die Landwirtschaft, gestaltet durch ihre natürliche Umgebung und die Riten, die dazu dienen, die Natur zu schützen. Der Austausch war vielschichtig, häufig bestand er aus spontanen Geschenken ohne das geringste Bestreben, zu beeindrucken. Wen interessierte da noch die »Konsumgesellschaft«?

Doch die Beschäftigung mit diesem Thema machte mir deutlich, daß ich über die Kultur, in der ich seit zwölf Jahre lebte, so gut wie nichts wußte. Als Kind hatte man mir wie den anderen kleinen Afrikanerinnen beigebracht, daß der Westen ein Modell darstellte, ein allgemeines Ideal. Und nun wollten diejenigen, die hier lebten, daß das Modell verschwand. An den großen Versammlungen in den überfüllten Hörsälen nahm ich nicht teil. Aber ich suchte mir kleinere Ausschußsitzungen, die mich sehr ansprachen. Dort wurde über die Poesie von Brassens gesprochen.

Die Abschlußprüfungen des ersten Studienjahrs machten mir keine Schwierigkeiten, und in den Ferien konnte ich mich in aller Ruhe auf die Entbindung vorbereiten. Laurent wurde am 17. September 1968 geboren. Trotz der spitzen Schreie meines Mannes stillte ich ihn. Zwei kleine Kinder zu versorgen, einen Haushalt zu führen, die ewige Müdigkeit ... Nur widerwillig beschloß ich, meine Vorlesungen an der Universität für ein Jahr zu unterbrechen.

Diese langen Monate nur mit den Kindern, dem Fernsehen, der klassischen Musik und den Liedern, die ich liebte, zählten zu den verdrießlichsten meines Lebens. Nach der Arbeit im Büro wollte mein Mann nie ausgehen, und wir hatten keinerlei Gedankenaustausch. Wir stritten noch nicht einmal, denn ich war nur auf mich selbst wütend, auf diese Rolle der Hausfrau, die ich perfekt spielte – und dabei erstickte. Als endlich das neue Studienjahr 1969/1970 begann, nahm ich meine Vorlesungen mit der gleichen Freude und noch größerer Begeisterung wieder auf. Diesmal bewegte ich mich auf bekanntem Terrain.

In den Ferien 1969 teilten mir meine Eltern mit, daß die Evangelische Kirche von Kamerun sie gebeten hatte, die Schule von Bangangté-Mfetom wieder zu eröffnen.

Seit unserer Abreise im Januar 1956 hatte das Bamiléké-Land Schreckliches durchgemacht, denn es befand sich im Zentrum der Kämpfe gegen die Kolonialherrschaft und später des Bürgerkriegs, der infolge der Unabhängigkeit 1960 ausbrach. Die fast an Nigeria grenzende Region stand genau zwischen den Fronten des Konflikts der französisch- und der englischsprechenden Parteien und bekam daher die Folgen der Auseinandersetzungen mit voller Wucht zu spüren. Die Mfetom-Mission wurde geschlossen. 1963 wurde dort ein Missionarsehepaar ermordet, das im Haus meiner Kindheit Urlaub machte. Man hat nie herausgefunden, warum und von wem. Es kehrte wieder Frieden ein, doch seit dem Doppelmord galt der Hügel, auf dem ich meine Kindheit verbracht hatte, als verfluchter Ort.

Obwohl die Evangelische Kirche von Kamerun schon seit 1957 selbständig war, beschloß sie erst zwölf Jahre später, die Schule wieder zu eröffnen. Die kirchlichen Stellen erkannten, daß nur zwei Menschen in der Lage waren, diese Ruinen wieder mit Leben zu erfüllen, nämlich Charles und Yvette Bergeret. Sie galten als Vater und Mutter dieses Ortes, und ein Afrikaner würde nie seine eigenen Eltern ermorden. Trotz der langen Zeit, die seit unserer Abfahrt vergangen war, hatten uns die Bewohner nicht vergessen. Als ich erfuhr, daß Papa und Mama zurückkehren würden, freute ich mich für sie, aber mehr war es nicht für mich. Mein Leben fand nun hier statt, in Aix, bei meinen Kindern und meinem Studium.

Noch im selben Jahr, in dem meine Eltern nach Bangangté zurückgingen, heiratete mein Bruder Jean-Pierre. Paul und ich fuhren zur Hochzeit nach Bordeaux. Zur Hochzeit meiner Schwester, die kurz zuvor stattgefunden hatte, wurde ich nicht eingeladen, denn sie hatte sich einen wohlhabenden Freundeskreis geschaffen, zu dem wir nicht so recht paßten. Als wir im Vorjahr in den Ferien alle bei unseren Eltern im Haus auf Rhuys zusammenkamen, erzählten sie viel von Ausritten, von Tennis und ähnlichen Vergnügungen; ein sehr erfülltes Leben, wie mir schien, verglichen mit meinem, ein Leben, das meine Eltern zufriedenstellte. Ich hatte das Gefühl, daß Mama auf Mireille und Jean-Pierre stolz war, viel stolzer als auf mich. Die Hochzeit war sehr fröhlich, ich tanzte die ganze Nacht, denn in den sechs Jahren meiner Ehe hatte ich kein einziges Mal Gelegenheit, mir dieses Vergnügen zu gönnen.

Zurück in Aix verbrachte ich die meiste Zeit an der Universität – zu Pauls großem Ärger, denn das Essen stand nicht immer auf dem Tablett vor dem Fernsehgerät bereit, wenn er aus dem Büro kam. Die Kinder nahm ich in die Vorlesungen mit. Mit seinen vier Jahren sprach Serge über die Uni, als sei es seine Schule. Er und sein Bruder Laurent kannten jeden, vom ältesten Professor bis zur jüngsten Studentin. Und ich, ich hatte alle Hände voll zu tun und strotzte nur so vor Energie und Lebensfreude. Neben den Vorlesungen selbst nahm ich an den praktischen Übungen teil, ging in die Arbeitsgruppe Kartenstudium, las und lernte viele Stunden in der Bibliothek. Am besten gefielen mir die Exkursionen ins Gelände mit den Studienkollegen und Professoren. Auf diesen Expeditionen, die manchmal mehrere Tage dauerten, konnte ich endlich meinen Überschuß an Interesse für meine Mitmenschen zeigen, das zu Hause nicht so recht zum Ausdruck kam. Und weil das noch nicht genug war, stellte ich den Antrag, schon jetzt mit meiner Magisterarbeit anfangen zu dürfen. Ich nahm mir eine Karte des Departements Haute-Provence im Maßstab 1:50 000 und suchte nach einem unbewohnten Gebiet in den Alpen. Ich entschied mich für die Gegend um Blieux, etwa hundertfünfzig Kilometer nördlich von Aix. Es lag am Ende eines Tals wie in einer Sackgasse. Am nächsten Wochenende fuhr ich hin. Keine fünfzig Menschen lebten verstreut in dem unberührten Tal. An den Hängen sah man die Reste eines verlassenen Dorfs. Der Bürgermeister bot mir an, die verlassene Schule und die Wohnung des Lehrers zu mieten. Eine Woche später stand ich mit einem Rucksack voll Unterlagen und Geräten – Kompaß, Geologenhammer, Fotoapparat, kartographische Instrumente, ganz zu schweigen von Schokolade und einer Thermoskanne voll Kaffee – vor meiner neuen Bleibe. Sie bot gerade genug Platz, um die auf meinen Bergbesteigungen gesammelten Proben zu verstauen. Mindestens zweimal hätte ich mir fast den Hals gebrochen, aber als ich dann den Gipfel erreichte und die Alpen vor mir lagen, mußte ich an die »Pastorale« denken und trällerte sie laut über die Berge.

Die Bauern der Gegend schauten mir spöttisch bei der Arbeit zu. Freundlich-ironisch fragten sie mich einmal, was ich denn mit diesen Kieseln und Säckchen mit Erdproben vorhätte. Ich erklärte es ihnen, konnte sie aber nicht von der Nützlichkeit meiner Arbeit überzeugen. Eigentlich hatten sie ja recht, aber es machte mir eben Spaß und gab mir vor allem ein herrliches Gefühl von unbegrenzter Freiheit.

Nur mit Bedauern verließ ich die trockenen Berge von Blieux mit dem Auto, das uns Pauls Familie geschenkt hatte. Auf dem Rückweg dachte ich an meine Eltern, die nach Kamerun zurückgekehrt waren, an meinen Bruder und auch an meine Schwester, die ihre Erfüllung in Bordeaux gefunden hatte. Und ich, wie sah mein Leben aus? Was war aus der Liebe geworden, die mein einziger Lebensinhalt sein sollte? Der Gedanke an eine Scheidung keimte in mir, ich erkannte, daß ich mein Leben für das Bild des perfekten Ehepaars opferte, das wir nach außen spielten und in dem ich keinen Sinn mehr sah. Ich brauchte einen Anstoß, um dem Schicksal ein wenig nachzuhelfen, eine Kleinigkeit, etwas, das eine aktive Entscheidung über mein Leben auslösen würde.

Dieser kleine Anstoß kam nicht gleich, obwohl sich eine erste Gelegenheit bot. Als ich mit drei anderen Studenten von einer Exkursion in das Gelände zurückfuhr, über das einer der Professoren seine Doktorarbeit schrieb, passierte ein Unfall, bei dem sich der Wagen dreimal am Kanalufer überschlug. Ich war die einzige, die ins Krankenhaus gebracht werden mußte, und ich war vom Hals abwärts praktisch gelähmt. Als Paul mich besuchte, erkundigte er sich nicht danach, wie es zu dem Unfall gekommen war, auch nicht nach meinem Zustand. Was ihm Sorgen machte, abgesehen von meiner Fahrweise, war der Schaden am Auto. Diese Einstellung vertiefte den Graben, der längst schon zwischen uns entstanden war. Ich hatte das sichere Gefühl, daß eine Trennung immer unausweichlicher wurde, aber ich wollte zuerst darüber reden. Nur, mit wem? Als ich aus dem Krankenhaus entlassen wurde, war ich froh, die herzliche und lernintensive Atmosphäre der Fakultät wiederzufinden. Bei den Studenten fühlte ich mich wohl, alle waren gleich. Zum ersten Mal wurde mir auch die Unterstützung der Professoren bewußt, die mit Warmherzigkeit und ohne Hintergedanken zu meinem Erfolg beitrugen.

Kurz darauf fuhr ich wieder zu meinem Arbeitsgebiet in Blieux. Inzwischen waren in dieser Steinwüste Neuankömmlinge aufgetaucht, Leute in meinem Alter, über die die Dorfbewohner manchmal tratschten. Es war ein Ehepaar aus der Stadt mit einer kleinen Tochter, ungefähr ein Jahr alt. Der Mann sei Holzfäller, hieß es.

»Die verschwinden bald wieder«, erklärten mir die Bauern, deren Kinder in die Stadt gezogen waren. »Ihr jungen Leute, ihr wollt euch nur amüsieren, ihr wollt nicht mehr auf Komfort verzichten.«

Wenn ich der jungen Frau im Dorf begegnete, schaute sie nicht einmal zu mir herüber, und ich hatte den Eindruck, daß ich ihr nicht fein genug war. Trotzdem kam eines Tages einer ihrer Freunde, den ich im Laden getroffen hatte, zu mir herüber und lud mich zu einer Party bei François und Cathérine – so hießen die beiden – ein. Ich legte meine kartographische Arbeit beiseite und ging mit ihm hinüber.

Sie wohnten in einem alten Haus, »L'Hermeline«, das innen sehr rustikal eingerichtet war. Im großen Gemeinschaftsraum unterhielten sich Leute. Meine Ankunft wurde überhaupt nicht bemerkt. Nur ein kleines Mädchen schaute mich verwundert an. Ich nahm sie an die Hand und zog sie zu einem freien Stuhl. Aus dem Lautsprecher des Plattenspielers drang die weiche und warme Stimme Anne Sylvestres, einer meiner Lieblingssängerinnen.

Die Unterhaltung begann schleppend mit alltäglichen Themen, entwickelte sich jedoch schon bald zu einem äußerst interessanten Gespräch. Zum ersten Mal in meinem Leben fühlte ich mich in absolutem Einklang, in völliger Harmonie mit anderen Menschen. Und ich glaubte, es beruhte auf Gegenseitigkeit. Endlich hörte man mir zu, wenn ich etwas sagte, endlich versuchte man, mich zu verstehen, ohne zu urteilen und zu werten, ohne drohende Ratschläge, die sich eher wie Befehle anhörten. Die Aufmerksamkeit, die mir zuteil wurde, galt im übrigen auch den anderen, galt allen Freunden, die sich in »L'Hermeline« aufhielten. Aix und die Einsamkeit zu zweit mit Blick auf das Fernsehgerät waren Lichtjahre entfernt. François und Cathérine waren keine »Hippies« von damals und keine »coolen Typen« von heute, auch keine kleinbürgerlichen Aussteiger auf der Suche nach dem vermeintlichen »Zurück zur Natur«. Ihr Vater, ein Akademiker, hatte während des Krieges hier im Untergrund gekämpft. Er wurde gefangengenommen und in ein Nazi-Lager nach Deutschland deportiert. Damals hatte er sich geschworen, noch einmal an die Orte zurückzukehren, an denen er gekämpft hatte, falls er überleben sollte. Er kam durch, und nach einer brillanten Karriere an der Universität konnte er nun endlich sein Versprechen einlösen. Er ließ sich schließlich hier in diesem verlassenen Dorf nieder und brachte seine ganze Familie mit.

Seit dieser ersten Begegnung kann ich die Nächte nicht mehr zählen, die wir mit Gesprächen über das Leben im allgemeinen und das unsere im besonderen verbracht haben. Bis heute haben mir François und Cathérine immer die Freundschaft gehalten, über die lange Zeit und die Entfernung hinweg. In den schwierigsten Augenblicken meines Lebens waren sie immer zur Stelle.

Rückhaltlos und ohne Spott fürchten zu müssen, konnte ich endlich über meine Kindheit in Afrika reden, über die Schwierigkeiten mit meinen Eltern und in meiner Ehe, die mehr und mehr auseinanderbrach. Mit der Zeit wurden die Gedanken in meinem Kopf klarer. Ich hatte es nicht eilig, denn ich mußte mich auf meine gegenwärtigen Aufgaben konzentrieren. Aus dieser Freundschaft habe ich zweifellos ein Übermaß an Energie und Begeisterung geschöpft, um meine Magisterarbeit mit dem Titel »Eine geomorphologische Untersuchung des Asse-Tals bei Blieux« zu Ende zu führen.

Mein Entschluß, mich scheiden zu lassen, reifte allmählich heran. Es dauerte Monate, immer häufiger kam es zu Auseinandersetzungen und Streitereien, dann wieder ein letzter Versuch, die Scherben zusammenzukitten.

1972 kamen meine Eltern aus Kamerun zurück, um ihren Urlaub in ihrem Haus bei Kerzeau in der Bretagne zu verbringen. Dort erzählte ich ihnen von meiner Absicht, mich scheiden zu lassen. Sie fielen aus allen Wolken. Mama klammerte sich an die Bibel, um mir zu beweisen, daß niemand trennen dürfe, was Gott zusammengefügt hatte.

»Zeig mir doch eine Stelle in der Bibel, Mama, in der es heißt, daß ich, Claude Bergeret, mich nicht von Paul scheiden lassen darf.«

Laut weinend flüchtete sie in ihr Zimmer und schrie:

»Sie war schon immer so! Sobald ihr ein Spielzeug nicht mehr gefällt, wirft sie es weg!«

Papa stellte sich auf ihre Seite, wie immer, und warf mir obendrein noch Scheinheiligkeit vor. Warum hatte ich nicht gesagt, daß ich mich mit meinem Mann nicht mehr verstand? Es wäre viel zu kompliziert gewesen, ihnen das alles zu erklären. In der Familie meines Mannes, den Freidenkern, kam es zu weniger dramatischen Ausbrüchen. Sie waren zwar bekümmert über meine Entscheidung, denn sie mochten mich sehr, aber der Versuch, die Dinge wieder ins Lot zu bringen, scheiterte. Einigen Verwandten und Freunden war längst klar, daß es zwischen mir und Paul schon lange nicht mehr klappte. Andererseits, falls es einen anderen Mann gäbe, warum nicht eine Ehe zu dritt? Solche Anspielungen, die völlig aus der Luft gegriffen waren, ärgerten mich. Ich ließ sie einfach in dem Glauben, daß ich mich scheiden ließ, weil ich Paul finanziell nicht mehr brauchte. Das alles geschah vor fast dreißig Jahren im tiefsten Frankreich, unter der Präsidentschaft von Georges Pompidou – eine völlig andere Welt.

Mein Mann und ich kehrten allein nach Aix zurück, die Kinder waren bei den Schwiegereltern geblieben. Es gab noch ein paar Streitereien, doch dann, ganz plötzlich, löste sich der Knoten. Der Richter sprach mir das Sorgerecht für die Kinder zu, alles andere überließ ich meinem Mann. Meine Einkünfte waren eher dürftig, doch – oh göttliche Fügung – noch bevor sie nach Kamerun zurückkehrten, boten mir meine Eltern als Geste des Friedens und der Versöhnung einen kleinen Beitrag zu meinem Unterhalt an. Von nun an konnte ich auf ihre materielle und moralische Unterstützung zählen. Auch mit Paul ließ sich schließlich alles einvernehmlich regeln. Er überließ mir die

Wohnung und erhielt unbegrenztes Besuchsrecht. Ohne weitere gerichtliche Schritte gelang es uns, die Trennung wie zwei Erwachsene guten Willens abzuwickeln. Als meine Magisterarbeit angenommen und benotet war – mit »Sehr gut« und den besten Glückwünschen des Prüfungsausschusses, bitte sehr –, wandte ich mich ohne Umschweife der nächsten Prüfung zu, dem höheren Lehramt in Geographie. Ein herrliches Leben an der Universität lag vor mir.

In dieser Zeit war mein Gefühlsleben nicht gerade überwältigend. Eines Tages würde ich schon wieder einen Mann finden, der eine Frau versteht, von der man sagte, sie sei schön und intelligent, aber vor allem freiheitsliebend. Jetzt wußte ich, wohin mein Weg führte. Nach der Prüfung zum höheren Lehramt mußte ich ein paar Jahre am Gymnasium unterrichten, bevor ich mich um eine Assistentenstelle an der Uni bewerben und mit geomorphologischen Forschungen anfangen konnte. Zuerst mußte ich aber diesen äußerst anspruchsvollen Wettbewerb erfolgreich hinter mich bringen, den nur wenige im ersten Anlauf schafften. Doch es bestand kein Grund, sich aufzuregen. Im ersten Jahr ging es mir vor allem darum zu verstehen, wie alles abläuft. Die Arbeit für die Prüfung war wie ein sportliches Training, außerdem mußte ich mir eine breitere Allgemeinbildung verschaffen. Mit dieser Motivation zog ich durch die Bibliotheken und entdeckte Bücher, die mich faszinierten, auch wenn sie nicht direkt in mein Prüfungsprogramm gehörten: »Sâdhanâ« von Rabindranath Tagore, die »Kommentare der Bhagavad-gita« von Sri Aurobindo, »Entschulung der Gesellschaft« von Ivan Illich und viele andere.

Wenn ich dazu Lust hatte, packte ich Serge und Laurent in meine alte »Ente«, die ich dem Ehemann unserer Tagesmutter äußerst billig abgekauft hatte, und fuhr mit ihnen nach Blieux oder ganz spontan zu meiner Schwester Mireille nach Bordeaux.

»Es geht los!«

Die Kinder waren nicht überrascht, sie packten ihre Sachen selbst zusammen, ohne zu fragen, warum oder wohin es ging. Ach, wie herrlich war die Freiheit!

Mit den Nachbarn unter mir, der Ehemann war Soziologe, verband mich inzwischen eine feste Freundschaft. Seine Frau lernte seit ihrer Abschlußprüfung im letzten Jahr ebenfalls für die Prüfung zum höheren Lehramt, allerdings in Französisch und mit ebensowenig Eifer wie ich. Stundenlang diskutierten wir über Afrika und die Afrikaner. Er kannte sich auf diesem Gebiet gut aus, und ich erklärte wieder und wieder, daß ich eigentlich nicht viel über meinen verlorenen Kontinent wußte, denn ich hatte ja nur die ersten dreizehn Jahre meines Lebens in dem eng begrenzten Gebiet der Mfetom-Mission, in Bangangté und im Bamiléké-Land verbracht. Trotzdem blühte mein kleines Stückchen Afrika durch unsere Gespräche in meiner Erinnerung wieder auf. Eines Tages drückte mir mein neuer Freund und Nachbar eine Einladung zu einem Kongreß für angehende Entwicklungshelfer in Afrika in die Hand, der demnächst auf einem großen Landsitz in der Nähe von Paris stattfinden sollte. Fast gegen meinen Willen und ohne zu wissen, daß mich dieser Aufenthalt in der Hauptstadt um einen weiteren entscheidenden Schritt näher an mein Land bringen würde, nahm ich die Einladung an.

Ich reiste also nach Paris und ließ mich am ersten Tag, mit Block und Stift bewaffnet, voller Eifer und bereit, Neues zu erfahren und meine eigenen Kenntnisse aufzufrischen, im Konferenzsaal nieder.

Der erste Redner beschrieb uns – und bewies es schriftlich an der Tafel – den unglaublich niedrigen Intelligenzquotienten, den er bei den Kindern in Ouagadougou, der Hauptstadt des damaligen Obervolta, festgestellt hatte. Das konnte ich nicht durchgehen lassen. Ich legte meine Rolle als reiner Beobachter ab, hob die Hand und fragte, welche Tests er dort durchgeführt hatte. Sein Fragebogen war offenbar eine Art Standardmodell, ein Muster sozusagen von der Stange.

»Im Grunde haben Sie also ausschließlich europäische Kriterien angewandt, um die Intelligenz von Kindern zu messen, die mit völlig anderen Werten aufgewachsen sind«, sagte ich. »Obendrein haben Sie für Ihre Experimente eine afrikanische Stadt ausgewählt, die in einer längst zerstörten Umgebung völlig aus den Nähten platzt. Wieviel Einfallsreichtum brauchen diese Kinder wohl, um in diesem Milieu zu überleben? Ich kann mir kaum vorstellen, daß eines unserer Kinder, selbst mit dem höchsten IQ, dort bestehen könnte.«

Nach diesem Ausdruck des gesunden Menschenverstands wurde der Referent, völlig aus der Fassung gebracht, sehr nervös – und ich auch. Der Wortwechsel wurde immer heftiger, schließlich verließ der Redner das Podium, ohne seinen Vortrag zu Ende zu führen. Aber ich hatte noch nicht alles gesagt, was es zu sagen gab. Ich wandte mich dem Saal zu und unterstrich die Vielfältigkeit der Milieus, in denen afrikanische Kinder aufwachsen, von den schrecklichsten Slums bis zu äußerst empfindlichen und komplex strukturierten ländlichen Gegenden. Dann bat ich diese künftigen Entwicklungshelfer, ohne Vorurteile loszufahren, denn sie hätten dort ebenso viel zu lernen wie zu lehren. Dann stockte ich, selbst überrascht von meiner Dreistigkeit. Mehrere Zuhörer kamen zu mir und baten mich, wieder einzugreifen, wenn ich es für nötig hielte. Und ich beschloß, mich nicht zurückzuhalten. Mit meiner akademischen Bildung, meinen persönlichen Forschungsarbeiten und der Erfahrung aus meiner Kindheit war ich ausreichend gewappnet, um diesen gelehrten Rednern Paroli bieten zu können.

Der nächste Vormittag war dem Thema Ethnologie gewidmet. Mir wurde sehr schnell klar, daß der Referent nicht über die heute noch gültigen Sitten und Gebräuche in Afrika sprach, sondern die Traditionen, Religionen und Gewohnheiten bestimmter Völker schilderte, wie sie vor der Kolonialisierung geherrscht hatten. Ein sicher höchst interessanter Vortrag für Archäologen und Historiker – aber was sollten wohl Entwicklungshelfer damit anfangen, die für zwei Jahre nach Afrika gingen, um dort ihre technischen, wissenschaftlichen oder sonstigen Kenntnisse weiterzugeben? Diese angeblich objektiven Beschreibungen führten zwangsläufig zu der Schlußfolgerung, daß die europäische Zivilisation, effizient und in ständiger Entwicklung, diesen vermeintlich primitiven Kulturen in ihrer hoffnungslosen Erstarrung, diesen sogenannten »Völkern ohne Geschichte« weit überlegen waren. Warum nur, lautete die angedeutete Frage des Redners, blieben die Afrikaner trotz der anhaltenden Bemühungen Frankreichs, sie aus ihrer Unwissenheit zu erlösen und ihnen die Tugenden des göttlichen Fortschritts zu vermitteln, dieser unbeweglichen, starren Vergangenheit verhaftet?

Ich kochte vor Zorn. Diesmal wartete ich aber bis zum Schluß des Vortrags, bevor ich meinen Senf dazugab. Eine Diskussion war besser als die verbale Schlägerei des Vortags, die mit dem Rückzug meines Kontrahenten geendet hatte. Welche Formulierung ich gewählt habe, weiß ich nicht mehr so genau, aber der Inhalt war ungefähr so:

»Die Entwicklungshelfer müssen wissen, daß sie mit entwurzelten Volksgruppen leben werden, die durch ein ganzes Jahrhundert Kolonialismus und Christianisierung ihre eigene Kultur verloren haben, nicht zuletzt auch durch die Unabhängigkeitskriege, den Neokolonialismus und die willkürliche Urbanisierung. Man ist seit vielen Jahren bemüht, die Kulturen, die Sie uns gerade beschrieben haben, auszulöschen. Das Verständnis dieser Kulturen hilft den Entwicklungshelfern wenig, wenn sie es mit den täglichen Problemen des wirklichen Lebens im heutigen Afrika zu tun haben.«

»Die Entwicklungshelfer«, erwiderte der Referent, »werden mit diesen Realitäten in Berührung kommen, wenn sie vor Ort sind.«

Für diesen Völkerkundler zählten also ein oder zwei Jahrhunderte der europäischen Herrschaft in Afrika überhaupt nicht. Er setzte sie in Klammern, während für ihn die Sitten, Gebräuche und Rituale, die er uns als farbenprächtige und exotische Merkwürdigkeiten beschrieben hatte, die eigentliche Ursache der Unterentwicklung waren. Allein deshalb, weil sie sich von unserer Lebensart unterschieden, waren sie zwangsläufig minderwertig, ein Hindernis auf dem Weg zum Gipfel der »Entwicklung«, unserer europäischen Kultur. Von ihrer Überlegenheit überzeugt und in dem beruhigenden Wissen, daß der Kolonialismus in keiner Weise für die schwerwiegenden Probleme der Gegenwart in Afrika verantwortlich sind, würden die Entwicklungshelfer nie offene und gleichberechtigte Freundschaften mit der gegenseitigen Achtung schließen können, wie sie für die Bildung einer Gesellschaft, in der jeder seinen Platz findet, erforderlich sind.

Diese Vorstellung von Afrika hatte sich also in den letzten zwanzig Jahren nicht geändert. Nur die Art und Weise, sie darzustellen, war weniger direkt, dafür aber auch scheinheiliger. Dies wurde mir am nächsten Tag bestätigt, als landwirtschaftliche Probleme auf der Tagesordnung standen. Unter dem Vorwand der wissenschaftlichen Genauigkeit schien der Referent ebenso desillusioniert wie mein Vater, wenn er angesichts der Weigerung des afrikanischen Bauern, die westlichen Agrartechniken anzuwenden, schier den Mut verlor:

»Nehmen wir doch das Beispiel der Kulturen nach den Höhenlinien«, erläuterte er uns. »Man weiß, daß man der Erosion des Bodens durch Regenwasser entgegenwirkt, wenn man die Furchen quer zur Neigung des Ackerlandes zieht. In Afrika folgen aber die Furchen häufig der Neigung des Hangs, und unsere guten Ratschläge bewirken überhaupt nichts.«

Es stimmt, daß die Felder in meiner Kindheit auf diese Weise bestellt wurden, trotz der Empfehlungen meiner Eltern, und das schon seit einer Ewigkeit und ohne daß deshalb der Boden abgetragen worden wäre. Die Beharrlichkeit, so zu handeln wie ihre Vorfahren, hatte schon ihren Grund, denn die Kulturen auf den meist kleinen Feldern folgten einem sehr komplizierten System des Vielfruchtanbaus. Auf den Furchen, diesen langen halbmondförmigen, etwa dreißig Zentimeter über den Vertiefungen angelegten Erdwällen, ließ man nebeneinander nach bestimmten Regeln Jamswurzeln, Taros, Bohnen, Bananenstauden und anderes wachsen. Ein Feld des Bamiléké-Landes läßt sich kaum mit einem Acker in Mitteleuropa vergleichen. Außerdem änderte sich die Richtung der Furchen entsprechend den örtlichen Gegebenheiten. Hätten die afrikanischen Bauern die Furchen quer zur Neigung gezogen, wären sie von der Heftigkeit der tropischen Regenfälle weggeschwemmt worden. Indem sie sie entlang der Neigung anlegten, entstanden lange Gräben, in denen das Wasser abfließen konnte wie in einem Kanal.

Dann berichtete unser landwirtschaftlicher Experte von der mißlungenen Einfuhr und Zucht europäischer Hennen:

»Die Afrikaner haben keine Vorstellung von Rentabilität. Sie wollen ihre kümmerlichen Hühner unbedingt bei ihren Hütten frei laufen lassen und lehnen die leistungsfähigen Rassen aus Europa ab.«

Als ich das Wort ergreifen konnte, wandte ich dagegen ein, daß es überhaupt nicht um eine systematische Ablehnung ginge. Der

Mißerfolg bei der Einführung europäischer Hühner sei auch auf negative Erfahrungen zurückzuführen. Erstens waren die importierten Hühnervögel der neuen Umgebung nicht angepaßt und reagierten daher viel empfindlicher als die »Dorfhühner«, und zweitens kostete ihre Aufzucht mehr, als sich diese Bauern mit ihren geringen Einkünften leisten konnten. Zuerst mußte das Eintagsküken gekauft werden, dann brauchte es ständig tierärztliche Betreuung. Viele starben schon nach kurzer Zeit. Die überlebenden Tiere mußten mit bestimmten, industriell gefertigten und teuren Futtermitteln ernährt werden. Auf welcher Seite lag denn nun die »Vorstellung von Rentabilität«? Und schließlich machte ich mir den Spaß und betonte, daß die örtlichen Rassen sehr viel besser schmeckten und daß ihre Eier nicht so farblos waren wie die aus Legebatterien. Wie herrlich sie als Spiegeleier aussahen, das Eigelb glänzte in der Pfanne wie eine kleine Sonne!

Die politische Lage der afrikanischen Länder wurde am nächsten Tag angesprochen. Diese Probleme interessierten mich weniger, ich wußte auch nicht so viel darüber, hatte den Thesen, die in die gleiche Richtung gingen wie die über die Landwirtschaft oder die Zivilisation, kein konkretes Beispiel entgegenzusetzen. Man behauptete kategorisch, die Kolonialherren hätten die Kriege zwischen den Stämmen, die »den Kontinent von jeher in unaufhörlichen Kämpfen zerrissen haben«, beendet. Da diese Konflikte wieder aufgeflackert waren, fiel diese Schlußfolgerung nicht schwer. Diese Länder waren einfach noch nicht bereit für die Unabhängigkeit. Wieder einmal klammerte man die zweihundert Jahre des Sklavenhandels und ein volles Jahrhundert der Kolonialisierung aus und vergaß auch, daß die willkürliche Aufteilung Afrikas, die die kulturellen, historischen und ethnischen Gegebenheiten des Kontinents völlig unberücksichtigt ließ, das Werk der Weißen war.

Ich begnügte mich damit, daran zu erinnern, daß es heute mehr Franzosen in Afrika gab als vor der Unabhängigkeit, mehr oder minder offizielle »Berater« in Politik und Wirtschaft, und nicht zu vergessen die Gegenwart der Armee an vielen Orten. Und trotz allem konnte das frühere »Mutterland« den Frieden nicht bewahren?

Auch zur katastrophalen Situation im Bildungswesen in den sogenannten frankophonen Ländern äußerte ich mich nicht. Schließlich wurde dort in einer Fremdsprache, in Französisch, unterrichtet, auch wenn man die Gallier nicht mehr als »unsere Vorfahren« bezeichnete. Trotzdem stellte ich mir vor, daß ich schon Mittel und Wege finden würde, meine Kenntnisse zu vermitteln, falls ich eines Tages nach Kamerun zurückkehren und dort unterrichten würde. Ich hatte meine eigenen Vorstellungen, die allmählich klarer wurden, wenn auch derzeit noch nicht konkret.

Ich kann nicht genau sagen, welchen Einfluß meine Wortmeldungen auf das Publikum hatten. Am letzten Abend bei der Vorführung eines Films über die australischen Aborigines hatte ich ernsthafte Zweifel. Der Einfallsreichtum, die Anpassungsfähigkeit dieser Menschen, die mitten in der Wüste überlebten, hätte eigentlich die Bewunderung der Zuschauer finden müssen, doch der Film löste lediglich Gelächter aus …

Zurück in Aix fiel ich am Ende des Universitätsjahres 1972/1973, wie geplant, durch die Prüfung zum höheren Lehramt. Ich zog um und ließ mich außerhalb der Stadt in Luynes in einem kleinen Nebengebäude nieder, das zu einem großen Anwesen mitten auf dem Land gehörte. Nur eine Zwischenwand trennte mich von einer Freynet-Schule, an der ich meine beiden Söhne zum nächsten Schulbeginn anmeldete. Sie konnten jeden Morgen allein dorthin gehen, und die Erziehung in dieser Schule ließ den Kindern viel Freiheit. Die Lehrer folgten dem Lernrhythmus der Schüler und nicht umgekehrt. Man hörte also auf Serge und Laurent und hörte ihnen auch zu, ein Vorteil, der mir in ihrem Alter so sehr gefehlt hatte. Danach verbrachten wir die Ferien in Blieux, der Hauptstadt der Freundschaft.

Zu Beginn des nächsten Schuljahres war ich entschlossen, im zweiten Anlauf meine Prüfungen zu bestehen. Ich entwickelte mein Studienprogramm wie ein intensives Training für die Endausscheidung: strikte Planung, Karteikarten bei der Lektüre, Kartenerläuterungen, Dissertationen, und vor allem gründliche Kenntnisse über die Thesen der Professoren des Prüfungsausschusses. Ich stürzte mich in die Arbeit, zu schnell vielleicht, zu heftig, denn in der zweiten Hälfte des Schuljahrs mußte ich mich gewaltig anstrengen, um diesen Rhythmus beizubehalten. Die Arbeit erschien mir allmählich absurd. Kaum holte ich Luft, schon fanden sich tausend Gründe, andere Dinge zu tun. Ich mußte mein Haus einrichten, meine zahlreichen Freunde auf der Durchreise so gut wie möglich bewirten, leckere kleine Gerichte ausprobieren, Konfitüren und Kuchen herstellen und in einem Zimmer voll unterschiedlichster Werkzeuge, in dem die Jungen ihrer Kreativität freien Lauf ließen, Dinge reparieren. Außerdem hatte ich ständig das Bedürfnis zu lesen, vor allem über Themen, die nichts mit den Prüfungen zu tun hatten. Ich konnte mich immer weniger auf meine Arbeit konzentrieren, Zweifel nagten an mir. Hatte ich die richtige Entscheidung getroffen? Aus dem Zweifel wurde Weigerung: Bin ich wirklich verurteilt, mein ganzes Leben lang im öffentlichen Dienst zu bleiben oder zumindest solange der Vertrag läuft, der mich an den Staat bindet? Solche Fragen beschäftigten mich nachts. Noch so eine Laune, würde Mama sagen.

In den Ferien wollten meine Eltern zu ihrem zweiten Frankreichurlaub aus Bangangté zurückkommen.

Drei Wochen vor den Prüfungen stand für mich fest, daß ich nicht teilnehmen würde. Dieser Entschluß, den ich selbst nicht verstand, machte mir angst und verwirrte die Menschen in meiner Umgebung. Es gelang mir nicht herauszufinden, wie es soweit kommen konnte. Jeder bot mir Erklärungen an: Überlastung, Angst vor dem Mißerfolg? Nein, das war es nicht. Das Alter, in dem man Angst hat, wegen einer schlechten Note kritisiert zu werden, lag hinter mir. Ich verlor jedes Selbstvertrauen.

Es kam, wie es kommen mußte. Ich ging nicht zur schriftlichen Prüfung. Ich hatte die Konsequenzen meines Handelns wohl abgewogen. Es bedeutete kein Einkommen, kein Geld. Wovon sollte ich meine Kinder ernähren? Einerseits war ich sicher, daß ich getan hatte, was ich tun mußte. Aber andererseits... Ich war völlig durcheinander.

An einem Sonntag beschloß ich in meiner Verwirrung, in einem evangelischen Gottesdienst den Trost zu suchen, den ich in meiner

Jugend dort gefunden hatte. Als ich sagte, wer ich war, wurde ich mit offenen Armen empfangen. Ich traf sogar einen früheren Missionar, den ich in Kamerun gekannt hatte. Als ich jedoch meinen früheren Glaubensbrüdern und -schwestern berichtete, daß ich die Prüfung zum höheren Lehramt aufgegeben hatte, kritisierten alle meine Entscheidung, bezeichneten sie als negativ und sinnlos. Ihrer Meinung nach war es an mir und an mir ganz allein, mich aus dieser Lage, in die ich mich selbst gebracht hatte, zu befreien. Ich fühlte mich ausgegrenzt, hatte keine Arbeit, keine Sicherheit. Man empfahl mir sogar, einen Psychiater aufzusuchen. Schon verstanden – dies war das Ende meines Versuchs, in den Schoß der Kirche zurückzukehren.

Alle Wege erschienen mir wie Sackgassen. Ich war nicht mehr verheiratet, hatte für den Unterhalt meiner beiden Kinder zu sorgen, war arbeitslos und würde bald auf der Straße sitzen, denn meine Vermieterinnen, zwei ältliche Damen, sahen es nicht gerne, daß ich meine Haustüre immer offen ließ und daß zu viele Gäste ohne Ansehen der Hautfarbe oder des Alters zu mir kamen.

Trotzdem verbrachte ich weiterhin viele Stunden an der Universität, fast jeden Tag, und traf dort meine Freunde, mit denen ich lange Gespräche führen konnte. Seit ich bei meiner Magisterarbeit gelernt hatte, meine Fotos selbst zu entwickeln und Montagen meiner Negative herzustellen, arbeitete ich gern im Fotolabor. Ich war mit dem Direktor, einem jungen Mann von den Antillen, befreundet, und er erklärte mir immer wieder, daß er ein französischer Afrikaner sei und ich eine afrikanische Französin.

An jenem Tag Ende Mai 1974 bat mich ein Professor, ihm Duplikate von einem Satz Dias herzustellen. Ich schaute sie durch den Projektor an, um das Ergebnis meiner Arbeit zu prüfen, als mir fast das Herz stehenblieb. Vor mir lag Bamiléké-Land! Die ineinanderfließenden rundlichen Hügel, die gestreckten oder stolz aufragenden Berge im Hintergrund, davor die rote Erde meiner Kindheit. Versonnen, gierig, atemlos betrachtete ich sie. Dann rief ich meinen Freund, den Laborchef:

»Komm her! Schau, dort, da bin ich zu Hause!«

Ich hatte ihm so viel von meiner Heimat erzählt, daß ich ihn an meinem Glück teilhaben lassen wollte. Aber es gelang mir nicht. In meinem Kopf herrschte ein Wirrwarr von Erinnerungen, ich konnte sie gar nicht so schnell schildern, wie sie auftauchten. Mein Freund muß geglaubt haben, ich drehe jetzt völlig durch. Egal, ich wanderte in diesen kleinen bunten Vierecken umher, als ob ich wirklich – ich meine, körperlich – dort wäre. Es bestand keine Trennung mehr zwischen diesen Dias und mir, zwischen meiner Erde und mir.

Gegen Mittag nahm ich, noch immer aufgeregt von den vertrauten Landschaften, das Auto, um nach Luynes zu fahren. Als ich den Motor anließ, schoß mir ein phantastischer Gedanke durch den Kopf. Ich mußte zurück nach Bangangté, rasch, so rasch wie möglich. *In zehn Jahren?* Nein, achtzehn Jahre später. Ich wollte zurück nach Hause, sofort! Was hielt mich denn noch hier?

Drei Kilometer von der Uni bis nach Hause, ein paar Minuten nur, und ich stieß die Tür auf und rief:

»Serge, Laurent! Wir fahren nach Kamerun.«

Die Rückkehr ins Dorf

Nur wenige Tage waren zwischen meiner Weigerung, die Prüfung zu machen, und der schlagartigen Wiederentdeckung des Bamiléké-Lands bei der Durchsicht der Dias vergangen. Und nur wenige Minuten vergingen zwischen diesem Ruf des Schicksals und meinem Entschluß, nach Hause, nach Kamerun zurückzukehren. War es ein Entschluß oder eine Eingebung? Ich mußte nach diesen achtzehn Jahren in Frankreich wieder an meine Kindheit anknüpfen, mußte mit den Augen des Erwachsenen wiederentdecken, was ich einst als Kind wahrgenommen und verinnerlicht hatte.

Und dabei war ich eigentlich kein Hitzkopf. Normalerweise setzte ich im Leben meine Schritte wie ein Bergsteiger, sicherte erst den Halt, bevor ich den nächsten Schritt wagte. Und dieses Mal war ich nicht allein, ich mußte für meine beiden Kinder sorgen. Natürlich freuten sich Serge und Laurent, als sie erfuhren, daß sie endlich dieses Land kennenlernen würden, von dem ich ihnen so viel erzählt hatte. Allerdings mußten sie dort auch ernährt werden.

Ich war mir ganz sicher, daß mein Entschluß, nach Hause, nach Kamerun zurückzukehren, keine Ausrede für den Abbruch meines Studiums vor dem letzten Hindernis war. Es war weder ein Rückzug noch eine Flucht nach vorn. Doch kaum einer glaubte mir das. Ich selbst war mir absolut sicher. Ganz unbewußt hatte ich den Weg eingeschlagen, der mir vorgegeben war, den Weg nach Bangangté, der sicher nicht einfach sein würde. Viele Hindernisse waren zu überwinden, ich mußte jeden Schritt nach vorn sichern, durfte aber auch nicht zurückweichen.

Als ich am Nachmittag wieder in die Uni zurückkam, erzählte ich allen, daß ich nach Afrika gehen wollte, aber nicht als Tourist.

»Und wie willst du für euren Unterhalt sorgen, Claude?«

»Ich habe noch keine Ahnung, es wird sich schon was finden. Fest steht, daß ich gehe.«

Und das Schicksal gab mir noch einen Wink. Kaum hatte ich meinen Beschluß gefaßt, kehrten meine Eltern zu ihrem zweiten Frankreichaufenthalt aus Bangangté zurück. In den wenigen Stunden ihres Zwischenaufenthalts in Marseille, vor ihrer Weiterfahrt nach Bordeaux zu meinen Geschwistern und dann zu ihrem Haus in der Bretagne, traf ich sie auf dem Flughafen.

»Na, Claude, was machen deine Prüfungen?«

»Ich bin nicht angetreten. Ich habe beschlossen, nach Kamerun zu gehen.«

»Wovon willst du denn dort leben?«

Ich erklärte meinen Eltern, daß ich zwei Möglichkeiten ins Auge gefaßt hatte. Ein Cousin meiner Mutter arbeitete bei der UNESCO in Paris, und ich hatte seit dem Kongreß über Entwicklungshilfe im letzten Jahr noch immer die Verbindungen zum Entwicklungsdienst. Papa und Mama schien die Sache mit der Prüfung nicht besonders nahe zu gehen, sicher eine Frage der Gewohnheit. Mama erklärte, daß sie so schnell wie möglich Kontakt zu ihrem Cousin aufnehmen wolle, um mit ihm über mein Vorhaben zu sprechen. Die Vorstellung, daß ihre Tochter für diese angesehene internationale Organisation arbeiten könnte, war wahrscheinlich eine große Genugtuung für sie. Von Bordeaux aus konnte Mama leicht ein Treffen am Sitz der UNESCO vereinbaren.

Ich nahm Verbindung mit den Leuten auf, die ich bei dieser ungewöhnlichen Konferenz kennengelernt hatte. Beide Begegnungen in Paris legte ich auf den gleichen Tag, denn es mußte jetzt schnell gehen – die Schulferien fingen bald an.

Ich zog um und ließ mich vorübergehend in Blieux nieder. Die Bücher und Spielsachen der Jungen verteilte ich in der Schule, einen großen Teil meiner Bibliothek und meines Geschirrs an die Studenten, die nebenan wohnten, mein Auto gab ich einem Freund, der dringend eines benötigte, und den ganzen Rest, die Möbel, Haushaltsgeräte, Wäsche – nicht zu vergessen meine drei Gitarren – wanderten mit uns nach Blieux ins Asse-Tal.

Die Reaktion meiner Freunde auf diese Kurzschlußhandlung oder Flucht, wie sie es betrachteten, war unterschiedlich.

»Es ist falsch zurückzugehen«, erklärte mir François. »Du bist dort nicht zu Hause, du hast nicht die gleiche Kultur wie sie. Laß sie ihre Probleme lösen, wie sie es für richtig halten.«

Ich war dort zu Hause, ich hatte mir nicht ausgesucht, in Kamerun auf die Welt zu kommen und in Bangangté aufzuwachsen. Ich mußte dorthin zurückkehren, um meine Wurzeln wiederzufinden, um nicht einen Teil meines Lebens zu verleugnen. Im übrigen betrachtete ich meinen Aufenthalt dort nur als eine Etappe, eine lebenswichtige zwar, aber nur eine vorübergehende. Ich brauchte die Zeit, um mich mit mir selbst auszusöhnen. Danach wollte ich zurückkommen!

Nach meinem Umzug fuhr ich mit den Kindern in einem kleinen, von einer Freundin ausgeliehenen Wagen nach Paris. Wir wohnten am Rande der Stadt bei einer früheren Kommilitonin aus Aix-en-Provence, und es blieb mir Zeit, Serge und Laurent die Hauptstadt zu zeigen. Einige Tage vor meinem Treffen mit dem Cousin meiner Mutter besichtigten wir die UNESCO.

Wir folgten der Menschenmenge in den großen Konferenzsaal. Zufällig hielt gerade an diesem Tag René Dumont, der erste Kandidat der Grünen bei den Präsidentschaftswahlen im Mai 1974, einen Vortrag, dem ich jedoch kaum zuhörte. Wir saßen auf einem Treppenabsatz und waren damit beschäftigt, Hühnerkeulen zu verspeisen. Ich wollte den Autor von »L'Afrique noire est mal partie« dennoch gerne kennenlernen. Dumont könnte mir vielleicht noch ein paar Ratschläge geben, was ich in Kamerun arbeiten könnte. Es gelang mir, seine Adresse ausfindig zu machen.

Am nächsten Tag fuhr ich mit den Kindern dorthin. Als echte Landpomeranze verlief ich mich natürlich. Es wurde dennoch ein angenehmer Spaziergang unter den Platanen des Boulevard Arago ganz in der Nähe des Jardin de l'Observatoire, wo wir an diesem heißen Tag im Juni ein Picknick machten.

Auf dem Rückweg zum Boulevard las ich plötzlich auf einem Gebäude: »Société des missions évangeliques«. Wir standen genau vor dem Haus Nummer 102! Ich hatte gar nicht gemerkt, daß Dumonts Anschrift die gleiche war wie die des Hauses, in dem ich früher mit meinen Eltern gewohnt hatte, wenn wir auf Frankreichurlaub aus Kamerun kamen. Ich erklärte den Kindern diesen Zufall und fügte hinzu: »Ich muß unbedingt herausfinden, was daraus geworden ist.«

Ohne zu zögern, öffnete ich die Eingangstür. Ich hatte überhaupt keine Erinnerung an diesen Ort. Doch war die Eingangshalle mit den Gemälden der Missionare an den Wänden damals sicher ebenso altmodisch und schmucklos wie jetzt. Natürlich erklärte ich der Dame am Empfang nicht, daß ich auf den Spuren meiner Vergangenheit wandelte. Ich fragte nur, ob sie Unterlagen darüber habe, wie man Missionar wird. Sie bat mich um einen Augenblick Geduld und führte rasch ein Telefongespräch.

»Ich rufe den stellvertretenden Direktor an.«

»Stören Sie ihn nicht. Ich möchte nur die Information.«

Zu spät! Der stellvertretende Direktor kam herunter und führte mich in den großen Salon. Ich war mir sicher, daß ich dem älteren Herrn schon einmal begegnet war, nur wann und wo? Er hielt mir ein paar Prospekte hin, und ich machte mich daran, sie zu lesen.

Sie hatten sich nicht geändert, die Missionare aus meiner Kindheit. Sie wollten um jeden Preis ihre Werte, ihre Glaubensvorstellungen vermitteln. Hatten sie denn noch immer nicht gemerkt, wie sehr sie dazu beitrugen, Menschen zu verunsichern, Kulturen zu zerstören? Ich kommentierte laut und mit der gleichen Leidenschaft, die mich immer packte, wenn ich von meiner Heimat sprach. Dann hob ich den Blick, der alte Pastor hatte Tränen in den Augen. »Wie ähnlich Ihnen meine Tochter gewesen wäre«, murmelte er, »wenn sie gelebt hätte. Sie hätte das gleiche gesagt wie Sie.«

Diese Bemerkung berührte mich, ich legte die Karten auf den Tisch:

»Es tut mir leid. Ich will offen mit Ihnen reden. Ich bin die Tochter von Herrn und Frau Bergeret.«

»Nein, nicht möglich! Welche der Töchter?«

»Claude.«

Er kannte mich, Mireille und Jeán-Pierre von früher, als ich noch ganz klein war, denn wir waren damals Teil der großen Familie der evangelischen Missionen. Er war sehr gerührt und fragte, wie es mir ergangen war und was ich vorhatte. Auf einmal rief er aus:

»Der Himmel schickt dich!«

Ich hatte da meine Zweifel und meinte:

»Ich bin nicht hergekommen, um Missionarin zu werden. Eigentlich bin ich eher zufällig hier. Ich wollte diese Räume, die mich sehr an meine Kindheit erinnern, gerne wiedersehen.«

Das ließ er aber nicht gelten und vereinbarte noch für den gleichen Nachmittag einen Termin mit mir. Ich kam wieder und lernte den Sekretär des »Département évangélique français d'action apostolique«, die neue Bezeichnung der »Société des missions«, und zwei weitere Personen kennen. Sie waren sofort bereit, mich nach Kamerun zu schicken, entweder für zweimal zwei Jahre oder einmal drei Jahre. Ich erwiderte, daß ich großes Interesse an diesem Vorschlag hätte, daß ich aber noch zwei weitere Gespräche hätte, eines bei der UNESCO und das andere beim Entwicklungsdienst. Sollte sich dort eine geeignete Stelle finden, würde ich lieber eines dieser Angebote annehmen, denn sie verlangten kein religiöses Engagement meinerseits.

»Ich glaube an Gott, aber ich weigere mich, meinen Glauben innerhalb der Kirche zu leben. Ich denke nicht, daß Jesus Christus der einzige Weg ist, wenn es denn überhaupt einen Weg gibt.«

Wenn ich gehofft hatte, sie damit umzustimmen, hatte ich mich geirrt. Sie blieben beharrlich bei ihrem Vorschlag.

Das Gespräch bei der UNESCO lief nicht sehr gut. Der Cousin meiner Mutter behauptete, er könne mir eine Stelle in Jaundé verschaffen. Meine Aufgabe wäre es, die Lehrpläne der verschiedenen Schulen in Kamerun abzustimmen. Aber ich wollte nicht nach Kamerun gehen, um in einer Großstadt zu leben.

»Ich habe sowieso schon etwas gegen die Ziele der Schule in Frankreich, da kann ich doch in Kamerun nicht die gleichen Fehler einführen. Lieber arbeite ich für die ›Société des missions‹ in einer kleineren Einheit, in der ich mich konkret einbringen kann.«

Mein Cousin meinte, das sei pure Verschwendung. Mit meinen Diplomen wäre das eine riesige Dummheit. Er würde noch einmal mit meinen Eltern darüber reden. Kurz, das Ende des Gesprächs verlief ziemlich lebhaft. Danach ging ich zum Entwicklungsdienst. Dort wurde ein ganz anderer Ton angeschlagen. Man machte mir verständlich, daß meine Abreise eine Flucht sei wegen meines zweifachen Mißerfolgs bei der Prüfung, daß es besser wäre, einen dritten Versuch zu unternehmen, bevor ich … Es war offensichtlich, daß diese Verlegenheitsablehnung nicht nur auf meine dürftigen Ergebnisse an der Universität zurückzuführen war. Was hätte es genützt, ihnen zu erklären, daß es keine Ausrede war, nicht an den Prüfungen teilzunehmen, sondern daß ich mir alles reiflich überlegt hatte?

Und so landete ich wieder am Boulevard Arago 102. Ich unterschrieb einen Arbeitsvertrag mit der »Société des missions«, wonach ich drei Jahre in Kamerun unterrichten würde. Die Freude des stellvertretenden Direktors, der mich bei meinem ersten Besuch empfangen hatte, war so aufrichtig, daß es mich sehr rührte. Ich bat darum, ins Bamiléké-Land entsandt zu werden, so nah bei Bangangté wie möglich. Dem stand nichts im Wege. Sie baten mich, im Juli noch einmal nach Paris zu kommen, um die Papiere auszufüllen und die Einstellungsprüfungen zu machen.

Ich kehrte nach Aix zurück. Dort schlugen meine Professoren vor, den Aufenthalt in Kamerun für eine Dissertation in Kulturgeographie zu nutzen, denn ihrer Meinung nach gab es in diesem Studienzweig dort Themen, die weit interessanter waren als die der Geomorphologie. Meine Unterlagen wurden an die Universität Nanterre weitergeleitet, die sich auf dieses Gebiet spezialisiert hatte. Bei meinem nächsten Besuch in Paris nahm ich Kontakt zu meinem künftigen Doktorvater auf. Ich wußte damals noch nicht, daß ich diese gelehrten Forschungsarbeiten in Bangangté schnell vergessen würde …

Einen Monat später kam ich problemlos durch alle Gesundheitskontrollen und psychiatrischen, psychologischen, moralischen und geistigen Tests am Boulevard Arago. Mein Freund, der stellvertretende Direktor, bei dem ich wohnen konnte, freute sich über jedes einzelne Ergebnis. Er verglich mich mit irgendeiner Frau, einer Missionarin, der er sämtliche Tugenden zuschrieb. Die Sache war geregelt. Ich würde Anfang September abreisen. Nun ging es direkt zu meinen Eltern, die noch vor mir nach Bangangté zurückkehren wollten. Meine Kinder warteten dort auf mich, und meine Geschwister fragten mich lachend:

»Stimmt es, daß du jetzt eine Kollegin von Papa und Mama wirst?«

Kollegin … So haben wir früher die anderen Missionare genannt. Und Mireille fügte gerührt hinzu:

»Du hast es gut. Du gehst wieder nach Bangangté.«

Weder sie noch unser älterer Bruder Jean-Pierre kehrten jemals nach Kamerun zurück. Drei Kinder waren auf dem Hügel von Mfetom aufgewachsen, drei Schicksale, drei getrennte Wege. Nachdem ich meinen Eltern die abenteuerlichen Erlebnisse in Paris geschildert hatte, waren sie voll und ganz mit meiner Entscheidung einverstanden und überglücklich, daß ihr schwarzes Schaf wieder zur Bergeret-Herde zurückgefunden hatte.

Den August verbrachte ich in Blieux, bei meinen Freunden, an dem Ort, der mir ebenso ans Herz gewachsen war wie das Bangangté meiner Kindheit. Es waren noch keine drei Monate vergangen, seit die Dias jenes Professors vor mir aufgetaucht waren. In diesem Wirbel hatte ich kaum Zeit gefunden, mir über alles klar zu werden. Jedenfalls wollte ich mir über das Warum und Wieso keine Gedanken machen: die Dias, die meinen Entschluß so plötzlich ausgelöst hatten, der Vortrag von René Dumont, der mich vor das Haus der »Société des missions« geführt hatte, und vorher schon die Weigerung, die Prüfungen abzulegen, meine verschiedenen Begegnungen in Blieux, meine Scheidung, der Kongreß über Entwicklungshilfe … Was nützte es zurückzublicken – mein Weg lag klar vor mir, und ich beschritt ihn ohne Zögern.

Trotzdem war ich am Abend vor der Abreise krank, richtig krank, und ich wußte auch warum.

Um fünf Uhr früh stand ich auf und packte die Koffer, einen mit meinen Sachen, einen mit den Sachen der Kinder, den dritten mit Büchern, die ich weit weg vom hektischen Treiben der westlichen

Welt lesen oder noch einmal durcharbeiten wollte. Cathérine brachte uns zum Flughafen. Serge und Laurent waren ganz aufgeregt, denn sie flogen zum ersten Mal. Der Himmel war klar und mit dem Blick der Diplomgeographin genoß ich die Sicht auf die sich unter mir ausbreitenden »echten« Landschaften, die ich so ausführlich auf der Karte studiert hatte. Gegen Nachmittag sah ich den über 4000 Meter hohen Berg Kamerun aus dem Wolkenteppich auftauchen. Mein Herz schlug schneller. Dann beschloß ich ein für allemal, nicht mehr zurückzublicken, und nahm mir vor, ihn eines Tages zu besteigen, denn eines hatte ich ganz sicher nicht einzupacken vergessen, meine Bergstiefel.

Das Flugzeug landete bei strömendem Regen, der ein wenig nachließ, als ich den Fuß auf die Landebahn setzte. Die feuchte Hitze verschlug mir den Atem, ich war sofort schweißgebadet. Wir gingen die endlosen Gänge entlang, Serge und Laurent fühlten sich auch nicht besser als ich. Sie klammerten sich an mich, bis sie in der wartenden Menge auf der anderen Seite der Paßkontrolle ihre Großeltern entdeckten. Erleichtert rannten sie hinüber.

»Wo ist der Rest deines Gepäcks?« fragte mein Vater, als er nur die drei Koffer sah.

»Das ist alles.«

Verblüfft brachte er uns zu dem Kleinbus der Mfetom-Schule, während sich eine Horde kleiner Bettler an unsere Fersen heftete.

Wir mußten zwei Nächte in einer protestantischen Pension im Bonacou-Viertel verbringen. In der Hotelhalle trat ein älterer Kameruner mit weit geöffneten Armen auf mich zu, den ich gleich erkannte. Es war einer der Pastoren aus meiner Kindheit, Elie Monjo. Er war jetzt Präsident der Evangelischen Kirche von Kamerun. Er drückte mich an sich, überaus erfreut, in mir das kleine Mädchen von früher wiederzufinden. Und was sagte er zur Begrüßung? Ich verstand kein Wort dieser unbekannten Sprache. Als er meine Verwirrung bemerkte, legte er mir die Hände auf die Schultern und murmelte auf französisch:

»Claude, das kann doch nicht sein? Hast du Bangangté vergessen?«

Ja, meine zweite Muttersprache war völlig aus meinem Gedächtnis verschwunden.

»War dir wirklich klar, wohin du fährst, als du die Koffer gepackt hast?«

Meine Mutter schaute entsetzt auf die wenigen Kleidungsstücke, die ich im Waschbecken auswusch. Vor der Abreise hatte ich eiligst die saubere und schmutzige Wäsche zusammen in den Koffer gestopft.

»Ja, Mama, ich wußte, daß ich nach Hause komme.«

Nach Hause, »in mein Dorf«, wie man in Kamerun sagt. Dieses Dorf ist vielleicht nur eine einzelne Hütte mitten im Busch, oder ein paar Hüttendächer rund um den Hof eines Stammesführers, oder vielleicht auch nur einige Bananenblätter, die im Wald über vier Bambusstangen gelegt werden, oder auch ein Viertel in den Slums einer riesigen Großstadt mit mehreren hunderttausend Einwohnern. Aber es bleibt doch »das Dorf«. Früher sagten die französischen Bauern: »Ich kehre heim.« Der Kameruner sagt noch heute: »Ich komme zurück ins Dorf.«

»Dein Vater und ich fahren in die Stadt. Komm doch mit, dann kannst du gleich ein paar Sachen einkaufen, die ihr dringend braucht.«

»Ich habe kein Geld.«

»Und die Vorauszahlung von den Missionswerken?«

»Die habe ich Freunden gegeben, die sie dringender benötigten als ich. Ich komme nach Kamerun, um zu arbeiten. Ich werde mit meinem Gehalt schon auskommen.«

»Ja, aber bis du das erste Gehalt bekommst, wie willst du denn zurechtkommen? Wenn wir nicht da wären?«

»Ihr seid aber da! Außerdem brauche ich nichts.«

Das brachte Mama fast aus der Fassung, vor allem, da ich es in sehr freundlichem Ton gesagt hatte. Wie konnte ich ihr erklären, daß ich mit leeren Händen nach Hause zurückkommen wollte, um wieder ganz von vorn anzufangen?

Ich war der fünfundvierzig Kilometer von Bangangté entfernten Missionsstation Mbo, die unmittelbar neben Bafoussam, der »Hauptstadt« des Bamiléké-Landes lag, als Lehrerin zugeteilt worden. Die Schule hatte mir eines ihrer Fahrzeuge geschickt, in dem Mama, Serge und Laurent Platz nahmen. Ich fuhr mit Papa im Minibus hinterher, denn ich wollte auf dieser letzten Etappe nach Bangangté mit ihm allein sein. Ich wollte diese fünf oder sechs Stunden, die mich noch von meinem Dorf trennten, voll genießen und meine Gefühle in aller Freiheit mit meinem Vater teilen – ohne Mamas abrupte Bemerkungen und frei von der Last meiner eigenen Mutterpflichten.

Die alten Sandpisten waren mehr oder minder befahrbaren Straßen gewichen. Am Ausgang von Douala führte jetzt eine lange Brücke über die Flußmündung. Früher nahm man hier die Fähre. Auf der anderen Seite öffnete sich die Tiefebene des Schwemmlands mit den zahllosen Sümpfen und endlosen Bananenhainen. Der Teer der Straße war dem tropischen Klima nicht gewachsen, es waren nur einzelne Teerplatten übrig, dazwischen Schlaglöcher beziehungsweise mittlere Abgründe von beeindruckender Größe, zwischen denen man sich durchschlängeln mußte. Gelegentlich mußte der Fahrer sogar ins hohe Gras neben der Straße ausweichen. Manchmal begegneten uns kleinere Busse anstelle der Lastwagen, die ich noch aus der Kindheit kannte und die ein Durcheinander von Fahrgästen, Tieren und Gepäck transportierten. Diese Busse, sogenannte Buschtaxis, die gewiß nicht zu den neuesten Modellen gehörten, waren der afrikanischen Realität besser gewachsen. Die Fahrgäste saßen dicht gedrängt auf Bänken im Innern, Gepäck und Tiere wurden inzwischen auf dem Dach befördert, das bei weitem nicht wasserdicht war, denn es ist mir später des öfteren passiert, vom Urin einer Ziege berieselt zu werden. Entlang der Straße hatten die Bauern nicht weit von ihren kleinen Lehmhütten auf großen, rostigen Fässern Papayas, Ananas, Guajaven, Avocados, Mandarinen, kleine Maniokröllchen und ähnliches ausgelegt. Wir blieben öfter als notwendig stehen und kauften frische Früchte. Ich hätte mir fast den Magen verdorben.

Schließlich begann die erste Steigung zum Bamiléké-Hochplateau. Noch ein kurzer Halt in einem Dorf, eher einem Marktflecken.

Vor ihren Bretterbuden stürzten sich die Verkäufer und Verkäuferinnen auf uns, redeten laut auf uns ein, zogen uns am Ärmel. Nachdem wir einen kleinen Imbiß gekauft hatten, setzten wir uns unter ein Vordach, verspeisten die Spießchen aus stark gewürzten, dünnen Rindfleischscheiben und tranken Bier dazu.

Dann fuhren wir weiter. Es war das Ende der Regenzeit, und die Üppigkeit der Vegetation übertraf alle meine Erinnerungen. In einigen Monaten, wenn die Trockenzeit im Januar ihren Höhepunkt erreichte, würde alles ganz anders aussehen, denn überall an den Hängen der Hügel flammen dann Buschfeuer auf. Wir sprachen darüber, wie die beiden Brände die Missionsstation verwüstet, unser Haus aber verschont hatten. Allmählich, je weiter wir kamen, erkannte ich die Landschaft und die Orte wieder. Die Namen der Dörfer, durch die wir kamen, fielen mir wieder ein. Ich begann, mich richtig zu Hause zu fühlen, und immer neue Erinnerungen tauchten auf. Papa lieferte Einzelheiten, korrigierte meine Vorstellungen, gab den Bildern aus meiner Kindheit klarere Konturen. Er war nun zweiundsechzig und freute sich sichtlich über unser Wiedersehen auf diesem Boden, in diesem Land, in dem er fast die Hälfte seines Lebens verbracht hatte. Manchmal stellte er seiner in Geographie bewanderten Tochter eine Frage. Ich kannte mich in meinem Fachgebiet aus, sprach von den Tausenden von Jahren, in denen die Bamiléké-Ebene angehoben, zusammengedrückt, zerbrochen und zerrissen wurde zwischen zwei vulkanischen Gebieten, und wie sie dann poliert, abgerundet und unter der Einwirkung der Erosion und des Wassers diese sanfte Gestalt angenommen hatte. Mein umfassender Vortrag beeindruckte ihn schon ein wenig. Er dagegen schilderte mir alle sozialen, wirtschaftlichen, kulturellen und politischen Veränderungen, die Kamerun im allgemeinen und Bangangté im besonderen seit unserer Abreise 1956 durchlaufen hatte. Die Unabhängigkeitskämpfe hatten unter der schwarzen Bevölkerung erhebliche Opfer gefordert.

Heute jedoch war Kamerun ein Muster der Stabilität auf dem afrikanischen Kontinent. Verwaltungsmäßig gehörte das Bamiléké-Land zur West-Provinz mit der Hauptstadt Bafoussam. An der Spitze stand ein Gouverneur. Die Provinz war wiederum in Departements, Bezirke und Distrikte unterteilt, die dem zu den einzelnen Höfen der Stammesführer gehörenden Territorium entsprachen. So war Bangangté der Hauptort und die Präfektur des Departements Ndé, das elf Höfe, aufgeteilt in drei Bezirke, umfaßte. Der Hof Bangangté selbst, der flächenmäßig größte des Bamiléké-Landes, lag im äußersten Südwesten der Provinz.

Diese Bezeichnung »Ndé« haben die Bewohner Bangangtés scherzhaft als Kurzform für »Noblesse, Dignité und Elégance« (Adel, Würde, Eleganz) aufgeschlüsselt, typische Bangangté-Eigenschaften, wie sie meinten. »Gott liebt uns sehr«, hieß es hier. Und die anderen Bamiléké erwiderten im Spaß: »Ein Glück für sie, denn die Bangangté sind nicht gerade eifrig bei der Arbeit!« Ein Scherz, der nicht boshafter gemeint ist als die in Europa üblichen Witze zwischen Nachbarländern.

Die Bamiléké sind in ganz Kamerun bekannt für ihre Tatkraft und ihren Unternehmergeist. Und sie beweisen es in allen großen Bereichen der Industrie und des Handels, von Douala bis Jaundé.

Mein Vater unterhielt sich nun mit seiner jungen »Kollegin«, der Anfängerin, und nicht mehr mit seiner kleinen Tochter. Wie sich eins aus dem anderen ergab, sprachen wir auch über die herkömmlichen Sitten und das Thema der Vielehe, die offiziell in ganz Kamerun anerkannt ist. Für einen christlichen Missionar, der so überzeugt war wie er, stellte dies zweifellos die bitterste Niederlage der Evangelisierung dar. Er betrachtete die Polygamie als eine unhaltbare Tradition primitiver Völker, eine barbarische Sitte, bei der die Frau Sklavenstatus hat, ein unzulässiger Zustand zweitausend Jahre nach dem Wort Jesu Christi. Seiner Meinung nach müßte alles daran gesetzt werden, diese Sitte auszumerzen und in ihrem Gefolge auch alle anderen heidnischen Vorstellungen.

Ich kam gerade aus Frankreich und hatte über dieses Thema noch nie nachgedacht. Trotzdem wagte ich einzuwenden – ohne die Polygamie zu verteidigen –, daß wir nicht alles von vornherein verurteilen dürften, was nicht unserer westlichen Denkweise entspräche noch unsere christlichen Moralvorstellungen mit Gewalt durchsetzen könnten. Polygamie war allein ihre Sache, nicht unsere. Und außerdem war ich nicht nach Kamerun zurückgekehrt, um zu verurteilen, sondern um das Leben der Bewohner zu teilen, um zu versuchen, ihre kulturellen Verhaltensweisen zu verstehen. Mein Vater war über diese Antwort verblüfft. Er muß wohl gedacht haben, daß seine neue »Kollegin« noch einen weiten Weg vor sich hätte.

Wir erreichten die Kuppe eines Hügels – und vor mir lag Bangangté. Die Stadt erschien mir düster. Sie war zweimal abgebrannt, einmal bei den Unruhen im Zusammenhang mit der Erlangung der Unabhängigkeit und das zweite Mal im Bürgerkrieg.

Als ich noch in Frankreich lebte, war ich in Gedanken oft auf der roten Erde der Hauptstraße entlangspaziert, zwischen den Eukalyptusbäumen und den Häusern mit ihren Stroh- und Mattendächern, umgeben von den sorgfältig bestellten und gepflegten Parzellen.

Alles hatte sich verändert, es wurden immer mehr Häuser an den Hängen und Bergrücken gebaut, vor allem entlang der Straße, die zum Verwaltungshügel hinausführte. Dort gab es keinen einzigen Baum mehr. Rund um den Marktplatz standen ineinander verschachtelte Bretterbaracken, klapprige Verkaufsstände, ein- und zweistöckige Betonhäuser mit Blechdächern. Die Konkurrenz des »Parisiana«, des damals auf viele Kilometer im Umkreis einzigen Geschäfts, hatte deutlich zugenommen. Der rote Staub des Laterits klebte in den Ritzen der Wände, die Erde schien aufgeschürft, lag offen zutage. Dort oben am Ende der breiten Querstraße war das friedliche Leben der Gärten des Wohn- und Verwaltungsviertels der französischen Siedler, wo früher jeder frei und unabhängig von Hautfarbe und sozialem Rang umherschlendern konnte, den schwerfälligen Gebäuden der Präfektur, des Rathauses und der Post gewichen – keine einzige Blume mehr, nirgends. Die üppige Vegetation war an den Rand des Tals zurückgewichen, verbarg dort mehr schlecht als recht die Gärten der neuen, flachen Häuser, die bereits die nächsten Hügel eroberten.

Mein Vater hielt in der Stadt nicht an, er fuhr eine lange Abfahrt nach rechts hinunter, dann hinauf zum Hügel von Mfetom. Die Kirche, das Tor, die Allee der großen Eukalyptusbäume ... der Geruch eines brennenden Blätterhaufens. Mein Herz schlug zum Zerspringen.

Vor dem Haus meiner Kindheit erwartete uns eine kleine Menschenmenge, Schüler und Lehrer. Daniel, den Gärtner, meinen zweiten Vater, der mir so viele Ratschläge gegeben und mir so oft geholfen hatte, wenn ich von meiner Mutter bestraft worden war, erkannte ich sofort. Er war natürlich älter geworden, aber er war noch immer so schlank und fröhlich. Ich fiel ihm um den Hals, und er sagte immer wieder mit freudiger Stimme:

»Du bist gewachsen, du bist gewachsen! Und deine Kinder, ach, die Jungen, die Jungen!«

Offenbar wußten alle in Mfetom über mich Bescheid, über mein Leben, mein Studium, meine Scheidung, selbst die, die mich nie gekannt hatten.

Dann ging ich, nur mit Serge und Laurent, auf einen Entdeckungsrundgang durch meine verlorene Welt. Ich erzählte meinen Söhnen, was verschwunden war, was sich geändert hatte, erklärte ihnen den Sinn der Dinge, der Orte und der Menschen, so wie sie mir in Erinnerung geblieben waren. Ich wußte wohl, daß sie in ihrem Alter nicht alles verstehen konnten. Ich redete hauptsächlich mit mir, nicht aus nostalgischer Selbstgefälligkeit, auch nicht aus Bedauern über vergangene Zeiten, sondern um wieder an meine Kindheit anzuknüpfen, »achtzehn Jahre später ...«, achtzehn Jahre in einem anderen Land, achtzehn Jahre der Entwurzelung. Gefühle, Erinnerungen und Gedanken wirbelten mir durch den Kopf und durch das Herz. Ich sagte mir, daß diese Erde soviel gelitten hatte, weil sie von mir im Stich gelassen worden war, ich müsse sie wiederfinden, ihr die Wärme, die Seele zurückgeben. Dann wieder wollte ich nur in der Gegenwart leben. Pure Lebensfreude erfüllte mich, allein der Augenblick zählte.

Schließlich kehrte ich zu meinen Eltern zurück. Papa wollte mir alles zeigen, was er in den letzten vier Jahren gebaut oder wiederaufgebaut hatte. Ich war sprachlos vor Bewunderung. Sie waren beide im Rentenalter. Wieviel Mut und Ausdauer gehörte dazu, das Werk, das sie in jungen Jahren entworfen hatten, noch einmal von vorn zu beginnen – wirklich erstaunlich. Abgesehen von drei Häusern, zu denen auch das unsere gehörte, zwei Hütten und dem Wasserturm, die nicht allzu große Schäden erlitten hatten, hatten sie alles wieder aufbauen müssen: die sechs Hütten, ein wenig modernisiert, die Wohnungen der Lehrer und des Personals, die Unterrichtsräume.

Als meine Eltern zurückgekommen waren, hatten ihre früheren Schüler, wichtige Persönlichkeiten der Stadt und ein großer Teil der Bevölkerung am Straßenrand schon weit vor Bangangté auf sie gewartet. Ein langer Zug war ihnen bis Mfetom gefolgt, und es wurde ein großes Fest gefeiert. Die früheren »Mädchen« meiner Mutter, meine Schwestern, hatten zusammengelegt, um zum Wiederaufbau der Schule für ihre Kinder einen Beitrag zu leisten. Die meisten der »Mädchen von Madame Bergeret«, wie sie sich selbst nannten, waren gut zurechtgekommen im Leben und waren, angefangen von der Abgeordnetengattin bis zur einfachsten Landarbeiterin, immer in engem Kontakt geblieben. Sie hatten eine Gemeinschaftskasse geschaffen, eine Art Hilfs- und Sparfonds. Bei dieser im ganzen Bamiléké-Land verbreiteten Einrichtung, tun sich Menschen, die sich gut verstehen, zusammen und zahlen, je nach ihren Möglichkeiten, in einen gemeinsamen Topf Geld ein, um jedem Mitglied die Möglichkeit zu geben, auch einmal größere Vorhaben zu realisieren. Ein Teil des Geldes oder der gesamte Betrag, der regelmäßig bei den Treffen, die für einen Unbeteiligten wie freudige Wiedersehen unter Freunden aussehen, zusammenkommt, kann dem Mitglied geliehen werden, das das Geld für seine Pläne am dringendsten benötigt. Eine einfache und praktische Methode, die noch einen weiteren Vorteil bietet. Da fast alle im Bamiléké-Land an einem oder mehreren »Sparfonds« beteiligt sind, entsteht über das ganze Land eine solide Verknüpfung, in die der einzelne nicht nur finanziell, sondern auch kulturell und sozial fest eingebunden ist. Der »Sparfonds« von Madame Bergeret funktioniert auch heute noch sehr gut.

Nun konnte man in der Schule auch die Schneiderprüfung ablegen. Die Mädchen lernten Hauswirtschaft, Kochen und Feldarbeit. Die Einführung in die Kindererziehung begann noch immer in der sechsten Hütte, die in »Kinderkrippe« umbenannt worden war.

Die Schülerinnen wohnten zwar hier, wurden aber nicht mehr, wie früher, von ihren Familien isoliert. In den Ferien konnten sie nach Hause zurückkehren. Es gab keine körperliche Züchtigung mehr, nur noch Strafarbeiten wie Laubrechen auf der breiten Zentralallee.

Am Morgen nach einer ruhigen Nacht ging ich in die Küche, um mir ein Frühstück zuzubereiten. Im Wohnzimmer kehrte Daniel den Boden, und seine einfachen, langsamen Bewegungen erfüllten mich mit großer Gelassenheit. Er kehrte nicht, um etwas Bestimmtes zu bewirken, aus diesem oder jenem Grund, er kehrte, weiter nichts. Danach würde er etwas anderes tun. Ich hatte völlig vergessen, daß in Afrika nur die Handlung zählt, die Gegenwart.

»Wie heißt das auf Bangangté, was du gerade tust, Daniel?«

Der alte Gärtner lachte laut und übersetzte:

»Ne pi'tè ntetnda pû ne soge.«

Ich wiederholte es und hörte meinen Satz, als hätte eine andere Person ihn gesprochen. Er glitt mir über die Lippen, mühelos, ohne Akzent. Ich zeigte auf ein Möbelstück oder etwas anderes. Er benannte es auf Bangangté, ich wiederholte es wieder, und ganz von allein verband sich ein Satz mit diesem Wort. Ich sprach den Satz aus. Noch ein Versuch, dann noch einer und noch einer. Ganz allmählich entstanden erste Risse in der Mauer des Vergessens der letzten achtzehn Jahre, Wörter glitten in die Ritzen und brachen die Bresche weiter auf. Jetzt drängten sie sich vor, überstürzten sich, der Fluß wurde mächtiger, Wirbel entstanden, die Dämme brachen.

Nach zwei Wochen in Mfetom konnte ich mich, wenn auch noch ein wenig holprig, mit Daniel und meinen Schwestern, die mich in der Schule besuchten, auf Bangangté unterhalten. Ich hatte meine Sprache wiedergefunden, meine Erde. Ich war zurückgekehrt ins Dorf.

Die Mission Mbo war eine der größten und ältesten in der Bamiléké-Region. Ihr Krankenhaus stammte noch aus der Kolonialzeit und beschäftigte vier oder fünf Ärzteehepaare aus Holland, Deutschland und Frankreich. Die Elie-Allégret-Schule, der ich zugeteilt war, gab es schon ebenso lange. Sie zählte zu den besten Schulen Kameruns.

Doch gab es auch jüngere Einrichtungen wie das Mehrzweckzentrum für die Ausbildung von Lehrern und die landwirtschaftliche Modellschule, die lange nach der Unabhängigkeit mit deutschen und niederländischen Mitteln finanziert wurde. Trotz der vielen Europäer kam die Mehrheit der Mitarbeiter aus Kamerun. Die Station Mbo war eine eigene kleine Stadt mit einem Busbahnhof und einem Markt – nicht zu vergleichen mit meinem Mfetom-Hügel. Außerdem lag Mbo wirklich nur fünf Autominuten von der Provinzhauptstadt Bafoussam entfernt.

Beim ersten Gottesdienst wurde ich dort offiziell von der evangelischen Gemeinde aufgenommen. Mit Blick auf Serge und Laurent wies der Direktor darauf hin, daß sie bereits die vierte Generation der Bergeret in Kamerun seien, da meine Großeltern väterlicherseits gegen Ende des Ersten Weltkriegs schon vier Jahre lang als Missionare hier gelebt hatten. Dann erwähnte er voller Hochachtung meine Eltern, die gegenwärtigen Leiter der Mfetom-Station. Und ich, die ich die dritte Generation darstellte, sei in Bangangté aufgewachsen, es bedürfe daher keiner langen Vorstellung.

»Sie kehren nach Hause zurück«, erklärte der Direktor. Das brauchte er mir wirklich nicht zu sagen.

Glücklicherweise hatten mir meine Eltern bei meiner Ankunft in Douala alles gekauft, was ich benötigte. Ich besaß überhaupt nichts, nicht einmal die unerläßliche Decke für die kalten Nächte. Sie taten sogar noch mehr als das absolut Notwendige, sie schenkten mir eine Gitarre. Sie wußten sicher, daß mir dieses Instrument in der ersten Zeit helfen würde, über die Zweifel, die Einsamkeit, die Mißstimmung hinwegzukommen. Manchmal wanderten meine Gedanken, trotz der zur Schau gestellten, oft aber auch aufrichtigen Freude, nach Blieux oder Aix-en-Provence. Dann sang ich zu meiner Gitarre und redete mir ein, daß drei Jahre schnell vergehen.

Anfangs wurde ich in einer Hütte für durchreisende Gäste untergebracht, denn alle anderen Unterkünfte der Lehrer waren belegt. Schon bald erschienen mir die Räume für mich und die beiden Jungen zu klein. Da gab es noch ein leeres Haus, das zum Krankenhaus gehörte. Aber jede Abteilung der Missionsstation wurde selbständig verwaltet. Also ging ich zum Chefarzt, der gerne bereit war, mich für zwei Monate, bis der eigentliche Bewohner des Hauses auftauchte, dort wohnen zu lassen. Dann allerdings mußte eine endgültige Lösung gefunden werden. Ein einheimischer Lehrer wurde anderweitig untergebracht, und ich konnte in seine Hütte einziehen, die jedoch auch nicht größer war als die Gästehütte.

»Drei Umzüge in zwei Monaten!« schimpfte meine Mutter. »Das ist ja unmöglich, du mußt dich beim Direktor der Schule beschweren.«

»Warum soll ich mich denn beklagen, Mama? Es ist eben keine andere Hütte frei.«

»Sie wußten doch, daß du mit zwei Kindern kommst. Das hätten sie eben einplanen müssen. Du hast ja nicht einmal einen Wasserfilter, keine Küche und keinen Kühlschrank.«

Meine Mutter war gekommen, um mir beim Einräumen zu helfen. Sie betrachtete die Ungezwungenheit, mit der ich hier behandelt wurde, offensichtlich als eine persönliche Beleidigung der gesamten Familie Bergeret. Ich selbst fand dieses Umherziehen von einer Hütte zur nächsten eher sympathisch. Und es schmeichelte mir, denn daß sie es wagten, mich so hin- und herzuschieben, zeigte mir, daß sie mich als Einheimische betrachteten. Bei einem anderen europäischen Entwicklungshelfer hätten sie sich das nie getraut. Vom ersten Tag an hatten die Kameruner mich als eine der ihren anerkannt. Es machte ihnen Freude, mich mit den Menschen aus meinem Dorf, Schüler, Lehrer und Personal, Bangangté sprechen zu hören. Und selbstverständlich störte es mich nicht, so zu wohnen wie neunundneunzig Prozent der Landesbewohner, die sich den Mindestkomfort, den weiße Besucher für sich in Anspruch nahmen, nicht leisten konnten.

Anstatt nun eine sinnlose Zankerei mit meiner Mutter anzufangen, ging ich in die Küche und bereitete uns eine Mahlzeit. Sie schwieg einen Moment lang, dann fragte sie in argwöhnischem Ton: »Sag doch mal, Claude, wer ist denn der junge Mann, der vorhin da war und im Wohnzimmer Gitarre spielte?«

Ich mußte laut lachen. Es war Joseph. Wie konnte meine Mutter nur glauben... Seit ich angekündigt hatte, daß ich nach Kamerun zurückkommen wollte, quälte sie die Frage, wie ihre Tochter wohl mit dem Zölibat zurechtkommen würde.

»Ach, Mama, dieser junge Mann, wie du sagst, ist mein Hausangestellter.«

Sie war nicht überzeugt, die Frau Mama! Sie wußte ganz genau, daß es gegen meine Prinzipien ging, jemanden in meine Dienste zu nehmen. Sie beharrte auf ihrer Frage: »Ein Hausangestellter, wirklich? Der in deinem Wohnzimmer sitzt, mit deiner Gitarre?«

Um mit diesem Mißverständnis aufzuräumen, erzählte ich ihr, wie ich zu Joseph gekommen war.

Am Tag nach unserer Ankunft in Mbo kam ein etwa zwanzigjähriger Bursche zu mir in die Gästehütte. Er hieß Joseph und bot mir seine Dienste an. Ich lehnte höflich ab mit der Erklärung, daß ich meine Arbeiten selber machen wolle. Er beharrte nicht länger darauf, verbrachte jedoch den Tag mit Serge und Laurent. Am nächsten Tag brachte er den Kindern Lutscher und erklärte mir wieder, er wolle für mich arbeiten. Erneut lehnte ich sein Angebot ab, immer noch höflich lächelnd. So ging es mehrere Tage, bis ich es leid war, und da er und die Kinder sich gut zu verstehen schienen, stellte ich ihn als Gärtner ein. Als ich eines Tages aus dem Unterricht nach Hause kam, ertappte ich ihn dabei, wie er den Fußboden des Hauses aufwischte und, ehrlich gesagt, es war dringend notwendig. »Joseph, was machst du hier? Ich glaube, deine Arbeit ist im Garten?«

»Das stimmt, Madame, aber ich kann auch saubermachen.«

Allmählich machte er den Abwasch, die Wäsche, und schließlich kochte er auch. Kurz, er hatte gewonnen.

In meiner Abwesenheit ließ ich meine Haustür immer offen, damit die Kinder ungehindert ein- und ausgehen konnten. Eines Tages kam ich nach Hause und stellte verblüfft fest, daß Joseph mit fünf oder sechs Personen beim Mittagessen saß. Er stand auf und stellte mir seine Familie vor.

»Sie sind von weither gekommen, um mir guten Tag zu sagen«, entschuldigte er sich. »Da sie heute nachmittag wieder gehen, konnte ich sie doch nicht mit leerem Magen abziehen lassen. Aber keine Sorge, ich habe das Essen für Sie und die Kinder warmgestellt.«

Welch eine Geistesgegenwart, dachte ich voller Hochachtung. Diese Leute hinauszuwerfen wäre der Gipfel der Taktlosigkeit gewesen. Nun erhob sich die Familie und lobte mich, daß ich mich so gut um ihren Sohn Joseph kümmerte. Als sie gegangen waren, erklärte ich ihm, daß ich mit meinen Mitteln nicht in der Lage sei, so viele Leute zu ernähren. Er versicherte mir, daß es das erste und letzte Mal war – und hielt Wort.

An einem anderen Tag hatte ich auf dem Markt ein Stück Stoff gekauft, das mir sehr gefiel. Da ich gerade keine Zeit hatte, konnte ich mich nicht damit befassen und ließ ihn achtlos auf dem Tisch im Wohnzimmer liegen. Eines Abends hielt mir Joseph das Kleid hin, das er auf der geliehenen Nähmaschine meiner Mutter genäht hatte. Diesmal war er wirklich zu weit gegangen. Auch wenn ich es zum Teil ihm zu verdanken hatte, daß mir die afrikanische Freundlichkeit, die Spontaneität und Solidarität wieder bewußt wurde, ärgerte ich mich sehr. Er schien es gar nicht zu bemerken:

»Probieren Sie es doch mal an«, sagte er.

Als ich zurückkam und mich im Spiegel sah, überkam mich ein nervöses Kichern. Das Kleid konnte ich nur noch wegwerfen. Ich hätte mich geschämt, dieses formlose Ding selbst dem Ärmsten der Armen zu schenken.

»Wo hast du denn bloß nähen gelernt, Joseph?«

»Ich habe meinem Bruder zugeschaut, er ist Schneider«, erklärte er sichtlich gekränkt.

Als meine Mutter diese abenteuerlichen Geschichten von Joseph hörte, lachte sie Tränen.

»Trotzdem, laß dir nichts gefallen«, sagte sie und wischte sich die Augen.

Immerhin behielt ich ihn, bis ich Mbo verließ. Er hatte eine gewisse Neigung, meine Sachen zu benutzen, als gehörten sie ihm, vor allem meine Gitarre. Doch machte er diese kleinen, ärgerlichen Nachteile durch die Art, wie er mit Serge und Laurent umging, mehr als wett. Er zeigte ihnen, wie man Vögel fängt, Bambuskäfige baut, Bambuspalmensaft gewinnt und an wilden Honig herankommt.

Einmal rettete er mir sogar das Leben. Ich kam von der Schule nach Hause und nahm wie immer meine Gitarre zur Hand, um mich zu entspannen. Als ich ein Kissen hochhob, blieb mir vor Schreck fast das Herz stehen, denn dort schlief zusammengerollt friedlich eine Schlange. Als sie mich sah, rollte sie sich auf und hob drohend den Kopf. Ich brüllte:

»Joseph!«

Mit drei Sprüngen war er da, mein Hausgehilfe, und machte die Schlange mit einem Stock, den er, ich weiß nicht wo, zu fassen bekommen hatte, unschädlich. Serge und Laurent waren bei ihm. Ich war überrascht, als sie ohne Angst oder Ekel nach diesem über einen Meter langen Tier griffen, und hatte ganz vergessen, daß ich in ihrem Alter ebenso unerschrocken gewesen war.

Schritt für Schritt fügte ich mich wieder in die Welt ein, in der ich als Kind zu Hause gewesen war. Ich entdeckte jetzt ganz intuitiv wieder die einfachen Dinge, die ich schon vergessen zu haben glaubte, zum Beispiel, über alles zu lachen, vor allem über mich selbst, mit anderen zu teilen, auch wenn man nicht viel anzubieten hat, überall und immer gerne zu tanzen und gerne mit anderen zusammen zu sein. Der Beruf des Lehrers, bei dem ich ebenso viel zu lernen wie zu lehren hatte, nahm einen großen Teil meiner Zeit in Anspruch, trotzdem fühlte ich mich nicht überfordert, denn eigentlich war das Leben doch sehr einfach.

Bei einem meiner Besuche auf Mfetom erinnerte mich meine Schwester an das »Loblied«, das ich als Kind bekommen hatte – *ntechun*. In diesen subtilen, sich allmählich entwickelnden Bindungen, nahmen mich die Kameruner sanft bei der Hand, ohne mich je als Fremde zu betrachten und ohne mich zu überfallen, und führten mich zurück zu meinem Volk. Ich war auch gerne wieder allein, beschaulich davongetragen vom Gesang der Vögel und den ständig wechselnden Düften der Natur, die mich umgab. In solchen Augenblicken rief ich mir wieder die Gefühle und Empfindungen meiner Kindheit ins Gedächtnis, damals, als ich geglaubt hatte, für immer mit der Erde, dem Wasser und dem Wind leben zu können.

An jenem späten Nachmittag im November 1974 hatte ich mich

gerade auf der Veranda niedergelassen, um den Unterricht in Staatsbürgerkunde zum Thema »das Präsidialregime in Kamerun« für den
nächsten Tag vorzubereiten. Es gelang mir aber nicht, mich voll zu
konzentrieren. Statt dessen genoß ich die Stille, die nur gelegentlich
von entferntem Lachen unterbrochen wurde. Die Trockenzeit hatte
gerade begonnen, bis März würde es nicht mehr regnen. Früher hatte ich diese Zeit besonders geliebt, gleichförmig kamen und gingen
die Tage, der Arbeitsrhythmus wurde langsamer, die Natur stand still
unter der glühenden Sonne.

Am Ende der Eukalyptusallee sah ich zwei meiner Schüler aus
der vorletzten Klasse mit großen Schritten herankommen.

»Guten Abend, Madame«, sagten sie, ohne Luft zu holen, auf
Bangangté. »Wir haben Sie überall gesucht, um Ihnen den Tod Ihres Mannes mitzuteilen.«

Ich sah sie ein wenig erstaunt an. Was wollten sie mir damit sagen?
Was erwartete man von mir?

»Aber, Madame, er ist ihr Stammesführer. Sie müssen nach Bangangté fahren.«

Ich antwortete ausweichend. Sie gingen gleich wieder, was mir
zeigen sollte, daß sie nur gekommen waren, um mir diese Katastrophe, die das ganze Dorf erschütterte, mitzuteilen. Die Nachricht
wurde von einem zum anderen weitergetragen, verbreitete sich
schneller als ein Buschfeuer. *Ngô gha bagte*, »das Land Bangangté ist
zerstört«.

An diesem kühlen Novemberabend war der Hof des Stammesoberhaupts wirklich meine geringste Sorge. Seit meiner Rückkehr
vor zwei Monaten galt meine Aufmerksamkeit vor allem meinen
Kindern und meinem eigenen Schicksal. In den zwei Wochen, die
ich nun wieder in Bangangté lebte, war mir nicht einmal der Gedanke gekommen, dem Stammesführer, Pokam Njiké Robert, der mich
als Kind so beeindruckt hatte, meine Aufwartung zu machen. Sein
Tod berührte mich nicht.

Aber meine Schüler wollten davon nichts hören. Es kam gar nicht
in Frage, daß ich mich aus diesem Ereignis, das sie so erschütterte,
heraushielt. In ihren Augen war ich auch eine Bangangté, sprach ich

nicht ihre Sprache? War ich nicht mit ihren Eltern und älteren Geschwistern aufgewachsen?

Sie informierten mich also ausführlich über den Verlauf der Beisetzungsfeierlichkeiten. Meine Mutter ergänzte den Bericht, denn sie hatte in Begleitung von Serge und Laurent, die sich in Mfetom aufhielten, daran teilgenommen. Das Ganze dauerte mehrere Monate.

Die Beerdigung von Pokam Njiké Robert begann eine Woche nach seinem Tod, in Gegenwart des Gouverneurs und sämtlicher Persönlichkeiten der Provinz. In den Sarg hatte man anstelle seines Leichnams eine Bananenstaude gelegt. Das Stammesoberhaupt mußte der Erde unmittelbar nach seinem Tod übergeben werden, lediglich eingehüllt in ein blau-weißes Leichentuch aus feinstem Batikleinen. Dieses schnelle Begräbnis fand ohne Zeugen statt und wurde nur von den Dienern ausgeführt, die dazu berechtigt waren – als wolle man sich des Leichnams entledigen. Dennoch folgte eine Woche später eine riesige Menge dem Leichenbegängnis.

Nach wenigen Tagen war der neue Stammesführer »gefangen«, wie der einzig richtige Ausdruck lautete. Dieses »Fangen« geschah öffentlich, und es waren Tausende von Zuschauern da, noch mehr als bei der Beerdigung. Sämtliche Söhne des Verstorbenen, die Prinzen, saßen vor dem Stammesoberhaupt des Nachbardorfs, Balengou, der die Bangangté-Häuptlinge »fangen« mußte, wie es seit Generationen der Brauch war. Nachdem er tanzend die vorgeschriebenen Worte gesprochen hatte, zeigte der Balengou-Stammesführer mit einer Art Zepter auf den durch den Verstorbenen bestimmten Nachfolger, den auch die Würdenträger billigten.

Njiké Pokam Robert hatte seine Söhne als Kinder wirklich sorgfältig beobachtet und sie, ohne daß sie es merkten, unzähligen Prüfungen unterzogen. Wichtig waren Eigenschaften wie Großzügigkeit, Achtung vor dem Nächsten, keinerlei Egoismus oder Eifersucht. An dem Tag, als er schließlich mit Gewißheit wußte, daß er einen Jungen gefunden hatte, der diese menschlichen Eigenschaften besaß, nannte er seinen Namen heimlich den neun Würdenträgern des

Hofs, einer Art Privatrat. Da der Thronfolger – wie alle anderen – diese Entscheidung nicht kannte, lebte er weiterhin wie die anderen Kinder, wurde weder begünstigt noch erhielt er eine besondere Erziehung. Nach dem Tod des Stammesführers hatten die Würdenträger die Möglichkeit, einen anderen Nachfolger zu wählen. Aber es kam äußerst selten vor.

Nun, Ende 1974, zeigte das Zepter des Balengou-Häuptlings auf einen siebenundzwanzig Jahre alten Mechaniker, der aus Jaundé zurückgekommen war, Njiké Pokam François. Auf sein Zeichen stürzte sich die Truppe der für den Schutz des neuen Stammesoberhaupts zuständigen Diener auf den jungen Mann. Sie hoben ihn auf ihre Schultern und trugen ihn im Laufschritt bis zur *lakwa*, der Initiationshütte, die etwa einen Kilometer vom Palast entfernt unter den Bäumen verborgen lag. Sobald er auf dem Thron saß, einem einfachen Bananenstamm, nahm der Erbe den Titel *menkam* an. Diesen vorübergehenden Titel würde er nur für die nächsten Wochen behalten, in denen er in der *lakwa* bleiben und sämtliche Initiationsriten über sich ergehen lassen mußte. Aber von diesem Zeitpunkt an war er sämtliche Vorfahren in einer Person. Onkel, Tanten, Brüder und Schwestern nannten ihn nun »den, der unser Vater geworden ist« – *njunda ta yag*. Jeglicher Streit und Zank, jedes Problem zwischen ihm und seinem Volk waren abgeschafft, vergessen, »amnestiert«. Den jungen Mechaniker aus Jaundé gab es nicht mehr.

Das neue Stammesoberhaupt wurde dann entkleidet. Zwei kleine Hühner wurden auf seinen Hals gelegt. Bei Einbruch der Nacht wurden zwei Jutesäcke mit dem Blut einer frisch geschlachteten Ziege getränkt. Am nächsten Tag, als das Blut getrocknet war, zog man dem Stammesführer und seinem Stellvertreter, dem *nkwebo*, diese Säcke über den Kopf. Man stellte zwei geflochtene Körbe, die *kesone*, vor ihnen auf, und das Volk durfte ihnen die Aufwartung machen, indem es eine Gabe in die *kesone* tat, zum Beispiel eine Kolanuß oder ein *nedume*, eine sehr rote Frucht, die direkt am Boden am Fuß ihres Stamms wuchs, oder auch ganz einfach Geld. Diese Parade dauerte viele Tage, und jeden Abend erhielten die beiden wichtigsten Würdenträger des Rats der Neun, *njanswe* und *njalang*, den Inhalt dieser

Körbe. Wenn aber ein Untertan dem Stammesoberhaupt persönlich einen Geldbetrag schenken wollte, brauchte er das Geld nur in einen Umschlag zu stecken und ihn unter den Sack zu schieben, der seinen Herrscher verbarg. Wenn jemand ihm ein Geheimnis anvertrauen wollte, zog ihn der Häuptling hinter die *lakwa* und hörte ihm mit unverdecktem Gesicht zu. Schließlich wurde ein großes Fest mit traditionellen Tänzen organisiert. Am nächsten Tag schnitt der Balengou-Stammesführer die Säcke auf, und das Gesicht des Herrschers kam wieder zutage. Trotzdem ging die Parade und die Ablieferung der Geschenke weiter, bis der Aufenthalt in der *lakwa* zu Ende war. So konnte der Herr, der immer noch auf seinem Bananenstamm saß, sein Volk kennenlernen. Das alles war absolut öffentlich, doch die meisten Initiationsriten wurden nachts vorgenommen, im stillen.

In der *lakwa* lebte der neue Herrscher nicht allein. Der Rat der neun Würdenträger war ebenfalls »gefangen« und lebte mit ihm in der *lakwa*, zusammen mit *nkwebo*, dem stellvertretenden Stammesführer, *màabwegub*, der ersten Ehefrau, die nun Königin geworden war, *nswikame*, der zweiten Ehefrau, *tàmfen*, dem »neuen« Vater des Herrschers, *menko* und *tshuntshu*, den beiden Prinzessinnen, Schwestern oder Nichten des neuen Häuptlings, und anderen Frauen, den *zwighun*. Für die Dauer seines Aufenthalts in der Initiationshütte durfte der Stammesführer keine dieser Frauen berühren.

Die Witwen des Verstorbenen mußten weit schwierigere Prüfungen über sich ergehen lassen. Schon an dem Morgen, an dem sich der Thronfolger in der *lakwa* niedergelassen hatte, wurden alle, die mindestens ein Kind von dem ehemaligen Stammeshäuptling hatten, vollständig rasiert. Dann wurde auf dem ganzen Körper Kaolinpulver aufgetragen, und sie mußten sich vor dem zweiten Tor des Hofs mit nacktem Oberkörper auf den Boden setzen. In den fast zweieinhalb Monaten der Initiation des neuen Stammesführers durften sie sich nicht waschen. Sie aßen nur aus einer zerbrochenen Tonscherbe, die sie nach jeder Mahlzeit abwischten, und schliefen in den Wachhäuschen des Tores auf getrockneten Bananenblättern direkt auf dem Boden. Am Abend vor der Thronbesteigung des neuen Herrschers schließlich wurden sie von einer mit Stöcken bewaffneten Menschenmenge bis zu einer bestimmten Stelle am Fluß verfolgt und beschuldigt, gemeinsam ihren Ehemann ermordet zu haben.

»*O! tà bewu là!* Du hast unseren Vater getötet«, sangen sie im Laufen.

»*Ngam tcham o!* Das ist nicht wahr«, erwiderten die Witwen im Rhythmus ihrer Flucht und nahmen einen Korb mit, in dem sich ihre Kopf- und Körperhaare, Kolanüsse und die Lumpen, die sie die ganze Zeit über getragen hatten, befanden.

Am Fluß angekommen, stiegen sie völlig nackt in die Strömung, blieben dort aufrecht mit gespreizten Beinen stehen und stellten ihren Korb einige Schritte vor sich auf das Wasser. Wenn dieser improvisierte Kahn zwischen ihren Beinen hindurchtrieb, verließen sie unter Beifall das Wasser – sie waren unschuldig. Wenn die Strömungen dagegen den Korb von seiner Route abbrachten, galten sie als schuldig; früher hätte man sie an Ort und Stelle aufhängen können.

Doch die Witwenprüfung war damit nicht abgeschlossen. Waren sie unschuldig, mußten sie bis zum zwei Stunden entfernten Hof von Bangwa laufen. Dort verbrachten sie die Nacht und kehrten am nächsten Morgen zu den Feierlichkeiten der Thronbesteigung des neuen Herrschers zurück.

Der Hindernislauf des Stammesoberhaupts, um den Thron seiner Vorfahren zu besteigen, war noch nicht beendet. Er mußte insbesondere seinem Volk noch selbst eine Mahlzeit servieren, indem er mit den Händen in den Topf griff und das Essen in die Bananenblätterrollen füllte, die ihm die vorüberziehenden Menschen hinhielten. Hunderte hatten die ganze Nacht damit zugebracht, diese Mahlzeit in erheblichen Mengen zuzubereiten. Außerdem mußte der Stammesführer seine dritte Frau, die *màkôkwa*, und seine vierte Frau, die *tsiyane*, auswählen.

Diese beiden neuen Ehefrauen spielen eine sehr wichtige Rolle. Sie sind die ersten, die der Herrscher berühren darf, und damit die ersten, die er befruchten wird. Denn die Macht eines Herrn wird nicht nur an der Zahl seiner Untertanen gemessen, sondern auch an der Zahl der Kinder, die er hervorgebracht hat. Jeden Morgen mußten abwechselnd die zweite und die dritte Ehefrau den Lehmboden des Herrenhauses mit Wasser besprengen, mit dem Stiel einer Frucht, die »Friedensbaum« genannt wurde, kehren – und das so lange, bis eine der zahlreichen Ehefrauen schwanger wurde.

Das alles erschien mir reichlich kompliziert, und die endlosen Folgen dieses Fortsetzungsroman, langweilten mich allmählich.

»Nun erklärt mir doch mal«, sagte ich eines Tages stöhnend zu meinen Schülern, »ist jetzt noch immer nicht Schluß? Er hat ihn doch nun, den Thron seiner Vorfahren! Wie viele Schwierigkeiten muß er denn noch überwinden, wie viele Prüfungen bestehen, um ihn zu verdienen!«

Meine Schüler lachten laut:

»Nein, Madame, es ist noch nicht Schluß. Der *fö* ist noch nicht im großen Haus des Herrschers eingetroffen. Der Häuptling kann es erst betreten, wenn er bewiesen hat, daß er ebenso viele Jungen wie Mädchen zeugen kann. An diesem Tag wird im ganzen Land verkündet: *fen bwô*.«

Das bedeutet soviel wie: Der Herr hat sich verwirklicht, da er imstande ist, seine Nachkommenschaft zu sichern. Inzwischen war der künftige *fen bwô* erneut umgezogen und hatte sich bei den jungen Witwen seines Vaters und seinen eigenen Frauen in einem anderen, kleineren Hof niedergelassen, einer Art Nebengebäude, das *lankam* genannt wurde und wie *lakwa*, die Initiationshütte, nur behelfsmäßig aus Bambus und getrocknetem Lehm gebaut war, denn sie wurde ja nur einmal benutzt. Allerdings gab es mehrere Unterkünfte, und durch zahlreiche Mauern wirkte das ganze wie ein Labyrinth, wie ein kleinerer Hof. Besucher durften nur den Empfangssaal betreten, in dem der Herrscher viele Stunden lang seine Untertanen ohne Unterschied hinsichtlich ihres Ranges empfing.

Fünf Monate vergingen, es hatte wieder geregnet, und überall sonst im Bamiléké-Land war das Land bestellt worden. Das tägliche Leben folgte wieder einem schnelleren Rhythmus, nur nicht in Bangangté. Dort wurden die Felder nicht bestellt. Solange keine der Ehefrauen des Herrn schwanger war, durfte niemand die Hacke, das wichtigste landwirtschaftliche Werkzeug, in die Hand nehmen. Solche Zustände regten mich auf:

»Was soll das denn, durch solche Verbote wird Bangangté immer ärmer. Das ist doch lächerlich! Und die Einheimischen gehorchen?«

»Früher schon, da sah man niemanden auf den Feldern«, erwiderte man mir mit einem Hauch von Sehnsucht. »Aber heute halten sich die Menschen vor allem in der Umgebung der Missionen und der Städte nicht mehr an die alten Sitten.«

Na wenn schon, sagte ich mir, diese komplizierten, sinnlosen und gefährlichen Rituale werden irgendwann verschwinden. Die Kinder lernen in der Schule eine andere Lebensweise, andere Ideale. Bei der nächsten Erbfolge ist sicher alles vergessen. Außerdem geht mich das alles gar nichts an. Wie hätte ich damals, wenige Monate nach meiner Rückkehr, erkennen können, daß dies eine typisch europäische Argumentation war, die Überlegung eines Missionars, die Betrachtungsweise einer Bergeret?

In den Osterferien 1975 fuhr ich nach Mfetom. Ich aß bei zwei Freunden aus Bangangté, mit denen ich mich angefreundet hatte. Jean war der Leiter des Aufsichtspersonals des Kollegiums, ein Jugendfreund meines Bruders, seine Frau Matcha war Lehrerin im Internat. Plötzlich tauchte eine aufgeregte Schülerin auf:

»*Fen bwô! Fen bwô!*« rief sie, »Màabwegup und Nswikame sind schwanger!«

Bei diesen Worten ließen die Freunde ihrer Freude und ihrem Stolz freien Lauf. Und ich überraschte mich dabei, daß ich ihre Begeisterung, die auch eine Erleichterung war, teilte. Es war noch nicht zu spät, mit der Feldarbeit zu beginnen, denn es war erst April. Natürlich drehten sich alle Gespräche um den Hof des Stammesführers:

»Müssen die Witwen des vorherigen Herrschers eigentlich dort bleiben?« fragte ich.

»Nicht alle«, erklärte man mir. »Nur die ersten vier Frauen müssen den Hof verlassen, sobald sie Witwen geworden sind. Der neue Herr muß ihnen und den Frauen, die er nicht bei sich behalten möchte, einen neuen Ehemann zuweisen. Sie sind verpflichtet, mindestens eine Nacht im Bett des zugewiesenen Ehemanns zu verbringen. Am nächsten Morgen sind sie, wenn sie es wünschen, frei. Auf jeden Fall werden sie nicht im Stich gelassen, sie werden ihr Leben lang unterstützt.«

»Und den Frauen macht es nichts aus, sich derartigen Forderungen beugen zu müssen? Kein noch so kleiner Aufstand? Können sie nicht einmal über ihren eigenen Körper bestimmen?«

Man lächelte über meine Empörung und versuchte mir klarzumachen, daß für jede Ehefrau ein Fluchtweg vorgesehen war. Eine Frau kann jederzeit den Hof verlassen. Sie braucht sich dazu nur die Macht, die der Häuptling über sie hatte, abnehmen zu lassen. Dazu muß sie mit zwei Hühnern in der Hand zum bedeutendsten Würdenträger, *menkam njanzwe*, gehen. Dieser legt ihr dann ein Armband um, das dem Herrn gehört, ohrfeigt sie und nimmt die beiden Hühner. Damit ist sie frei. Die beiden Hühner behält der *menkam njanzwe*. Ein Scheidungsverfahren, das weit weniger kostet und viel einfacher ist als das drüben in Aix-en-Provence.

Wenn ich heute an dieses Schuljahr 1974/75 in Mbo denke, erscheint es mir wie eine ideale Zeit des Übergangs. Damals war ich allerdings überzeugt, daß ich nur für drei Jahre hierher gekommen war und dann nach Frankreich zurückkehren würde. Zu gegebener Zeit wollte ich mir überlegen, ob ich meinen Vertrag verlängern würde oder nicht. Deshalb pflegte ich sehr enge und äußerst angenehme Verbindungen mit den Europäern der Mission. Ich hatte nicht die Absicht, die Brücken nach Europa abzubrechen. Wir luden uns gegenseitig ein, machten gemeinsam lange Wanderungen, bestiegen den Manengouba, gingen am Strand von Limbé, am Fuße des Kamerun, baden. An den Wochenenden war Reiten drüben in Foumban oder auch innerhalb der Missionsstation, auf den Pferden des Chefarztes, angesagt. Kurz gesagt, das war das herrliche Leben eines Entwicklungshelfers auf mittlerer Ebene. Abends trafen wir uns zu einer Tasse Kaffee und unterhielten uns bis spät in die Nacht über Gott und die Welt. Es war als hätte ich in den Tropen ein Stück von Blieux gefunden, nur daß sich hier die Diskussionen um die Beziehungen zwischen Europäern und Afrikanern drehten. Ich erinnere mich sogar an einen Abend, als ich mit wilder Entschiedenheit gegenüber einer deutschen Ärztin behauptete, daß ich mich nie, aber wirklich nie, in einen Kameruner verlieben könnte!

Das Leben mit Serge und Laurent war wunderbar. Immer wieder staunte ich über ihre Anpassungsfähigkeit. Ich konnte viel Zeit mit ihnen verbringen und ihnen gleichzeitig viel Freiheit lassen. In der Schule waren sie allerdings nicht gerade Musterschüler! Dagegen sprachen sie mühelos Französisch-Kamerunisch und brachten mir sogar Holländisch bei, denn die Kinder des Chefarztes waren genau in ihrem Alter. Unter der fürsorglichen Aufsicht Josephs zogen sie aus, Afrika zu entdecken. Ich war die Verbindung zu ihrer Heimat Frankreich, brachte ihnen französische Lieder bei und las ihnen Geschichten vor. Die einzige Aufgabe, die ich ihnen konsequent auferlegte, war das allabendliche Entfernen der Sandflöhe, die ihre Eier unter den Zehennägeln ausbrüteten.

Ich selbst beschäftigte mich mit der afrikanischen Art der Landwirtschaft und lernte gleichzeitig moderne Anbauformen kennen, die man den jungen Leuten hier beibrachte. Und ich konnte nun aus eigener Ansicht feststellen, daß meine Wortmeldungen vor mehr als zwei Jahren auf dem Entwicklungshilfekongreß wirklich den Nagel auf den Kopf getroffen hatten. Die frisch importierten europäischen Methoden ergaben schlechtere Erträge, eine mindere Qualität und einen weniger ausgeprägten Geschmack der Nahrungsmittel im Vergleich zu den nach traditionellen, von Generation zu Generation weitergegebenen Anbaumethoden erzeugten Produkte. In jenem Jahr fiel die Ernte der Jamswurzel der Mbo-Station sehr schlecht aus, denn diese empfindlichen Knollen vertragen keine industrielle Behandlung.

In der Schule unterrichtete ich die letzten beiden Klassen in Französisch, Geschichte, Staatsbürgerkunde und sogar Geographie: sechzig Schüler in jeder Klasse, akuter Mangel an Lehrmitteln und keine Scheiben an den Fenstern, was mir allerdings wenig ausmachte. Was mich mehr störte, waren die Fächer, die ich zu unterrichten hatte, die besser in ein Gymnasium in Paris gepaßt hätten als hier in die Elie-Allégret-Schule von Mbo-Bafoussam. Die Schüler lernten zwar nicht mehr, daß »die Gallier unsere Vorfahren« waren, aber bei diesem Aufsatzthema oder jener Wetterkarte hörte ich doch oft die Frage eines jungen Kameruners: »Wozu lernen wir das, Madame?«

Es entging mir auch nicht, daß sich meine Schüler wirklich abrackerten, um meinem Unterricht folgen zu können. Ich mußte mich bemühen, weniger theoretisch, weniger allgemein über die Dinge zu sprechen. Ich nahm ich mir also vor, meinen Unterricht künftig verstärkt empirisch aufzubauen, intuitiv, mehr auf die Gegebenheiten und Umstände zugeschnitten. Da es wegen der fehlenden Schulbücher auch keinen richtigen Lehrplan gab, suchte ich mir meine Unterlagen selbst in den Bibliotheken von Bafoussam zusammen. Hier entdeckte ich Dinge, die mir wie eine Offenbarung erschienen: Afrikas Geschichte reicht weit zurück. Als in Europa Karl der Große herrschte, gab es zum Beispiel in Ghana große Königreiche. Wie in jeder Geschichte, Zivilisation oder menschlichen Kultur gab es auch in Afrika sehr unterschiedliche Zivilisationen und reiche Kulturen.

Ich entdeckte auch die afrikanische Literatur. Werke wie »Le monde s'effondre« von einem Nigerianer namens Chinua Achebe, »L'Aventure ambiguë« des Senegalesen Cheick Amidou Kane und »Cahier d'un retour au pays natal« des Martinikaners Aimé Césaire standen auf dem Programm. Ich mußte sie doch wenigstens gelesen haben, bevor ich darüber sprechen konnte.

Für die Schüler und mich wurden diese Werke bald zu Leitfäden, die uns zeigten, daß der Weg, den der Westen den kolonisierten Ländern aufzwang, nicht der einzig gangbare Weg sein konnte. Es standen uns auch andere Möglichkeiten zur Verfügung. Beschränkte sich »Entwicklung« wirklich nur auf Technik und militärische Macht, wie es damals hieß? Bedeutete das wirklich Freiheit, ein Land durch Entwicklungshilfe von seiner natürlichen Umgebung, von der es bisher traditionsgemäß abhängig war, zu entfremden? Dem heutigen Leser mag meine Verwunderung angesichts der reichen Geschichte und Literatur Afrikas naiv erscheinen. Sie zeigt aber, wie ignorant und herablassend die Europäer in den siebziger Jahren waren, selbst jene, die sich wie ich ganz besonders für Afrika interessierten.

»Eine afrikanische Geschichte? Literatur? Das gibt es doch gar nicht! Das hätten wir doch erfahren!« rief meine Mutter aus, als ich ihr von meinen Entdeckungen berichtete. Das wußte niemand. Und wie sieht es fünfundzwanzig Jahre später aus?

Zu aller Zufriedenheit erzielten meine Schüler ausgezeichnete Noten im Abitur. Ich pflege noch immer sehr gute Kontakte zu ihnen, und viele meiner früheren Schüler kamen mir später liebend gerne zu Hilfe, als ich sie wirklich brauchte. Wenn ich sie heute treffe, stellen sie mich den anderen mit den Worten vor: »Das ist meine Mutter.«

»Claude, Gott hat dich nach Kamerun zurückgebracht, damit du das Werk deiner Eltern fortsetzt, und das kannst nur du. Denk darüber nach!«

Diesen Vortrag von Monsieur Jean, dem obersten Ordnungshüter der Schule in Mfetom, hatte ich fast erwartet. Ich verbrachte gerade ein paar Tage in Bangangté, denn ich besuchte dieses Ehepaar, mit dem ich bis spät in die Nacht lange Gespräche führte, sehr gern. Ausgesprochene Übereinstimmung herrschte vor allem mit Matcha, der ebenso verläßlichen wie herzlichen Ehefrau. Es dauerte nicht lange, bis ich herausgefunden hatte, daß sie eine wirkliche, echte, herzliche und treue Freundin für mich war.

Ich wußte, daß meine Eltern, die das Rentenalter inzwischen weit überschritten hatten, zum Ende des Schuljahrs 1975/1976 nach Frankreich zurückkehren sollten. Sie hätten eigentlich als Nachfolger einen Kameruner ausbilden sollen, sie behaupteten jedoch, daß ihnen das nicht ganz gelungen sei. Die örtlichen Führungskräfte hatten wirklich eine eher lockere Art, eine solche Einrichtung zu leiten.

Als mir an diesem Abend Monsieur Jean diesen Vorschlag machte, gefiel mir der Gedanke, die »Erbin« von Mfetom zu werden, überhaupt nicht. Dann beschloß ich jedoch, die Meinung meiner Eltern dazu einzuholen. An ihrer Reaktion konnte ich erkennen, daß sie diese Lösung auch schon ins Auge gefaßt hatten, daß ihnen der Gedanke keineswegs neu war.

»Wenn du dich imstande fühlst, die Schule zu leiten«, sagte mein Vater, »wird es uns viel leichter fallen, aus dem aktiven Dienst auszuscheiden. Und da du ausgezeichnet Bangangté sprichst, wird es dir sicher nicht schwerfallen, einen einheimischen Nachfolger auszubilden. Dazu hättest du dann zwei Jahre Zeit.«

Ich nahm ohne langes Zögern an. Meine Eltern sprachen mit den

Verantwortlichen, und im Juli 1975 wählte mich der Rat der baptistischen und evangelischen Kirchen Kameruns, der CEBEC, in Douala durch Beifall zur Nachfolgerin meiner Eltern als Leiterin der Schule von Bangangté-Mfetom. Wiederum verlief diese neue Wende in meinem Leben reibungslos, ganz natürlich, und das Schicksal führte mich einen Schritt weiter auf einem unbekannten Weg … dem ich jedoch folgte, ohne zu fragen.

Ich verließ Mbo und richtete mich in einem kleinen Haus, gleich an der Einfahrt zur Mfetom-Mission, direkt neben der Kirche, ein. Im gleichen Monat kam mein geschiedener Ehemann nach Bangangté, um zu sehen, wie und wo Serge und Laurent lebten. Auf dem ganzen Weg von Douala bis zur Mission regnete es unaufhörlich, das Auto kam ins Rutschen, steckte fest. Ständig mußten wir aussteigen, um zu schieben. Wir waren von oben bis unten voll Schlamm. Paul war der einzige, der nicht über unser Schlammbad lachte:

»Und ich habe immer geglaubt, daß in Afrika nur glühende Hitze herrscht! Was für ein Land!«

Doch insgesamt war sein Aufenthalt angenehm und entspannt. Er nahm Serge und Laurent mit zurück, sie sollten den Rest der Ferien in Frankreich verbringen. Zum ersten Mal war ich von ihnen getrennt. Sie fehlten mir sehr, und ich war krank vor Angst und Sorge.

Gottlob wußte ich mir zu helfen. Ich würde bald Direktorin einer Berufsschule für Konfektionsschneiderei sein. Das verlangte ein gewisses Umdenken von mir. Mein Vater hatte durch die Bücher, die er sich aus Frankreich hatte kommen lassen, große Kompetenz auf diesem Gebiet erlangt. Diese Ausbildung machte mir Spaß, ich nähte gerne und hatte Freude am Entwerfen neuer Modelle. Die Arbeit bestand im wesentlichen darin, Schnittmuster für Kleider, Blusen oder Damenhosen herzustellen und diese dann nach Maß auf Schneiderpuppen vorzuführen. Draußen regnete es in Strömen, wir arbeiteten gemeinsam, rauchten und tranken Bier. Mama kochte uns leckere kleine Mahlzeiten. Ich war meinen Eltern selten so nahe wie in dieser Zeit und empfand eine tiefe Harmonie mit diesem Ort, der meine ersten Schritte geleitet und mich geformt hat. Verwaltung und Buchführung langweilten mich eher, aber ich hatte ja noch reichlich

Gelegenheit, mich damit zu befassen, denn meine Eltern reisten ja erst am Ende des Schuljahrs ab. Andererseits mußte ich mich damit auseinandersetzen, mußte zumindest die Grundlagen kennen, denn ich hatte der Kirche von Kamerun Rechenschaft über die Verwendung der Unterhaltszahlungen meiner Schüler abzulegen.

Ich folgte in allem ganz genau meinen Eltern. Ich wollte ihr Grundkonzept von der Erziehung der Mädchen nicht verändern, zumindest nicht auf ihrem Fachgebiet. Bei der religiösen und moralischen Erziehung, die ihnen die Mission zu vermitteln versuchte, verließ ich mich ganz auf den Religionslehrer. Als die Internatsschüler zum Schulanfang zurückkamen, ging ich gelegentlich sonntags zur Kirche. Ich konnte ja die Mädchen nicht zwingen, in den Gottesdienst zu gehen, wie die Schulordnung es vorsah, und selbst andere Dinge erledigen. Aus den gleichen Gründen nahm ich jeden Tag um sechs Uhr am Morgengebet teil. Meine künftigen Zöglinge nannten mich »Tante Claude« – ein Generationswechsel!

Als Serge und Laurent aus Frankreich zurückkamen, meldete ich sie zum Fernunterricht an – in Vanves natürlich. Und genau wie ich einst, wenn nicht noch ausgiebiger, ließen sie sich reichlich Zeit. Es hätte mich auch gewundert – und sogar ein bißchen gekränkt –, wenn sie es anders gemacht hätten.

Mein Haus an der Einfahrt zur Schule war etwas zu klein für uns drei, deshalb brachten meine Eltern die Jungen in unserem alten Haus unter, keine dreihundert Meter von meinem Haus entfernt. Mir schien es, daß Serge und Laurent in meine Fußstapfen traten. Sie schliefen, spielten und aßen unter dem gleichen Dach, unter dem ich viele Jahre zuvor ebenfalls geschlafen, gespielt und gegessen hatte. Zu den Mahlzeiten kamen wir alle zusammen. Mittags stand Mama am Herd und kochte auf französische Art. Abends schmorte ich unter der Aufsicht meiner Lehrerin für feine Küche, Matcha, die meine beste Freundin geworden war, typische einheimische Gerichte: Ekoki-Kuchen, Mais- und Maniok-Couscous, frittierte Kochbananen, Kondre, Ndolé, Jamswurzel auf verschiedenste Art, Süßkartoffeln, Taro, Pistazienkuchen, Reis mit gelber Sauce … Ich brauchte nur zu wählen, für meine Eltern war es immer etwas Neues. Natürlich würzte ich diese Gerichte, die sowieso schon einen markanten Eigengeschmack haben, für meine Eltern nicht so scharf wie sonst in Kamerun üblich.

Wenn ich in der Glut meines Holzfeuers frischen Mais oder Safu-Pflaumen grillte, sog ich diesen warmen Duft genießerisch ein, während draußen der Regen auf das Blechdach trommelte. Dann setzten wir uns vor den Kamin und erzählten uns die Erlebnisse des Tages oder Geschichten aus der Vergangenheit – Augenblicke intensiver Freude für meine Eltern. Und ich fand wieder zu mir selbst zurück. Nachmittags, wenn mein Vater damit beschäftigt war, die letzten Hütten der Schule fertigzustellen, trabte ich auf dem Pferd, das ich mir inzwischen in Mbo gekauft hatte, um den Hügel.

Eines Tages, als ich mein Pferd im Schatten der Eukalyptusbäume zur Mission zurücklaufen ließ, rief mir ein Pastor aus Mfetom lächelnd zu:

»Du solltest zum Hof hinüberreiten! Eine echte Bangangté wie du kann doch nur die Frau des Herrschers sein. Wenn er dich so sehen könnte, würde er dich sowieso nicht mehr weglassen.«

Ein schlechter Scherz für einen Christen, auch wenn er ein reinblütiger Bangangté war. Schließlich schlug er mir ja nicht vor, zu irgendeinem ledigen Pastor zu gehen, sondern zu niemand geringerem als seinem polygamen, heidnischen Herrn.

EINE LIEBESGESCHICHTE
MIT HINDERNISSEN

Kurz nach meiner offiziellen Ernennung zur Nachfolgerin meiner Eltern beschloß mein Vater, mich den örtlichen Autoritäten vorzustellen. Wir machten uns also an einem Morgen auf eine Rundfahrt zu den Verwaltungs- und Militärbehörden des Departements Ndé, dessen Hauptstadt Bangangté war. Die Armee von Kamerun war noch immer im Bamiléké-Land stationiert und seit dem Bürgerkrieg im »Notstand«. Ich lernte den Kommandanten der Kompanie kennen, den Unterpräfekten, den Bürgermeister usw. Jedesmal gab es zu den herzlichen und lebhaften Gesprächen ein Schlückchen zu trinken. Kurz vor Mittag hatten wir unsere Besuchsrunde beendet und wollten gerade zur Mission zurückfahren, als Papa ausrief:

»Oh nein, jetzt hätten wir fast das Stammesoberhaupt vergessen.«

»Können wir da nicht ein andermal hingehen?« fragte Mama.

»Auf keinen Fall! Eigentlich hätten wir sogar bei ihm anfangen müssen. Gott sei Dank mag er mich. Wenn er wüßte, daß wir ihn bei unserer Runde der ›Großfürsten‹ ausgelassen haben, wäre er mit Sicherheit beleidigt. Du darfst nicht vergessen, daß er für die Bevölkerung die wichtigste Persönlichkeit ist, die am meisten zu sagen hat. Ein Beamter kommt und geht auch wieder, aber ein Stammeshäuptling, der bleibt.«

Njiké Pokam François wohnte zu dieser Zeit in dem kleineren Übergangshaus, dem *lankam*, denn er wartete darauf, daß eine oder mehrere seiner Frauen ihm mindestens einen Sohn und eine Tochter schenkten. Viele Menschen kamen und gingen durch die Palisaden des Häuptlingshofs, als sei dies ein ganz gewöhnlicher Ort. Die mehrfach umzäunten Unterkünfte bestanden lediglich aus Bambusstangen, die von Lianen zusammengehalten wurden, und einem Dach aus Bananenblättern. Als wir auftauchten, verständigten sich die Leute durch ein paar schnelle Zeichen und schauten uns aus den Augenwinkeln nach, während sie miteinander flüsterten. Wir wurden genau beobachtet und durften nur das Äußerliche sehen, den äußeren Anschein, aber nicht den tieferen Sinn der Dinge.

Ein älterer Mann trat auf uns zu. Mein Vater stellte sich vor und erklärte, warum wir gekommen waren. Der Mann bat uns zu warten und verschwand in der Menge. Er kam aber sofort zurück und forderte uns auf, ihm zu folgen. Wir durchquerten drei Einfriedungen durch große Schiebetüren aus Bambus, die so niedrig waren, daß wir uns tief bücken mußten.

Schließlich betraten wir einen eher kleinen Raum, in dem etwa ein Dutzend Leute saßen. Licht erhielt dieser Raum nur durch die beiden Türen. In diesem Halbdunkel herrschte eine angenehme Frische, die aus dem sorgfältig angefeuchteten Lehmboden aufstieg. An den Wänden hingen Pantherfelle und vergrößerte Fotos von den bedeutendsten Augenblicken der Thronbesteigung des Stammesführers. Dieser saß auf seinem Thron, einem aus einem Baumstamm geschnitzten Hocker, dessen hohler Fuß mit sehr feinen Schnitzereien versehen und mit kleinen weißen Muscheln geschmückt war.

Der Stammesführer war ein junger Mann, heiter, lebhaft, einfach und direkt, mit einem charmanten Lächeln. Er wirkte überhaupt nicht so steif oder feierlich, wie ich mir jemanden, der soviel geistige und weltliche Macht besaß, vorgestellt hatte. Sein sicheres Auftreten war ganz natürlich und ohne jede Affektiertheit. Er trug eine Gandura und einen gestickten Fez. Neben ihm saß ein Mann, der die gleiche Kleidung trug, auf einem zweiten Hocker. Ungefähr zehn ärmlich gekleidete Besucher standen im Raum. Offensichtlich war die allgemeine Unterhaltung ebenso angeregt wie fröhlich. Als wir eintraten, schwiegen sie, und alle Blicke wandten sich uns zu.

»Setzen Sie sich«, sagte der Stammeshäuptling und deutete auf ganz gewöhnliche Stühle, die gegenüber seinem Thron an der Wand standen. Er freute sich offenbar über den Besuch meiner Eltern. Nachdem er sie begrüßt und willkommen geheißen hatte, fügte er mit Blick auf seinen Nachbarn, der auf dem anderen geschnitzten Hocker saß, hinzu:

»Das ist der Balengou-Häuptling. Er war es, der mich gefangen hat.«

Dann wandte er sich auf Bangangté an einen seiner Diener und bat ihn, uns etwas zu trinken zu bringen. Kaum eine Minute später trat eine Frau ein und servierte uns Palmwein.

»Du scheinst mit diesen alten Leuten sehr gut befreundet zu sein«, sagte der andere Stammesführer.

»Sie haben ihr ganzes Leben hier verbracht«, erwiderte der neue Thronfolger. »In Bangangté sind sie für alle wie Vater und Mutter. Vor langer Zeit haben sie in Mfetom die Mädchenschule gegründet und hatten sogar den Mut, zurückzukommen und die Mission wiederaufzubauen, obwohl zwei Weiße dort ermordet worden waren. Sie sind echte Bangangté.«

Wußte der Stammeshäuptling, daß ich ihn verstand? Jedenfalls waren seine Worte aufrichtig gemeint. Mein Vater trank einen Schluck von dem likörähnlichen Weißwein. Da er Bangangté zwar einigermaßen verstand, es aber sehr schlecht sprach, erklärte er auf Französisch:

»Wir sind gekommen, um dir unsere Tochter vorzustellen. Sie wird nächstes Jahr, wenn wir nach Frankreich zurückkehren, unsere Stelle einnehmen.«

Njiké Pokam François wandte sich mir zu. Ich hielt seinem vor Intelligenz funkelnden Blick stand. Er nickte, wandte sich erneut an meine Eltern und fragte, wie sich der Schulanfang anließ. Eine Zeitlang drehte sich die Unterhaltung um dieses Thema, dann sagte er, noch immer lächelnd:

»Eine meiner Nichten ist durch Erbschaft meine Tochter geworden. Sie kann nicht einmal einen Bleistift halten. Ich nehme an, daß Sie sie wohl unterrichten werden. In zwei Tagen werde ich vorbeikommen und das Geld für das gesamte Jahr ihrer Unterbringung im Internat bezahlen.«

Meine Eltern waren an solche Wünsche längst gewöhnt. Wie oft kam es vor, daß sie Mädchen, die ihrem Alter nach schon ins Gymnasium gehörten, überhaupt erst Lesen und Schreiben beibringen mußten! Solche Neulinge mochte meine Mutter nicht besonders, aber sie erwiderte mit einem etwas verkrampften Lächeln, daß sie dem Stammesführer gerne zur Verfügung stehen werde.

Ich selbst folgte diesem Gespräch längst nicht mehr. Das Innere des Hofs eines afrikanischen Stammesoberhaupts zu sehen war eine ungewöhnliche Erfahrung für mich, die Akademikerin aus Aix-en-Provence. Mich faszinierten die anderen Anwesenden. Die Einfachheit ihrer Kleidung störte offenbar niemanden. Sie nahmen jederzeit an der Unterhaltung teil, und es kam vor, daß sie lauter lachten als ihre beiden Stammesführer. Natürlich verhielten sie sich ihnen gegenüber sehr respektvoll, aber nicht aufdringlich oder gekünstelt.

Mit meiner europäischen Mentalität hatte ich mir vorgestellt, daß der Auftritt eines afrikanischen Stammesoberhaupts mit komplizierten Ritualen verbunden wäre, voller Tabus, die ja nicht verletzt werden dürften. Bestimmte Dinge dürfe man tun oder nicht tun, man hätte das zu sagen, was vorgeschrieben wäre, und tunlichst zu vermeiden, ins Fettnäpfchen zu treten – eine mysteriöse, primitive Zeremonie. Aber hier gab es nichts von dem Aufwand und der strengen Etikette westlicher Königshäuser und Präsidentenpaläste. Hier war alles natürlich und einfach, mit der Nuance einer respektvollen und höflichen Freundlichkeit.

Durch eine Tür gegenüber drangen aus einer rauchigen Küche herrliche Düfte zu uns herüber. Zwei oder drei Frauen in der üblichen Kleidung afrikanischer Hausfrauen, einem einfachen Tuch, kochten auf einem Herd aus drei Steinen. Sie hatten Spaß, lachten und unterhielten sich und schienen gar nicht zu bemerken, daß ihr königlicher Gatte nebenan hof hielt. Die Herzlichkeit und heitere Atmosphäre an diesem »Prinzenhof« machten mir deutlich, warum man den künftigen Stammeshäuptling von der Geburt bis zur Thronbesteigung wie jedes andere Kind in Bangangté aufwachsen ließ. Auch später, als Erwachsener, hatte er wie jeder andere Mechaniker in Jaundé gelebt. In dieser ganzen Zeit wußte er nicht, daß er eines Tages Stammesoberhaupt werden würde. Auf diese Weise war er trotz seines Reichtums, seiner großen Güter und seiner Macht seinen Untertanen nahe geblieben. Er würde die täglichen Probleme seines Volkes verstehen, da er sie am eigenen Leibe erlebt hatte, und sich mit seinem Volk zusammen entwickeln können. Es würde ihm nicht schwerfallen, sich in das Denken eines anderen hineinzuversetzen und sich auf die Ebene dessen zu stellen, der seine Unterstützung, seine Hilfe brauchte, um beim Schlichten von Streitigkeiten zuerst zu verstehen, dann zu urteilen. Er beherrschte sein »Handwerk als König« bereits jetzt sehr viel besser als die Könige in Versailles oder französische Verwaltungsbeamte der ENA.

Und ich konnte auch die Gründe für seine unsanfte Krönung erkennen. Man hatte ihn »gefangen«, ihm zugesetzt, ihm die Augen mit einem Sack, der nach getrocknetem Blut stank, verdeckt, ihn wochenlang eingesperrt in eine Hütte ohne jede Annehmlichkeit, ihn tiefer erniedrigt als den bescheidensten und ärmsten seiner Untertanen. Trotz seines Reichtums und seiner Macht würde er nie wieder vergessen, daß Stammesoberhaupt zu sein keine Belohnung für seine Verdienste ist, keine Gunst, die ihm durch Erbfolge zustand, kein geruhsamer Posten, auf dem er sich ausruhen konnte, sondern eine schwere Last, die er bis zu seinem Tode zu tragen hatte, die Last eines ganzen Volkes, sechzigtausend Seelen, ganz zu schweigen von den Vorfahren aus grauer Vorzeit.

Deshalb herrschte an diesem Tag unter dem bescheidenen Dach des *lankam* diese subtile Mischung aus einfacher Fröhlichkeit, menschlicher Wärme und einer Art heiligem Respekt, nicht sichtbarer Verehrung. Die Achtung und die Verehrung galten dem Bangangté-Häuptling, die Unbefangenheit galt nur dem Menschen selbst, dem früheren Mechaniker aus Jaundé.

Ich wachte aus meinen Träumereien erst auf, als mein Vater aufstand, um sich zu verabschieden. Vor dem Auto wartete ein Diener mit einem riesigen Stück Büffelfleisch auf uns, das er in den Kofferraum legte. Als wir den *lankam* verließen, hatte ich mitbekommen, wie der Stammeshäuptling den Befehl gab, uns dieses Stück Wild, das einer seiner Jäger erst am Morgen erlegt hatte, zu schenken. Mein Vater wollte noch einmal zurückgehen, um sich für dieses große Geschenk zu bedanken. Instinktiv war mir klar, daß man das nicht tun darf, und ich hielt ihn davon ab, indem ich ihm erklärte, daß er das später noch nachholen könnte.

Wieder zu Hause, ließ ich mir alle Besuche dieses Tages noch einmal durch den Kopf gehen. Nur der Besuch am Hof des Stammesoberhaupts war wirklich interessant gewesen.

Am nächsten Morgen fuhr ich mit Papa nach Douala, um Material für den bevorstehenden Schulanfang zu kaufen. Die Schüler brachten nur ihre persönlichen Sachen mit, und die Schule mußte ihnen alles andere liefern, vom Essen bis zum kleinsten Bleistift, die Schneiderutensilien und die Bücher, die ihnen für ein Schuljahr geliehen wurden.

Als wir drei Tage später zurückkamen, berichtete Mama, daß der Stammesführer gekommen sei, um das Kost- und Schulgeld für seine Nichte, seine »Tochter«, wie er sagte, zu bezahlen. Und er hatte fünf Säuglingsausstattungen bestellt, denn fünf seiner Ehefrauen waren schwanger. Obwohl sie die Polygamie, die sie als altmodisch und unmenschlich bezeichnete, mißbilligte, fügte Mama humorvoll hinzu:

»Wenn er weiter so viele Kinder produziert, macht die Schule gute Geschäfte! Er möchte, daß alle seine Kinder von unseren Lehrlingen in der Schneiderei eingekleidet werden. Es sieht nicht so aus, als herrsche am Hof Geldmangel.«

»Bei allen unseren Besuchen«, erwiderte ich nachdenklich, »war er die einzige Persönlichkeit, die mich interessiert hat. Ich fand ihn ebenso sympathisch wie intelligent.«

»Na ja, meine Liebe, da kann ich dir nur raten, dich wieder abzuregen«, unterbrach mich meine Mutter schroff. »Du findest ihn sympathisch? Ich traue dir nicht. Wenn du deinen Gefühlen nachgibst, kommt nichts Gutes dabei raus. Und außerdem … Weißt du, was er gesagt hat, als ich mich bei ihm bedankt habe? ›Oh, das ist nichts im Vergleich zu der Frau, die Sie mir vorgestellt haben.‹«

Ich hielt diese Bemerkung damals für pure Schmeichelei. Aber Mama, die sich immer Sorgen machte, weil ich eine alleinstehende Frau war, nahm die Sache gleich ernst. Ich konnte ihr noch so oft sagen, daß es seit Paul keinen Mann mehr in meinem Leben gegeben hatte. Ich weiß nicht, ob sie mir geglaubt hat. Jedenfalls ging sie offenbar davon aus, daß ich mich jederzeit dem Erstbesten an den Hals werfen würde. Außerdem hatte der Stammesführer berechtigterweise den Ruf, ein Frauenheld zu sein.

Jedenfalls kannte mich Mama schlecht. Es stimmt zwar, daß ich immer meinem Herzen folge, aber deshalb bin ich nicht sentimental. Kein Mann bringt mich dazu, etwas zu tun, was ich nicht möchte.

Der Stammeshäuptling besuchte uns weiter regelmäßig, wie er es seit seiner Thronbesteigung, als ich noch in Mbo war, immer gemacht hatte. Er kam ohne Voranmeldung, und mein Vater meinte nur:

»Guten Tag, Häuptling! Ein kleines Bier gefällig?«

Papa und er verstanden sich ausgezeichnet. Ihre Gespräche waren witzig, aber nicht sehr tiefschürfend. Der Stammesführer erzählte von seiner Jagd, und Vater lachte laut über seinen niemals boshaften Humor, wenn er ihn wegen des protestantischen Glaubens aufzog. Njiké Pokam François selbst war gleichzeitig Katholik, Protestant und Moslem:

»Es gibt nur einen Gott, nicht war?« meinte er.

Ich saß dabei und strickte, mischte mich kaum in ihr Gespräch ein, hörte aber gerne zu. Auf diese Weise lernte ich die inneren Qualitäten und das gerechte Urteilsvermögen dieses verführerischen Mannes kennen. Mama dagegen war sichtlich verärgert über seine häufigen Besuche. Es kam sogar vor, daß sie ihn nicht begrüßte. Eines Tages trat sie ins Zimmer und erklärte dem Stammesführer ohne Umschweife:

»Ich darf Sie bitten, jetzt zu gehen, es ist Essenszeit.«

Unser Gast drehte sich zu mir um und fragte leicht ironisch auf Bangangté, ob er richtig verstanden hätte, was meine Mutter sagte. Ich war so furchtbar verlegen, daß ich nicht mehr weiß, was ich als Antwort gestottert habe. Er fragte Papa, der auch nicht weiterwußte:

»Ich bitte Sie, wir können in Ruhe unser Bier austrinken«, sagte er schließlich.

Der Stammeshäuptling nahm sich daraufhin reichlich Zeit, sein Glas zu leeren, während er sich weiter mit meinem Vater unterhielt. Er tat das nicht, um die Geduld meiner Mutter auf die Probe zu stellen, sondern aus Respekt und Freundschaft zu meinem Vater.

Er wunderte sich in der nächsten Zeit mehrfach darüber, wie hart und grob unsere Sitten waren, und wiederholte lachend, was meine Mutter an jenem Abend gesagt hatte. Der Vorfall hinderte ihn jedoch nicht, uns weiterhin zu besuchen.

»Wann kommst du denn einmal und kochst mir Couscous?« fragte er mich eines Tages in scherzhaftem Ton.

Mein Vater hatte den Sinn dieser Einladung sofort erfaßt, obwohl der Stammesführer Bangangté gesprochen hatte. Am Abend warnte er mich:

»Hüte dich vor seinen Vorschlägen, Claude. Wenn hier eine Frau für einen Mann Couscous kocht, ist das ein Liebesbeweis. Du könntest leicht in eine ziemlich peinliche Lage kommen, aus der du nicht so leicht wieder herauskommst.«

Er hatte recht. Aber ich war sehr wohl imstande, mich zu verteidigen. Ich war noch immer überzeugt, daß ich nur vorübergehend hier war. Ich war nur nach Kamerun gekommen, um die Fäden meines Lebens wieder aufzunehmen, und nicht, um einen Mann zu suchen. Nach Ablauf meines Vertrags würde ich nach Frankreich zurückkehren und etwas anderes tun. Ich verließ die Missionsstation selten, kümmerte mich um die Kinder, die Schüler, meinen Haushalt. Das genügte mir zu meinem Glück. Es fiel mir überhaupt nicht ein, mich mit Njiké Pokam François oder irgendeinem anderen Mann einzulassen. Ich wußte, daß ich ihm gefiel, aber in meinem Leben hatten mir schon andere Männer den Hof gemacht, und ich hatte immer die Distanz gewahrt.

Ngô bwô, ngô bwô! Das Land ist schön, das Land ist schön!« Die Freudenrufe kamen vom Marktplatz, und ich hörte sie bis zum Haus meiner Eltern.

»*Ngô bwô, ngô bwô!*« Jetzt kamen die Rufe von überall, verbreiteten sich in Wellen über das Land. Sie kündigten die große Neuigkeit an: Der Stammesführer hatte ein Kind, einen Jungen, *tukam*, den Erstgeborenen. Das bedeutete nicht zwangsläufig, daß er auch der Thronfolger sein würde. Ein herrliches Fest stand bevor! Ich hatte große Lust hinzugehen, hielt mich aber zurück. Ich wollte ja meine

Eltern in den letzten Monaten, die wir noch zusammen verbringen würden, nicht unnötig beunruhigen.

Trotz dieses freudigen Ereignisses durfte der Stammeshäuptling so lange nicht in den Palast seiner Vorfahren, den »echten« Hof, umziehen, bis eine seiner Frauen ein Mädchen auf die Welt gebracht hatte. Darüber machte man sich aber wenig Gedanken – drei seiner Frauen würden im nächsten Monat niederkommen.

Und siehe da, es kamen weitere drei Söhne! Brachte er nichts anderes zustande? Manche Wichtigtuer behaupteten, daß der Stammesführer nur Söhne zeugte, um seine Macht zu stärken. Dennoch kam er uns noch immer regelmäßig besuchen, und mein Vater hänselte ihn gerne wegen seiner Unfähigkeit, Mädchen zu zeugen. Die allgemeine Erleichterung war groß, als endlich, sechs Monate nach der Geburt seines Ältesten, ein kleines Mädchen, Corinne, das Licht der Welt erblickte und eine neue Welle der Freude und der Festivitäten auslöste, die über zwei Tage andauerten. Damit wurde Njiké Pokam François, eineinhalb Jahre nachdem er »gefangen« worden war, endgültig zum Stammesoberhaupt der Bangangté. Nun durfte er auch endlich seine Mutter wiedersehen, die seit seiner »Gefangennahme« in der Stadt lebte und ihn in all der Zeit nicht besuchen durfte.

Ende 1975 hatte Bangangté die Ehre, Seine Exzellenz Ahmadou Ahidjo, seit der Unabhängigkeit 1960 Präsident der Republik, zu empfangen. Der Staatschef kam, um das Haus der einzigen politischen Partei, »Union nationale de Cameroun«, einzuweihen. Jede Stadt war es sich schuldig, ein solches Haus zu errichten. Eine Vertreterin der Gemeinde, eine aus der »Elite«, wie es hieß, fragte mich, ob ich nicht auch Gastgeberin sein wollte, denn, so sagte man mir, ich war »zu einhundertfünfzig Prozent eine Bangangté«. Meine Eltern wollten sich an diesem ungewöhnlichen Tag überhaupt nicht zeigen. Sie mochten diese Art gesellschaftlicher Ereignisse nicht und meinten, Mfetom sei durch meine Gegenwart ausreichend vertreten. Ich machte mich also, wie die anderen dreißig »Auserwählten«, an die Arbeit, um zwei Uniformen anzufertigen, die ich bei den offiziellen Feierlichkeiten tragen mußte. Die eine war ein dunkelgrüner, langer Rock, den ich beim Cocktail zu Mittag tragen sollte, die andere ein blauer Satinrock für das Abendessen und den Ball.

Der Tag verging mit Ansprachen und Reden, doch nach dem großen Bankett in dem nagelneuen Parteihaus und im Garten verabschiedete sich der Präsident. Von da an entspannte sich die Atmosphäre. Jetzt konnte man tanzen und sich amüsieren. Eine Kapelle spielte ohne Pause Macossa-Musik. Das Fest dauerte die ganze Nacht.

Ich hatte das Gefühl, eine Sehenswürdigkeit zu sein. Diese Herren wollten alle wissen, ob ich, »die Weiße von Mfetom«, wirklich so gut Bangangté sprach, wie es allgemein hieß. Und zu meinem großen Vergnügen blieb ich kein einziges Mal sitzen! Zum Beispiel jener ältere Herr, der mich galant zum Tanz aufforderte:

»Darf ich mich vorstellen, Tàmfen Ngami.«

Auch er konnte es nicht lassen, beim Tanzen seinen kleinen Sprachtest mit mir zu machen. Beim zweiten Tanz sagte er dann:

»In den fünfziger Jahren, ich muß damals fünfzehn oder sechzehn Jahre alt gewesen sein, traf ich auf dem Weg, der nach Mfetom hinaufführte, ein kleines weißes Mädchen. Ich hatte mich verirrt und fragte sie auf Französisch nach dem Weg zur Mission. Zu meinem großen Schrecken antwortete sie auf Bangangté, daß sie nicht verstand, was ich dahergeredet hatte. Wir befanden uns vor dem protestantischen Friedhof. Ich dachte, ich hätte es mit einem Vampir zu tun, einer Wiederauferstandenen. In Panik rannte ich davon und rührte mich mehrere Tage nicht aus dem Haus meines Onkels. Ich wußte, wenn sich ein Geist einem Lebenden zeigt, dann nur, um ihn zu holen und in den Tod zu ziehen. Jetzt kannst du es mir ja sagen, du warst dieses kleine Mädchen, nicht wahr?«

Ich mußte laut lachen. Natürlich war ich das gewesen! Ich erinnerte mich ganz genau an diesen Streich, den ich ihm gespielt hatte. Ich erzählte diese Geschichte oft, als ich in Frankreich war.

Die verschiedenen Stammesführer des Departements Ndé hatten den ganzen Abend noch nicht getanzt. Ich hatte sie wie die anderen Anwesenden begrüßt. Sie saßen an einem Ende des Saals beisammen und unterhielten sich. Aber mehr als einmal war mein Blick dem des Bangangté-Häuptlings begegnet.

Gegen drei Uhr morgens gab er mir das Zeichen näherzukommen. Unter den Augen seiner »Kollegen« – die ich grüßte, wie es Brauch war, indem ich die Hände vor dem Mund zusammenschlug und danach das Wort *azé* sagte – gehorchte ich sofort.

»Wer bringt dich nach Hause?« fragte er mich.

»Ich selbst«, antwortete ich. »Ich habe mein Auto gleich da oben geparkt.«

»Es ist höchste Zeit, daß du jetzt nach Hause gehst. Deine Eltern machen sich bestimmt Sorgen.«

Ich sagte allen in der Runde gute Nacht und ging. Ich wußte, daß das Ansehen des Stammesführers in den Augen seiner Kollegen stieg, wenn ich ihm ohne Widerrede gehorchte. Außerdem war ich wirklich müde!

Im Bett konnte ich aber nicht einschlafen. Hatte er mich wirklich aus Mitgefühl mit meinen Eltern nach Hause geschickt? Oder fürchtete er, daß ich mit einem meiner vielen Kavaliere nach Hause gehen könnte? War er nicht doch vielleicht ein bißchen eifersüchtig?

Ein paar Wochen nach diesem Empfang, im Januar 1976, machte ich mich, wie jeden Abend nach dem Essen, an die Korrekturen der Hausarbeiten meiner Schülerinnen. Es war mitten in der Trockenzeit, und manchmal fielen die Temperaturen nachts auf zehn Grad minus. Aber mit Sonnenaufgang ergoß sich eine trockene Hitze über das Land, die die Lippen spröde machte und gelegentlich rote Luftwirbel entstehen ließ, die ein paar Dächer herunterrissen und die Verkaufsstände auf dem Marktplatz umwehten. In der Stadt, in der es keine Blumen und Bäume gab, konnte man die Luft kaum atmen.

Obwohl mein Leben problemlos dahinfloß, kam es doch vor, daß ich am Abend in meiner Einsamkeit von den sanften Wintern in Aix-en-Provence und meinen Freunden dort träumte. Dann nahm ich meine Gitarre und vertrieb diese leichte Sehnsucht. Noch dieses Schuljahr zu Ende bringen, dann Ferien, dann noch ein Jahr, und ich wäre wieder in Frankreich. Es war halb acht Uhr, genug geträumt, an die Arbeit!

Da hörte ich einen Wagen nach Mfetom heraufkommen. Ich

kannte das Auto des Stammeshäuptlings. Er hielt vor meinem kleinen Haus und klopfte an die Tür.

»Ich wollte deine Eltern besuchen«, sagte er. »Aber ich habe noch Licht bei dir gesehen ...«

Ich bat ihn herein. Er setzte sich. Es war das erste Mal, daß er mich zu Hause besuchte. Ich wartete, ob er ein besonderes Problem hatte. Nein, er wollte nur kurz hereinschauen. Ich holte Bier.

»Korrigierst du die Hausarbeiten deiner Schülerinnen? Mein Vater wollte nie, daß ich so lange in die Schule gehe wie meine Brüder. Ich mußte nach der Realschule aufhören. Damals war das aber schon ganz ordentlich. Ein Schüler dieser Stufe kann einen fehlerfreien Brief schreiben. Schau ...«

Er griff nach einem Füller und einem Blatt Papier. Er hatte eine sehr schöne Schrift, schrieb ein tadelloses Französisch und machte keinen einzigen Fehler. Was wollte er mir damit beweisen? Ich bot ihm an, Crêpes zu machen, und er sagte, daß er sie gerne probieren wolle.

»Die Weißen mögen wirklich viel zu süße Sachen«, stellte er nach den ersten Happen fest. »Ich würde diesen Teig, der nicht mal ordentlich gegart ist, nicht Nahrung nennen.«

Ich glaube, wir waren beim dritten Bier, als es schelmisch in seinen Augen aufblitzte.

»Weißt du, daß sich ganz Frankreich über meine Geburt gefreut hat?«

Worauf wollte er hinaus?

»Wirklich. Ich bin am 13. Juli 1946 auf die Welt gekommen. Am nächsten Tag haben in Frankreich alle auf der Straße getanzt vor Freude.«

Ich mußte laut lachen. Dann sagte er ohne Übergang:

»Du könntest gut meine Frau werden.«

»Ich bin zu alt, um noch einmal ans Heiraten zu denken.«

»Wie alt bist du?«

»Drei Jahre älter als du.«

Langes Schweigen, ein beredtes Schweigen. Ich schwieg aus Respekt vor seinem hohen Rang und wartete. Dann, als sei nichts gewesen, fing er an, über meine Schülerinnen zu reden, seine Nichten, seine »Töchter«, wie er sagte, und ihre Fortschritte.

Nach einer Stunde stand er auf. Ich gab ihm so freundlich wie möglich zu verstehen, daß es besser sei, wenn er nicht mehr so einfach zu mir käme, um meine Eltern nicht zu beunruhigen.

Am nächsten Morgen fragte mich mein Vater ein bißchen nervös: »Wieso war denn der Stammeshäuptling gestern abend bei dir?«

Natürlich hatten auch sie sein Auto am Fahrgeräusch erkannt. Sie hatten sich wahrscheinlich schreckliche Dinge vorgestellt. Meine Mutter setzte noch hinzu:

»Wie kannst du nur zu so später Stunde einen Mann in dein Haus lassen, du, eine alleinstehende Frau? Du mußt besser aufpassen. Die Leute werden bestimmt reden.«

Machte sie sich mehr Sorgen um das Gerede als um meine Tugend? Meine Erklärungen und meine Ruhe schienen sie zu beruhigen. Ich wußte aber nun, woran ich war, und kannte die Absichten des Stammesführers. Und welche Absichten hatte ich? Es gibt auch Freundschaften zwischen Mann und Frau. Er war mein Freund. Bis zum Ende meines Aufenthalts würde ich es schon schaffen, ihn daran zu hindern, gewisse Grenzen zu überschreiten.

Er folgte meiner Bitte und kam mich nicht mehr allein besuchen. Aber wir sahen uns sehr regelmäßig bei meinen Eltern. Ich wartete oft ungeduldig auf ihn und war enttäuscht, wenn er einmal nicht kam.

Die Schülerinnen der oberen Klassen waren bei den praktischen Übungen nicht faul. Zusätzlich zu den fünf Säuglingsausstattungen des Stammesführers waren noch mehr glückliche Ereignisse zu erwarten. Mfetom wurde eine richtige Schneiderei für Kinderkleidung.

Bei einem seiner Besuche sah der Stammeshäuptling in einer Modezeitschrift, die auf dem Wohnzimmertisch lag, das Bild einer langen, gehäkelten Weste.

»Könnten deine Töchter mir ein Weste nach diesem Muster stricken?« fragte er meine Mutter. »Du nennst den Preis, ich zahle ihn. Ich muß schließlich inmitten all meiner Frauen immer sehr elegant sein.«

Mama, die an guten Tagen sogar zugab, daß sie ihn sehr sympathisch fand, überging lachend diese kleine Anspielung auf die Polygamie. Schon am nächsten Tag übertrug sie einem der Mädchen, das sie für geschickt genug hielt, diese Arbeit. Dann begannen die Anproben, aber stets war an der Weste etwas auszusetzen, wenn der Stammeshäuptling sie anprobierte. Der Spaß dauerte zwei Monate. Njiké Pokam François wurde immer sarkastischer bei den höchst seltsamen Formen, die dieses Kleidungsstück allmählich annahm. Schließlich beschloß Mama, sich selbst an die Arbeit zu machen. Aber die Wolle hatte von dem ewigen Auftrennen und neu verarbeiten eine erdige Farbe bekommen. Obwohl sie dem Muster und der Beschreibung ganz genau folgte, wurde auch nicht mehr daraus als bei ihrer Schülerin. Und so kam es, daß sie mir zurief, als sie das Auto des Stammesführers die Straße heraufkommen hörte:

»Der schon wieder! Claude, du sagst ihm, daß ich keine Zeit hatte, mich damit zu befassen.«

Sie flüchtete in die Küche und blieb die ganze Zeit dort. Nun wollte ich die Dinge in die Hand nehmen. Allmählich bestand schon Gefahr, daß die Sache zu einem diplomatischen Vorfall wurde. Außerdem hätte Mama dann einen guten Grund, ihn vor die Tür zu setzen. Ich verbrachte einen Teil der Nacht damit, die Weste in Ordnung zu bringen. Am nächsten Tag sagte Mama erleichtert:

»Da du nun so gut angefangen hast, bring doch die Sache auch zu Ende.«

Abends war der Stammesführer ganz erstaunt, daß ihm die Wollweste endlich paßte – wie angegossen.

»Hast du sie gemacht?« fragte er mich auf Bangangté.

»Nein, ehrlich, das hat Mama gemacht.«

Sanfte Ironie leuchtete in seinen Augen auf:

»Warum lügst du? Nur du konntest diese Arbeit zu Ende führen, das weiß ich.« Dann sprach er schneller, damit meine Eltern es nicht verstehen konnten. »Als Strafe für deine Lüge verurteile ich dich dazu, mir noch eine Weste nach einem Muster deiner Wahl zu machen.«

Ich schmolz dahin. Diese Verurteilung – eine Verurteilung durch das Stammesoberhaupt hatte Gesetzeskraft, auch für mich – war so charmant und freundlich verkündet worden. Sobald ich Gelegenheit hatte, nach Douala zu fahren, kaufte ich eine große Menge der besten Wolle, die es in der Stadt gab, um auch andere Pullover oder Lätzchen damit zu stricken, denn mir lag nicht daran, daß meine Eltern erfuhren, daß ich ausschließlich für ihn arbeitete.

Ich strickte ihm also einen herrlichen irischen Pullover. Jetzt mußte er ihn nur noch bekommen, ohne Verdacht zu erwecken. Ich weihte meine Freundin Matcha, die Internatslehrerin, in das Geheimnis ein. Sie verfiel auf eine List, die es möglich machte, ihm den Pullover zu bringen, ohne Aufmerksamkeit zu erregen.

Ich hatte nicht nur mein Pferd aus Mbo kommen lassen, sondern noch zwei weitere, um mit Serge und Laurent ausreiten zu können. Es waren aber launische, unzuverlässige, ja sogar gefährliche Tiere. Meine Eltern wollten die wilden Tiere nicht mehr auf der Missionsstation behalten und waren hocherfreut, als ich vorschlug, sie dem Stammesoberhaupt zu schenken.

»Es ist besser, wenn ich ihm selbst sage, daß die Pferde hier für ihn bereit stehen«, erklärte ich. »Wenn wir sie ihm bei einem seiner Besuche geben, wird er glauben, daß wir sie loswerden wollen.«

Ich begab mich also zum Hof, Matcha begleitete mich. Den herrlichen Pullover nahm ich mit, außerdem für seine Kinder und ihre Mütter kleine Strickarbeiten, einen Sack Reis und verschiedene Früchte. Er lebte noch im *lankam*, denn er wollte sich vor der Renovierung nicht im Palast seiner Vorfahren einrichten. Man informierte ihn über unsere Ankunft und führte uns in den Saal, in dem ich ihn das erste Mal gesehen hatte. Die Atmosphäre war ebenso herzlich wie damals. Natürlich konnte ich schon aus Gründen der Höflichkeit nicht mit der Tür ins Haus fallen und verkünden, daß ich gekommen war, um ihm Geschenke zu bringen. Ich hatte sie deshalb auch im Kofferraum gelassen. Wir plauderten und tranken fröhlich in Gesellschaft der Menschen, die ihn besuchen kamen. Nach einer Stunde erklärte ich schließlich, daß ich Geschenke für ihn und die Kinder mitgebracht hätte. Ich ging hinaus, und die meisten seiner Gäste gingen mit.

Als ich zurückkam, hatte er die vier Mütter mit ihren Säuglingen kommen lassen. Sie dankten mir und trugen alles hinter das Haus, wo sie sich die Kleidung und Lebensmittel teilen würden. Njiké Pokam François selbst zog den Pullover über – er paßte ihm wie angegossen. Erst jetzt erklärte ich ihm, daß zwei Pferde auf der Missionsstation für ihn bereit stünden und er sie abholen lassen konnte. In dieser fröhlichen Runde und nach ein paar Gläschen merkten Matcha und ich überhaupt nicht, wie die Zeit verging. Als wir zurückkamen, schliefen meine Eltern schon lange. Am nächsten Morgen machten sie mir keinerlei Vorwürfe, sondern waren sehr zufrieden, die beiden gefährlichen Reittiere noch am selben Tag loszuwerden.

Von den anderen Geschenken an den Hof erzählte ich natürlich nichts. Ohne daß es mir klar wurde, war aus der Sympathie, die ich von Anfang an für den Stammeshäuptling empfunden hatte, bald eine echte Freundschaft geworden, die nun, durch diese Komplizenschaft, diese kleinen Geheimnisse, weit tiefere Formen annahm. Das war mir damals jedoch noch nicht bewußt.

Am Ende des Schuljahres verabschiedeten sich meine Eltern endgültig von Mfetom. Es fiel ihnen sicher schwer, diesen Ort zu verlassen, dem sie fast ihr ganzes Leben gewidmet hatten. Es war ihnen aber ein Trost, daß ich ihre Nachfolge antreten und ihr Werk fortsetzen würde. So hatten sie ein bißchen den Eindruck, ihre Schule nicht ganz im Stich zu lassen.

Ihre Getreuen dagegen fühlten sich nun wie Waisenkinder. Viele meiner Schwestern kamen, um sie zu verabschieden. Der Stammesführer hatte sie seinerseits mit herrlichen Abschiedsgeschenken überhäuft, mit Skulpturen, Masken und anderem. Der Bürgermeister, der frühere Lehrer meines Bruders Jean-Pierre, übergab Papa einen geschnitzten Hocker, dessen Füße einen Panther darstellten.

»Sie sind eine große Persönlichkeit in Bangangté«, erklärte er, um den symbolischen Wert dieses Geschenks zu erläutern.

Die großen Persönlichkeiten sind die wichtigsten Menschen am Hof des Stammesführers, nach dem Oberhaupt selbst, natürlich.

Ich begleitete meine Eltern, Serge und Laurent nach Douala,

denn die Jungen sollten die beiden Ferienmonate in Frankreich bei ihrem Vater verbringen. Die Evangelische Kirche von Kamerun gab eine große Abschiedsveranstaltung an der Alfred-Saker-Schule, die ihren Namen einem der Gründer der protestantischen Missionen von Kamerun verdankt.

»Vergiß nicht, uns auch von deinen Problemen zu erzählen«, beschworen mich meine Eltern feierlich am Flughafen. »Du kannst dich immer auf uns verlassen. Ein Jahr ist sowieso schnell vorbei.«

Ich schaute ihnen und den Kindern nach. Die Flugzeugmotoren dröhnten, dann schoß plötzlich eine Flamme aus einem der Triebwerke, und alles wurde wieder abgeschaltet. Kleinlaster, Mechaniker und Leitern wirbelten um das Flugzeug. Ob sie wieder aussteigen mußten? Die Ungewißheit hielt über eine Stunde an. Als das Flugzeug schließlich am Himmel verschwand, ging ich auch, aber ich war besorgt. Meine Eltern und meine Kinder verließen Afrika unter schlechten Vorzeichen. Noch ein anderes Gefühl beschlich mich, denn mir wurde bewußt, daß das Schicksal, das vor mir lag, bei weitem nicht so einfach war, wie meine Eltern glaubten.

Den ganzen Juli 1976 mußte ich wegen der Jahresversammlung der Kirchen Kameruns, die mich im Vorjahr zur Nachfolgerin meiner Eltern ernannt hatten, in Douala bleiben. Dieses Mal nahm ich als Leiterin der Schule von Mfetom teil. Vorträge, Berichte, Haushalts- und Budgetfragen – nichts Aufregendes. In meiner Freizeit strickte ich in meinem Zimmer in der Pension einen Jacquard-Pullover für meinen alten Freund Daniel. Der frühere Gärtner meiner Eltern war überglücklich, daß ich nun seine Herrin war.

Ich glaubte, daß dieses letzte Jahr mit den Kindern in Mfetom meine Suche abschließen würde. Allein mit meiner Erde und doch in so guter Gesellschaft: meiner lieben Freundin Matcha, meinen Schwestern, vor allem Emilie und Denise, Daniel, dem Gärtner, all den anderen – und Njiké Pokam François.

Im August, schon bald nach meiner Rückkehr nach Bangangté, besuchte ich ihn am Hof, um ihm zu zeigen, daß unsere freundschaftlichen Beziehungen durch die Abreise meiner Eltern nicht abgebrochen waren. Trotz der Geburt seiner ersten Tochter wohnte er noch im *lankam*, denn die Renovierungsarbeiten am Palast waren noch nicht abgeschlossen. Wir unterhielten uns eine Weile. Er fragte, ob meine Eltern gut angekommen seien und wann die Kinder zurückkämen. Ich erzählte ihm von den Problemen beim Abflug und meinen Sorgen bis zum beruhigenden Anruf aus Frankreich. Schließlich erkundigte ich mich ebenfalls nach den Seinen.

»Du kannst sie gerne besuchen, wenn du willst«, sagte er und zeigte auf die hintere Tür.

Zum ersten Mal betrat ich das Wohnviertel der fünfzehn Frauen, die in vier oder fünf Häusern wohnten. Ich ging durch verschiedene Schiebetüren, die mit einem Stück Bambus festgeklemmt waren. In einer Art Innenhof empfing mich die Königin mit einigen anderen Frauen. Sie saßen im Halbkreis auf breiten Sesseln, hatten ihre Säuglinge auf dem Schoß und unterhielten sich friedlich weiter. Man bot mir einen Platz an, und jede brachte mir ihr Baby, das ich einen Augenblick in den Arm nehmen durfte. Ich nahm an ihrer Unterhaltung teil, eine brachte mir etwas zu essen, *bankwu*, Maiscouscous, das jeder Gast in eine leicht gewürzte, klebrige Sauce, etwas klebriger als Eiweiß, eintauchte. Für einen Neuling ist es ziemlich schwierig, fast unmöglich, davon einen Happen zu nehmen. Entweder man bekommt nichts von der Soße, oder die ganze gallertartige Masse blieb daran hängen. Man muß wirklich die richtige Drehung herausfinden. Wenn diese Frauen aber geglaubt hatten, sich über meine Ungeschicklichkeit lustig machen zu können, dann hatten sie sich verrechnet. Wie gewöhnlich – denn ich hatte schon oft *bankwu* gegessen – nahm ich mit einer Drehung der Hand ein bißchen von dieser Polenta, rollte sie in der Handfläche, tauchte sie in die Sauce, rollte das Ganze noch ein paarmal in der Hand, damit die Mischung gut zusammenhielt, und, hopp, ließ ich die Kugel in den Mund gleiten und schluckte sie, ohne zu kauen, hinunter. Ein Kenner mußte wissen, daß man diese Speise, die angeblich das Einschießen der Muttermilch fördert, auf einmal hinunterschluckt.

Die Frauen hatten jede meiner Bewegungen mit größter Aufmerksamkeit verfolgt, danach erstauntes Gemurmel und anerkennendes Lachen.

»Du täuschst uns durch deine Haut«, sagte die Königin, »du hast das Herz einer Schwarzen.«

»Nein, bestimmt, ich bin durch und durch weiß«, erwiderte ich, dabei nahm ich noch eine Maiskugel und dann noch eine dritte. Ich blieb ungefähr eine Stunde bei ihnen, und wir plauderten über die letzten Neuigkeiten aus dem Hof, dem Dorf und der Schule.

Schließlich verabschiedete ich mich. Wir gingen wieder durch den Empfangssaal, aber der Stammeshäuptling war schon gegangen. Die Frauen begleiteten mich bis zum großen Hof, wo mein Auto stand. Wir trennten uns sehr freundlich, und auf dem Weg nach Hause fuhr ich noch schnell bei Emilie vorbei, einer meiner Schwestern aus meiner Kindheit, um ihr zu sagen, daß ich aus Douala zurück war.

»Du kommst gerade recht, ich wollte eben weggehen«, sagte sie. »Ich besuche Dieudonné, einen Freund. Ich wollte sowieso, daß du ihn kennenlernst. Kommst du mit?«

Der Freund freute sich über unser Kommen, und ich kehrte erst bei Einbruch der Nacht, ein bißchen angetrunken, zur Mission zurück. Ich war todmüde. Als ich gerade die Haustür zumachte, hörte ich ein Auto. Es war der Stammeshäuptling, europäisch gekleidet, auf dem Kopf den roten Fez. Er ging ins Haus, ohne daß ich ihn dazu aufgefordert hätte, fast schob er mich beiseite. Offensichtlich hatte auch er getrunken. Ich folgte ihm ins Wohnzimmer.

»Hör zu«, protestierte ich. »Ich war mit Emilie bei einem deiner Söhne und habe zuviel Champagner getrunken. Ich möchte jetzt schlafen.«

»Das trifft sich gut«, erwiderte er. »Ich schlafe bei dir.«

»Du tust was?«

Plötzlich war ich stocknüchtern. Er kam herüber und fing an, meine Bluse aufzuknöpfen. Ich lachte laut auf:

»Glaubst du wirklich, ich lasse dich gewähren, wenn ich keine Lust habe?«

Meine Reaktion brachte ihn aus der Fassung. Um Haltung zu wahren, setzte er sich an den Tisch.

»Hol uns Bier«, meinte er.

Ich holte sechs Flaschen, drei für ihn und drei für mich. Ich war jetzt völlig ernüchtert. Wollte er mich etwa betrunken machen, um mit mir zu schlafen? Da er schweigend sein Bier trank, fing ich an:

»Hast du etwa magische Kräfte, um von den Frauen zu bekommen, was du willst?«

Er antwortete ausweichend:

»Ich kann mich in Gras verwandeln. Wenn du willst, bringe ich es dir bei. Ich kann auch… was bist du eigentlich für eine Frau?«

»Ich bin eine Frau, aber ich nehme mir das Recht, nur mir selbst zu gehorchen. Ich würde mich einem Mann nur hingeben, wenn ich es will. Und wann ich will. Verführt ein Stammesführer eine Frau immer so?«

»Reden wir nicht mehr davon.«

Seine Ungeschicklichkeit war ihm offenbar bewußt. Als wir unser Bier ausgetrunken hatten, stand er auf und ging. Ich schloß die Tür, fiel auf das Bett und schlief sofort ein.

Am nächsten Tag, einem Sonntag, kam er gegen acht Uhr abends in Begleitung seines Fahrers wieder. Er war auf einem wichtigen Empfang in Bafoussam gewesen und trug noch seine weiße Gandura mit den herrlichen Stickereien. Dieses Mal war er nüchtern.

Er bat mich, aus seinem Auto »das Essen der Weißen« zu holen, das er in der Provinzhauptstadt gekauft hatte, und ich tat, wie er befahl. Es war Blutwurst, die ich in etwas Öl anbriet und mit weißem Reis garnierte. Er schaute mir schweigend beim Kochen zu. Als ich fertig war, deckte ich den Tisch und trug auf. Er forderte mich auf, mit ihm zu essen. Ich sprach die rituelle Höflichkeitsformel, die man vor dem Essen mit einem Stammesführer zu sagen hatte, *azé*, und machte mich ohne weiteres über meinen Teller her. Er betrachtete einen Moment die Speisen und sagte:

»Wo ist die Sauce?«

»Es gibt keine«, erwiderte ich trocken.

Er schob seinen Teller zurück und schaute mich lange an:

»Warum hast du mich gestern zurückgewiesen?«

»Weil ich nicht deine Frau bin.«

Ich blieb vorsichtig, wollte ihm zeigen, daß mir die Art, wie er seinen Wunsch geäußert hatte, gar nicht gefallen hatte, auch wenn ich mich für sein ziemlich ungehöriges Verhalten mitverantwortlich fühlte. Ohne zu wollen, hatte ich in den letzten Monaten eine unklare Situation geschaffen, wie mein Vater schon befürchtet hatte. Durch mein immer spontanes und natürliches Verhalten ihm gegenüber hatte ich den Eindruck vermittelt, daß zwischen ihm und mir mehr sei als Freundschaft. Und er hatte vielleicht in dieser direkten Weise gehandelt, um herauszufinden, woran er mit mir war. Meine Vorstellung von Liebe hatte ich ihm nämlich nicht erläutert.

Meiner Meinung nach sind sexuelle Beziehungen nicht nur ein Zeitvertreib und auch nicht nur zur Befriedigung einer unmittelbaren und oberflächlichen Lust gedacht. Ganz im Gegenteil, sexuelle Beziehungen sind ein Geschenk des ganzen Menschen, von ganzem Herzen und dienen dem Zweck, gemeinsam mit dem Mann, den man liebt, Kinder zu zeugen und aufzuziehen. Eine altmodische, rückschrittliche Vorstellung? Mag sein, aber eben meine Vorstellung.

Das alles hätte ich ihm früher sagen müssen, aber dazu hatte ich keine Gelegenheit gehabt. Es hieß, dieser Charmeur sammle förmlich zufällige Eroberungen. Polygamie fördert ja auch nicht gerade die Treue der Männer. Wollte er mich als eine dieser vorübergehenden Eroberungen oder als eine amtierende Herrin außerhalb des Hofs? Ich wußte es nicht. Aber ich bin sicher, daß er sich bis zu dieser Klarstellung bei einer romantischen Blutwurst mit Reis keinen Augenblick vorgestellt hatte, daß die weiße Tochter von Pastor Bergeret eines Tages eine seiner Ehefrauen werden könnte. Die Hindernisse zwischen unseren beiden Kulturen schienen ihm sicher ebenso unüberwindlich wie auf der anderen Seite meinen Eltern und ... mir.

In diesen Sommerferien 1976, seit der Abreise meiner Eltern und während der vorübergehenden Abwesenheit von Serge und Laurent, genoß ich die große Freiheit. Ich ging häufig und unangekündigt zum Hof und wurde immer herzlich aufgenommen. Nie hatte ich den Eindruck, ein Eindringling zu sein. Außerdem ging ich davon aus, daß jeder Zugang zu diesem öffentlichen Ort hatte. Ich lebte in Bangangté und wollte mich benehmen wie jeder andere Bewohner des Landes. Der Hof des Stammesführers gehörte mir ebenso wie der gesamten Bevölkerung, und wie diese hatte ich nicht nur das Recht, dort soviel Zeit zu verbringen, wie ich wollte, sondern sogar die Pflicht, den Ort durch meine Gegenwart zu beleben und zu beseelen. Daher akzeptierte ich diesen Ort so, wie er war, mit oder ohne Stammeshäuptling, bei freudigen Festen oder traurigen Anlässen, wach oder verschlafen.

Andererseits kam es oft vor, daß Njiké Pokam François zu jeder Tages- und Nachtzeit in Mfetom auftauchte, um ohne weitere Erklärung mit mir zu essen oder eine Weile zu plaudern. Wir unterhielten uns frei und offen über alles und nichts. Mir gefiel diese Art zu leben, freundschaftliche Beziehungen zu pflegen, ganz spontan von einem Moment zum anderen, ohne die Belastung einer Etikette, ohne nachzudenken, was sich nun in der gehobenen Gesellschaft schickt oder nicht. Zu wissen, daß dieser Mann, der für über sechzigtausend Seelen verantwortlich war, nicht sklavisch an ein Protokoll gebunden war, brachte mich ihm noch näher.

Auch das Leben am Hof entdeckte ich immer mehr und verstand es auch besser. Es gab zahlreiche mehr oder minder geheime Vereine. Die meisten davon waren den Männern vorbehalten. Ihre Zusammenkünfte fanden an ganz bestimmten Stellen in den heiligen Wäldern und an den Hängen des Hügels bis hinunter ins Tal statt. Nichtmitgliedern war es streng untersagt, sich auch nur in die Nähe dieser Treffpunkte zu begeben.

Dagegen gab es auch viele gemischte Tanzvereine. Ich entdeckte zufällig die *kéna*, den Verein der Erdnüsse.

An einem Sonntagabend bemerkte ich bei meiner Ankunft im *lankam*, daß weit mehr Leute da waren als sonst. Njiké Pokam François diskutierte mit einer Gruppe von etwa zwanzig Personen. Dabei ging es um die Weisheit unserer Vorfahren. Jeder erzählte eine Anekdote oder ein persönliches Beispiel, und der Stammeshäuptling erklärte die Moral von der Geschichte:

»Unsere Augen täuschen uns über die Wirklichkeit des Lebens, denn das einzige, was uns auf dieser Welt gehört, ist das, was wir essen und verdauen.« Oder auch: »Wenn wir sterben, verlassen wir diese Welt, wie wir gekommen sind, und lassen alles zurück, wovon wir geglaubt haben, daß es uns gehört. Warum also streiten um diese nicht realen Besitztümer?«

In diesen spontanen Lehren lag nichts Schulmeisterliches, sondern es waren einfache, naheliegende Feststellungen.

Es wurde dunkel, und im Saal wurden Sturmlampen angezündet. Von draußen hörte man Rufe näherkommen, und auf der anderen Seite der Umfriedung erhoben sich in einem der Innenhöfe ähnliche Rufe.

»Das sind die Mitglieder der *kéna*, die sich für den Tanz aufwärmen, indem sie Bambuswein trinken«, erklärte mir der Stammesführer.

Nach und nach verließen seine Gesprächspartner den Saal. Bald blieben nur er selbst, seine Diener und ich zurück. Er stand auf und meinte, er müsse sich den Tänzern anschließen:

»Sie sind nicht gekommen, um mir etwas vorzuführen, sondern nur, um eine Weile mit mir zu singen, zu trinken und zu tanzen. Wenn du willst, kannst du gerne auf mich warten.«

Ich war allein in dem großen, leeren Saal – allerdings nicht sehr lange. In wenigen Augenblicken füllte sich der Raum mit einer Horde Kinder, Neffen und Nichten des Stammesoberhaupts. Die Ehefrauen und alten Ammen kamen hinterher, brachten Essen und Getränke. Die Unterhaltung hatte gerade erst begonnen, als ein ohrenbetäubender Trommelwirbel und Gesänge, die sich mehr wie Schreie anhörten, unsere Stimmen übertönten – sehr improvisiert, meiner Meinung nach. Im Saal fingen die Kinder zu tanzen an und stießen bald Schreie aus wie die Mitglieder der *kéna* draußen. Die Frauen taten es ihnen gleich, und ich tauchte ebenfalls in diesen Lärm ein, der vielleicht eine Stunde anhielt. Plötzlich brach draußen der Lärm ab, und auch im Saal trat abrupt und ohne erkennbares Zeichen absolute Stille ein. In Sekunden war aufgeräumt, und Frauen und Kinder waren verschwunden. Der Stammeshäuptling kam herein und fand mich allein auf meinem Stuhl vor.

»Hat dir die Musik gefallen?« fragte er mich.

»Ja, ja, sehr gut.«

Ich erzählte ihm natürlich nichts von dem improvisierten Fest im Empfangssaal, das wohl nicht offiziell »genehmigt« worden war. Ich freute mich, dieses Geheimnis mit den Frauen, deren Lebensfreude und Sorglosigkeit mir sehr gefiel, zu teilen.

Ich kam noch oft zu den Tänzen der *kéna*, aber nicht jeden Sonntag. Es sollte keine Routine werden, auch wenn jeder dieser Abende anders verlief. Ab und zu ließ der Stammesführer die Tänzer in den Empfangssaal kommen. Er saß dann am Tamtam, der großen Trommel, als wolle er die Gesänge und Tänze leiten. Man hätte glauben können, das ganze Gebäude bricht zusammen. Ich ließ mich von diesem Rhythmus mitreißen, und manchmal ertappte ich mich dabei, wie ich ihre Schreie nachahmte.

Hin und wieder stoppte der Häuptling ganz plötzlich die Musik: »Du da, du singst ja völlig falsch«, schimpfte er wütend.

Fast hätte ich laut gelacht. Wie konnte er denn in diesem Höllenspektakel einen falschen Ton heraushören?

Ich fühlte mich wie ein Fisch im Wasser mitten in diesem spontanen und freien Leben, mitten unter diesen Menschen, die mir ohne sichtbares Geschenk so viel gaben. Ich bemerkte nie auch nur das geringste Mißtrauen, die geringste Aggressivität mir gegenüber, weder von den Würdenträgern noch von den Dienern, den Frauen oder den Kindern. Dennoch, selbst in den schönsten Augenblicken dieses gemeinsamen Jubels bemühte ich mich um einen gewissen Abstand, eine distanzierte Ruhe. Doch ich fühlte, daß mich das Volk der Bangangté rief:

»Komm zu uns, Claude, dein Glück, dein wahres Leben ist unter uns. Du hast nichts zu befürchten.«

Und wie oft haben sie mir gesagt: »Du gehörst zu uns.«

»Nein, nein«, erwiderte ich, »ich bin nicht von hier, und bald fahre ich wieder fort.«

Der Schulanfang kam immer näher, ich hatte die neue Schneidermeisterin für die vierte Klasse in Douala abgeholt. Schon bei unserem ersten Gespräch verstand ich mich mit Greta, einer Deutschen, ausgezeichnet. Wir hatten zum Teil die gleichen Ideen zur Verbesserung der Schule. So fanden wir zum Beispiel einen neuen Weg, Geld zu verdienen. Greta schlug vor, daß die begabtesten Mädchen Modelle der Haute Couture entwerfen sollten, ich würde dann in den Geschäften der Stadt die unterschiedlichsten Stoffe kaufen und damit auch gleich Werbung für uns machen. Bei Empfängen, an denen ich als Schulleiterin unbedingt teilnehmen mußte, würde ich selbst den »großen Damen aus der Stadt« unsere Kreationen vorführen. So wurde ich Mannequin! Im Gegensatz zu Greta hatte ich das Glück, die richtigen Maße mitzubringen.

Dieses Vorhaben erwies sich als äußerst erfolgreich, wir konnten auf diese Weise viele neue Kundinnen gewinnen.

Anfang September waren Serge, nun zehneinhalb Jahre alt, und Laurent, gerade acht geworden, aus Frankreich zurückgekommen. Die Familie ihres Vaters hatte sie mit Spielsachen überschüttet, die meisten davon waren innerhalb einer Woche gestohlen. Einige Tage später sah ich einige der Spiele an einem Marktstand. Ich tat, als hätte ich sie nicht wiedererkannt. Serge und Laurent schienen nicht sehr traurig über den Verlust zu sein. Sie hatten so viele andere, weit interessantere Dinge zu tun. In diesem Schuljahr 1976/1977 nahmen sie weiter an ihrem Fernunterricht teil, mit mehr oder weniger Eifer, entfalteten sich aber prächtig in diesem Freiraum, den ich ihnen geschaffen hatte und in dem sie sich ungezwungen bewegen konnten.

Natürlich gab es auch die eine oder andere Einschränkung. Da ich beschlossen hatte, während des Schuljahrs meine Zeit nicht am Herd zu verbringen, aßen wir bei Matcha und Monsieur Jean. Ich kaufte ein, und die Jungen mußten Holz holen, das war ihr Beitrag. Jeder hatte dabei seine eigene Methode. Laurent, die Grille, sammelte jeden Morgen ein bißchen Holz. Serge, die Ameise, legte lieber in seinem Zimmer einen großen Vorrat an, von dem er jeden Tag ein bißchen ablieferte.

Auch sie gingen oft zum Hof des Stammesführers, ohne daß ich sie dazu anregte. Sie waren längst vertraut mit den Örtlichkeiten. Ich bin sicher, daß sie von den Frauen, die sie alle mit Namen kannten, ziemlich verwöhnt wurden. Laurent mit seinen acht Jahren hatte eine von ihnen, Jeannette, ganz besonders ins Herz geschlossen und blieb ihr ständig auf den Fersen. Er ging sogar Hand in Hand mit ihr spazieren. »Er ist mein kleiner Gatte«, sagte Jeannette lachend.

Serge und Laurent begegneten dem Stammeshäuptling regelmäßig, entweder zu Hause oder am Hof. Er unterhielt sich gerne mit ihnen und betrachtete sie wie seine eigenen Kinder. Es kam sogar vor, daß er ihre Hausaufgaben kontrollierte, sie beriet oder ihnen kleine Geschenke machte. Einmal brachte er ihnen eine kleine verletzte Antilope, die leider bald verschwand. Die beiden Jungen lauschten gerne seinen Erzählungen von seinen eigenen übernatürlichen Kräften oder den Legenden und Mythen, von den sich unzählige um den Hof rankten. Das einzige, was dem Stammesoberhaupt an meinen Söhnen überhaupt nicht gefiel, war, daß sie ihn beim Tischtennis schlugen – und zwar ziemlich oft. Serge und Laurent erlebten in Bangangté wirklich die Kindheit, die ich mir gewünscht hätte.

Ab dem Schulanfang 1976 war ich für eine Belegschaft von etwa zwanzig Personen – Verwaltungspersonal und Lehrer, alle Kameruner mit Ausnahme von Greta – verantwortlich. Sie wohnten alle vor Ort, mit Familie oder allein. Nur die zehn Arbeiter, die für die Pflege und Instandhaltung der Mission zuständig waren, wohnten nicht in der Mission. Die fünfundsiebzig Schülerinnen, meine »Töchter«, wie es hieß, die mich ebenfalls »Tante Claude« nannten, lebten alle im Internat. Ich glaube, sie hatten mich gern, denn zwischen den Unterrichtsstunden kamen sie oft ohne Umstände bei mir vorbei, und ich brachte ihnen Stricken und Häkeln bei. Manchmal sangen wir auch nur zur Gitarre. Inzwischen hatte ich einen Kompromiß gefunden zwischen der – meiner Meinung nach – sehr auf Europa ausgerichteten Ausbildung und meinem täglichen Umgang mit den Mädchen nach ihren Bedürfnissen. Ich vermittelte ihnen nicht nur mein Wissen, sondern auch meine Ideen und Gedanken. Jedenfalls liebten sie ihre Schule und setzten sich mit vollen Engagement dafür ein. Beim Fest der Jugend am 11. Februar fanden ihre Arbeiten auf der Verkaufsausstellung immer reißenden Absatz.

Wirklich beeindruckt war ich allerdings auf dem Fest zum Nationalfeiertag am 20. Mai 1977. Da mich Paraden nicht sehr interessieren, hatte ich die Planung der ganzen Angelegenheit Monsieur Jean übertragen, dem Chef des Aufsichtspersonals. Bei den Proben konnte ich mir kaum das Lachen verkneifen. Die Mädchen sangen falsch oder überhaupt nicht, schwatzen oder klatschten lieber. Die Vorbereitung der Parade war geradezu abenteuerlich. Sie setzten sich hin, wenn sie marschieren sollten und umgekehrt. Das Ganze wirkte nicht im geringsten militärisch. Voller Schadenfreude sah ich das totale Durcheinander schon vor mir, dem ich inmitten der Würdenträger beiwohnen durfte.

Aber an diesem Tag fehlten mir die Worte. Sie marschierten mit hoch erhobenen Köpfen und lächelnd ordentlich in drei Reihen an den Tribünen vorbei, ihr Tritt genau im Rhythmus der drei Trommeln – eine Idee von Matcha – , die sie begleiteten.

»Sieh einer an!« rief die Leiterin des Internats. »Sie wollen wirklich den ersten Preis gewinnen.«

Und das Beste an der Sache war, daß sie ihn auch bekommen haben. Mit dem damit verbundenen Geldbetrag bereiteten meine Mädchen auf der Station einen phantastischen Kuchen zu. Sie waren so stolz auf ihre Schule! In diesen fetten Jahren in Kamerun gab es zahlreiche Gelegenheit, diesen Stolz bei den Festen, Feierlichkeiten und Bällen, die ständig organisiert wurden, zu beweisen.

»Sur le pont d'Avignon, on y danse, on y danse …« Wenn der Stammeshäuptling tanzte, geschah eine Art Wunder. Dieser mittelgroße Mann mit dem dynamischen Schritt verwandelte sich völlig. Er berührte kaum den Boden, schwebte dahin. Sein Körper folgte so präzise dem Rhythmus, daß man meinte, die Musik ginge von ihm aus, käme aus ihm. Er verband in seinen Bewegungen Sanftheit und Macht, Freude und Kraft. Er strahlte vor Ruhe und Fülle. Eigentlich tanzte er nicht, er lebte den Tanz, er war Tanz. Als er mich aufforderte, schmolz ich förmlich dahin, ließ mich davontragen in einem Wirbel, der mich benommen, ja trunken wieder entließ.

Auf Bällen holte er mich nie zu langsamen Tänzen, so als wolle er sich nicht mit mir zeigen. Er wählte die Tänze, die Improvisation und Rhythmus verlangten. Bei den überlieferten Tänzen am Hof konnte ich kaum die Augen von ihm abwenden, wenn er sich im Lärm der Tamtams und der Schreie wiegte. Was war nur mit mir los?

Ich erinnere mich heute nicht mehr, von welchem Ball ich zurückkam, vielleicht war es der im Mai 1977, nach dem Triumph der Mädchen, oder war es eines der improvisierten Feste am Hof? Ich weiß es nicht mehr. In jener Nacht konnte ich in meinem Zimmer, in dem früher meine Eltern gewohnt hatten und in dem ich mich nun eingerichtet hatte, nicht einschlafen.

Was ist nur mit mir los? fragte ich mich immer wieder.

Es war wie ein Klebstoff, der überall an mir haftete. Ich konnte nicht aufhören, ihn bei geschlossenen Augen zu sehen, wie er tanzte und tanzte. Ich fühlte noch immer seine Hand auf meiner Hüfte, die mich kaum berührte, fühlte, wie er mich auf der Tanzfläche mit sanftem Druck drehte, herumwirbelte. Ich war wie hypnotisiert durch den tanzenden Stammesführer – irgendwie verzaubert. In den folgenden Tagen und Wochen wurde ich diese Bilder nicht los. Sie klebten an meiner Haut. Es konnte doch nicht sein, daß ich ihn liebte, obwohl sich mein Verstand dagegen wehrte.

Sieh es doch ein, Claude, das ist totaler Wahnsinn. Es ist undenkbar, unvorstellbar, du kannst nicht mit diesem Mann leben, weitab von allem, was dich wirklich ausmacht! sagte meine innere Stimme.

Es mußte etwas geschehen. Aber was? Mich noch einige Monate in Geduld fassen und dann Bangangté am Ende meines Vertrags verlassen? Nach Frankreich zurückkehren, ihn vergessen? Und wenn ich ihn nicht vergessen konnte? Wenn mich für den Rest meines Lebens das Bild des tanzenden Stammeshäuptlings nicht mehr loslassen würde? Wenn diese Lust, mich an ihn zu schmiegen, seine Haut zu fühlen, nie mehr verschwinden und mich schließlich unter der Last des Bedauerns und der Selbstvorwürfe so weit im Norden zerstören würde? Ich mußte mir Gewißheit verschaffen, ich mußte für mich selbst den Beweis finden, daß eine Frau, eine Weiße, Akademikerin niemals einen polygamen Afrikaner heiraten und inmitten anderer Frauen, schwarzer Frauen, beinahe Analphabeten, an einem Häuptlingshof leben kann.

Sehr bald beantragte ich in Paris die Verlängerung meines Vertrags um ein weiteres Jahr. Er wäre sonst im Juni 1977 abgelaufen. Die positive Antwort ließ nicht lange auf sich warten. Ein Jahr, das war mehr als genug, um mich endgültig davon zu überzeugen, daß ich niemals eine der Frauen des Oberhaupts der Bangangté werden konnte.

Seit er damals versucht hatte, mich mit Gewalt zu nehmen, hatte er nie mehr auch nur den geringsten Ansatz ungehörigen Benehmens gezeigt. Wollte er mich nur zu seiner Geliebten machen? Oder hatte er sich damit abgefunden, daß ich im Juni nach Frankreich abreiste? Ich hatte keine Ahnung, und ehrlich gesagt, es interessierte mich auch nicht. Mein eigentliches Problem bestand darin, wie ich diese Leidenschaft, dieses klebrige Gefühl wieder loswerden konnte, ohne davonzulaufen.

Im Juli fuhr ich wieder nach Douala, um die beiden Jungen für die Ferien nach Frankreich zu schicken und selbst an der Generalversammlung der Kirchen von Kamerun teilzunehmen. Ich wollte diese Zeit nutzen, um Abstand von Njiké Pokam François und von Bangangté zu bekommen und in der unfreiwilligen Freizeit, die mir diese Jahresversammlung ließ, in Ruhe nachdenken zu können, mir über alles Klarheit zu verschaffen, den Tanz vergessen, diesen Mann vergessen, der mich wie ein Sog anzog. Es bestand kein Zweifel mehr: Ich war verliebt, ich liebte ihn, innig und aufrichtig.

Aber mein Verstand funktionierte noch, und es konnte nicht die Rede davon sein, daß ich eine seiner zahlreichen und vergänglichen Geliebten wurde, das paßte überhaupt nicht zu mir. Was dann? Ihn heiraten? Dazu mußte er mich erst einmal wollen. Seine Anspielungen auf eine eventuelle Verbindung waren vielleicht nur Gerede, vage Versprechen, um sein unmittelbares Ziel rascher zu erreichen. Und selbst wenn er offiziell um meine Hand anhielte, wäre ich in der Lage, endgültig zwei Jahrtausende einer Zivilisation, einer Kultur, einer Religion zu vergessen, die mir Polygamie untersagten? Andererseits mußte ich diesen Fall ebenfalls in Betracht ziehen, und sei es nur, um ihm besser gewachsen zu sein, um ihm seine Unmöglichkeit zu beweisen.

Und es war auch nicht nur die Polygamie, die mir Kopfzerbrechen bereitete, sie war nur ein Aspekt des Lebens am Hof. Was geschah wirklich dort drüben, hinter den dichten Baumgruppen des Hügels? Wenn ich mich dort niederließe, welchen geheimnisvollen und vielleicht barbarischen Riten müßte ich mich unterwerfen, ich, die ich die Bücher, die Musik und vor allem meine Freiheit über alles liebte? Vom Hof hatte man mich bis jetzt nur den äußeren Schein sehen lassen, der einfach und sorglos wirkte. Aber wäre es das gleiche, wenn es jeden Tag meines Lebens so wäre? Wer weiß, ob ich nicht eine Sklavin werden würde?

Die einfachste Art, mehr darüber zu erfahren, bestand wohl darin, mich an Ort und Stelle zu informieren, die Menschen genau zu beobachten. Dann, so wurde mir klar, könnte ich mich schließlich und endgültig davon überzeugen, daß es unmöglich war, daß ich nicht bereit war, ihre Sitten und Gebräuche zu übernehmen. Mit ruhigem Gewissen könnte ich dann trotz des Schmerzes, den es mir bereiten würde, den Mann, den ich liebte, für immer zurückzulassen, einen definitiven Schlußstrich unter meine leidenschaftliche Liebe ziehen. Ein Jahr, um mich an Ort und Stelle zu informieren – die Zeit vergeht rasch, wie Papa sagen würde.

Als ich im August nach Bangangté zurückkehrte, hatte ich mir einen festen Panzer zugelegt. Ich war fest entschlossen, meine Gefühle nicht zu zeigen, weder dem Stammeshäuptling noch anderen Menschen in meinem Leben, den Schülerinnen, Lehrern, Pastoren. In den elf Monaten, die ich noch hier zu verbringen hatte, würde ich mich genauso verhalten wie vorher, engagiert bei meiner Arbeit und in meiner Aufgabe als Leiterin der Schule, heiter und phantasievoll in der Freizeit. Meine Leidenschaft für Njiké Pokam François war eine Sache, die ich mit mir allein abmachen mußte. Und um es mir gleich zu beweisen, fuhr ich hinüber zu seinem Hof.

Ohne Umschweife fragte mich der Häuptling, ob ich mich nicht um die Renovierung des öffentlichen Teils seiner künftigen Residenz kümmern wollte, die er immer noch nicht bezogen hatte. Natürlich nahm ich das Angebot an – es konnte keinen besseren Beobachtungsposten geben als das Herzstück des endgültigen Häuptlingshofs. Und vor allem konnte ich mich jederzeit dort aufhalten, ohne Verdacht zu erregen.

Ich fuhr mit dem Auto den Hügel von Mfetom hinunter, drüben bis Bangangté wieder hinauf, an der Präfektur und der Post vorbei, noch einmal hinunter und wieder hinauf bis zum alten Marktplatz. Gegenüber lag der Eingang zum Hof. Es war ein großes Tor aus doppelwandigem Bambus, in dem eine Art Markise eingebaut war, unter der man bei Regen oder in der Sommerhitze Schutz fand. Über dem knapp vier Meter hohen Portal sah man eine Reihe von Dächern, kleine, spitze Pyramiden aus Blech. Dieser Eingang hatte keine Tür, so daß der Hof jederzeit, Tag und Nacht, allen zugänglich war. Rundum führte eine dichte, schier undurchdringliche Wand aus Bäumen und Büschen. Es war ein Doppeltor, denn die mittlere, etwa hundert Meter lange Allee hatte zwei durch eine Hecke getrennte Spuren. Auf beiden Seiten lagen Hütten oder kleine, rechteckige Häuser, die sich, wie einst die Damen hinter ihren Fächern, in dichtem Grün versteckten. Man hörte Vogelstimmen, das Lachen der Frauen und Schreie der Kinder. Am Ende der Allee kam ein zweites, fast identisches Tor. Hinter dieser zweiten Einfriedung stieß ich auf einen kleinen Platz vor dem Palast, einem langgestreckten Gebäude aus Vulkangestein, dessen herrliches Schwarz durch das strahlende Weiß des Gipses zwischen den Steinquadern noch hervorgehoben wurde. Die Fassade war durch zahlreiche Spitzbogenfenster unterbrochen, deren rechteckige Fensterläden oben eine halbrunde Öffnung frei ließen.

Das Wort Palast schien ein bißchen übertrieben für dieses Bauwerk, das man anderswo als Wochenendhaus bezeichnet hätte. Doch die Fassade, die äußere Erscheinung hatte in meinem Land keine Bedeutung. Hier zählte die Seele des Hauses. Der Großvater des jetzigen Stammesoberhaupts, Njiké II., hatte den Bau begonnen, der von seinem Vater, Njiké Pokam Robert, fertiggestellt wurde.

Man betrat das Haus unter einem Vordach und kam in einen großen Raum, eine Art Wohnzimmer, in dem der Stammesführer seine Gäste empfing. Darin standen Stühle, Hocker, Sofas und rechts ein Tisch. Nennen wir diesen Raum einfach »Thronsaal«, selbst wenn dieser Begriff in den Ohren derjenigen, die diese Örtlichkeiten kennen, sehr pompös klingen mag. Ansonsten bestand der Palast aus etwa zehn mehr oder minder kleinen Gemächern, in denen zunächst die neuen Frauen wohnen sollten, die noch kein eigenes Haus hatten. Drei weitere Zimmer sollten als Lagerräume für die persönlichen Dinge des Stammesoberhaupts dienen, ein letzter Raum war als Arbeitszimmer vorgesehen. Dahinter lag ein Duschraum mit einer riesigen Badewanne. Es gab Strom, fließendes Wasser, Telefon, modernsten Komfort – es war alles da.

Der Stammesführer durfte allerdings in diesen Räumen die Nacht nicht mit einer seiner Frauen verbringen. Oberhaupt oder nicht, es war jedem Bangangté, Mann oder Frau, untersagt, unter dem Dach seines Vaters sexuellen Verkehr zu haben. Njiké Pokam François liebte und schlief daher in einer anderen, ihm vorbehaltenen Unterkunft.

Hinter dem Palast erstreckte sich eine weitere Veranda über die ganze Länge der Fassade, genau in der Mitte stand ein Pavillon. Dann stieg man einige Stufen hinunter und gelangte hinter einer Baumreihe zu zwei kleinen Häusern. Das eine war die Küche, das andere der Raum, in dem er mit der Ehefrau seiner Wahl schlafen würde.

Ich kümmerte mich vor allem um die Restaurierung des großen Saals, den ich den Thronsaal nenne. Es mußten Mauern ausgebessert, Vorhänge und Farben ausgewählt werden. Dabei bemühte ich mich, dieser Residenz, die seit drei Jahren leer stand, einen neuen Stil zu verleihen. Ich zeichnete Pläne und fand schließlich die Lösung, um den großen Saal lebhafter zu gestalten, und zwar durch ein System von Vorhängen, die man je nach Bedarf auf- und zuziehen konnte. Welche Farbe? Rot, natürlich, so rot wie der Teppich, den man anderswo für hochgestellte Persönlichkeiten ausrollt. Für eine Amtsresidenz schien mir dies selbstverständlich. Es machte mir großen Spaß, den Bauherrn dieses kleinen »Versailles« zu spielen. Dabei war ich nie allein, ständig kamen und gingen Menschen, die Kinder spielten in allen Ecken, Frauen kamen, um ein bißchen mit mir zu plaudern, mir zur Hand zu gehen. Es blieb mir gar keine Zeit, um mich zu langweilen.

Dabei vergaß ich allerdings nicht, daß ich in erster Linie hier war, um zu beobachten, zu beurteilen und schließlich zu beweisen, daß ich es niemals ertragen könnte, mein ganzes Leben an diesem Hof zu verbringen. Oft ließ ich die Kelle oder die Nähnadel sinken und ging mit meinen neuen Freundinnen in diesen schattigen und bezaubernden Anlagen spazieren.

Als die Arbeiten abgeschlossen waren, mußte der renovierte Palast eingeweiht werden. Der Stammeshäuptling nutzte die erste Besuchsrunde des neuen Präfekten von Bangangté, um ein Fest zu organisieren, das zwei Tage dauerte. Getanzt wurde die ganze Nacht hindurch. Ich hatte so viel an diesem Empfang und seiner Vorbereitung mitgeholfen und war so stolz auf meine Arbeit, daß ich mich hier wirklich wie zu Hause fühlte. Durch den häufigen Umgang mit den Frauen kannte ich nun fast jede der Ehefrauen sowie alle Kinder, Neffen, Nichten, Cousins und Cousinen. Sie wurden alle »Kinder des Stammesführers« genannt, obwohl er die meisten nicht gezeugt hatte. Diese Bezeichnung bedeutete, daß er verantwortlich dafür war, sie in die Schule zu schicken, die Arztkosten zu tragen, wenn sie krank waren. Auch Serge und Laurent wurden so genannt.

Wie viele es waren? Ich weiß es nicht. Wie viele Menschen lebten überhaupt am Hof des Stammesführers? Keine Ahnung. Eine andere Frage, die mir häufig gestellt wurde: »Wie viele Frauen hatte er?« Ich weiß es nicht, ich habe es nie gewußt, und ich werde es auch nie wissen. Vor allem deshalb, weil die Zahl ständig schwankte. Jede konnte den Hof verlassen, wann sie wollte und solange sie wollte, auch endgültig. Inzwischen kamen andere, manche blieben für immer, andere nur einige Nächte.

Jedenfalls wäre es niemandem eingefallen, darüber Buch zu führen. Wozu sollte das gut sein? Um die Neugier meines europäisch denkenden Lesers zu stillen, werde ich jedoch eine Zahl nennen, die natürlich nur eine vage Schätzung sein kann und als solche betrachtet werden muß: Bevor ich selbst zu den Ehefrauen gehörte, kannte ich etwa dreißig legitime Gattinnen. Genug davon!

Auch die Verteilung von Lebensmitteln und anderen Dingen

wurde nicht mathematisch genau gleich vorgenommen. Wenn ich zum Beispiel Öl oder Reis brachte, verteilte die dafür zuständige Ehefrau nicht an jede die gleiche Menge, sondern folgte mehr ihrer persönlichen Sympathie und dem, was sie für notwendig hielt. Wenn eine Frau mehr arbeitete als die anderen, brauchte sie mehr, wenn sie Pech gehabt hatte oder es ihr nicht gut ging, bekam sie eine kleine Extraportion. Alles wurde flexibel und sehr intuitiv geregelt, denn die Gemeinschaft am Hof war noch überschaubar, und die Verteilung erfolgte öffentlich. Manchmal waren einige der Frauen unzufrieden. Dann hatten alle Anwesenden zu entscheiden, ob ihre Beschwerde berechtigt war oder nicht. Auf jeden Fall habe ich nie erlebt, daß jemand vergessen oder übergangen wurde. Anfangs stellte ich noch sehr europäische Fragen, denn ich fand oft, daß die Aufteilung nicht gerecht war.

»Wir sind alle verschieden, in unserem Verhalten, unseren Fähigkeiten, unseren Ursprüngen«, lautete die Antwort. »Warum also sollten wir gleich sein in dem, was wir bekommen?«

Durch meine Freundschaft mit dem Stammeshäuptling und meine Sprachkenntnisse entstanden rasch gute Beziehungen zu allen Frauen. Ich glaube aber, daß auch meine Art und meine Handlungsweise viel dazu beigetragen haben. Die Frauen lebten nicht direkt in einem eigenen Viertel, aber doch in einer Reihe von einzelnen Häusern, die sie mit ihrer Familie bewohnten und wo sie ganz nach Belieben andere Verwandte, Männer und Frauen, empfangen konnten. Das Viertel der Königin, linker Hand vom Eingangsportal gelegen, und das der zweiten Ehefrau auf der gegenüberliegenden Seite der Allee waren für die erwachsenen Söhne des Stammesführers und für andere Männer verboten, wenn sie nicht von einer Bewohnerin mitgebracht wurden. Jede kam und ging, wie es ihr gefiel. Von einem Harem wie in »Tausendundeiner Nacht«, den fette Eunuchen mit Krummschwertern bewachen, konnte überhaupt keine Rede sein.

Ich ging schon mal diese oder jene besuchen, wie es mir gefiel, und sie behandelten mich wie ein Familienmitglied. Man nutzte meine Fähigkeiten in dieser oder jener Frage, zog mich im Zusammenhang mit einem Streit oder einer Meinungsverschiedenheit ins Vertrauen, wollte mein Urteil hören. Einige der Frauen baten mich sogar, als Vermittlerin aufzutreten und dem Stammesoberhaupt an ihrer Stelle ein Problem oder eine Sorge vorzutragen. Ich wurde auch als Krankenschwester für die kleinen Krankheiten und Wehwehchen der Kinder gebraucht, als Chauffeur, wenn die Frauen in die Stadt wollten, und gelegentlich sogar für Fahrten zum Krankenhaus. Ich war nicht mehr nur bloße Beobachterin, sondern ich nahm wirklich am täglichen Leben teil.

Als ich wieder einmal mein Auto am Eingang parkte, kam eine der Frauen angelaufen: »Nswikame bekommt ihr Baby. Es sieht nicht gut aus, und der Stammeshäuptling ist nicht da. Kannst du sie ins Krankenhaus fahren?«

Das Kind der zweiten Ehefrau, Nswikame, deren Name auf Französisch Lydie lautete, war tatsächlich eine Steißgeburt. Da als einziges Fahrzeug nur das des Stammesoberhaupts zur Verfügung stand, dieser aber nicht da war, legte ich die junge Frau in mein Auto und fuhr so schnell es ging ins Krankenhaus nach Bangangté. Ich zahlte für die Erstversorgung, kehrte zum Hof zurück und holte ihre restlichen Sachen und eine weitere Ehefrau, die während des Krankenhausaufenthalts bei der jungen Mutter bleiben sollte, um für sie zu kochen und die Wäsche zu waschen.

Trotz der schwierigen Umstände kam ein kräftiger Junge zur Welt. Da ich wahrscheinlich Mutter und Kind das Leben gerettet hatte, bat mich Njiké Pokam François, dem Neugeborenen einen Vornamen zu geben. Ich schlug Jean-Pierre vor, der Name meines älteren Bruders.

Es mag erstaunlich klingen, daß der Hof eines Stammesführers dieser Größenordnung nicht einmal ein Mindestmaß an medizinischer Versorgung und Sicherheit bot. Man darf dabei allerdings nicht vergessen, daß in Afrika der Lauf des Schicksals leichter akzeptiert wird als in Europa. »Was kommen soll, das kommen muß«, hörte man immer wieder. Und wenn Nswikame, Lydie, an diesem Tag zu Hause gestorben wäre, hätte man gesagt, »es war ihr Tag«, und es war ihr Pech, daß die Wehen ausgerechnet in der Zeit einsetzten, als ihr

Mann abwesend war. Da ich aber zur Verfügung stand, hieß es: »Gott schläft nicht.«

Ich kannte nicht nur die Ehefrauen und ihre Familien oder die Diener und die Würdenträger. Am besten gefiel es mir in Gesellschaft der *mamfem*, der Ehefrauen, Schwestern, Cousinen oder Nichten des früheren Oberhaupts, der »Geerbten«, der alten Mamas.

Die innigsten Beziehungen entstanden jedoch zur wirklichen Mutter des Stammeshäuptlings, Mamfem Ketchiamen. Sie war etwa sechzig Jahre alt, sehr fürsorglich, heiter und gastfreundlich zu allen. Sie fand immer ein freundliches Wort, war hilfsbereit und hörte jedem gerne zu. Und sie besaß ein bemerkenswertes Einfühlungsvermögen. Bei ihr fühlte ich mich wohl, auch wenn das Essen von Bananenblättern gegessen werden mußte, weil so viele Menschen in ihrem Haus verkehrten, daß es oft nicht genügend Teller gab. Sie strahlte Gutmütigkeit aus und hatte immer, wo sie auch hinging, einen Zweig des »Friedensbaums« in der Hand. Sie wurde von allen »Mutter des Landes« genannt. Sie trug die moralische Verantwortung für alle Bangangté-Frauen und war berechtigt, ihren Sohn zu beraten. Es hieß sogar, sie dürfe ihn ohrfeigen, wenn keine Zeugen dabei waren, denn ein Sohn ist vor seiner Mutter niemals erwachsen. Ein Stammesführer bleibt auch nackt ein Stammesführer, nur nicht vor seiner Mutter. Obwohl sie die Königinmutter war, bestellte Mamfem Ketchiamen doch ihr eigenes Feld, hackte Holz und verkaufte ihre Erzeugnisse wie die anderen Frauen auch.

Ich hatte auch eine »Mutter« im Frauenviertel. Madeleine, eine der jüngeren Ehefrauen, hatte die zweite Tochter des Stammeshäuptlings nach Corinne zur Welt gebracht. Er hatte ihr meinen Vornamen, Claude, gegeben. Damit wurde ich nicht nur die Taufpatin, sondern auch eine Art »Zwilling« des Babys. Taufpatin, Zwilling, nein, es war noch etwas anderes. Ich war eigentlich dieses kleine Mädchen. Sie war ich, ich war sie. Und ich war damit auch Madeleines Tochter, da ich ja die »andere Claude« war, diejenige, der ich meinen Namen gegeben hatte. Um die Sache etwas einfacher zu machen, werde ich dieses Kind künftig »Claude-Zwilling« nennen.

Als Claude-Zwilling ein Jahr alt wurde, verlangte Njiké Pokam

François, daß sie bei mir in Mfetom wohnen sollte. Madeleine durfte ihre beiden Claudes natürlich jederzeit besuchen.

Die Monate vergingen, ich fühlte mich wohl unter diesen Menschen, genau das Gegenteil dessen, was ich ursprünglich gewollt hatte. Ich hatte mir gewünscht, daß ich im Grunde meines Herzens sagen konnte: Nein, Claude, hier willst du nicht leben. Vergiß deine Liebe zu diesem Mann, geh fort, schnell, kehre in deine Welt zurück. Der Häuptlingshof, dieses ganze Leben dort, ist nichts für dich. Nimm das erste Flugzeug und ab nach Hause, aber schnell!

Aber je besser ich dieses Leben verstand, um so besser gefiel es mir. Es war voller Liebe und Freundschaft, frei und friedlich. Allmählich, fast gegen meinen Willen, entstand in mir die Gewißheit, daß ich mich nicht nur imstande fühlte, am Hof von Bangangté zu leben, sondern daß es mich geradezu danach drängte. Die Lust, die Leidenschaft für den Stammesführer, für den tanzenden Mann, waren immer noch gleich stark, gleich übermächtig in meinem Fleisch, in meiner Seele. Und alles andere darum herum zog mich unwiderstehlich an.

Ich lebte immer mehr im Rhythmus des Hofs. Mir war klar, daß ich dort nützlich war, daß ich meinen Platz dort finden würde, ohne irgend jemandem gehorchen zu müssen. Manchmal bat mich Njiké Pokam François, ihn zu den Höfen anderer Stammesoberhäupter zu fahren, um sich mit Kollegen oder Medizinmännern zu treffen. Es kam vor, daß ich in der Nacht mehrere Stunden im Auto auf ihn wartete. Außerdem kam er weiterhin regelmäßig nach Mfetom, oft in Begleitung eines anderen Stammesführers. Wir unterhielten uns, sangen, und sie tanzten. Die Leute gingen bei mir ein und aus. Der Lärm, den wir machten, war meilenweit zu hören.

So weit, daß erste Gerüchte aufkamen. Zu mir sagte jedoch niemand ein Wort. Ich machte meine Arbeit so sorgfältig und gewissenhaft wie möglich, leitete die Schule, hielt meinen Unterricht, half den Lehrern und dem Aufsichtspersonal. Wenn ich meine Pflichten erledigt hatte, fand ich, standen mir doch wohl das Recht und die Freiheit zu, zu tun, was mir gefiel, wie es mir gefiel, und mir waren die Anspielungen, die mir gelegentlich zu Ohren kamen, egal. So hieß es zum Beispiel, daß der Stammeshäuptling zur Schule kam, um schwangere Schülerinnen abzuholen. Ein Pastor schlug sogar vor, die Pille an sie zu verteilen. Immerhin war er ein Bangangté, der ebenso viel Hochachtung für das Oberhaupt seines Stammes hegte wie alle anderen seiner Landsleute. Es gab noch andere, schwerwiegendere Vorfälle, aber dazu möchte ich mich nicht äußern. Meine »Mädchen« wurden manipuliert, es wurde eine offizielle Untersuchung eingeleitet, um herauszufinden, daß es nichts herauszufinden gab.

Die Monate flossen dahin. Der Stammeshäuptling verhielt sich mir gegenüber wie immer. Wußte er, daß ich ihn liebte? Ich wollte nicht den ersten Schritt tun. Wenn er sich bis zum Ablauf meines Vertrags nicht erklärte, würde ich eben fortgehen. Pech für mich, Pech für ihn. Das Leben würde weitergehen.

An einem Abend im Februar 1978 kam er mich wie gewöhnlich besuchen. Wir saßen nebeneinander am Tisch und unterhielten uns. Worüber wir sprachen? Vielleicht über den Bulldozer, den er gerade gekauft hatte. Er hatte sich viel vorgenommen, wollte Straßen bauen, moderne Plantagen anlegen, und in unseren Gesprächen war ich es, die die alten, traditionellen Werte verteidigte. Wie sehr liebte er unser Land, unsere Erde! Diesem außergewöhnlichen Redner war es ein Leichtes, sein Volk zu begeistern, mitzureißen, so daß es bereit war, die Ärmel aufzukrempeln und unser Gebiet zu einem wohlhabenden und glücklichen Land zu machen. Wovon sprachen wir gerade an jenem Abend? Ich weiß es nicht mehr. Irgendwann glitt meine Hand versehentlich über seine. Er nahm sie, und ich war wie gelähmt. Er küßte mich, schaute mir dann in die Augen.

»Ich möchte, daß du meine Frau wirst«, sagte er. »Ich möchte Kinder von dir.«

Ich brachte kein Wort heraus. Ich nickte nur. Er betrachtete mich noch einen Augenblick, stand auf und ging ohne ein weiteres Wort.

Zwei Wochen lang ließ er sich nicht in Mfetom blicken. Auch ich ging nicht zu ihm.

Merkwürdigerweise waren alle ängstlichen Fragen über meine

Zukunft plötzlich wie weggewischt. Ganz im Gegenteil: Es gefiel mir, die Entwicklung zurückzuverfolgen, die ihn und mich dazu gebracht hatte, diese Ehe als praktisch unausweichlich zu betrachten. Ich kannte diesen Mann jetzt seit zweieinhalb Jahren – lange genug, um ihn beurteilen zu können. Er hatte mich am Hof aufgenommen, hatte mir einfach und ohne Umschweife erklärt, wie alles funktionierte, die tiefere Bedeutung der Überlieferung und der Verhaltensweisen im Alltag. Ich bewunderte die Wahrheit seiner Erläuterungen, die Treffsicherheit seiner Entscheidungen, seine Geduld und auch seinen Mut. Zu keinem Zeitpunkt hatte ich an der Aufrichtigkeit seiner Gefühle zu mir gezweifelt, auch nicht zu anderen in seiner Umgebung, zu seinen Frauen, seinen Kindern und zu seinem ganzen Volk.

In meine Liebe hatte ich all diese Menschen mit eingeschlossen, mit denen ich künftig zusammenleben würde. Ich glaubte auch, daß ich etwas besonderes einzubringen hätte, durch meine Persönlichkeit, meine zweifache Kultur. Ich könnte den Stammesführer dabei unterstützen, aus diesem Land eine harmonische Einheit zu formen, in der Tradition, Phantasie und Kreativität einander nicht ausschließen. Für mich hatte der Hof die ideale Größe einer menschlichen Zelle, in der jeder einzelne sich innerhalb der Gruppe entfalten konnte.

Ich wartete gelassen ab. Zweifellos trug die Anziehungskraft des Unbekannten, die ich immer gespürt hatte, sehr zu meiner Beruhigung bei. Ich sagte mir immer wieder diesen Satz der Bangangté: »Es hat keinen Sinn, unten um den Hügel herum zu laufen, wichtig ist es, oben anzukommen.« Ich befand mich ungefähr auf halber Strecke.

Zwei Wochen nach diesem Heiratsantrag hörte ich das Auto von Njiké Pokam François vor meinem Haus. Es war neun Uhr abends. Ich erstarrte, bereit, gewillt, die Haut gefühllos, das Hirn leer. Der Mann, den ich liebte, wie ich nie zuvor einen Menschen geliebt hatte, stand vor der Tür. Nichts zählte mehr als dieser Augenblick, die Worte, die er sagen würde.

»Geht es dir gut?« fragte er.

»Sehr gut.«

»Und den Kindern?«

»Auch gut. Sie schlafen. Setz dich. Möchtest du etwas zu trinken?«

»Nein, danke. Komm in zwei Stunden ins Haus hinter dem Hof.«

Er erklärte mir, welchen Weg ich nehmen mußte. Ich sollte nicht über die Hauptallee kommen, sondern das Auto ein bißchen weiter vorne abstellen, dann jenem Weg folgen, der von hinten an das kleine Haus heranführte, in dem er schlief, und vor der Schranke ein Zeichen geben. Kaum hatte er zu Ende gesprochen, kam jemand zur Tür herein. Ich glaube, es war Monsieur Jean, der oberste Aufseher, der ihm guten Abend sagen wollte. Sie wechselten ein paar Worte, dann entschuldigte sich der Stammeshäuptling und ging.

Ich verließ das Haus um halb elf Uhr und parkte das Auto, wie vereinbart, etwa fünfhundert Meter vor dem Hof. Dann ging ich zu Fuß weiter, ohne Lampe, folgte in völliger Finsternis einem fast zugewachsenen Weg. Alles war still. Ich ging an den heiligen Wäldern entlang. Ich spürte nicht die geringste Angst in dieser Dunkelheit voller Geheimnisse, in der es von Schlangen wimmelte und von Eulen, die eigentlich Vampire sind, oder vor anderen Totems, die unter den Bäumen herumirrten und auf mich lauerten. Ich war nicht einmal nervös oder gespannt, sondern so ruhig wie in meinem Wohnzimmer, wenn es abends draußen regnete und ich mit einem Buch in der Hand vor dem Kamin saß. Die Natur war meine Komplizin, sie schützte mich. Diese Einigkeit habe ich später immer wieder gespürt, wenn ich nachts auf Njiké Pokam François wartete. Endlich erreichte ich den Kolabaum auf der Rückseite des Palastes.

Das Haus des Stammesführers war von einer Schranke aus Stämmen von Baumfarn umgeben. Ich wußte, daß dahinter seine Jagdmeute untergebracht war, etwa ein Dutzend Hunde. Sie kannten mich zwar, aber beim leisesten Geräusch hätte ihr Gebell sicher Frauen und Diener aufgeweckt. Dennoch hatte ich es nicht eilig, das vereinbarte Signal zu geben, nämlich leicht an der Schranke, die als Tür diente, zu kratzen. Ich wollte diesen magischen Augenblick genießen. Wenn ich wollte, konnte ich noch immer umkehren. Noch konnte ich über mein Schicksal entscheiden, zumindest bildete ich mir das ein. Denn gleichzeitig war ich erfüllt von der Gewißheit, daß ich hier leben wollte. Die Ruhe meines Herzens stand in Einklang mit der Stille der Nacht. Nein, ich entschied nicht, ich gehorchte meinem Schicksal. Und er, der Stammeshäuptling in seinem Haus, gehorchte auch er seinem Schicksal?

Ich gab das Zeichen. In der Dunkelheit tauchte sein Schatten auf. Er öffnete die Schiebetür der Umfriedung. Die Hunde schwiegen. Njiké Pokam François konnte so viel Lärm machen, wie er wollte, sie hätten sich in jedem Fall still verhalten, und es wäre auch niemand gekommen, um nachzuschauen, es sei denn, er hätte gerufen. Er ließ mich ein, küßte mich, liebkoste mich und zog mich aus, aber sehr viel sanfter und zärtlicher als zwei Jahre zuvor in meinem Haus in Mfetom.

So kam es zu unserer Hochzeitsnacht. Um vier Uhr morgens brachte er mich zum Auto. Eine außerordentliche Ruhe und Gelassenheit ging von ihm aus, als könne die Zeit künftig stillstehen oder besser, als könne sich das Leben Zeit lassen.

Zwei Stunden später begann mein Tag als Lehrerin wie gewöhnlich mit dem Gebet mit meinen Schülerinnen.

Nach dieser ersten Liebesnacht kam der Stammesführer weiterhin zu mir nach Hause, als sei nichts gewesen. Unsere gemeinsamen Abende verbrachten wir nicht anders als zuvor. Er wollte sein Französisch verbessern, also diktierte ich ihm Texte und ließ ihn Aufsätze und Textanalysen schreiben.

Ich meinerseits nahm den Weg der Büsche, Sterne und Eulen, der mich zu ihm brachte, auf mich, wann immer er mich dazu aufforderte. Obwohl wir auf unserer kleinen rosa Wolke schwebten, verloren wir doch den Boden nicht unter den Füßen, waren wir uns der Hindernisse, die man unserer Ehe in den Weg legen würde, absolut bewußt. Wir mußten unsere offizielle Eheschließung sehr rasch vorbereiten, und vor allem so unauffällig wie möglich.

Außerdem stellte ich bereits im März mit großer Freude fest, daß ich schwanger war. Schwanger oder nicht, fest stand, daß die Ehe der französischen Leiterin einer protestantischen Mission, geschieden und Mutter von zwei Kindern, mit dem in Polygamie lebenden Stammesoberhaupt eines so bedeutenden Volkes wie der Bangangté, einen Skandal heraufbeschwören würde. Zwei Vorsichtsmaßnahmen waren unerläßlich: Zum einen durften wir kein Aufgebot bestellen. Wenn die Kirche von Kamerun zu früh davon erfuhr, würde sie – davon waren wir beide überzeugt – meinen Vertrag sofort kündigen und meine Eltern informieren. Es bestand dann die Gefahr, daß man mich gewaltsam nach Frankreich zurückbeordern würde. Um dies zu vermeiden, mußten wir vollendete Tatsachen schaffen. Eine ordnungsgemäße Heiratsurkunde, ohne jede Ankündigung. Als zweite Vorsichtsmaßnahme mußte ich erste Schritte für die Kameruner Staatsbürgerschaft einleiten. Ich stellte unverzüglich meinen Antrag.

Der Stammeshäuptling kümmerte sich um fast alles. Er stellte alle Unterlagen zusammen, verhandelte diskret, um das öffentliche Aufgebot beim Standesamt von Bafoussam zu verhindern, und erledigte wahrscheinlich noch viele andere Dinge, ohne es mir zu erzählen. Auch wenn ich die Kameruner Staatsangehörigkeit erst vier Jahre später bekam, bewiesen mir doch die Effizienz und Diskretion, mit der diese beiden Akte abgeschlossen wurden, wie groß der Einfluß und die Macht meines zukünftigen Gatten im Bamiléké-Land und darüber hinaus waren. Das Gericht von Bafoussam befreite uns von der Pflicht des öffentlichen Aufgebots, und der Bürgermeister von Bangangté legte den Zeitpunkt für unsere Eheschließung für Ende September fest.

Bis dahin mußte ich als Trauzeugen die vertrauenswürdigste und diskreteste Person auswählen, die ich kannte. Wer anders als meine Freundin Matcha kam da in Frage? Die Internatslehrerin erklärte sich sofort bereit, als sei die ganze Angelegenheit völlig normal. Und sie bewahrte das Geheimnis bis zum Schluß. Selbst ihr Mann, Monsieur Jean, wußte nichts davon. Der Stammesführer wählte als Trauzeugen einen seiner Diener. Mit diesen beiden, den Richtern von Bafoussam, dem Bürgermeister und vielleicht seinem Sekretariat wußten vielleicht zehn Personen Bescheid, und bis zur Hochzeit drang nichts nach außen.

Dagegen verbreitete sich das Gerücht über unsere Liaison in gefährlicher Weise, auch wenn von Bangangté bis Douala und Bafoussam niemand von unserer bevorstehenden Hochzeit wußte, zumindest nahm ich das an. Es war nur ein Gerücht. Kein einziges Mal ertappte uns jemand in einer peinlichen Situation. In der Öffentlichkeit verhielten wir uns genau wie früher, wie gute Freunde.

Wenn er nach Mfetom kam, brachte Njiké Pokam François oft einen anderen Stammeshäuptling mit. Gemeinsam improvisierten sie Gesänge bis vier Uhr morgens, wobei sie sich mit traditionellen Musikinstrumenten selbst begleiteten. Und das Tamtam in meinem Wohnzimmer machte Lärm. Ein anderes Mal setzte ich mich an mein Harmonium und sang ihnen Kirchenlieder oder einfache Chansons vor. Die Lehrer und das Personal der Schule kamen dann oft zu mir herüber, begrüßten den Stammesführer und nahmen an dem kleinen Fest teil. Kein Wunder, daß immer mehr geredet wurde, kein Wunder auch, daß die Kirche und selbst die Zivilbehörden Erkundigungen über mich einzogen. Es kam auch zu Beschwerden und zu Inspektionen.

Im Mai wurde ich durch den Generalsekretär des Gouverneurs der Westprovinz nach Bafoussam gerufen und dann vor den Ausschuß für nationales Schulwesen zitiert. Wer mich bei den Behörden angezeigt hat, habe ich nie erfahren, auch nicht den Grund der Beschwerde. Greta, die deutsche Lehrerin in der Schneiderei, wurde als Zeugin vorgeladen.

Ich beantwortete alle Fragen, ohne zu lügen. Aus den Fragen war nicht die leiseste Anspielung auf mein Verhältnis zum Oberhaupt der Bangangté ersichtlich – offensichtlich wagte niemand, das anzusprechen.

Ich selbst war völlig ruhig, fast unbesorgt. Dieses Katz-und-Maus-Spiel machte mir sogar Spaß. Das Kind, das ich trug, verlieh mir unglaubliche Energie. Bis zum sechsten oder siebten Schwangerschaftsmonat konnte niemand meinen Zustand erkennen. Ich war überzeugt, daß sich mein Baby mit einem Augenzwinkern absichtlich ganz tief in meinem Bauch versteckte.

Greta, die sie getrennt befragten, log auch nicht. Sie hatte nicht den geringsten Verdacht und verteidigte mich daher in aller Aufrichtigkeit.

Die kirchlichen Behörden, die für mich zuständig waren, verhielten sich noch immer still. Hatten sie diese Erkundigungen veranlaßt? Heute denke ich, daß sie es waren. Sie waren offensichtlich in Panik geraten und wußten nicht, wie sie meinen Fall, einzigartig in den Annalen, lösen konnten.

Ich bemerkte sehr wohl, daß sich um mich herum kleine, boshafte Intrigen spannen. Aber mein beruflicher Erfolg stand außer Zweifel. Die ausgezeichneten Ergebnisse meiner »Mädchen« und die finanziell ausgewogene Verwaltung der Schule waren der beste Beweis dafür.

In meinem Privatleben dagegen hatte niemand herumzuschnüffeln. Hier regierte ich allein, und die Entscheidungen, die ich traf, schadeten niemandem.

Anfang Juli fuhr ich nach Douala, um Serge und Laurent zum Flughafen zu bringen. Sie hatten keine Ahnung von den Veränderungen im Leben ihrer Mutter, aber sie hatten beschlossen, zumindest ein ganzes Jahr in Frankreich zu verbringen. Serge kam in die dritte Klasse des Gymnasiums, Laurent ins letzte Jahr der Grundschule. Ich würde sie lange nicht wiedersehen, und es zerriß mir schier das Herz. Gleichzeitig war ich auch ein bißchen erleichtert, denn so würden sie in diesem Jahr, das sich schwierig anließ, den voraussichtlichen Stürmen nicht ausgesetzt sein. Meinen Eltern hatte ich bereits vor einigen Monaten den Wunsch der Kinder mitgeteilt, ein ganzes Jahr in Frankreich zu verbringen. Auch von der Verlängerung meines Vertrags berichtete ich ihnen. Seitdem hatte ich keinen Brief mehr geschrieben. Ich hätte ihnen doch nur Alltägliches erzählen können, denn meine Liebe zu Njiké Pokam François ging nur mich etwas an. Jedenfalls schrieben wir uns seit ihrer Abreise nur noch selten.

Als Serge und Laurent im Flugzeug saßen, begab ich mich zur Jahresversammlung der Kirchen von Kamerun, dieses Mal zusammen mit Greta und Monsieur Jean. Ich war im fünften Monat schwanger, aber niemand konnte meinen Zustand erkennen. Die Vollversammlung begann wie gewöhnlich mit der Liste der Versetzungen, Geschäftsberichten und dergleichen.

Plötzlich kam der Angriff. Der Generalsekretär beschuldigte mich ohne Umschweife, vom Konto der Mfetom-Schule Geld unterschlagen zu haben. Alle Köpfe drehten sich zu mir um. Ich saß ganz hinten. Sollte ich antworten, meine Bilanz vorlegen oder die Ergebnisse meiner Schülerinnen zeigen, den Beweis meiner Ehrlichkeit – es wäre mir ein Leichtes gewesen – antreten? Nicht der Mühe wert! Man brauchte kein großes Licht zu sein, um zu erkennen, daß diese grundlose Anschuldigung nur ein Vorwand war. Die Meute wäre über mich, das liederliche Frauenzimmer von Mfetom, hergefallen. Meine Ankläger hätten sich mit meinem Privatleben beschäftigen können. Wie hätte ich mich verteidigen sollen, ohne zu lügen? Lieber schwieg ich. Als er merkte, daß ich nichts zu erwidern gedachte, wandte sich der Generalsekretär nach einigen Sekunden des Schweigens einem anderen Thema zu. Ich fühlte mich wie im Zirkus.

Am Ende der Sitzung wandte ich mich direkt an den Generalsekretär und schlug ihm ohne jede Feindseligkeit vor, ihm meine Abrechnungen zur Verfügung zu stellen. Ich fügte hinzu, daß ich mich an fünfundsiebzig Schülerinnen sicher nicht bereichern könnte und daß ich oft genug aus eigener Tasche drauflegen müßte, um die Schule bis zum Ende des Schuljahrs über Wasser zu halten.

Dann wartete ich lächelnd, daß man mir endlich sagte, was sie mir wirklich vorzuwerfen hatten – umsonst.

Es wurde hinter meinem Rücken geflüstert, und in den Gängen schaute man mir unauffällig nach. Mir war es gleichgültig. Warum trauten sie sich nicht, das Problem, das ich darstellte, offen anzusprechen? Ich mußte mich nicht rechtfertigen. Ich liebte einen Mann, der mich liebte, unsere Heirat ging nur uns beide an. Wenn sie der Meinung waren, daß mein Verhalten gegen die Interessen ihrer Kirche verstieß, dann brauchten sie doch nur die Konsequenzen zu ziehen. Sie brauchten sich nicht mehr zu verstellen. Warum hatten sie nicht den Mut, eine Entscheidung zu fällen? Ich würde ihnen nicht die Freude machen, auch nur den geringsten Anlaß zu bieten. Der käme noch früh genug, nämlich wenn sie von meiner Hochzeit erfahren würden.

Greta und Monsieur Jean waren die besten Verteidiger, die ich mir wünschen konnte. Sie erklärten jedem, der es hören wollte, daß zwischen dem Stammeshäuptling und mir nur freundschaftliche Bande bestünden. Sie hätten ihre Hand dafür ins Feuer gelegt. Sie waren so glaubwürdig, daß mir eines Tages ein Pastor, der ihre Zeugenaussage gehört hatte, erklärte, wie boshaft und eifersüchtig die Menschen doch seien, wenn sie so schlimme Dinge über mich erzählten. Ich dankte ihm für seine Freundlichkeit und beließ es dabei. Warum hätte ich ihm von meiner Liebe erzählen sollen? Kümmerte ich mich um die seine?

Die Jahresversammlung ging ohne eine Entscheidung, die mich betraf, zu Ende, und wir kehrten nach Bangangté zurück.

Wieder zu Hause, war auf standesamtlicher Seite alles geregelt. Ende September sollte die Hochzeit stattfinden. Alles war geregelt – oder doch fast alles:

»Was machen wir denn wegen meiner Mitgift?«

Ich hatte das im Spaß gesagt, und Njiké Pokam François brach in schallendes Gelächter aus, als er sich das Gesicht meiner Eltern vorstellte, wenn eines Tages ein sehr merkwürdiges Paket mit Mehl, Öl, Banknoten und vielleicht sogar Haustieren eintraf.

In Kamerun ist es nämlich üblich, daß der Ehemann seinen künftigen Schwiegereltern verschiedene Geschenke und einen Geldbetrag überreicht, dessen Höhe vorher von ihnen festgelegt wurde. Die afrikanische Mitgift soll einen Ausgleich für den Verlust der Tochter bieten und feste Bindungen zwischen den beiden Familien schaffen. Außerdem beweist dieses Geschenk, daß der Ehemann in der Lage ist, seine Frau und ihre künftigen Kinder materiell zu unterhalten. Denn wenn die Frau eines Tages den gemeinsamen Haushalt verlassen sollte – und das kann sie jederzeit –, müssen die Schwiegereltern ihren Schwiegersohn entsprechend entschädigen. Darin liegt der eigentliche Unterschied zur bürgerlichen Mitgift in Europa: Es kann keine Ehe zustande kommen ohne die Zustimmung der Frau.

Außerdem ist die afrikanische Mitgift nicht in jedem Fall zu bezahlen. Eine Tochter kann – ihre Zustimmung vorausgesetzt – einem Mann »geschenkt« werden. Manchmal ist es vielleicht auch ein Tausch zwischen zwei Familien. Und es gibt andere Sonderfälle. Die Töchter des Oberhaupts der Bangangté hatten den Ruf, zu freiheitsliebend und unabhängig zu sein, um die Bindungen der Ehe lange zu ertragen. Ihr Vater gab ihnen daher keine Mitgift, denn so konnten sie ins väterliche Haus zurückkehren, wann immer sie wollten und ohne Rückerstattung der Mitgift.

Die Mädchen sind also ziemlich ungebunden in der Wahl ihres künftigen Ehemanns, und sie können ihn jederzeit verlassen, mit zwei Ausnahmen. Erstens, wenn ein Vater seine Tochter zu jung, manchmal unter zehn Jahre alt, in die Ehe gibt. Dann wird sie, bis sie erwachsen ist, der Vormundschaft einer der Frauen des Hofs und des Stammeshäuptlings selbst unterstellt. Die zweite Ausnahme besteht für die Königin und die zweite Ehefrau. Sie werden gewählt oder besser »gefangen« wie der Stammesführer selbst bei seiner Thronbesteigung.

Normalerweise werden die Frauen durch ihren Ehemann mit einer Mitgift versorgt. Das führt unter ihnen gelegentlich zu Streitigkeiten. Eines Tages hörte ich zwei Frauen, die sich stritten:

»Schau mich genau an. Ich bin nicht irgendwer, bin kein Abfall wie du. Dich haben sie doch in den Hof geworfen! Ich war dem Stammesführer so wichtig, daß er viel für mich gegeben hat.«

Ich meinerseits fand mich in keiner dieser Kategorien wieder.

»Im übrigen hast du dem Hof so viele Geschenke gemacht«, bemerkte Njiké Pokam François humorvoll. »Eigentlich bist du sehr europäisch vorgegangen. Du hast deinem Mann eine Mitgift mitgebracht und nicht umgekehrt!«

Endlich war der »große Tag« da. Für den Stammeshäuptling und mich war nur diese Urkunde wichtig, als Bollwerk gegen die Angriffe, denen ich mich ausgesetzt sah. Dieser Schritt vor den Bürgermeister war kein Ziel an sich, auch nicht eine Herausforderung an die Adresse der protestantischen Kirche, an meine Eltern oder irgend jemand anderen, sondern ein angemessenes Mittel, um unsere Liebes-geschichte ungehindert leben zu können.

Njiké Pokam François und ich, unsere beiden Trauzeugen, Mat-cha und der Diener, betraten den Saal. Ich war im siebten Monat schwanger und trug jetzt den *kaba ngondo*, das traditionelle weite, lange Kleid aus dunkelblauem Stoff. Der Bürgermeister kam zu spät, mein künftiger Ehemann verschwand, vielleicht, um den zu suchen, der uns trauen sollte. Wir standen da und schauten uns verständnis-los an, als plötzlich Monsieur Jean, der Mann meiner Trauzeugin, auftauchte und sichtlich aufgeregt mit Matcha flüsterte:

»Was machst du denn hier?«

»Ich bin hergekommen, um Claudes Heiratsurkunde zu unter-schreiben«, entgegnete sie lachend.

Als ich Monsieur Jeans panischen Blick sah, konnte auch ich mir das Lachen kaum verkneifen. Er zog Matcha am Ärmel ihres Klei-des:

»Also ist es doch wahr? Bist du verrückt geworden? Wir gehen! Kümmere dich nicht um Dinge, die nur Claude und den Stammes-führer etwas angehen.«

Er zog sie beiseite. Wie Matcha mir später erklärte, hatte er vor allem Angst, bloßgestellt zu werden und seine Stelle als Chef des Aufsichtspersonals zu verlieren. Außerdem riskierte auch Matcha ihre Position. Seine Befürchtungen waren unbegründet. Matchas mutige Entscheidung hatte keinerlei Konsequenzen für das beruf-liche und private Leben meiner beiden Freunde. Monsieur Jean wur-de später sogar Bürgermeister von Bangangté.

Als ihr Mann wieder gegangen war, kam Matcha lächelnd zu mir zurück. Endlich erschien auch mein Bräutigam in Begleitung des Bürgermeisters wieder, der seine Rede auf ein Minimum beschränk-te. Der Sekretär hielt uns die Heiratsurkunde hin, jeder setzte seine Unterschrift darunter, und das war's.

Ich kehrte nach Mfetom zurück, wo viel Arbeit auf mich wartete, denn der Schulanfang stand unmittelbar bevor. Da es allerdings noch lange nicht Mittagszeit war, ging ich erst einmal auf den Markt. Die

Leute, denen ich begegnete, schauten mich nicht anders an als sonst. In der Schule jedoch schien eine gewisse Spannung in der Luft zu liegen, offensichtlich wußte man Bescheid. Die Nachricht würde sicher bald auch in Douala eintreffen. Merkwürdigerweise war mir diese Vorstellung völlig gleichgültig. Ich hatte ganz andere Sorgen, zunächst einmal der Schulanfang, aber in erster Linie meine bevorstehende Niederkunft. Im Lauf des Abends fuhr ich zum Häuptlingshof, wie immer. Der Stammeshäuptling war gerade im Aufbruch: »Da bist du ja, Claude. Ich wollte gerade meine Hochzeit mit ein paar Freunden feiern. Bis nachher!«

Ich schloß die Tür hinter ihm. In dem Moment, als er den Motor anließ, füllte sich der Palastsaal mit Frauen, Kindern und Musik. An keinem anderen Ort hat sich das Sprichwort, »Wenn die Katze aus dem Haus ist, tanzen die Mäuse auf dem Tisch«, so sehr bewahrheitet wie am Hof in Bangangté. Und wie sie tanzten, die Mäuse!

Chantal war die erste, die hereinkam. Sie war die Tochter des Stammeshäuptlings Bapi und hatte unseren Ehemann zwei Monate vor meiner eigenen Hochzeit geheiratet. Ihre Hochzeit war mit einem grandiosen Fest begangen worden. Tanzend umarmte sie mich herzlich und legte dann eine Platte Macossa-Musik auf den Plattenspieler. Das war das Signal. Die Kinder rempelten sich an, rannten hin und her, ohne Rücksicht auf die Sessel oder den Teppich. Manche meiner Mitehefrauen – so werde ich sie ab jetzt nennen – aßen und tanzten gleichzeitig mit dem Teller in der Hand. Es klopfte an der Tür, jeder ließ sich nieder, wo es ihm gefiel. Die Musik lief in voller Lautstärke, um das Geschrei der Kinder zu übertönen. Trotz meines Zustands fühlte ich mich fit genug, wie gewöhnlich zu tanzen. Madeleine, die Mutter von Claude-Zwilling, dämpfte meinen choreographischen Eifer, führte mich zu einem Sessel und brachte mir zu essen. Ich hatte zwar schon in Mfetom zu Abend gegessen, nahm aber ein paar Happen, um sie nicht zu kränken, und verteilte den Rest heimlich an die Jungen und Mädchen, die an der Tür vorbeikamen.

Dieser Abend war gewiß nichts Außergewöhnliches. Es hatte auch nichts mit meiner Hochzeitsfeier zu tun. Ich denke sogar, daß die meisten meiner Mitehefrauen noch nicht einmal wußten, daß ich an diesem Vormittag vor dem Bürgermeister mein Jawort gegeben hatte. Selbst wenn sie es gewußt hätten, es hätte nichts geändert an dem Leben, das wir schon seit so langer Zeit zusammen verbrachten.

Am nächsten Morgen bereits verbreitete sich die Nachricht von meiner Heirat wie ein Lauffeuer über das ganze Land. Aber niemand sagte mir ins Gesicht, was die Stimme des Volkes davon hielt – und auch nicht die Stimme Gottes. Die protestantische Kirche reagierte erst nach einiger Zeit, und zwar ein bißchen scheinheilig. Keiner der Verantwortlichen sprach mir gegenüber das Problem an, das ich aufgeworfen hatte. Viele dieser würdigen Pastoren, die gerne gegen die Ungläubigen wetterten, die noch immer heidnischen Bräuchen anhingen, wußten nicht recht, wie sie sich drehen und wenden sollten zwischen dem Respekt, den sie dem Stammesoberhaupt schuldeten, dem protestantischen Gottesdienst, den sie abhielten, der Tradition, an die sie sich hielten, Christus, zu dem sie beteten, ihrer Familie, zu der sie gehörten, und – zumindest in der Stadt – ihren Geliebten, die sie aushielten.

Ich selbst konnte mich in jeder Hinsicht entfalten. Ich fühlte mich zufrieden mit meiner Schwangerschaft, dem Mann, den ich liebte, und der einfachen, klaren und fröhlichen Welt des Hofs. Ich war jedoch neugierig und wollte wissen, wie weit mich die Kirche gehen ließ. Hätte sie mich fristlos und ohne Abfindung vor die Tür gesetzt, ich hätte nicht widersprochen, vorausgesetzt, ich erfuhr die Gründe. Das geschah jedoch nicht. Mein Fall war sicher sehr heikel, mein Gehalt wurde von Paris aus gezahlt, die Ergebnisse meiner Schule ließen manchen vor Neid erblassen, und auch mein Budget, so mager es auch war, zeigte nicht den geringsten Fehlbetrag.

Also versuchte man, mich in aller Stille loszuwerden. Zunächst wurde ich durch ein offizielles Schreiben über eine neue Bestimmung innerhalb der Kirche darüber in Kenntnis gesetzt, wonach es von nun an möglich war, die Positionen der Missionsmitarbeiter untereinander auszutauschen. Greta, die Schneidermeisterin, würde auf diese Weise Schulleiterin, und ich würde zur einfachen Lehrerin zurückgestuft. In dem Schreiben hieß es, daß diese Entscheidung weder auf ein Fehlverhalten meinerseits, noch auf die herausragenden Fähigkeiten von Greta zurückzuführen sei. Sie erwarteten zweifellos, daß ich, in meiner Würde und Selbstachtung verletzt, meine Kündigung einreichen würde. Da hatten sie aber die Rechnung ohne den Wirt gemacht. Ich dankte ihnen, daß sie mich von der schweren Bürde meiner Verantwortung entlastet hatten, und fügte hinzu: »Immerhin brauche ich in meinem Zustand viel Ruhe.«

Natürlich hätte ich den Rettungsring, den sie mir zuwarfen, auch nehmen und alles hinwerfen können. Das wollte ich aber nicht. Es hätte ausgesehen wie die Rache eines kleinen, dreizehnjährigen Mädchens, das vor zwanzig Jahren an Bord eines Schiffes die Küsten Kameruns am Horizont verschwinden sah. Nein, ich wollte, daß meine Arbeitgeber schwarz auf weiß bestätigten, daß meine Stellung als protestantische Lehrerin nicht mit meiner Ehe vereinbar war. Sollen sie ihre Verantwortung ruhig tragen!

Sie trugen sie nicht, ich erhielt keine Antwort. Mehrfach fragte ich Greta, wann denn die Amtsübergabe stattfinden sollte, doch sie ging mir aus dem Weg oder blieb sehr vage, wenn ich sie direkt darauf ansprach. Sie zeigte mir die kalte Schulter, nicht, weil sie meine Heirat mißbilligte, sondern vor allem, weil ich sie nicht ins Vertrauen gezogen hatte. Sie war verärgert, weil sie glaubte, sich lächerlich gemacht zu haben, weil sie bei den Zivilbehörden in Bafoussam und vor den kirchlichen Behörden in Douala für meine »Tugend« eingetreten war.

Eines Tages stattete mir ein Mitglied des Vorstands der Kirche von Kamerun in Mfetom einen Besuch ab.

»Du mußt kündigen.«

»Warum? Ich liebe meinen Beruf, und in der Schule fühle ich mich sehr wohl.«

»Na hör mal! Du weißt gar nicht, in welche Lage du die Kirche bringst. Polygamie und christliches Leben lassen sich nicht vereinbaren.«

»Trotzdem dürfen die Frauen des Stammesführers zur Kommunion gehen. Gewiß, ihm selbst ist es nicht gestattet, aber immerhin darf er doch in die Kirche gehen und am Gottesdienst teilnehmen.«

Der Gesandte der protestantischen Kirche war offenbar nicht gewillt, sich auf eine Diskussion über diese Punkte einzulassen. Er ging. Jetzt werden sie mich in aller Form entlassen müssen – dachte ich.

Sechs Wochen lang hielt diese merkwürdige Situation an. Mitte November fand ich auf der Post in Bangangté zwei Schreiben direkt vom Boulevard Arago in Paris, eines vom »Département évangélique français d'action apostolique«. Diese Institution hatte mich nach Afrika entsandt. Der zweite Brief kam von der Gemeinschaft gleichen Namens, einem protestantischen Verwaltungsgremium, das unter anderem für die Bezahlung ihrer Mitarbeiter, zu denen auch ich gehörte, zuständig war. Beide Briefe informierten mich, daß die »Schwesterkirche« in Kamerun mein Verhalten mißbilligte. In Paris bedauerte man daher, aus Solidarität mein Gehalt aussetzen zu müssen. Es tat ihnen wirklich sehr leid, und sie entschuldigten sich hundertmal. Nichts als Kondolenzen zu meiner Hochzeit! Sie überwiesen mir aber noch den Anteil für den bezahlten Urlaub, den ich in Frankreich hätte verbringen sollen, und erklärten, daß ein Flugticket für mich vorliege, falls ich ins Mutterland zurückkehren wolle. Aber von Kündigung war keine Rede, ich konnte meine Arbeit in Mfetom ruhig fortführen – ehrenamtlich, natürlich. Sie brachten mich in eine Zwickmühle. Das Schuljahr hatte begonnen. An keiner Stelle wurde deutlich, ob man einen Nachfolger ernannt hatte, dem ich die »Amtsgeschäfte« übergeben konnte. Greta blieb lediglich Lehrerin in der Schneiderei. Da ich durch meine Stelle als Schulleiterin auch Abteilungsleiterin im Schulwesen war, ging ich zu meinem direkten Vorgesetzten, dem Präfekten, und legte ihm die beiden Schreiben vor.

»Soll sich doch diese verrückte Schule allein durchschlagen«, riet mir dieser hochgestellte Beamte, ein guter und sehr geselliger Freund.

»Klar, aber ich kann doch die fünfundsiebzig Mädchen, für die ich verantwortlich bin, nicht einfach sitzenlassen, ganz zu schweigen von den Vorgängen, die nur ich kenne.«

»Du hast doch sowieso nicht vor, die Stadt zu verlassen, oder? Gut, dann kümmere du dich weiter um die wichtigen Dinge. Den Rest überlaß ruhig mir.«

Das tat ich auch. Wenige Tage später teilte er mir jedoch mit, daß er aufgefordert worden war, Unterlagen zu holen, die ich angeblich gestohlen hatte! Ihm konnte ich schließlich meine Geschäfte übergeben. Abgesehen von dem Inspektor aus Douala, der mich vor Wochen schon gebeten hatte, meine Kündigung einzureichen, kam es zu keinem einzigen Gespräch mit einem Verantwortlichen der protestantischen Kirche von Kamerun, auch nicht mit einem möglichen Nachfolger.

Wann meine Eltern davon erfuhren? Und von wem? Genau weiß ich es bis heute nicht. Erst lange nach meiner Heirat bekam ich die ersten Nachrichten von ihnen, völlig unerwartet. Ich kann mir vorstellen, daß sie diese Nachricht wie eine Katastrophenmeldung aufgenommen haben, eine persönliche Beleidigung, wie eine Infragestellung ihres ganzen Lebens. Und doch war mein Handeln nie gegen sie gerichtet, als eine Art ödipale Rache oder als Fehdehandschuh. Ich hatte meinen Entschluß aus Liebe gefaßt, einzig und allein aus Liebe. Es war mein Leben, nicht das ihre, was ich tat, betraf nur mich. Man könnte noch viele mögliche Erklärungen finden, aber um was zu erklären? Die Liebe, die zwei Menschen zueinander empfinden? Sie selbst haben ja Mühe zu verstehen, was mit ihnen geschieht. Eine andere Nachricht schmerzte mich sehr viel mehr: Serge und Laurent durften nicht nach Kamerun zurückkommen. Ich könnte sie nur besuchen, wenn ich nach Frankreich zurückginge. Diese Entscheidung ihrer Familie hatte ich erwartet, aber sie stimmte mich doch sehr traurig. Andererseits wußte ich in meinem Herzen, daß ich sie eines Tages wiedersehen würde, daß sie mich verstehen würden.

Nach dem, was ich später erfuhr, muß unsere Heirat auch am Hof des Stammesführers und vielleicht sogar bis in die Regierungskreise in Jaundé erhebliche Wellen geschlagen haben. Mein Mann machte mir gegenüber ein paar Andeutungen über Warnungen oder gute

Ratschläge aus verschiedenen Kreisen. Sie kamen sowohl aus dem Bamiléké-Land als auch aus der Regierung. Er reagierte aber nicht darauf.

»Hier befehle ich«, sagte er nur.

Heute denke ich, daß es nicht ganz so einfach für ihn war, daß er mir aber aus Feingefühl weiteren Kummer ersparen wollte.

Trotz dieser Schwierigkeiten galt meine größte Sorge dem Kind, das ich in mir trug. Um das Geheimnis nicht preiszugeben, hatte ich mich bis zu diesem Zeitpunkt noch nicht ärztlich untersuchen lassen, und ich wußte auch noch nicht, wo ich entbinden würde. Einige Tage nach unserer Heirat brachte ich eine kranke Schülerin ins protestantische Krankenhaus von Bangwa, etwa eine halbe Autostunde von Bangangté entfernt.

Dort traf ich auf Violette, eine schweizerische Hebamme und Freundin meiner Eltern, eine wunderbare, großzügige Frau, die ich schon als Kind gekannt hatte, als unsere ganze Familie bei den Leitern der Mission zu Besuch gewesen war. Seit meiner Rückkehr nach Kamerun waren wir uns oft begegnet. Vor drei Jahren hatte mir Violette eine kleine Hündin namens Kafi geschenkt.

Als sie meinen Bauch sah, stieß sie spitze Schreie aus. Ehrlich gesagt hat sie mir eine ganz schöne Standpauke gehalten, und ich mußte sämtliche erforderlichen medizinischen Untersuchungen über mich ergehen lassen. Zutiefst berührt, gehorchte ich ohne Widerrede. Es war seit meiner Heirat das erste Zeichen von Freundschaft außerhalb des Hofs. Sie war die erste Weiße, die über meinen Entschluß nicht schockiert war. Ich würde also in Bangwa entbinden.

Am 27. November 1978 packte ich meine Sachen und die Säuglingsausstattung und ließ mich von Monsieur Jean und Matcha in die Klinik bringen. Das Kind kam erst am nächsten Tag, dem 28. November, auf die Welt. Alles verlief ohne Komplikationen. Es war ein Mädchen, dem ich den Namen Sophie gab, was auf griechisch Weisheit bedeutet. Damit wollte ich den anderen klarmachen, daß ich mit kühlem Kopf und überlegt gehandelt hatte, daß die Geburt dieses

Kindes kein »Unfall« war. Ihr einen afrikanischen Vornamen zu geben, war Sache ihres Vaters. Er entschied sich für Abiba, den Vornamen der Ehefrau des Staatspräsidenten. Wenn in Kamerun ein Kind den Namen eines anderen bekommt, wird es ein wenig wie der, dessen Namen es trägt, und dieser ist dadurch in gewisser Weise für das Kind verantwortlich, ist praktisch der Taufpate. Ob Frau Präsidentin wohl wußte, daß das Kind des Bangangté-Häuptlings und seiner weißen Ehefrau ihren Namen trug? Ich weiß es nicht, aber ich war froh, daß meine Tochter der Namenszwilling einer Frau war, die sich Respekt und Hochachtung verschafft hatte und deren fast sprichwörtliche Weisheit in ganz Kamerun bekannt war.

Neben diesen beiden Vornamen erhielt Sophie das »Loblied«, das jedem Kind des Bangangté-Häuptlings zusteht: *Sogy'oo*, »sauber und duftend«. Ich suchte ihr ebenfalls eines aus: Motte. So wußte jeder, woher sie kam, aus dem Dunkel der Vorzeit.

Ich blieb ein paar Tage in Bangwa. Interessanterweise kümmerten sich die Missionare des Krankenhauses, weiße und schwarze, sehr liebenswürdig und freundlich um mich und mein Kind. Man hatte mich in einem Einzelzimmer untergebracht, in dem ein ständiges Kommen und Gehen herrschte: meine neue Familie aus dem Hof, Leute aus Bangangté, aber auch Freunde des Stammeshäuptlings, von denen ich viele zum erstenmal sah. Viele kamen aus Neugier, um ein einzigartiges Phänomen im Bamiléké-Land und vielleicht sogar in ganz Afrika anzustaunen, die weiße Frau und das Mischlingsmädchen eines afrikanischen Stammesführers. Mein Zimmer war wie ein Restaurant. Den ganzen Tag und bis spät in die Nacht wurde zu essen und zu trinken serviert. (Krankenhäuser in Kamerun übernehmen nur die medizinische Versorgung, für alles andere muß die Familie sorgen.)

Meine kleine Sophie und ich verließen schließlich das Krankenhaus. Ich verbrachte den Tag zu Hause, dort, wo ich meine Kindheit verbracht hatte, in Mfetom, um meine letzten persönlichen Dinge einzupacken. Alles verschwand im Auto des Stammesführers, auch die Hündin Kafi und meine Tischtennisplatte.

Während ich darauf wartete, daß der Fahrer zurückkam, wanderte ich allein von einem Zimmer ins andere durch das leere Haus. Es gab so viele Erinnerungen hier. Ich glaubte, daß ich nicht wiederkommen würde. Auch wenn ich nicht weit weg fuhr, war es doch ein Abschied von diesem geliebten Ort. Von nun an war ich verbannt, doch dort drüben, zwei Hügel weiter, erwartete mich meine neue Familie, mein neues Zuhause.

Die Heuschrecke des Blinden

Als ich mich im Dezember 1978 mit Sophie in einem kleinen Zimmer des Palastes einrichtete, war ich erfüllt von einem ausgeprägten warmen Gefühl der Zufriedenheit und der Erleichterung, so als sei ich nach langer Abwesenheit heimgekehrt. Endlich war ich zu Hause, endlich hatte ich eine Tochter und nichts anderes zu tun, als mich um sie zu kümmern.

Die Königin hatte mir ein Haus in ihrem Wohnbereich versprochen, sobald sie die Zustimmung unseres Ehemanns erhalten hätte. Eigentlich durfte eine junge, noch stillende Mutter überhaupt nicht im Palast wohnen. Der war den Ehefrauen vorbehalten, die noch kein Kind hatten oder deren Säugling bereits entwöhnt war. Den anderen wurde, je nach Verfügbarkeit, eine Unterkunft im Wohnbereich der Königin oder der zweiten Ehefrau zugewiesen. Die Töchter anderer Stammesführer, die zur Ehe nach Bangangté gekommen waren, die Prinzessinnen, bekamen automatisch ein Haus in der Nähe der Königin. Wollte mich die erste Dame am Hof auf ihrer Seite der Allee haben, weil sie mich ein wenig wie eine Prinzessin betrachtete? Unser Ehemann hat nie seine Zustimmung dazu gegeben, obwohl ich nur wenige hundert Meter von ihm entfernt gewohnt hätte. Ich glaube, er hatte Angst, daß ich mich nicht an ihre Lebensbedingungen anpassen könnte. Er hatte angeboten, mir ein Haus mit Strom, fließend Wasser, Dusche und Zementboden gleich neben dem seinen hinter dem Palast bauen zu lassen. Er meinte, dann könnten wir uns besuchen und unterhalten wie früher, und ich nähme an seinem täglichen Leben teil, ohne daß er mich im Wohnviertel der Frauen holen lassen müßte.

Ich hatte eher den Eindruck, daß er glaubte, ich könnte auf den modernen Komfort, den ich bisher gewohnt war, nicht verzichten.

Ich lehnte seinen Vorschlag jedoch ab: Dieser Luxus bedeutete mir nichts. Ich wollte keine Sonderbehandlung, die mich der Königin, der zweiten Ehefrau und den anderen Frauen gegenüber in eine schwierige Lage gebracht hätte.

Zweifellos aus dem gleichen Grund kaufte mein Mann vier Wochen später eine elektrische Nähmaschine und einen Gasherd. Er sagte aber nie, daß diese europäischen Haushaltsgeräte für mich bestimmt seien. Als sie in seinen Wohnräumen aufgestellt wurden, machte er uns vielmehr deutlich, daß sie ihm gehörten und niemand sie anfassen dürfe.

Die schöne neue Nähmaschine wurde daher nie benutzt. Der Gasherd mit seinen kleinen Flammen, der für moderne Kleinfamilien vorgesehen war, erwies sich rasch als viel zu klein für die übergroßen Töpfe, in denen die traditionellen Mahlzeiten stundenlang gegart wurden. Bald war er nur noch Dekoration, trotz seiner eher zweifelhaften Ästhetik. Ich bedauerte, daß ich nicht mein eigenes kleines Haus im Wohnbereich der Königin bekommen hatte, denn in dieser unabhängigen Unterkunft konnte eine junge Mutter jederzeit ihre Familie empfangen, die sich in der ersten Zeit um sie kümmerte, für sie kochte und Wäsche wusch, den Haushalt versorgte und, je nach Jahreszeit, auch ihr Feld bestellte.

In den Wohnvierteln der Frauen waren die Unterkünfte äußerst bescheiden, ohne Strom, ohne jeden Komfort: ein Zimmer zum Schlafen, eins zum Kochen, gestampfter Lehmboden und unter dem Dach ein Speicher für die Ernte. Wenn eine Frau gerade ein Kind bekommen hatte, herrschte eine festliche Stimmung. Es gab immer zu essen, denn jeder Besucher brachte eine Mahlzeit mit. Es wurde getanzt, diskutiert und ziemlich viel getrunken. Der frischgebackene Vater spendierte die Getränke, je nach der Bedeutung der jungen Mutter mehr oder weniger großzügig. Andererseits machte es mir auch nichts aus, im Palast zu wohnen. Ich fühlte mich im Herzen des Hofs, also mitten in meinem »Dorf«. Und obwohl mein Zimmer ziemlich klein war, kamen viele Besucher. Die Mutter des Stammesführers und meine Mitfrauen waren meine Familie und sorgten zwei Monate lang für mein Töchterchen und mich.

Als ich aus der Klinik zurückkehrte, kamen den ganzen Nachmittag bis spät abends Bewohner des Hofs, um Sophie in die Gemeinschaft aufzunehmen. Sie wurde herumgetragen, willkommen geheißen, und ihre »Loblieder« wurden bei jedem Besucher wiederholt. Man sang ihr Wiegenlieder, dankte den Vorfahren, natürlich nur väterlicherseits, daß sie sie zu uns gebracht hatten.

Der Häuptling besuchte seine Tochter und nahm sie in den Arm. Aber Sophie hatte einen schwächeren Hals als afrikanische Neugeborene. Ihr Kopf fiel nach hinten, und mit einem etwas ironischen Lächeln legte ihr Vater sie wieder zurück aufs Bett: »Ich muß mich erst an den Umgang mit dieser Qualität gewöhnen.«

Eine Woche später holte Rose, die Königin, die Nabelschnur meiner Tochter, tauchte sie in Palmöl und vergrub sie dann, da ich kein eigenes Haus hatte – hinter dem dieses Ritual normalerweise abgehalten wurde –, tief in der Erde zwischen den Bäumen in der Nähe des Palastes. Übrigens darf man nicht »die Nabelschnur eingraben« sagen, es muß »verstecken« heißen. Dann aßen wir Unmengen von *kelombab*, einer leckeren Mischung aus Kochbanane und langsam gegartem Ziegenfleisch, abgeschmeckt mit verschiedenen Kräutern und Gewürzen.

Die Tage vergingen. Ich ließ mich sehr gerne verwöhnen, denn ich spürte jetzt doch die Erschöpfung durch die letzten Monate voller Aufregungen und Sorgen. Noch nie habe ich so viel geschlafen wie in dieser Zeit.

In meinem Zimmer bewahrte ich nur meine Kleidung und die Ausstattung des Babys auf, außerdem eine Wiege, die allerdings leer blieb, da ich Sophie lieber in meinem Bett direkt an meiner Brust schlafen ließ. Meine anderen Sachen, Geschirr, Töpfe, Drucktopf, Gasflaschen, Holzschnitzereien, Bücher und Musikinstrumente, waren in den Räumen des Stammesoberhaupts eingelagert worden, zur ständigen Verfügung meiner Mitfrauen und unseres Mannes. Ich hatte die Gelegenheit ergriffen und gleich alles verteilt, was ich nicht mehr brauchte, wie zum Beispiel meine ganze Garderobe. Ich begnügte mich mit ein paar herkömmlichen Kleidungsstücken und meinen Tüchern.

Noch immer kamen Besucher, vor allem Frauen. Sie halfen mir bei der Pflege des Säuglings, wechselten und wuschen die Windeln, sie brachten mir zu essen und mußten ihrerseits kosten, was am Hof gekocht wurde. Natürlich gab es unter meinen Mitehefrauen einige, mit denen ich enger befreundet war. Die anderen waren mir zwar gleichgültig, aber es gab niemals Feindseligkeit. Ich verstand mich sehr gut mit Madeleine, der Mutter von Claude-Zwilling. Sie hatte zwei Wochen vor mir eine weitere kleine Tochter zur Welt gebracht, die ich nach meiner Schwester Mireille taufte. Madeleine und ich hatten eine praktische Übereinkunft getroffen. Wenn sie einmal fortgehen wollte, stillte ich ihr Töchterchen, und umgekehrt sorgte sie für Sophie, wenn ich für ein, zwei Stunden an der frischen Luft spazierengehen wollte.

Einmal wurde ich in der Nacht durch laute Stimmen auf dem Flur geweckt.

»Da kommt Aurelia!« riefen meine Mitfrauen, die im Flur standen. »Was hat sie denn nun wieder vor? Das wird bestimmt lustig.«

Aurelia war eine der Großtanten meiner Tochter, die Betriebsnudel des Hofs, immer zu einem Scherz aufgelegt. Sie kam herein, schrie, gestikulierte und schnitt Grimassen, als hätte sie einen schrecklichen Wutanfall.

»Man zeige mir dieses Kind, von dem jeder spricht! Man gebe mir das Baby, das sein Vater über alles liebt. Man gehe mir aus dem Weg, damit ich endlich *tanmfû* betrachten kann.«

Tanmfû! »Die Grille des Blinden«! Dieses Loblied war eine Metapher und bedeutete, daß Sophie in gewisser Weise vom Himmel gefallen war, daß ihr Vater sie nicht in Frankreich hatte holen müssen. Wie durch ein Wunder war sie von sich aus zu ihm nach Bangangté gekommen.

Um Grillen, eine sehr beliebte Delikatesse, zu finden, mußte man ziemlich tief graben. Sie fliegen nur von Mai bis Juli und dringen dann in die Häuser ein. So kann sie auch der Blinde, der niemals sein Haus verläßt, durch Tasten fangen und genießen. Der Blinde war in diesem Fall der Stammeshäuptling, der keine weite Reise machen mußte, um Sophie, die Grille, *tanmfû*, zu empfangen.

Aurelia schien immer wütender zu werden. Sie hatte mich nicht einmal begrüßt, riß mir meine Tochter aus dem Arm, packte sie an einem Fuß, warf sie mehrfach in die Luft und gab ihr Klapse. Sophie weinte, die anderen Frauen lachten. Ich schaute zu. Schließlich hielt die Großtante das Kind vor ihr Gesicht und erklärte ihr schimpfend:

»Warum weinst du? Glaubst du etwa, du verbringst dein ganzes Leben schön warm im Arm deiner Mutter? Nein, meine Kleine, die gute Zeit ist nun zu Ende. Du bist nicht mehr im Bauch deiner Mutter. Stürze dich ins Leben! Du wirst sehen, es ist nicht immer nur sanft und warm.«

Schnell zog sie Sophie aus und kaute dabei einige Körner *nedûm*, eine rote Frucht, die direkt auf der Erde wächst und in vielen Zeremonien eine wichtige Rolle spielt. Dann spuckte sie einen Sprühregen des Safts über den ganzen Körper des Säuglings. Und nun verschwand mit einem Schlag die vermeintliche Wut der Großtante:

»Mögen deine Vorfahren, die dich zu uns geschickt haben, über dir wachen, damit du in Weisheit heranwächst! Sei gegrüßt, kleine Mama, sei uns willkommen, kleine Mutter!«

Damit legte sie mir das Kind wieder in den Arm. Kräftig saugend beruhigte sich Sophie nach ein paar tiefen Seufzern.

Und noch immer kamen Besucher, gaben mir Ratschläge, erklärten mir die Riten. Aufmerksam hörte ich zu, ich hatte sowieso nichts anderes zu tun. Die Wochen vergingen, und allmählich wurde mir die Zeit lang. Völlig ausgeruht, verlangte es mich wieder nach einem aktiveren Leben. Endlich kündigte mir die Mutter des Häuptlings an, daß die Erbin der Großmutter mütterlicherseits in einer Woche käme, um mir »die Hände zu waschen«. Nach dieser letzten Zeremonie durfte ich wieder in mein normales Leben zurückkehren. Am Tag davor übergab mir mein Mann die Geschenke, die ich ihr zu machen hatte: eine Zwanzig-Liter-Kanne Öl, ein Tuch und Geld.

Sie kam früh am Morgen, beladen mit Lebensmitteln – eine junge Frau in meinem Alter. Sie setzte sich, und wir unterhielten uns. Sie hatte offenbar reichlich Zeit. Wir lachten über dies und jenes, über eine Stunde lang. Schließlich bat sie mich, ihr hinter den Palast zu folgen. Dort wusch sie mir in einer einfachen Plastikschüssel mit Wasser und etwas Bananenessig die Hände. Sie tat es langsam, als wolle sie mir den Sinn dieses Reinigungsrituals einprägen und mir zeigen, daß sie sorgfältig das Blut der Entbindung abwusch. Von nun an durfte ich wieder meinen Arbeiten als Ehefrau nachgehen und für den Stammeshäuptling kochen.

Nach diesem bescheidenen Zeremoniell teilte ich mit meinen Mitehefrauen die Mahlzeit, die die Erbin mitgebracht hatte, während sie aß, was wir für sie gekocht hatten. Den Rest des Tages verbrachten wir gemeinsam, plauderten, erzählten uns Witze und die letzten Gerüchte aus dem Dorf oder der Umgebung. Dann sprachen wir über meine Familie in Frankreich, vor allem über Serge und Laurent, die uns allen sehr fehlten.

Von diesem Tag an und in all den Jahren, die ich am Hof in der Familie verbrachte, die ich mir »mit einem Herzen« gewählt hatte, wie man auf Bangangté sagt, habe ich mich niemals gelangweilt. Ich hatte nie das Gefühl, ein eintöniges Leben zu führen.

Ich mußte eintauchen in diese Umgebung, in der ich mir künftig mein Leben zwischen meinen Mitehefrauen und unserem Ehemann einrichten würde. Ich wollte ganz darin aufgehen, verschmelzen mit dieser Gemeinschaft. Ich würde mich nur um den Häuptling kümmern, wenn er mich rufen ließ, um ein Problem zu lösen, um unsere langen Gespräche wie früher fortzusetzen, um die Nacht in seinem Haus zu verbringen oder wenn ich »Aufsicht« hatte. Das alles ließ mir viel freie Zeit. Tagsüber, wenn unser Gatte nicht da war, ging ich mit der einen oder anderen meiner Mitehefrauen spazieren, besichtigte jeden Winkel des Hofs, zumindest soweit wir Zutritt hatten. Ich zog in das große, geräumige Zimmer um, ganz in der Nähe des Thronsaals, in dem ich mit acht bis zehn anderen Frauen, Ehefrauen und Nichten des Herrschers wohnte. Hier herrschte ein lebhaftes und fröhliches Treiben, und es kam oft vor, daß Njiké Pokam François, wenn er im Thronsaal eine Besprechung hatte, den Kopf hereinstreckte und schimpfte:

»Ist jetzt bald Schluß mit dem Lärm?«

Dann war es für eine Weile ruhiger, bis das Lachen und die Gespräche um so lauter wieder einsetzten.

Oft rief er uns alle abends, wenn er zurückkam, in den Thronsaal, den ich durch einen meiner herrlichen roten Vorhänge geteilt hatte. Er konnte auf diese Weise herausfinden, welche Stimmung in seinem Haus herrschte, konnte Meinungsverschiedenheiten unter uns erkennen und schlichten. Es war eine schwere Aufgabe für unseren Ehemann, einen Haushalt von bis zu fünfzig Personen zu verwalten: Zu einer Zeit, als ich selbst meine Gefühle für meinen künftigen Mann noch nicht kannte, hatte mir mein achtjähriger Sohn Laurent einmal folgende Frage gestellt:

»Wenn du das Stammesoberhaupt heiratest, Mama, kann ich dann auch einmal Häuptling werden?«

Wenn Laurent gewußt hätte, welche Verantwortung damit verbunden ist, hätte er sich das bestimmt zweimal überlegt.

Jetzt wollte ich in meiner neuen Umgebung alles kennenlernen, was mir nützlich sein konnte, um mich so frei wie möglich zu bewegen und zu entwickeln. Ich mochte diesen Ort und die Menschen, die hier lebten, und ich achtete sie. Deshalb mußte ich mich mit ihren Gewohnheiten, ihren Sitten und Gebräuchen, Traditionen und Verboten vertraut machen.

Trotz meiner tiefen Liebe und Leidenschaft zu meinem Mann verlangte ich nichts von ihm und erwartete erst recht nicht, daß er irgend etwas an seinem Leben änderte, um sich meiner Lebensweise anzupassen. Mit dieser Einstellung wollte ich die nächsten Jahre mit ihm und meinen Mitfrauen leben. Gleichzeitig ließ ich aber auch meine Vergangenheit, meine Kultur nicht außer acht. Und niemals habe ich die Menschen vergessen, mit denen ich in Frankreich gelebt hatte. In Gedanken waren sie immer bei mir.

Bei meiner Entdeckungsreise durch den Hof war eine meiner Mitfrauen meine beste Führerin: Tchuleu, eine sehr alte Dame, sicher weit über achtzig, aber immer noch lebhaft und geistig rege. Ich empfand große Zärtlichkeit für sie, und ich glaube, sie liebte mich auch. Sie kam mich zu jeder Tages- und Nachtzeit besuchen, und ich tat es ihr bald gleich. Ihr kleines Häuschen im Wohnviertel der Königin war ein Musterbeispiel an Reinlichkeit, und ihre Felder waren die gepflegtesten des ganzen Hofs. Trotz ihres hohen Alters bestellte sie ihr Feld noch immer selbst, nach ihrem eigenen Rhythmus. Wenn sie eine Pause machte, setzte sie sich auf einen Balken und rauchte friedlich ihre Pfeife. Alle Kinder mochten sie, doch sie hatte ihre Lieblinge, die sie hinter dem Rücken der anderen verwöhnte.

Abends saß sie vor der Feuerstelle, in der zu dieser späten Stunde meist nur noch ein großes Scheit Holz brannte, dessen Glut bis zum Morgen hielt. Tchuleu hatte als Ehefrau drei Generationen Bangangté-Häuptlinge erlebt. Sie war sehr jung mit dem Großvater des jetzigen Stammesoberhaupts, Njiké II., verheiratet worden, zweifellos noch vor dem Ersten Weltkrieg, und sie erzählte immer noch von der Liebe zu ihm, obwohl dieser Herrscher, wie es hieß, der blutrünstigste Mann gewesen war, der je hier regiert hatte. Er war gerecht, behauptete sie, und sie hatte seine Befehle und seine Wünsche immer befolgt. Wahrscheinlich wegen ihrer Ergebenheit schenkte er ihr sein volles Vertrauen. Oft mußte sie äußerst heikle Aufgaben übernehmen – ein Beweis seiner Liebe zu ihr. Sie diente insbesondere als Nachrichtenübermittler zwischen ihm und seiner Mutter. Sie verließ dann nachts, oft mit einem Stück Fleisch, den Hof. Damals machten noch zahlreiche Panther die Gegend unsicher, aber sie fürchtete sich nicht. Das Totem ihres Mannes befand sich unter den Raubtieren. Sie folgte ihrem Weg, blickte geradeaus und sagte immer wieder: »Ich bin eine Gesandte des Häuptlings.«

Aus diesem Grund sei ihr nie etwas passiert. Diese Liebe hinderte sie jedoch nicht, sich für zwei Jahre von Njiké II. zu trennen und zu ihren Eltern zurückzukehren.

»Aus Prinzip«, war alles, was sie mir dazu erklärte.

Nach zähen Verhandlungen war sie schließlich bereit gewesen, in sein Haus zurückzukommen. Sie mußte *cadis*, das Getränk der Gerechtigkeit trinken und schwören, daß sie ihm immer treu geblieben war.

Sie hatte keine Kinder. Beim Tode ihres ersten Mannes mußte sie aus Gründen der Tradition seinen Nachfolger, Njiké Pokam Robert, heiraten, den sie allerdings wie einen Sohn betrachtete. Dieser zweite Ehemann übertrug ihr unter anderem die Aufgabe, eines seiner eigenen Kinder aufzuziehen, das später, was sie aber nicht wußte, der künftige Bangangté-Häuptling, unser gemeinsamer Ehemann, werden würde. Sie erfüllte diese Rolle mit viel Liebe und Einfühlungsvermögen. Und wenn sie über seine Kindheit sprach, tat sie es mit der zärtlichen Erinnerung einer alten Mutter, die seiner neuen Braut von ihrem »Kleinen« erzählt. Schon von klein auf, berichtete sie, besaß er körperliche Kraft, Mut und einen ungewöhnlich lebhaften Verstand. Sie hatte ihn oft bestraft, aber ganz offensichtlich war er ihr Liebling. Heimlich schob sie ihm hinter dem Rücken seiner Brüder und Halbbrüder kleine Happen zu.

»Zeige niemals offen deine Gefühle am Hof eines Stammesoberhaupts«, riet sie mir. »Weder gute noch böse, weder gegenüber deinem Mann noch vor deinen Mitfrauen, den Dienern oder den Kindern. Geh deinen Weg, ohne dich um die anderen zu kümmern, und höre nur auf deinen Mann.«

Tchuleu hatte ihre ganze Mutterliebe dem gegeben, der heute ihr dritter Ehemann war, obwohl Njiké Pokam François sie meiner Meinung nach sehr vernachlässigte. Sie beklagte sich jedoch nie. Einige Jahre nach meiner Ankunft war das Dach ihres kleinen Hauses nur noch ein Sieb, aber niemand hatte es repariert. Auf ihrem Dachboden begann die Ernte auszutreiben. Ich nahm daher die Dinge in die Hand und renovierte für sie ein unbewohntes Haus neben meinem, denn ich war inzwischen in meine eigene, unabhängige Unterkunft im Wohnviertel der Königin gezogen. Als sie sich eingerichtet hatte, besuchte ich sie in ihrer neuen Residenz. Ein köstlicher Duft schlug mir entgegen. Sie hatte eine Mischung aus Maisbrei, Palmöl und kleinen Ekokibohnen zubereitet. Ohne zu fragen, nahm ich mir einen Teller.

»Nein!« sagte sie. »Ich habe dieses Gericht gekocht, um meinem alten Haus auf Wiedersehen zu sagen.«

»Es kann also essen, dein altes Haus?« fragte ich leichthin.

Sie mußte so sehr lachen, daß ihr die Tränen über die faltigen Wangen liefen. Dann wischte sie sich die Augen und holte Luft:

»Wie konnte dich deine Mutter nur derart unwissend aufwachsen lassen! Einem Haus zu essen geben! Das ist ja absurd. Ich muß dir das wohl erklären. Dieser Ort hat jahrelang meine Freuden und Leiden miterlebt. Jetzt muß ich die Geister, die über mich gewacht haben, wissen lassen, daß ich noch immer lebe, und zwar nicht weit von hier. Also werde ich meine Nahrung rund um das Haus ausschütten, dann werden die Tiere und Insekten, die sie fressen, den Vorfahren meine Nachricht überbringen.«

Dieses Vertrauen, diese Ausgeglichenheit, die Tiefe und Einfachheit ihrer Gefühle, diese innige zeitliche und räumliche Gemeinschaft mit dem gesamten Hof, mit den Menschen, die dort lebten oder nicht mehr lebten, berührte mich tief. Ich sagte mir, daß es auch mir gelingen würde, nach dem natürlichen Rhythmus dieses großen Gebiets zu leben, in aller Einfachheit. Auch ich wollte eines Tages, wie sie, in der Nähe meiner Hütte ruhen, eingebettet und verschmolzen mit dieser geliebten Erde.

Der gesamte Komplex des Hofs lag etwa zwei Kilometer vor der Stadt. Die Gebäude standen an den sanft geschwungenen Hängen eines Hügels. Auf der Kuppe befand sich der Marktplatz gegenüber dem Eingang und der Umfriedung. Leider hatte der Platz durch die Konkurrenz des Marktes in der Stadt viel von seinem Glanz und seiner Betriebsamkeit eingebüßt. Aus diesem Grund wirkte er auch nicht so imposant wie die Marktplätze der Höfe der anderen Stammesführer des Bamiléké-Landes. Begonnen hatte dieser Rückgang mit der unüberlegten Initiative eines Präfekten, der durch unsere lieben Technokraten in Frankreich zu stark beeinflußt wurde. Dieser Beamte hatten entschieden, daß genau an dieser Stelle die künftige Straße zwischen Bangangté und Jaundé hindurchführen sollte. Zu diesem Zweck ließ er ganz einfach den ehrwürdigen Palaverbaum, der den Platz überragte, fällen. Diese haarsträubende Entscheidung kostete ihn seinen Posten, doch der Ort hatte seine Seele verloren. Auf der nackten Fläche stand nun nur noch irgendein beliebiger Baum. Umgeben war der Platz von einigen Hütten, die keine Funktion mehr hatten und nur noch zur Dekoration herumstanden. Mit Ausnahme einer Hütte, *ndà long*. In deren Innern befand sich ein einfacher Stein, um den herum man alles legen konnte, was man wollte, auch wertvolle Dinge. Wenn man zum Beispiel seinen Sack Erdnüsse nicht in den Hof mitschleppen wollte, legte man ihn dort ab. Niemand würde je etwas aus der *ndà long*-Hütte stehlen.

Jeder konnte durch das eindrucksvolle, von Wellblechpyramiden überdeckte Portal die breite Allee der roten Erde zum Palast hinuntergehen. Auf beiden Seiten, in den strohgedeckten Hütten, hatten einige der Geheimbünde ihren Sitz. Dahinter, durch Barrieren verdeckt, befanden sich die beiden Wohnviertel der Frauen: links das größere Wohnviertel der Königin, rechts das der zweiten Ehefrau. Die Wohnviertel der Frauen waren zwei regelrechte kleine Dörfer mit jeweils mehreren Dutzend Häuschen, jedes umgeben von einem ordentlich bestellten Feld. Diese bescheidenen Wohnungen lagen ohne ersichtliche Ordnung weit verstreut auf einer großen, üppig bewachsenen Fläche. Da und dort rituelle Orte, Versammlungshütten, versteckt hinter dichtem Pflanzenwuchs, aber sorgfältig gepflegt. Die Ehefrauen, die in der Nähe wohnten, pflegten die Alleen, schnitten die Hecken und Sträucher, damit der Zugang zu diesen Orten immer frei blieb. So konnte jeder, der es wollte, ohne Schwierigkeiten dort hingehen und Opfergaben und die üblichen Geschenke darbringen. Zum Beispiel mußte jedes am Hof des Herrschers geborene Kind an einem Tag, den es sich selbst aussuchen konnte, ohne einem anderen Menschen davon zu erzählen, allein mit einem lebenden Huhn unter dem Arm zu einem dieser heiligen Orte gehen, die sich im Wohnviertel der Königin befanden. Dort mußte es das Huhn auf den Rücken legen, loslassen und den Ort verlassen, ohne mit irgend jemandem, der ihm begegnete, ein Wort zu wechseln. So standen wir von Zeit zu Zeit Nase an Schnabel mit einem neuen Huhn. Manchmal war es auch ein »Opferlamm« oder eine Ziege, die ein unbekannter Spender freigelassen hatte, um seiner Vorfahren zu gedenken oder um dadurch um Verzeihung zu bitten.

Ganz am Ende wurde die Allee zur rechten Seite hin breiter und mündete in einen Platz vor dem Palast. Dieser Platz war sehr viel kleiner als der Marktplatz, doch herrschte hier oft mehr Betriebsamkeit. Hier wurden die offiziellen Feste veranstaltet, Urteile verkündet, hier fanden Trauerfeiern und Begräbnisse statt. Zwei oder drei weitere kleinere Gebäude umgaben den Platz. In einem davon wurde unter dem Vorsitz des Häuptlings nach überlieferten Regeln Gericht gehalten. Das Gebiet des Hofs fiel zum Hang hin sanft ab. Hinter dem Palast befanden sich das kleine Haus des Stammeshäuptlings und die Küche, etwas weiter entfernt der Friedhof der Häuptlinge, den zu betreten nur zwei oder drei Dienern gestattet war, die für die Abhaltung der überlieferten Riten zu sorgen hatten. Nur der Urgroßvater von Njiké Pokam François ruhte nicht bei seinen Vorfahren. Er war in einem kleinen Haus tief im Wald begraben. Als ich einmal den Zugang zu diesem Grab freischnitt, fragte ich meine Mitehefrauen, warum er nicht bei seinesgleichen beerdigt worden war.

»Weil er nicht gestorben ist, wie es sich gehört«, lautete die Antwort.

Ich versuchte nicht, mehr zu erfahren, denn ich hatte wirklich nicht die Absicht, mich als Wissenschaftlerin aufzuführen. Ich wollte hier leben, nicht forschen.

Die heiligen Wälder erstreckten sich vom Palast bis zum Ende des Tals. Unter ihrem Blätterdach verbargen sich Quellen, kleine Seen und die Häuser der Geheimbünde. Im ersten Haus, dem größten, kamen die »Menschen aus dem Haus Gottes« zusammen. Sie und der Stammesführer waren für das geistige und religiöse Leben des gesamten Volks der Bangangté verantwortlich. Sie hatten geschworen, die Riten und Zeremonien, die sie vereinten, niemals preiszugeben. Keiner von ihnen hätte sich auch nur die geringste Indiskretion herausgenommen. Wir, die Mitfrauen, die ihnen des öfteren eine Mahlzeit brachten, kannten nur ein das Essen betreffendes Tabu, über das ich sprechen darf: Sie durften kein Regenwasser trinken oder Nahrungsmittel essen, die damit zubereitet waren, zumindest innerhalb der Umfriedung des Hofs. Dieses Verbot auszulegen überlasse ich gerne anderen. Dagegen kann ich guten Gewissens behaupten, daß die Regeln, die für uns, die Ehefrauen, und die anderen am Hof galten, immer dasselbe bezweckten, nämlich den Schutz und die Achtung der Natur. In den heiligen Wäldern durfte kein einziger Baum gefällt werden, niemand durfte dort Holz sammeln.

Während sich keine zwei Kilometer entfernt die Stadt Bangangté unter dem Druck der Bevölkerung immer weiter ausdehnte, konnte das riesige Gebiet des Hofs noch immer sein natürliches, urwüchsiges und majestätisches Aussehen aus undenklichen Zeiten bewahren. Die Menschen hier geben nach, sie passen sich ihrer Umgebung selbst bei der Flächennutzung an und nicht umgekehrt. Hier wird die Natur nicht in einen vorgefertigten Plan gezwängt. Obwohl nach meiner Beschreibung vielleicht ein anderer Eindruck entsteht, wirkt die räumliche Planung dieses riesigen Gebiets eher zufällig, unstrukturiert, unvorhersehbar und improvisiert. Die Bauten selbst entstanden, verfielen, wurden in anderer Form wieder aufgebaut. Ein Häuptlingshof ist kein »historisches Monument«, sondern ein Ort voller Leben.

Dieses Zugehörigkeitsgefühl zur Natur hat bei mir immer wieder Begeisterung, Träume und meine dichterische Neigung hervorgerufen. So tauchten im September mitten im heiligen Wald zwei Seen auf, die Ende Januar wieder verschwanden. Selbstverständlich ist es leicht, eine vernünftige Erklärung für diese Erscheinung zu finden: In den vorangegangenen Monaten hatten die sintflutartigen Regenfälle den Grundwasserspiegel angehoben, und ab Januar begann das Wasser in der Trockenzeit wieder zu verdunsten. Doch das änderte nichts an dem Zauber, der von diesem Ort ausging, und an der unberührten Klarheit des Wassers. Der eine der beiden Seen war dem Häuptling vorbehalten. Nur er durfte darin baden, und wir, die Ehefrauen, holten dort sein Wasser. Der zweite gehörte seinen Frauen und Kindern.

Aber weder der Stammesführer noch wir anderen durften ans Wasser gehen, bevor nicht eine besondere Zeremonie abgehalten worden war: *ne but tshang tshang*. Eine Prinzessin, Tochter, Schwester oder Tante des Stammesoberhaupts mußte uns vom Entstehen der beiden Seen benachrichtigen. Eines Morgens bei Sonnenaufgang, als wir alle noch schliefen, lief sie singend durch den ganzen

Hof. Danach verlor sich diese zerbrechliche, unwirkliche Melodie im Wald an den Seen. Die Frau füllte drei kleine Kalebassen, die durch einen Zweig des Friedensbaums verschlossen wurden, mit Wasser, kehrte zurück und hinterlegte eine bei der Königin, eine weitere in der Küche des Stammesführers und die letzte in ihren eigenen Räumen. Dann übergab unser Ehemann der Überbringerin dieser Nachricht ein Geschenk, und wir durften endlich ans Ufer dieses umwerfend schönen Sees. Ich selbst empfand, daß hier eine andere Gottheit lebte, die Natur ganz einfach, vielgestaltige und allgegenwärtige Göttin der animistischen Religion.

Animismus? Heidentum? Was bedeuteten diese Begriffe schon? Jeder, der am Hof wohnte, angefangen beim Häuptling selbst, war protestantisch oder katholisch getauft worden. Aber niemand übte seine Religion demonstrativ aus. Von Zeit zu Zeit erklärte Njiké Pokam François, er sei Moslem wie sein Vater. Mir erzählte er manchmal, er habe mit dem Gesicht nach Mekka gebetet. Ich widersprach ihm nicht, auch wenn ich nie erlebt habe, daß er den Ramadan eingehalten oder sich gar alkoholischer Getränke enthalten hätte.

Außerdem feierten wir Weihnachten und Neujahr. Diese beiden Abende hatte ich zu organisieren. Mein Protest half nichts, alle baten mich, die »Überlieferung meiner Vorfahren« einzuhalten, die Krippe, den Heiligen Abend, den »Tannenbaum«, die Geschenke in den Schuhen, wie früher in meinem Haus in Mfetom. Schöne Kindheitserinnerungen! Ich arrangierte alles, wie es sich gehörte, nähte Unmengen von Kleidern und Umhängetüchern nach einheimischer Art, denn man durfte das Fest natürlich nicht in einem alten Kleid begehen. Ich stellte Getränke und Essen bereit. Außerdem würde sicher die ganze Nacht getanzt werden. Diese Feste waren unvergeßlich, vor allem wenn der Stammeshäuptling selbst den Abend gestaltete.

Noch heute rufen wir, meine Mitfrauen und ich, uns mit einer gewissen fröhlichen Nostalgie diese denkwürdigen Feste in Erinnerung:

»Ja, ja, das waren noch Zeiten!« seufzen wir dann einmütig.

Katholiken, Protestanten, Moslems – die meisten der Bangangté haben sich für eine der drei großen Religionen entschieden. Dennoch sind sie den anderen beiden gegenüber äußerst tolerant, obwohl jede Religion behauptet, allein die »Wahrheit« zu besitzen. Aber tief in ihrem Herzen bleiben die Bangangté Animisten. Mehr als jede andere organisierte Religion mit ihren Dogmen und Zeremonien ist der Animismus ein Weg, sich in der Schöpfung wiederzufinden, eine Lebensweise. Animisten glauben, daß Gott alle Dinge auf dieser Welt durchdringt: Er ist überall, im Feuer, im Wasser, in den Bäumen. Deshalb gibt es auch so viele heilige Stätten. Der Mensch ist ein fester Bestandteil seiner natürlichen Umgebung. Er steht am Ende einer Nachkommenschaft, die durch seine Vorfahren entstanden ist, und das Stammesoberhaupt ist der Vertreter der Verstorbenen in der Welt der Lebenden. Die Riten finden selten an einem bestimmten Tag statt, aber immer an einem bestimmten Ort. Die Opfergaben heilen einen Irrtum, beschützen einen Menschen oder lebenswichtigen Ort, eine Quelle, eine Bambusplantage, oder sie heben einen Fluch auf, je nachdem, was sie bewirken sollen.

Im Grunde spielten die Ehefrauen weder in der Religion noch in der Politik irgendeine Rolle. Der Häuptling, die Weisen und die Diener hatten daher von ihnen keine Konkurrenz zu befürchten. Und wir, ohne jeden Anspruch und Ehrgeiz, konnten ungehindert unsere Freiheit genießen. Dieser Teil im Leben des Hofs und auch des Stammesführers selbst blieb mir praktisch unbekannt. Ich bemühte mich, in diesem Bereich keine Neugier zu zeigen, und ich muß zugeben, daß es mich auch nicht besonders interessierte.

Um in unserem Haushalt nur ja nicht als störend empfunden zu werden, beugte ich mich gerne diesen Riten, diesen Verboten, denn sie regelten die Beziehungen der Menschen zueinander. Vielleicht war ich sogar noch eifriger und noch gewissenhafter als die anderen. Einer gewissen Anzahl Tabus gehorchte ich einfach, ohne sie in Frage zu stellen. Man durfte schwanger nicht am Friedhof der Stammeshäuptlinge vorbeigehen, nicht schwanger die lange Hauptallee zum Marktplatz zu Fuß hinaufgehen. Wenn ein Kind starb oder eine meiner Mitehefrauen eine Fehlgeburt hatte, berührte ich nichts, was dem Stammesführer gehörte, kostete nicht das Wasser, das er trank, und auch nicht sein Essen. Wie die anderen wartete ich ab, bis er gewisse Riten vorgenommen und die Nacht mit der leidenden Frau verbracht hatte.

Wenn eine Ehefrau starb, hielt ich mich von unserem Ehemann fern, bis er mit der Königin erfüllt hatte, was sie zu tun hatten. Manchmal zogen sich diese Riten und Verbote über Wochen hin. Sie kamen mir – nach meiner europäischen Denkweise – zu streng oder auch absurd vor, doch das war der Preis für dieses Leben, in dem ich mich frei entfalten konnte und das mir andererseits auch viel Freude und Ausgeglichenheit schenkte.

Dagegen hatte ich von Anfang an klar und deutlich gezeigt, daß ich mich den einzelnen religiösen Praktiken nicht beugen würde. Wozu sollte es auch gut sein, allein in meinem Haus eine Opfergabe darzubringen, um mich vor irgendeinem Fluch zu schützen? Diese Heuchelei wäre für mich lächerlich gewesen, da ich selbst nicht daran glaubte, und verletzend für diejenigen, die daran glaubten. Im übrigen hat mir niemand jemals deswegen Vorwürfe gemacht. Animismus bedeutet in erster Linie Toleranz.

Welche Aufgaben das Stammesoberhaupt in den Religionen wahrzunehmen hatte, wußte ich nicht genau, doch die übernatürlichen Fähigkeiten, die man ihm zusprach, festigten seine gegenwärtige Machtposition. Meist sprach man ihn mit seinen beiden Totems *nzwimântô* – Panther und *nyàmkéma* – Löwe an. Er besaß daher den Mut und die Kraft dieser beiden Tiere. Bei Gefahr konnte er sich in einen Panther verwandeln, in Gras, oder er konnte einfach verschwinden.

Einmal hatten wir einen Autounfall. Er saß am Steuer. Einschließlich meiner damals sechs Monate alten Tochter Sophie waren wir zu sechst im Auto. Das Fahrzeug fuhr unter einen Lastwagen und wurde praktisch zerquetscht. Wie durch ein Wunder blieben wir alle unverletzt. Natürlich habe ich nicht gesehen, daß sich Njiké Pokam François in Luft auflöste. Als er jedoch aus dem Fahrzeug kroch und den Befehl gab, man solle ihm ein anderes Auto besorgen, hatte seine weiße Gandura nicht den kleinsten Fleck.

Die anderen magischen Fähigkeiten, die er mit den »Menschen aus dem Haus Gottes« teilte, blieben den Normalsterblichen verborgen. Dagegen hatte ich häufig Gelegenheit, seine politische und richterliche Macht festzustellen.

Der Hof von Bangangté war von der Fläche her der größte der Westprovinz. Er zählte knapp sechzigtausend Seelen. Die Hälfte davon lebte in der Diaspora, verstreut in ganz Kamerun und sogar im Ausland. Diese Menschen bewahrten trotz der Entfernung eine tiefe Achtung für ihren Stammesführer. Selbst als Minister in Jaundé, selbst als General der Armee oder als bedeutender Geschäftsmann blieb ein Bangangté vor seinem Stammeshäuptling ein ganz normaler Bürger. Denn mit der Thronbesteigung verkörperte der Herrscher alle Vorfahren in einer Person und wurde damit zum Vater seines Volkes. Allerdings war er nicht der Erbe oder Eigentümer seiner Ländereien, wie man in Europa sagen würde. Er mußte die Güter seiner Vorfahren im Interesse aller Mitglieder der Gemeinschaft verwalten.

Heute gehört das Land dem Staat Kamerun, doch dank der geringen Bevölkerungsdichte kann jeder ein Gebiet besetzen, das niemandem gehört, vorausgesetzt, er ist in der Lage, es zu erschließen. Der Stammeshäuptling mußte also das Land verteilen und seine Nutzung ohne Konflikte organisieren.

Die Bangangté sagen: »Die Erde ist wie ein Hundeknochen, wir lutschen sie, dann lassen wir sie liegen. Ein anderer findet sie und lutscht sie ebenfalls, bevor auch er sie liegen läßt.«

Jede Generation ernährt sich von der Erde, niemand darf sie sich aneignen, denn bei unserem Tod werden wir selbst wieder zu Erde.

Der Hof eines Stammesführers ist eine Gemeinschaft, die von außen sehr hierarchisch erscheinen mag: der Rat der Neun, die Weisen, die Unterhäuptlinge, die Verwalter der einzelnen Viertel. Doch im Grunde besteht zwischen den Menschen keine Rangordnung, und jeder Bürger kann an seinen Herrn herantreten, um ihn zu bitten, seine Probleme zu lösen.

Ein Fremder erkennt die hierarchischen Beziehungen zwischen

den einzelnen Menschen nur schwer. Nichts ist schriftlich festgelegt, alles nur mündlich überliefert. Und der »Rang«, der Titel jedes einzelnen, hängt entweder von den Verdiensten seiner Vorfahren oder von eigenen Verdiensten ab, auch von den freundschaftlichen oder familiären Bindungen an den Stammesführer.

In seinem Palast ist der Stammeshäuptling nicht von einem Hofstaat umgeben. Hier schlafen nur seine Frauen und seine Kinder, seine Familie und die Familien seiner Frauen. Es kommt jedoch auch vor, daß einige seiner Diener die Nacht hier verbringen, vor allem, wenn er selbst nicht da ist. Diese Diener sind jedoch keine Angestellten. Der Begriff »Diener« darf nicht mit »Dienstbote« verwechselt werden. Wenn man sich die »Weisen« als eine Art Oberhaus, als Privatrat, vorstellt, wären die Diener Minister, Staatssekretäre, hohe Beamte, jeder mit seinem eigenen Verantwortungsbereich.

Die Diener leben von den Ländereien, die ihnen der Stammesführer zugewiesen hat. Ihr Amt ist ererbt, beruht auf Vertrauen und wird belohnt durch gelegentliche Geschenke. Eine Ehefrau darf einem Diener keinen Befehl erteilen, denn er ist nur seinem Herrn verantwortlich. Hierarchisch gesehen, hatten sie den gleichen Rang wie wir. Wir nannten sie unsere »Mitehefrauen«.

Natürlich kursierten hartnäckige Legenden über die Beziehungen zwischen Ehefrauen und Dienern. Soweit ich weiß, gab es jedoch keine einzige Affäre. Es wäre auch sofort bekannt geworden und der Diener aus dem Bangangté-Land verbannt worden. Vor allem aber war es unvorstellbar, denn der Diener ist seinem Herrn mit Leib und Seele ergeben, zumindest solange seine Beschlüsse richtig und gerecht sind. Außerdem haben die Frauen genügend Gelegenheiten, wenn sie das wollen, sich einen Liebhaber in der Stadt oder auf den Feldern zu suchen, ohne ein unnötiges Risiko einzugehen.

Der Häuptling sprach Recht nach der Gewohnheit seiner Vorfahren. Er schlichtete vor allem Streitigkeiten in Ehesachen, in Grundstücks- und Erbfragen und Anschuldigungen wegen Zauberei. Für die leichteren Vergehen gab es ein Gewohnheitsgericht, an dem er nicht teilnehmen mußte. Dagegen nahm er sich persönlich jeder schwerwiegenden Sache an.

Einmal hatte ich Gelegenheit, an einem dieser Prozesse teilzunehmen. Der Kläger beschuldigte seinen Halbbruder und Adoptivsohn, mit Leuten unter einer Decke zu stecken, ihm seine Kaffee-Ernte in Höhe eines Betrags von drei Millionen CFA-Francs (etwa 30 000 französische Francs) gestohlen zu haben.

»Ich weiß, daß er schuldig ist. Er hat den Dieben die Tür zum Lager geöffnet«, erklärte er dem Stammesoberhaupt, indem er auf den Angeklagten zeigte. »Nur er hatte den Schlüssel. Ich kann ihn aber nicht ins Gefängnis bringen, er ist mein Halbbruder, also mein Sohn, und seine Mutter würde es mir nie verzeihen. Ich möchte, daß ihn dein Urteil beschämt und verhindert, daß er es wieder tut.«

Njiké Pokam François hörte wortlos zu. Als der Tag der Urteilsverkündung nahte, kam die gesamte polygame Familie des Klägers und des Angeklagten, insgesamt weit über hundert Personen, aus der entfernten Region Moungo. Die Befragungen dauerten den ganzen Vormittag. Der Stammesführer und seine Helfer verließen oft das Gericht, um sich zu beraten. Schließlich wandte sich der Stammeshäuptling an den Kläger:

»Ich erkenne, daß dein Adoptivsohn unschuldig ist. Ich möchte, daß diese Geschichte aufhört, daß eure geteilte Familie sich wieder versöhnt. Ihr werdet alle *cadis* trinken.«

Der *cadis* ist ein Gebräu, das von den Menschen aus dem »Haus Gottes« bereitet wird. Angeblich vergiftet es den Lügner oder denjenigen, der seine Verpflichtungen nicht einhält. Ich selbst habe nie davon getrunken, glaube auch nicht an seine magischen Kräfte. Der Stammeshäuptling fuhr zunächst an den Kläger gewandt fort:

»Du, der Vater, wirst trinken und dabei sagen: ›Ich habe meinen Sohn zu Unrecht beschuldigt und erkenne meinen Irrtum an.‹ Du, der Sohn, wirst trinken und sagen: ›Ich habe niemanden bestohlen und schon gar nicht meinen Vater, und ich werde niemals stehlen.‹ Ihr alle, die Mitglieder der Familie, werdet trinken und sagen: ›Ich habe Partei ergriffen, ohne genau informiert zu sein, aber ich beuge mich dem Urteil des Stammesoberhaupts und werde es nie anzweifeln.‹ Geht nun und wißt, daß der *cadis* euch umbringen wird, wenn ihr lügt oder eure Versprechen nicht haltet.«

Die Menschen aus dem »Haus Gottes« versammelten sich und ließen den Saal räumen. Als der Sohn an der Reihe war, in den Hof hinauszugehen, um sich zu dem Haus zu begeben, in dem der *cadis* getrunken wurde, rannte er in Panik davon. Njiké Pokam François hatte diese Reaktion vorhergesehen. Die Diener, die er am Eingang postiert hatte, brauchten nicht lange, um den Flüchtling zu schnappen. Er weinte und schrie, er sei schuldig, er wolle nun die ganze Wahrheit sagen.

Als er gestanden hatte und für die Familie und Freunde alles geklärt war, schickte sie der Stammesführer wieder zurück, um *cadis* zu trinken. Doch diesmal sollte der Vater sagen: »Ich verzeihe meinem Sohn, wenn er es nie wieder tut.« Und der Sohn: »Ich bitte meinen Vater um Verzeihung, und ich werde nie wieder stehlen.«

Damit war die Sache endgültig geklärt.

Es gibt verschiedene Arten von *cadis*. Manche werden Hähnen verabreicht, die beide Parteien mitbringen müssen. Der *cadis* aus Cayennepfeffer brennt dem Schuldigen angeblich die Augen aus. Es besteht auch die Möglichkeit, mit Hilfe einer Schildkröte auf ein Gottesurteil zurückzugreifen. Je nach der Richtung, die sie einschlägt, bezeichnet sie den Schuldigen. Angeklagter und Kläger zahlen vor dem Prozeß einen bescheidenen Geldbetrag. Sie können ihr Urteilsverfahren wählen, aber das Stammesoberhaupt kann das, offenbar nach eigenem Ermessen, auch ablehnen. Ehrlich gesagt habe ich nie verstanden, warum dieses oder jenes Mittel eingesetzt wurde, um die Wahrheit herauszufinden. Doch die Urteile führen selten zu einer Strafe, vor allem gibt es keine Verurteilung zum Tod. Die schwerste Strafe ist die Verbannung. An dem Tag wirft man Asche auf den Schuldigen. Er muß für immer gehen und darf nie mehr zurückkehren. Ansonsten bietet der *cadis* dem Schuldigen die Möglichkeit der Wiedergutmachung.

»Wie kannst du sicher sein, daß du ein gerechtes Urteil fällst, daß du dich nicht irrst?« fragte ich ihn einmal.

»Ich versetze mich in sie hinein, an ihre Stelle, in ihren Kopf.«

Ich habe nie erlebt, daß er einen Justizirrtum beging. Und doch waren seine einzigen Mittel Intuition, dem anderen zuzuhören und die nuancierte Abstimmung des Urteils. Sein Vater hatte keinen Fehler gemacht, als er ihn zum Nachfolger ernannte. Er konnte Gedanken lesen. Meiner Meinung nach war es keine Zauberkraft, es war eine rein menschliche Eigenschaft.

Wie alle Bürgerinnen von Bangangté konnten auch die Ehefrauen jederzeit am öffentlichen Leben des Hofs teilnehmen. Allerdings war es ihnen untersagt, öffentlich das Wort zu ergreifen. Mein »Beruf« als Frau des Stammesoberhaupts spielte sich vor allem im Palast ab, nur wenige Schritte von meinem Zimmer im Thronsaal. Hier wurden in erster Linie alle empfangen, die es wünschten, vom Minister aus Jaundé bis zum bescheidenen Dorfbewohner aus der näheren Umgebung. Hier fanden auch die offiziellen Sitzungen statt. Übrigens gab es keinen Thron mehr, denn dieser imposante Sitz aus geschnitztem Holz war inzwischen durch ein sehr viel weicheres und bequemeres Sofa ersetzt worden.

Im Prinzip wußte jeder Besucher, wohin er sich setzen mußte. Die hochrangigen Persönlichkeiten, Häuptlinge oder Vertreter der Zentralverwaltung und die »Elite«, Reiche oder Akademiker, hatten Anspruch auf einen Sessel. Letztere nannten wir die »Weißen«, um uns über den Snobismus, den sie häufig in ihrem Verhalten und ihrem Äußeren an den Tag legten, lustig zu machen.

Manche Weisen aus dem Rat der Neun und die gewöhnlichen Bürger mußten sich mit einfachen Stühlen zufriedengeben. Verheiratete Söhne und Töchter von Stammesführern hatten dagegen zu stehen, als Zeichen der Achtung vor dem Herrn des Hauses. Dies war eine angemessene Art, Konflikte zu vermeiden und unangebrachte Ansprüche zu zügeln. Es war Aufgabe der »zuständigen Ehefrau«, jedem seinen Platz zuzuweisen, falls er ihn vergessen haben sollte.

Die fröhliche Atmosphäre, die meistens in diesem großen Saal herrschte, unterlag also einer Reihe von protokollarischen Vorschriften, oder besser, einfachen Höflichkeitsregeln – subtilen, subjektiven, unausgesprochenen Regeln, die ich erst allmählich durch Beobachtung und gesunden Menschenverstand lernte.

Es gab keine bestimmte Zeit für den Empfang der Besucher. Der Stammesführer, der Hof insgesamt und die »diensthabenden« Ehefrauen mußten dem Volk Tag und Nacht zur Verfügung stehen. Jede Situation mußte gemeistert werden. In meiner ersten Dienstwoche mußte ich diese Regel teuer bezahlen.

»Ich bin heute für niemanden zu sprechen«, sagte mir der Häuptling, »ich bin müde.«

Er ging durch die Hintertür in sein kleines Haus. Kurze Zeit später stand ein Besucher, den ich als einen seiner besten Freunde kannte, vor der Eingangstür. Ich befolgte den Befehl.

»Der Häuptling ist auf der Jagd«, log ich selbstsicher. »Er wird erst nachmittags zurückkommen.«

Der Besucher und ich wechselten ein paar höfliche Worte. Plötzlich tauchte der Stammesführer, der wohl die Stimme erkannt hatte, im Schlafanzug in der hinteren Tür auf und erklärte mir streng:

»Claude, ich möchte nicht, daß man meine Freunde warten läßt. Bring uns zu trinken.«

Ich gehorchte ohne Widerrede. Meine Lektion hatte ich auch gelernt. Er verlangte keinen passiven Gehorsam von uns, sondern immer eigenes Denken und volle Unterstützung. Wir mußten den Umständen entsprechend improvisieren, je nachdem, wer ihn besuchte. Es war wie ein Spiel, ein Theaterstück, in dem unser Gatte oft der einzige Schauspieler, um nicht zu sagen der Regisseur war.

An einem Morgen, als er gerade, europäisch gekleidet, in die Stadt fahren wollte, stand er unvermutet einem sehr würdigen – nach der Marke seines Autos und dem Schnitt seines Anzugs zu urteilen – eher vermögenden Herrn gegenüber, einem aus der sogenannten Elite.

»Könnte ich vielleicht den Stammeshäuptling sprechen?« fragte dieser typische »Weiße« in eher schlechtem Bangangté.

Wie hätte er, der zweifellos mit Ministern und Bankiers verkehrte, sich auch vorstellen können, daß der jugendliche, schlichte, lächelnde Mann, den er vor sich hatte, die Verkörperung ihrer Vorfahren war?

»Ich bedaure«, erwiderte Njiké Pokam François unerschütterlich,

»aber ich glaube, er ist ausgegangen. Bitte nehmen Sie doch Platz, er wird bald zurück sein.«

Dann ging mein Gatte, ohne mir spezielle Anweisungen zu hinterlassen – und ich war doch noch neu in diesem Geschäft. Diese unklare Situation brachte mich in Verlegenheit, vor allem, als ich meine Freundinnen hinter dem Vorhang, der den Raum unterteilte, unterdrückt lachen hörte. Ich brachte dem offenbar aus Bangangté stammenden Fremden zu trinken. Er fühlte sich sichtlich unwohl in seiner Haut. Und mir ging es auch nicht besser.

Zwei Stunden vergingen. Endlich betrat der Herrscher majestätisch den Raum, umgeben von seinen Dienern, denen er im befehlsgewohnten Ton, der keine Widerrede duldete, Anweisungen erteilte. Dann wandte er sich an mich:

»Was soll das denn heißen? Hast du unserem Gast nichts zu essen gebracht?«

Ich verschwand in der Küche, dabei biß ich mir auf die Lippen, um nicht laut zu lachen. Hinter dem Vorhang hörte man immer lauteres Gemurmel. Der »Weiße« mit dem schönen Auto sah aus, als suche er nach einem Mauseloch, um sich darin zu verkriechen. Er dachte wohl, daß es für einen Bangangté an Majestätsbeleidigung grenzt, sein Stammesoberhaupt nicht zu erkennen, und daß nun tausend Flüche auf ihn herunterprasseln würden. Doch Njiké Pokam François blieb ihm gegenüber so höflich und freundlich, als hätte er diesen Fauxpas gar nicht bemerkt.

Das kleine Versteckspiel meines Mannes hatte jedoch Folgen. Als sein Gast gegangen war, sagte er nachdenklich zu mir:

»Weil er in Frankreich studiert hat, ist er weißer geworden als die Weißen. Er hat überhaupt kein Empfinden mehr für die Überlieferungen seiner Vorfahren. Wie viele sind wohl so entwurzelt wie er?«

Ob dieser Mann mit dem schönen Auto seine kleine Lektion wohl gelernt hat?

Die Hauptopfer solcher Streiche und Flunkereien waren die europäischen Besucher, Entwicklungshelfer oder einfache Touristen. Man muß aber auch sagen, daß sie den Herrscher meistens mit allen möglichen Fragen überhäuften, die sehr vage ethnologische Vorstellungen bewiesen. Was sie am meisten interessierte, war natürlich die Vielehe. Der Stammesführer erzählte ihnen dann gerne von seinen erstaunlichen sexuellen Leistungen. Jeder Casanova wäre vor Neid erblaßt, wenn nicht vor Scham gestorben. Wenn er gerade in Schwung war, schwankte die Zahl der in einer Nacht »verbrauchten« Ehefrauen zwischen zehn und fünfzig. Anfangs war ich überrascht und sogar ein bißchen schockiert, wenn der Häuptling auf eine dieser »Warum dies und warum jenes«-Fragen mit seinen selbst erfundenen Fabeln reagierte. Als unsere Gäste dann gegangen waren, fragte ich ihn einmal, warum er so offensichtliche Lügengeschichten erzähle.

»Sie sind doch nur hergekommen«, erwiderte er, »um hier etwas zu erfahren, über das sie sich dann zu Hause in Frankreich lustig machen können. Sie werden noch lange über die Geschichten lachen, die ich heute erfunden habe.«

Ich selbst fand es nicht amüsant, daß er solche Geschichten verbreitete, sicher weil ich Französin geblieben war. Gewiß, die Neugier mancher Europäer war indiskret und fehl am Platz, aber sie wollten sich nicht unbedingt über uns lustig machen. Mit offenen und einfachen Antworten hätte man ihnen vielleicht helfen können, uns besser zu verstehen und so eine andere Zivilisation, eine andere Kultur zu akzeptieren.

Diese ärgerliche Art, die Wahrheit zu vertuschen, wird noch immer praktiziert. Erst letztes Jahr, als ich den Hof schon längst verlassen hatte, kam eine französische Journalistin erst zu mir und ging dann dorthin.

»Warum klatschen die Menschen, die mit ihnen sprechen möchten, vor dem Mund in die Hände?« wollte sie vom Nachfolger meines Mannes wissen. »Was bedeutet diese merkwürdige rituelle Geste?«

Ich habe keine Ahnung, welch haarsträubende Antwort sie erhalten hat, doch einige Zeit später erfuhren die Leserinnen eines bekannten Frauenmagazins, daß der tiefere Sinn dieses exotisch anmutenden Rituals darin zu sehen ist, daß die unreine Luft verdrängt wird, bevor man mit dem Stammesführer spricht. Eine Art geheiligte Zahnpasta, wenn man so will! In Wirklichkeit handelt es sich lediglich um eine Geste der Höflichkeit und der Achtung, ein Mittel, die Aufmerksamkeit auf sich zu lenken, so wie man in anderen Breiten den Finger hebt, wenn man etwas sagen möchte.

Aber nicht alles ist so einfach am Hof eines Stammesoberhaupts. Gastlich und herzlich in seinem sichtbaren, seinem öffentlichen Teil als Regierungssitz, verbirgt er doch auch Geheimnisse hinter dunklen Baumfarnbarrieren oder tief in den dichten heiligen Wäldern. Dort verstecken sich alle Arten von Bauten, und nur wenige Menschen können es wagen, dort mit den Vorfahren und den unsichtbaren Kräften der Natur Verbindung aufzunehmen. Von diesen Geheimnissen und Mysterien wußte ich kaum etwas.

Und die Geheimnisse, in die ich eingeweiht wurde, werde ich hier auch nicht »als Dokumentarbericht« preisgeben, um die Familie, die ich mir ausgesucht habe und die mich seit so langer Zeit »mit einem Herzen« liebt, nicht zu verraten.

Eine der bedeutendsten Zeremonien des Jahres ist die Präsentation der Jamswurzeln, der ersten Feldfrüchte, das sogenannte *ne tshuibte be'*. Jamswurzeln werden zum Ende der Regenzeit geerntet, doch müssen bestimmte Ereignisse zusammentreffen, bevor der Häuptling den Tag der Präsentation festlegt, an der die Königin und die zweite Ehefrau sowie zwei der wichtigsten Würdenträger des Hofs, teilnehmen mußten. Die Ungewißheit zog sich oft lange hin, denn die vier Teilnehmer und der Stammesführer waren nicht immer gleichzeitig verfügbar. Außerdem ließ er sich gerne bitten, denn er mochte diese Knolle, die er an diesem Tag essen mußte, überhaupt nicht. Diese Wartezeit erforderte von den Ehefrauen zusätzliche Aufmerksamkeit, denn jeder Gegenstand des Stammesoberhaupts oder eines der vier Mitwirkenden, zum Beispiel Geschirr, der versehentlich mit einer Jamswurzel in Berührung kam, mußte sofort aus dem Verkehr gezogen und so lange aus ihrer Reichweite entfernt werden, bis die Zeremonie vorbei war.

Die Jamswurzel ist ein Grundnahrungsmittel der afrikanischen Küche. Mit Ausnahme der Königin und der zweiten Ehefrau durfte jede andere Ehefrau, auch vor der Zeremonie, Jamswurzeln für sich und ihre Kinder zubereiten und essen. Sie mußte sich aber die Hände mit Holzasche und Wasser waschen, wenn sie nach dem Essen in den Palast gehen wollte.

Einmal dauerte die Wartezeit, in der wir extrem vorsichtig sein mußten, drei Monate. Eine von uns, Martine, war ein bißchen leichtsinnig. Eines Tages schälte sie eine Jamswurzel mit dem Jagdmesser des Herrschers. Dieses Messer hatte ich ihm vor unserer Hochzeit geschenkt. Er betrachtete es als Glücksbringer und ging nie ohne dieses Messer auf die Jagd. Die Lage war brenzlig. Aus Solidarität konnten wir dem Stammesführer den Schnitzer unserer Mitfrau nicht gestehen, sie wäre sonst bestraft worden. Hätten wir ihm die Sache geschildert, bestand außerdem die Gefahr, daß er die Zeremonie absichtlich noch weiter hinauszögerte. Von da an verschwand Martine immer, wenn unser Ehemann zur Jagd aufbrach. Er verlangte lauthals nach seinem Talisman und wurde so wütend, daß er das Essen, das wir ihm gekocht hatten, den Hunden vorwarf. Und das Messer? Martine fand, daß mein Koffer ein ausgezeichnetes Versteck dafür sei.

Schließlich kündigte uns die Königin, Rose, Anfang Dezember an, daß wir ab dem nächsten Tag zwei Tage lang nicht mehr an der Küche und dem kleinen Haus des Stammesführers vorübergehen durften. *Ne tshuibte be'* sollte endlich stattfinden. In dieser ganzen Zeit herrschte absolute Stille. Gelegentlich tauchte die Königin kurz im Palast auf und bat uns mit leiser Stimme, ihr die Tür zu den Gemächern des Stammeshäuptlings zu öffnen. Sie trat allein ein und kam mit den Säcken, die wir nicht anfassen durften, wieder heraus. Als alles abgeschlossen war, tauchte das Jagdmesser wie durch ein Wunder wieder auf.

Abgesehen von diesen Ausnahmesituationen lebte jede Ehefrau nach ihrem eigenen Rhythmus und organisierte ihr Leben, wie sie es für richtig hielt, mit Ausnahme der Zeit, in der wir Dienst im Palast hatten. Dann mußten gewisse Regeln, gewisse Tabus eingehalten werden, für die es eine kleine Einführung brauchte. Nichts Besonderes, mehr eine Art Etikette, verbunden mit ein bißchen gesundem Menschenverstand. Insgesamt gab es keinen strengen Zeitplan und keine vorgeschriebenen Zeiten der Anwesenheit.

An den Tagen, an denen man Saaldienst hatte, mußte als erstes jeden Morgen Wasser an den Quellen im heiligen Wald geholt werden, der einzigen Quelle, aus der das Stammesoberhaupt am Hof trinken durfte. Das Wasser mußte für den ganzen Tag reichen. Auf dem Hin- und Rückweg durften wir mit niemandem sprechen, der uns begegnete, und wir mußten den Blick abwenden. Aber unter uns durften wir so viel plaudern, wie wir wollten.

Dann begannen die verschiedenen Tätigkeiten im Palast, im kleinen Haus des Stammeshäuptlings und in der Küche. Wir standen freiwillig gegen fünf oder sechs Uhr morgens auf. Die Länge der Tage und Nächte ist in den Tropen nicht von den Jahreszeiten abhängig. Gegen acht Uhr kam der Weinsammler und brachte seinen süßen Bambuswein. Wie wir durfte auch er auf dem Weg mit niemandem sprechen. Durch seine kleine Glocke hörte ihn jeder schon von weitem und konnte vom Weg zurücktreten.

Für die Zubereitung der Mahlzeiten war nur eine Frau des Herrschers zuständig. Wir einigten uns meist unter uns, aber manchmal wählte unser Ehemann selbst seine Köchin. Er konnte auch eine von uns ablehnen, aus Gründen der Kochkunst oder weil sein Verhältnis zu ihr gerade angekratzt war. Die Nahrungsmittel für seine Mahlzeiten durften nur aus den Speichern oder von den Feldern der Königin, der zweiten Ehefrau oder der Frau kommen, die er vor seiner Krönung geheiratet hatte. Beim Kochen durfte man nicht über das glimmende Holz der Feuerstelle steigen. Und schließlich mußte der erste Löffel des Essens, bevor es serviert wurde, von einer Ehefrau, einem Kind oder einem Tier probiert oder für die Vorfahren vor die Tür geworfen werden.

Für die Reinigung des Palastes und den Empfang der Besucher wurden mehrere Ehefrauen benötigt, aber nur eine besaß die Schlüssel zum Magazin, in dem die Getränke und die Nahrungsmittelgeschenke aufbewahrt wurden.

Die eingeteilten Ehefrauen mußten dem Stammesoberhaupt Tag und Nacht zur Verfügung stehen. Er kam oft spät nach Hause und brachte Gäste mit. Dann mußten wir schnell eine Mahlzeit improvisieren, ein Huhn oder eine Ziege schlachten und zubereiten.

In seiner Abwesenheit gehörte der Palast uns. Wir teilten uns die Arbeit so ein, daß jede soviel Freiheit hatte wie möglich. Nur die für die Küche zuständige Ehefrau mußte verfügbar bleiben. Wir überließen ihr die kleinen Kinder manchmal für den ganzen Tag, manchmal nur für ein paar Stunden. In dieser Zeit konnten wir unseren eigenen Angelegenheiten nachgehen, auf dem Feld arbeiten, auf dem Markt einkaufen, Eltern und Freunde besuchen oder einfach nichts tun und plaudern.

Auch wir versorgten uns aus dem Magazin des Stammesführers. Diejenige, die gerade die Schlüssel in Gewahrsam hatte, mußte die Verteilung der Lebensmittel des Palastes genau einteilen, um endlose Streitereien mit unserem Ehemann zu vermeiden. Dieser wußte sehr genau, daß es einen gewissen Schwund gab. Er ließ es nicht nur zu, sondern billigte auch diese Eigenmächtigkeit. Dennoch zeigte er eine gewisse Strenge bei diesen mehr oder minder heimlichen Verteilungen, um jede Verschwendung in seinem großen Haushalt zu unterbinden. Auch hier war es eine Frage der Einteilung, der Mäßigung und damit der Toleranz. Jedenfalls wurde niemals eine Inventur vorgenommen, wenn eine Schlüsselträgerin ihr Amt an die nächste weitergab.

Auf die Getränkevorräte mußte besser geachtet werden. Weinkisten, Whisky, Champagner, Liköre, Biere und Obstsäfte wurden ziemlich regelmäßig geliefert und waren für die Cocktails und Empfänge bestimmt. Theoretisch durften wir uns nicht bedienen, doch unauffällig und mit dem stillen Einverständnis unseres Ehemanns trugen diese Vorräte, manchmal bis zur Trunkenheit, zur Stimmung an unseren Tanzabenden unter Frauen und Kindern – unter den Mäusen, wenn die Katze außer Haus war – bei. An solchen Abenden achteten wir immer ein bißchen auf die Geräusche draußen. Wenn das Auto unseres Mannes vorfuhr, war der große Salon im Handumdrehen geräumt und so still und ordentlich wie immer. Und er betrat dann den wie durch ein Wunder tief schlafenden Palast.

Eines Abends hatten wir jedoch gegen zweiundzwanzig Uhr in

seiner Abwesenheit eine höchst denkwürdige Veranstaltung improvisiert. Auf der Stereoanlage folgte eine Platte der anderen, der Saal war überfüllt, selbst die alten Mamas wollten an unserer Ausgelassenheit teilhaben und den Kindern beim Tanzen zusehen. Ich hatte Aufsicht und behauptete:

»Heute habt ihr nichts zu befürchten, der Stammeshäuptling kommt bestimmt erst spät nach Hause.«

Das Fest lief auf Hochtouren. Als Schlüsselträgerin hatte ich reichlich zu trinken serviert, und die Stimmung war prächtig. Ich selbst saß friedlich in meiner Ecke, strickte und machte dabei den Diskjockey. Plötzlich ein lauter Schrei, ich hob die Augen, und sie waren alle verschwunden. Ich sah nur noch reihenweise Füße hinter dem Vorhang. Wie durch Geisterhand saß ich völlig allein in diesem großen, leeren Raum. Nun stand auch ich auf, bereit, vor dieser unbekannten Gefahr zu fliehen.

»Was ist denn los?« rief ich. »Warum versteckt ihr euch?«

Tiefe Stille. Ich drehte mich um. Sofort verschwand meine Angst. Vor mir stand mein Gatte, aufrecht, unbeweglich, und schaute mich an.

»Ach, du bist es!« sagte ich erleichtert. Dann fügte ich leicht verärgert hinzu: »Wie bist du denn hereingekommen? Durch das Fenster etwa, wie ein Dieb?«

Gleichzeitig fing ich an, den Saal aufzuräumen, der sich in einer unbeschreiblichen Unordnung befand. Langsam stieg Zorn in mir auf:

»Das ist wirklich unglaublich! Spionierst du uns jetzt nach? Was glaubst du denn hier zu finden? Hast du mir nicht von der Weisheit der Alten vorgeschwärmt, die immer laut sangen, wenn sie nach Hause kamen, damit ihre Frauen alles verstecken konnten, was sie nicht sehen sollten? Du selbst hast gesagt, daß sie auf diese Weise unnütze und kleinliche Streitigkeiten vermieden haben.«

Meine Selbstsicherheit verwirrte ihn. Er war sich gar nicht mehr so sicher, wahrscheinlich hatte er sich vorgenommen, uns zu ertappen, und jetzt merkte er, daß er damit den stillschweigenden Vertrag mit seinen Frauen gebrochen hatte, der auf Vertrauen basierte.

»Sag der Sowieso, sie soll zu mir kommen und die Nacht mit mir verbringen«, erklärte er schließlich.

Und verschwand. Die bezeichnete Ehefrau kam hinter dem Vorhang hervor, die anderen folgten und halfen mir, den Saal wieder in Ordnung zu bringen. Noch lange machten wir uns über diesen Vorfall lustig.

Am Hof lebten sechzig bis achtzig Menschen. Dennoch war Njiké Pokam François nicht verpflichtet, sie alle zu ernähren. Seine finanziellen Pflichten beschränkten sich auf Krankenhauskosten, Schulgeld für seine Kinder, Nichten, Neffen und für die jüngeren Brüder und Schwestern seiner Frauen. Außerdem bezahlte er die Reisekosten der »Schwiegerfamilien«, wenn sie zu Besuch kamen. Diesen Ausgaben standen normalerweise keine festen Einnahmen gegenüber. Seit der Unabhängigkeit waren er und die anderen Stammesführer zu Staatsbeamten ernannt worden und erhielten daher entsprechende Vergütungen als Mitarbeiter der Verwaltung. Der Stammeshäuptling konnte außerdem weiterhin seinem Beruf nachgehen, den er vor der Krönung ausgeübt hatte. Heute sind die Bamiléké-Häuptlinge auch Ärzte, Journalisten, Unternehmer, Landwirte. Durch Geldspenden der Untertanen kamen oft erhebliche Beträge zusammen. Das brachte jedenfalls mehr ein als die Sitzungen des Gewohnheitsgerichts und der Kauf bestimmter »Adelstitel«. Die Geschenke in Sachgütern, die seine Lagerräume füllten, trugen ebenfalls zur Aufbesserung seiner Lage bei. Er erhielt keine Steuern, konnte jedoch gelegentlich einen Teil der Ernte eines wohlhabenden Bauern einziehen. Es konnte auch vorkommen, daß ein Diener an einer besonders dichten und großen Bananenstaude vorbeikam und dort einen Zweig des Friedensbaums niederlegte. Der Besitzer wußte dann, daß er diese Stelle nicht mehr bestellen durfte. Soweit ich weiß, wurde diese Macht nie ausgenutzt, denn der Stammesführer war schließlich ausgewählt worden, weil er einen ausgeprägten Sinn für Gerechtigkeit und Ausgewogenheit besaß. Im Interesse des ganzen Volkes konnten ausnahmsweise auch einmal Steuern erhoben werden.

Njiké Pokam François hatte große Pläne für sein Dorf. Er hatte einen Entwicklungsausschuß ins Leben gerufen, der bei der Bevölkerung Geld gesammelt hatte, um einen Bagger und zwei Kipplaster zu kaufen. Er wollte richtige Straßen anlegen, das Land bewirtschaften – Bangangté war reich, und der Markt konnte eine Drehscheibe, ein Umschlagplatz für das Bamiléké-Land werden. Er hatte vor allem die Absicht, eine Bewegung »Zurück ins Dorf« herbeizuführen:

»*Ngo bâ ngongo*, die Heimat ist das Land des Volkes und der Vorfahren«, pflegte er zu Beginn seiner Reden zu sagen, um daran zu erinnern, daß das Land allen Bangangté gehörte.

Ich unterhielt mich häufig mit ihm über diese Projekte, und ich glaube, daß er meinen Beitrag, meine Ideen und Vorschläge oft übernommen hat. Insgesamt, mit der Vermietung des Baggers und der Lastwagen, erzielte der Hof erhebliche Einkünfte. Meistens verteilte sie der Stammesführer in Form von Geschenken aller Art an diejenigen, die ihn um Hilfe baten, aber auch an seine Freunde und wichtige Persönlichkeiten, die ihn besuchten oder die er besuchen wollte. Aber nicht immer waren seine Ausgaben wohlüberlegt. Ich durfte jedoch meine Nase nicht in seine Buchführung stecken – die es überhaupt nicht gab.

In seinem Haushalt achtete er dagegen genauer auf die Ausgaben. Wenn eine Frau seine Unterstützung brauchte, bat sie normalerweise einen Vermittler, mit dem Oberhaupt darüber zu verhandeln. Meistens fiel die Wahl auf mich. Und ich wiederum mußte unendlich viel Geduld aufbringen, um ihm ein bißchen Geld zu entlocken. Schließlich beschloß ich, die Rolle der Vermittlerin nur noch dann zu spielen, wenn es der Mühe wert war – für Medikamente, Krankenhauskosten und ähnliche Ausgaben.

Die Frauen am Hof hatten nur die Einnahmen aus dem Verkauf der Erzeugnisse ihrer Felder. Glücklicherweise konnten sie auch auf ihre eigenen Eltern zählen, die ihrer Tochter und ihren Enkelkindern auch nach der Hochzeit unter die Arme griffen. In dieser Hinsicht gehörte ich zu den weniger Glücklichen. Wenn ich eine Briefmarke kaufen wollte, mußte ich Petersilie, Lauch, Basilikum, ein paar Ba-

nanen oder ein paar Taroknollen – je nachdem, was ich gerade geerntet hatte – verkaufen.

Nur die Feldarbeit stellte in unserem Leben einen gleichbleiben-
den Rhythmus dar – den der Natur. Die Königin hatte mir rund um
den Hof zahlreiche Felder gegeben, die zum Teil ein bis zwei Kilometer entfernt waren. Um unabhängig zu bleiben, befaßte ich mich
sehr konzentriert mit der Bestellung der Felder. Meine landwirtschaftlichen Kenntnisse reichten aus, um mich halbwegs durchzu-
schlagen, auch wenn ich die Feldarbeit anfangs sehr beschwerlich
fand, denn es fehlte mir an körperlicher Ausdauer und Kondition.
Allmählich jedoch entwickelte ich die notwendige Kraft.

In der Regenzeit, von Mitte März bis Mitte November, mußten
wir anbauen, säen, Unkraut jäten, harken und ernten. Doch selbst in
diesen sieben Monaten erdrückte uns die Arbeit nicht. Die Trockenzeit ließ uns mehr Spielraum. Im Bamiléké-Land hat eine Woche
acht Tage; an den beiden offiziellen Feiertagen, dem Markttag und
dem Tag, der etwa unserem Sonntag entspricht, durften wir nicht auf
den Feldern arbeiten. Drei weitere Tage waren arbeitsfrei, im Gedenken an den Tod der früheren Stammeshäuptlinge. Was wohl aus
der Feldarbeit werden würde, wenn ihr Nachfolger an einem Werk-
tag sterben sollte? Insgesamt konnten wir also nur drei Tage pro Woche arbeiten; immerhin durften wir täglich ernten und Holz sammeln. Ich habe erlebt, wie eine Frau bestraft wurde, weil sie das
Verbot, ihre Harke an einem arbeitsfreien Tag zur Hand zu nehmen,
mißachtet hatte. Sie hatte nicht einmal auf ihrem Feld gearbeitet,
sondern den Hof ihres Hauses geharkt. Von diesem Zeitpunkt an
durfte sie mit niemanden am Hof mehr essen, trinken oder sprechen.
Sie kaufte ein kleines Huhn und bat einen Fremden, uns alle, auch
den Stammeshäuptling, zusammenzurufen. Wir nahmen in Reih
und Glied Aufstellung, und die Schuldige kehrte mit den Federn des
Huhns unsere Füße. Erst dann durfte sie wieder ihr normales Leben
mit uns aufnehmen. Auch mir ist es passiert, daß ich meine Harke an
einem verbotenen Tag benutzte. Ich ging zum Stammeshäuptling,
um es ihm zu beichten.

»Hat dich jemand gesehen?« fragte er.

»Nein, ich war ganz allein.«

»Na, dann ist es doch so, als hättest du es gar nicht getan.«

Ich wurde nicht bestraft.

Abgesehen von diesen Wochentagen gab es keine festen Daten, wahrscheinlich weil wir nach dem Mondkalender lebten, der stärker schwankt. Die Jahre wurden nicht gezählt. Ein bestimmtes Datum wurde durch den Namen des Tages und des Mondmonats bestimmt, wobei meist auch die Tätigkeit, die in dem jeweiligen Monat ausgeführt wird, genannt wurde, zum Beispiel »der Monat, in dem die Erdnüsse geerntet werden«. Um den Zeitpunkt eines wichtigen Ereignisses anzugeben, nannte man die Anzahl der Regen- und Trockenzeiten.

Neben unserer Feldarbeit und dem Dienst für unseren Ehemann mußten wir zweimal im Jahr die zahllosen Pfade, Wege, Alleen, Routen und Höfe des Häuptlingshofs säubern. Wir waren verantwortlich für die ordentliche Pflege des gesamten Gebiets, da unser Zuhause ja auch ein öffentlicher Ort war. Alle Frauen, junge wie alte, hatten sich daran zu beteiligen, ausgenommen diejenigen, die in der Küche des Stammesoberhaupts arbeiteten oder zum Empfang der Gäste abgestellt waren. Bei diesem Großreinemachen waren alle gleich. Rose, die Königin, hatte die gesamte Arbeit zu organisieren und übernahm mit der Ausdauer einer Frau und der Kraft eines Mannes mehr als ihren Teil der Arbeit. Ihr Beispiel vereinigte uns in der gemeinsamen Anstrengung, und ihre Weisheit verdiente unsere Hochachtung.

Dagegen mußte die gesamte Bevölkerung für den Bau und die Renovierung der öffentlichen Gebäude, der Zäune und Umfriedungen, der Zierhütten und der Häuser der Frauen aufkommen. Die Arbeit wurde unter der Aufsicht und dem Befehl eines Vorstehers, der für ein begrenztes Gebiet zuständig war, verteilt. Bei diesen Arbeiten entwickelte sich zwischen den einzelnen Gruppen ein großes Wetteifern.

Zu meiner Zeit mußten gerade die traditionellen Hütten an der Zentralallee, von den beiden Frauenvierteln bis zum Palast, neu aufgebaut werden. Bambus, Pfosten und Lianen wurden von den Männern herbeigetragen, die Frauen sammelten im Busch das Stroh für die Dächer. Drei Monate wurde auf der Baustelle gearbeitet, denn die Arbeiter und Arbeiterinnen kamen jeweils nur einen Tag pro Woche. Ihre Mahlzeit brachten sie selbst mit, der Stammesführer stellte die Getränke. Als alle Hütten fertig waren, wurde lange darüber diskutiert, welche am schönsten sei. Doch kaum eine Woche später fiel heftiger Regen. Dadurch wurden die frischen Strohdächer so schwer, daß ein oder zwei Hütten ein bißchen schief wurden. Nach jedem neuen Regenguß wurden ein paar weitere Hütten schief, bis sie schließlich zusammenbrachen. Innerhalb von zwei Monaten war unsere gesamte Arbeit wieder vernichtet. Oder doch fast, denn eine Hütte überstand die Regenzeit und steht noch immer, Jahre später, kerzengerade an der Allee. Sie ist fast schon eine Legende geworden. Lange spottete der Stammeshäuptling über die technischen Fähigkeiten der Bauherren, während sich diese immer wieder neue Ausreden einfallen ließen, um ihr Scheitern zu rechtfertigen oder ihre Unfähigkeit zu vertuschen. Jedenfalls wurden die Hütten wieder aufgebaut, diesmal mit einem Gerüst aus Beton.

In einem polygamen Hausstand halten die Ehefrauen fest zusammen, nicht gegen den Häuptling, sondern im täglichen Leben, in der Kindererziehung, bei Gesundheitsproblemen, bei der Ernährung und materiellen Bedürfnissen. Njiké Pokam François wurde in unsere Beschäftigungen und täglichen Sorgen nicht einbezogen, obwohl wir verantwortlich waren für alles, was sein Leben als Stammesführer und auch als Ehemann betraf. Aufgrund unserer großen Zahl blieb uns ein Maximum an Freiheit. Jeweils eine Frau, vom Häuptling bestimmt oder von uns gewählt, hatte sich um die Besucher zu kümmern, ihm das Essen zu bereiten, seine häuslichen Probleme zu lösen und die Nacht mit ihm zu verbringen. Die anderen konnten, solange sie es wollten, ihren eigenen Angelegenheiten nachgehen, ohne daß der reibungslose Tagesablauf des Hofs dadurch in irgendeiner Weise beeinträchtigt wurde. Die Königin selbst »boykottierte« ihn monatelang, aus Gründen, die nur sie kannte – und zweifellos er auch – , lebte jedoch weiterhin bei uns. Sie blockierte damit eine Reihe von Riten, und er war daher gezwungen, seine Fehler einzugestehen.

Auch ich konnte jederzeit in diesem Haushalt, den ich für mich auserwählt hatte, weiterleben, selbst wenn ich nicht mehr mit dem Stammeshäuptling ins Bett gehen wollte. Ich würde weiterhin an allen Aktivitäten teilnehmen und alles in meiner Macht Stehende tun, um ihn bei den Aufgaben, die sein Volk von ihm erwartete, zu unterstützen.

War das Leben am Hof von Bangangté anders als in anderen polygamen Familien Kameruns? Weil ich es selbst erlebt habe, kann ich sagen, daß die Liebe einer Frau zu einem Mann, der andere Frauen geheiratet hat, Bestand haben kann, und daß zwischen dieser Frau, ihren Mitfrauen und ihren Kindern tiefe Freundschaften entstehen können. Manchmal hatten diese Kinder bessere Beziehungen zu anderen Frauen als zu ihrer eigenen Mutter. Mir hat dieses Leben gefallen. Ich gehörte von ganzem Herzen zu dieser großen Familie, deren Arbeit, Freuden und Leiden ich geteilt habe, eine Familie, keine gleichgültige Masse, keinen Nummern. Wir blieben alle unabhängig in der Wahl unserer Nächsten, unserer Aktivitäten und auch, wenn es unser Wunsch war, in der Wahl der Einsamkeit. Denn dieses Gemeinschaftsleben forderte nicht die Aufgabe der Persönlichkeit eines einzelnen. Ganz im Gegenteil: Alles war auf die volle Entfaltung des Individuums ausgerichtet. Und was die Eifersucht angeht, so habe ich sie nie empfunden. Keine meiner Mitfrauen erschien mir als »Nebenbuhlerin« im Herzen unseres Ehemanns. Es gab keinerlei Rivalität, nie habe ich auch nur die geringste Bitterkeit empfunden, wenn er mit einer anderen Frau zusammen war, auch nicht, wenn eine neue Frau – für immer oder nur vorübergehend – zu uns kam.

»Ich habe euch eine Mitfrau gebracht!«

Manchmal kehrte er abends in Begleitung einer Frau zurück, die er im Lauf des Tages kennengelernt hatte. In stillem Einvernehmen akzeptierten wir sie so, wie er sie uns vorgestellt hatte, als wäre sie tatsächlich eine von uns. Die gelegentlich verächtliche Einstellung mancher Neuen oder ihr, sagen wir, sehr städtisches Verhalten uns gegenüber ließ uns jedoch oft glauben, sie blieben für immer. Schon vor meiner Heirat hatte ich Njiké Pokam François klargemacht, daß ich keine seiner Frauen ablehnen würde, vorausgesetzt sie lebte am Hof. Und sollte er zufällig ein »Doppelleben« führen, in der Stadt oder anderswo, dann wollte ich es gar nicht wissen. Es sollten auf keinen Fall so haarsträubend komische Situationen entstehen, wie das in Frankreich häufig vorkam. Übrigens hat er diesen moralischen Vertrag niemals gebrochen. Zweifellos hatte er weiterhin überall in Kamerun seine Geliebten, aber immer heimlich und so, daß das empfindliche Gleichgewicht des Hofs niemals beeinträchtigt wurde.

Während meiner Zeit am Hof tauchten etwa ein Dutzend Frauen unvermutet auf. Er verführte sie mit phantastischen Versprechungen, die er nie einhielt.

»Ich kann auf der Schreibmaschine schreiben«, erklärte uns eine dieser Frauen. »Er sagte, er braucht eine persönliche Sekretärin. Ich werde euch künftig seine Befehle übermitteln.«

Die Arme! Tagelang tippte sie unnütze oder längst überholte Dokumente ab und machte dabei unzählige Fehler, bis sie schließlich erkannte, daß der Stammesführer sie reingelegt hatte, und ging. Eine andere teilte uns ein bißchen überheblich mit:

»Er hat mir Kapital versprochen, um eine Boutique zu eröffnen. Ich werde viel reisen, bis nach Cotonou, um Kleider und Wickeltücher zu kaufen, die ich in der Stadt wieder verkaufen kann. Ich jedenfalls werde mir bei der Feldarbeit keinen krummen Rücken holen.«

Tatsächlich faßte sie nie eine Harke an und ließ sich lediglich zu kleineren Hausarbeiten herab, um ihren guten Willen zu zeigen. Der Spaß dauerte ein Jahr. Dann verschwand sie eines Nachts, ohne sich von uns zu verabschieden.

Eine andere dieser gelegentlichen Mitfrauen, die wohl »das älteste Gewerbe der Welt« ausübte, amüsierte mich durch ihre Naivität. Sie hatte sich mir angeschlossen, weil sie meinte, ich hätte großen Einfluß auf unseren Ehemann. Sie dachte vielleicht, ich würde ihr helfen, den Stammesführer zu überreden, sie völlig unabhängig in Bafoussam leben zu lassen. Die Anwesenheit einer Weißen inmitten eines Hofs stellte ein außerordentliches Phänomen dar. Sie war überzeugt, daß ich nur eine ihrer »Mitschwestern« war. Zu meiner und meiner Mitfrauen Belustigung klärte ich sie nicht auf.

»Du vergeudest doch nur deine Zeit hier, du hast etwas Besseres verdient«, erklärte sie mir. »Geh doch nach Jaundé! Dort liegen dir alle Minister und hohen Staatsbeamte zu Füßen. Und von dem reichsten läßt du dir ein Kind machen. Dann schenkt er dir ein schönes Haus, und es fehlt dir an nichts mehr.«

»Ich mag keine Kinder«, erwiderte ich kaltblütig, obwohl ich seit dreieinhalb Monaten wieder schwanger war.

Empört antwortete sie:

»Ach, ihr Weißen, ihr seid wirklich unglaublich! Eine Frau muß Kinder haben, ich selbst habe sechs. Und ich werde auch mit dem Häuptling eins haben. Laß dir doch auch eins machen, und gib es mir, ich bitte dich darum. Ich verspreche, daß ich es gut aufziehe.«

Wirklich sehr freundlich von ihr. Auch sie ging einige Zeit später weg. Keine ist lange geblieben, auch wenn wir sie nicht abgelehnt haben. Ganz im Gegenteil, wir bemühten uns immer, sie einzubeziehen.

Ich weiß nicht, ob es für einen polygamen Ehemann normal ist, Frauen für einen Abend oder einen Monat mitzubringen, oder ob es nur bei unserem Ehemann vorkam. Ich denke aber, dieses Benehmen war typisch für Njiké Pokam François.

Im Lauf der Jahre veränderte er sich spürbar, weil er regelmäßig zuviel trank. Er wurde unentschlossen, war manchmal sogar gewalttätig. Alkoholabhängigkeit in einer Familie ist das Los vieler Frauen, überall in der Welt. Aber wir hatten den Vorteil, nicht allein damit fertig werden zu müssen. Heute kann ich sagen, daß mich die Polygamie mit Sicherheit vor tiefer Verzweiflung bewahrt hat.

Außerdem standen wir nicht ständig unter Druck. Er war häufig abwesend. Das ließ uns viel Freiheit für unsere eigenen Angelegenheiten. Und da wir so viele waren, kam jede nur wenige Tage im Monat für den Dienst im Palast an die Reihe. Unser Ehemann kam spät in der Nacht nach Hause, was uns überhaupt nicht störte. Er nahm seine Mahlzeiten ohne seine Frauen ein, allein oder in Gesellschaft befreundeter Stammesführer. Die Frau, die für ihn gekocht hatte, wartete auf ihn, bediente ihn und ging dann die Mitfrau holen, die er für die Nacht bei sich haben wollte.

Ich hatte ihm immer erklärt, daß ich genauso behandelt werden wollte wie die anderen. Natürlich war mir klar, daß meine Hautfarbe, meine Herkunft, meine Bildung mich zu einer besonderen Person innerhalb des Hofs machte. Aber schließlich waren wir doch alle besondere Persönlichkeiten. Ich glaube nämlich, daß mich meine Mitfrauen von Anfang an als eine der ihren akzeptiert haben. Ich verkehrte schon so lange in ihrer Mitte, daß es keine »Beobachtungsrunde« geben konnte. Natürlich brachte ich ihnen zusätzliche Vorteile. Ich konnte Auto fahren, Gitarre spielen, als Vermittlerin, manchmal als Botschafterin bei unserem Ehemann dienen, den Kindern bei den Schularbeiten helfen. Aber jede von uns hatte in unsere Gemeinschaft ihre besonderen Eigenschaften eingebracht – und ihre Fehler. Ich war daher ohne Anpassungszeit voll integriert worden, ich hatte meinen Platz gefunden – nach meinen Fähigkeiten und Neigungen.

Auch unser Ehemann bemerkte sehr wohl, daß ich einen besonderen Status hatte. Meine akademische Bildung, meine – manchmal auch vorgefaßten – Ansichten, vor allem im Hinblick auf die Zukunft unseres Dorfes, haben ihm sicher bei seinem Beruf als Stammesführer sehr geholfen. Nie hatte ich das Gefühl, ein Prestigeobjekt vor seinen Kollegen oder anderen Menschen zu sein. Nie hat er sich in der Rolle des »ersten Bamiléké-Häuptlings, der eine Weiße geheiratet hat« gesehen. Er liebte mich, wie ein Mann eine Frau liebt. Und das hatte nichts mit meiner angeblichen europäischen Herkunft zu tun.

»Die Hautfarbe zählt nicht«, sagte er oft. »Das Blut darunter ist das gleiche.«

Im täglichen Leben behandelte er mich wie jede andere seiner Frauen, nicht mehr und nicht weniger. In guten Zeiten und manchmal auch in den schlechten ...

Der Korb der Trauer

Meine erste Zeit am Hof des Stammesführers war gleichzeitig die der größten Harmonie, sowohl mit Njiké Pokam François als auch mit meinen Mitfrauen.

Sophie war inzwischen sechs Monate alt. Jeder sagte, sie sähe mir sehr ähnlich, was ich gerne glauben wollte, trotz ihrer spärlichen Haare und dunkelbraunen Augen. In dieser Zeit kümmerte ich mich fast ausschließlich um meine Tochter und las viel.

Es war nun fast ein Jahr her, daß ich meine Söhne zuletzt gesehen hatte. Wie kamen Serge und Laurent wohl mit dem kalten Winter, mit der Schule zurecht und mit der Tatsache, daß ich nicht bei ihnen war? Trotz der guten Vorsätze nach meiner Heirat hatte ich es noch immer nicht fertiggebracht, meinen Eltern einen Brief zu schreiben. Ich fand mich feige. Es wollten einfach keine Sätze aus meiner Feder fließen, obwohl meine Eltern sicher Bescheid wußten. Wohlmeinende Pastoren hatten es sich höchstwahrscheinlich nicht nehmen lassen, sie nicht nur über meine Heirat, sondern auch über Sophies Geburt zu informieren.

Ihre Reaktion konnte ich mir gut vorstellen. Ich, verheiratet mit einem polygamen Häuptling eines Stammes, der noch immer heidnische Rituale praktizierte, die ihnen eine Enkeltochter schenkte, eine kleine Wilde … Verzweiflung, Niedergeschlagenheit, Verfluchung, Gebete – in diesem Zustand dürfte sich meine Mutter befunden haben. Und Papa? Viele Jahre später erfuhr ich, daß er in seinem Zorn alle Geschenke, die ihm der Stammesführer einst gemacht hatte, im Kamin des Hauses in der Bretagne verbrannt hatte. Ohne es zu merken, hatte mein Vater damit ein exorzistisches Ritual vollzogen.

Ich mußte ihnen schreiben, um vielleicht ihre Ängste zu mildern.

Aber wie konnte ich sie beruhigen? Wir sahen die Dinge mit so unterschiedlichen Augen, so ganz entgegengesetzt. Die Wörter hätten nicht die gleiche Bedeutung für sie und für mich. Konnte ich ihnen sagen, daß ich glücklich war, daß ihre Enkeltochter schön und stark heranwuchs, umgeben von so vielen Müttern? Würden sie es, könnten sie es glauben?

Natürlich verstand ich ihre Auflehnung, denn mein Leben stand in absolutem Widerspruch zu allem, was sie dachten, was sie waren und was sie von mir erwartet hatten. Doch dieses Leben hatte ich frei gewählt, es war mein Leben. Hätte ich auf meinen Weg verzichten sollen, um ihren Vorstellungen zu entsprechen, um mich ihren Wünschen zu beugen? Ich brauchte mich nicht zu rechtfertigen. Es war meine Entscheidung, mein Schicksal.

Im Mai 1979 brachte mir der Stammeshäuptling eines Tages ein Paket für mich von der Post mit. Ich erkannte sofort die Handschrift meines Vaters. Fast wurde mir schwindlig. Gedankenverloren betrachtete ich das Paket. Dann öffnete ich es ganz vorsichtig, so als fürchtete ich, etwas Schreckliches darin zu finden. Es war ein kleines, blau kariertes, mit Stickereien verziertes Kleidchen. Tränen stiegen mir in die Augen. Mit wieviel Geduld und Sorgfalt Mama dieses Kleid für ihre kleine Enkeltochter genäht hatte, eine Enkeltochter, die sie nicht kannte und die sie lieber nie bekommen hätte! Mit diesem Geschenk zeigte sie, daß sie ihre Enkelin nicht verleugnete und sie in dieser Welt willkommen hieß. Was hatte sie wohl gedacht in all den Stunden, die sie über diese Handarbeit gebeugt dagesessen hatte? Es lag keine Karte in dem Paket, vielleicht hatten auch sie keine Worte gefunden. Vielleicht…

Am nächsten Tag zog ich Sophie ihr schönes Kleid an und nahm sie mit in die Stadt, um sie fotografieren zu lassen. Ich bestellte gleich mehrere Abzüge, die ich mit ein paar netten Worten an meine Eltern, meinen Bruder Jean-Pierre, meine Schwester Mireille, an Serge und Laurent und einige Freunde schickte. Ich weiß nicht mehr, was ich ihnen erzählt habe, aber als ich die Briefe einwarf, fühlte ich mich erleichtert. Die Verbindung war wieder geknüpft. Nun mußte ich nur noch auf die Antworten warten.

Die erste Reaktion kam dennoch völlig unerwartet. Einige Zeit nachdem ich die Briefe abgeschickt hatte, hörte ich im Wohnzimmer meines Mannes das Telefon klingeln. Ich hob ab. Es war der Präfekt von Bangangté, der mich für den nächsten Tag zu sich bestellte. Die Anwesenheit meines Mannes sei unbedingt erforderlich, erklärte er, auch wenn das ihm vorliegende Dokument nur für mich allein bestimmt sei. Als Njiké Pokam François spät abends nach Hause kam, erzählte ich ihm von dieser Vorladung.

»Das kann nur von deinen Eltern kommen. Sie wollen dich zurückholen«, sagte er beunruhigt.

Er schwieg lange und ging dann ohne weiteren Kommentar zu Bett. Am nächsten Tag standen wir bereits am frühen Morgen im Büro des Präfekten. Er bat uns, Platz zu nehmen, und hielt mir ein mit Schreibmaschine beschriebenes Blatt hin. Es war unterschrieben vom französischen Generalkonsul. Es stand dort, daß meine Familie besorgt um mich war. Der Präfekt bat mich daher, zu einem Gespräch mit seiner Vertreterin entweder nach Bangangté oder nach Bafoussam zu kommen. Er schlug mir einen Termin vor, bestand aber darauf, daß ich allein käme.

Ich gab den Brief meinem Mann, der ihn langsam las und dann schweigend dem Präfekten zurückgab. Ich war mit dem vorgeschlagenen Termin einverstanden und wählte als Ort Bafoussam, um zu zeigen, daß ich hier nicht mit Gewalt festgehalten wurde. Auf dem Rückweg sagte Njiké Pokam François nur, daß er seinen Fahrer beauftragen würde, mich in die Provinzhauptstadt zu bringen.

Am vereinbarten Tag traf ich pünktlich um elf Uhr in einer hübschen Villa inmitten eines blühenden Gartens ein. Schon lange hatte ich keinen Komfort dieser Art mehr gesehen. Etwa ein Dutzend Menschen, lauter Weiße, erwarteten mich. Es war die kleine französische Gemeinde von Bafoussam. Sie waren anders als dieser Ort, als diese Menschen, die Atmosphäre war herzlich und aufmerksam, ich faßte sofort Vertrauen.

»Sie sind also in Kamerun geboren?« fragte der Konsul lächelnd.

Ein charmanter älterer Herr. Er, seine thailändische Frau und die anderen Gäste stellten mir eine Reihe von Fragen über meine Kindheit, aber immer sehr freundlich und mit ernsthaftem Interesse. Ich bemerkte sehr wohl, daß dieser Diplomat hier eine Mission zu erfüllen hatte. Bestimmt wußte er mehr über mich, als er zeigte. Durch ihn sollte ich meine Eltern beruhigen. Es fiel mir nicht schwer, ihn zu überzeugen. Ich fühlte mich weit weg von Kamerun, in diesem Haus voller Blumen, inmitten dieser sympathischen Franzosen. Und beim Aperitif sprach ich schon gelehrt über mein Lieblingsthema, die Geomorphologie.

Aus der Küche kamen herrliche Düfte. Wie lange war es her, seit ich zuletzt ein europäisches Gericht gegessen hatte? Ohne jede Nostalgie, aber auch ohne das Bedürfnis zurückzukehren, badete ich in dieser gemütlichen, ruhigen, friedlichen Atmosphäre. Ich fühlte mich nicht zwischen zwei Welten, zwei Kulturen, sondern als fester Bestandteil beider Zivilisationen.

Unser Gespräch beim Essen hatte nichts von einem Verhör. Es war einfach eine ungezwungene Unterhaltung. Niemanden schien meine Geschichte zu schockieren, und ich spürte auch keine übertriebene Neugier unter den anderen Gästen. Der Konsul berichtete mir, daß meine Eltern, als sie von meiner Heirat erfuhren, einen früheren französischen Kolonialbeamten in Kamerun, mit dem sie noch in Kontakt standen, gebeten hatten, durch einen französischen Vertreter in Jaundé und Douala feststellen zu lassen, ob ich hier gegen meinen Willen festgehalten würde.

Ich erzählte daraufhin ohne Beschönigungen von meinem Leben am Hof. Als er mich gegen vier Uhr nachmittags zum Auto begleitete, erklärte mir der Konsul, nachdem er sich ausdrücklich für mein Kommen bedankt hatte, ganz unbefangen:

»Ich kann Ihre Eltern jetzt beruhigen. Sie sehen wirklich nicht aus wie eine Frau, die unter einem bösen Zauber steht.«

Von dieser letzten Bemerkung verblüfft, kehrte ich nach Bangangté zurück. Unter einem bösen Zauber … War das alles, was sie gefunden hatten, um sich einzureden, ich hätte mich nicht frei für diese Heirat entschieden? Glaubten meine Eltern also doch an schwarze Magie? Was stellten sie sich nur darunter vor? Waren ihnen etwa magische Vorkommnisse aufgefallen, als sie noch in Mfetom lebten? Und noch eine Frage schoß mir durch den Kopf: Und wenn sie recht hätten? Wenn ich wirklich unter einem Zauber stünde? Ich schob das alles beiseite. Zurück blieb nur eine große Traurigkeit.

Einige Zeit nach meinem Gespräch mit dem Konsul erhielt ich endlich Post aus Frankreich. Vielleicht war es dem Diplomaten gelungen, die Gemüter zu beruhigen. Der erste Brief kam von Mama. Er enthielt keine Fragen, keine Vorwürfe. Sie schilderte mir in allen Einzelheiten, daß Serge und Laurent die Ferien bei ihnen und dem Rest der Familie in der Bretagne verbracht hatten. Ich schrieb sofort zurück und erzählte von meinem täglichen Leben. Ich wollte auch nicht die geringste Mißstimmung aufkommen lassen.

Ich stillte Sophie ein Jahr lang. Einen Monat später führte meine Tochter beim Neujahrsfest unter dem Applaus meiner Mitfrauen einen niedlichen Tanz vor. Sie nahm immer öfter an den Spielen der älteren Kinder teil. Die anderen Mütter nahmen sie mit in das Frauenviertel oder auf die Felder, während ich meinen Freizeitbeschäftigungen – Stricken, Nähen oder Gitarre spielen – nachging.

Anfang 1980 war ich erneut schwanger. Diese Nachricht erfüllte mich mit Freude und Erleichterung, denn falls mir etwas zustoßen sollte, wäre Sophie nun mit den Schwierigkeiten der beiden Welten, aus denen diese Kinder entsprangen, nicht allein. Ich schrieb meiner Mutter, um ihr die gute Nachricht mitzuteilen, und bat sie, mir weiche Wolle für die Säuglingsausstattung zu schicken. So erhielt ich regelmäßig kleine Pakete mit Wolle in verschiedensten Farben und bester Qualität, so daß ich – zur allgemeinen Bewunderung selbst außerhalb des Hofs – die unterschiedlichsten Modelle entwerfen konnte. Viele behaupteten sogar, ich könnte mit meinen Strickereien sicher Geld verdienen.

Als ich eines Tages ein Wollknäuel aufgebraucht hatte, fiel ein kleiner Zettel zu Boden. Es war eine Nachricht von meiner Mutter. Sie befürchtete, daß meine Post wie in einem Gefängnis zensiert würde. Sie sagte, sie sei entsetzt über meine erneute Schwangerschaft, ich würde allmählich wie diese afrikanischen Frauen werden, die jedes Jahr ein Kind in die Welt setzten. Arme Mama, immer noch so ungeschickt! Zweifellos versuchte sie, mich wachzurütteln, mich von der satanischen Macht, die meine Seele gefangenhielt, zu befreien.

Diese geheime Botschaft machte mich traurig. Obendrein kam sie gerade zum ungünstigsten Zeitpunkt, denn Sophie hatte eine ernsthafte Magen-Darm-Verstimmung und wurde immer magerer. Zwei Tage lang bedrängte ich den Häuptling, damit er uns ins Krankenhaus brachte, denn ich hatte keine Medikamente. Er antwortete aber immer nur:

»Ich habe kein Geld, um das zu bezahlen.«

Was wollte er denn beweisen, wenn er das Leben seiner Tochter aufs Spiel setzte? Ich habe keine Ahnung. Manchmal verhielt er sich völlig unverständlich. Ich mußte dringend einen anderen Weg finden. Ich bat meine Mitfrau Chantal, die die Nacht mit ihm verbringen sollte, ihm, während er schlief, die Autoschlüssel wegzunehmen.

Wir Frauen hielten wirklich alle fest zusammen. Unser gemeinsames Ziel war der Fortbestand des Hofs, manchmal sogar gegen unseren Ehemann. Zur vereinbarten Zeit waren die Schlüssel in meiner Hand.

Ich fuhr sofort los, um bei Sonnenaufgang am Krankenhaus in Bangwa anzukommen. Ich erklärte dem Arzt, daß der Stammesführer später bezahlen würde. Er glaubte mir sofort, als er das Auto draußen stehen sah. Mir war es gleichgültig, wie mein Mann auf den Diebstahl und die Lüge reagieren würde, nur Sophies Leben zählte.

Gegen Mittag tauchte Njiké Pokam François mit einer seiner Nichten auf. Sie kam, um für mich zu kochen, beladen mit reichlich Vorräten, Töpfen, einem Kocher sowie Leintüchern und den notwendigen Decken. Der Stammeshäuptling erkundigte sich bei den Ärzten nach dem Gesundheitszustand seiner Tochter, zahlte die Erstversorgung und ging ohne den leisesten Vorwurf. Dieses unüberlegte, inkonsequente Verhalten war mir unverständlich, obwohl ich ihn nun schon seit vier Jahren kannte.

Als wir das Krankenhaus verließen, war Sophie wieder völlig gesund und hatte auch leicht zugenommen. Aber nun wurde ich krank.

Diese Schwangerschaft machte mir weit mehr zu schaffen als die vorangegangenen drei. Außerdem hatte ich Amöben, deren Behandlung mir auch keine Erleichterung verschaffte. Ich war nicht mehr in der Lage, auf die Felder zu gehen, und war froh, daß meine Mitfrauen einen Teil des Landes für mich bestellten. Sie würden selbstverständlich auch meine Ernte übernehmen, da ich im August entbinden sollte.

Am Samstagnachmittag ging es mir deutlich schlechter. Das Fieber stieg, und ich hatte Schüttelfrost. Abends kam der Stammeshäuptling nach Hause und meinte nur, das würde schon vergehen. Er wolle früh zu Bett, denn er müsse am nächsten Tag zur Beerdigung des Herrschers aus einem benachbarten Dorf. Ich verbrachte eine schreckliche Nacht. Als er morgens das Haus verließ, legte er mir seinen Autoschlüssel aufs Bett.

»Damit du ins Krankenhaus fahren kannst«, erklärte er.

»Ich bin zu schwach, um zu fahren.«

»Der Tank ist übrigens leer.«

Wie hilfsbereit! Das wollte ich mir nicht gefallen lassen. Schwankend stand ich auf, bat eine Nichte, mich zu begleiten, und ließ den Wagen an. An der Tankstelle von Bangangté ließ ich volltanken und erklärte, der Stammeshäuptling würde später bezahlen. Wie habe ich nur diese zehn Kilometer schlechtester, ungeteerter Straße bis zur Entbindungsstation von Bangwa zurückgelegt? Dort angekommen, hatte ich natürlich kein Geld für die Medikamente, aber ein freundlicher Krankenpfleger brachte mich in Violettes Büro unter, die mir bei der Geburt von Sophie so sehr geholfen hatte. Aber Violette war nicht da, sie hatte heute frei. Den ganzen Tag über lag ich im Delirium.

Glücklicherweise kam meine alte Schweizer Freundin zurück, ließ mir sofort Infusionen geben und mich zu sich nach Hause bringen. Sie wohnte in einem hübschen Haus auf dem selben Hügel, auf dem auch das Krankenhaus stand, keine zehn Schritte von der Entbindungsstation entfernt. Man hatte einen herrlichen Blick auf die Täler und Berge. Fünf Tage lang ließ ich mich verwöhnen. Ich bin nicht sicher, ob es die Medikamente waren, die mich wieder auf die

Beine brachten, oder Violettes ebenso energische wie unerschütterliche und fürsorgliche Freundschaft. Wenn ich an sie denke, spüre ich noch immer den Geschmack ihrer Gemüsebouillon auf der Zunge, die sie mir ans Bett brachte, wie meine Mutter, als ich klein war und das Bett hüten mußte.

Sobald es mir besser ging, wollte ich nach Bangangté zurückkehren.

»Paß gut auf dich auf«, meinte Violette. »Ich dachte wirklich, du verlierst dein Kind.«

Der Stammeshäuptling zahlte für meine Versorgung und brachte mich zurück zum Hof. Auf der Rückfahrt sagte er kein einziges Wort. Was ging in ihm vor? Wieder in meinem Zimmer, schlief ich sofort ein, wachte jedoch entsetzt wenige Stunden später wieder auf. Ich verlor Fruchtwasser, im sechsten Monat, das Baby würde es nicht überstehen! Mein Mann stand auf, half meinen Mitfrauen, alles einzupacken, was ich brauchte, und fuhr mich selbst nach Bangwa.

Violette brachte mich wieder bei sich unter, um mich unter ständiger Beobachtung zu haben. Sie bat meinen Mann, Sophie herzubringen und jemanden, der sich um sie kümmern konnte. Gegen die Autorität dieses fünfzigjährigen Fräuleins gab es keinen Widerspruch. Der Stammeshäuptling gehorchte.

Einige Tage vergingen. Die Fruchtwasserblase füllte sich wieder, das Baby bewegte sich. Ich schöpfte neue Hoffnung. Violette verordnete mir bis zur Entbindung Bettruhe in ihrem Haus. Njiké Pokam François kam uns regelmäßig besuchen. Er hatte alles gekauft, was für das freudige Ereignis notwendig war. Es sei ein Junge, meinte er und gab ihm schon einen Monat vor der Geburt seinen Namen: Tchangue. Auch die Mutter des Stammeshäuptlings besuchte mich und brachte mir zu essen. Sie bestand darauf, Sophie wieder an den Häuptlingshof mitzunehmen, aber ich brauchte die Kleine bei mir, um nicht zu viel zu grübeln, ganz allein und ohne eine Beschäftigung. Meine Tochter begann gerade zu sprechen, und ihr Geplapper erfüllte mich mit Freude. Ich glaube, alle meine Mitfrauen besuchten mich bei Violette.

Es war der 29. Juli 1980. Die Geburt des Kindes war nur noch eine Frage von Tagen. Ich ruhte mich in Violettes Wohnzimmer aus. Plötzlich stand eine meiner Mitfrauen an der Tür.

»Ntechun, mach schnell auf. Es geht um die Mutter der Stammeshäuptlings. Komm schnell mit.«

Sie lief zur Aufnahme des Krankenhauses, und ich folgte, so gut es ging, schob meinen Bauch schnaufend und prustend vor mir her. Vor der Eingangstür standen zwei Taxis, umgeben von einer schweigenden Menschenmenge. Auf dem Rücksitz des einen Autos erkannte ich Rose, die Königin, und Lydie, die zweite Ehefrau. Sie hielten die bewußtlose Häuptlingsmutter. Ich griff nach dem Handgelenk, kein Pulsschlag mehr. Ich sah Rose an, dann Lydie, und brauchte nichts zu sagen. Auch sie wußten, daß es vorbei war. Unsere Mutter war tot. Aber wo war Njiké Pokam François? Ich stand auf, tränenüberströmt.

»Gehen Sie zur Seite. Lassen Sie den Wagen durch!«

Mechanisch folgte ich den Anweisungen des Arztes und der Krankenpfleger. Sie hoben sie nicht aus dem Auto, es hatte keinen Sinn mehr. Eine der Nichten, gerade achtzehn geworden, begann ihre Trauer mit lautem Heulen. Ich konnte es nicht ertragen. Wie ein Roboter ging ich zurück zu Violette. Ich mußte noch heute abend zum Hof zurück. Mein Mann brauchte mich jetzt. Violette beschloß, mich hinzufahren. Falls die Wehen einsetzen sollten, wäre sonst vielleicht niemand da, der mich nach Bangwa fahren konnte.

Zwischen der Stadt und dem Hof zog sich eine ununterbrochene Menschenschlange bis zum Ort der Trauer. Von überall her kamen mitten in der Nacht die Autos der verstreut lebenden Bangangté, die die Nachricht über das Radio erfahren hatten. Violette parkte das Auto nicht weit vom Marktplatz. Meine Mitfrauen kamen weinend zu mir. Tränenüberströmt sangen sie die Lobgesänge der Verstorbenen, ihre guten Taten. Einige zerrissen sich die Kleider – lebende, nackte Statuen der Trauer.

Wozu sollte ich versuchen, sie nachzuahmen, es ihnen gleichzutun? Ich konnte es nicht. In meinem stillen Schmerz blieb ich Französin. Ich zog Violette am Arm und bahnte mir nicht ohne Mühe einen

Weg zum Stammeshäuptling. Er saß in einem Sessel, hatte den Kopf in die Hände gestützt, schluchzte und sprach unverständliche Worte. Niemand kümmerte sich um ihn. Das Leben stand still. Schließlich fand ich Chantal und nahm sie beiseite:

»Wie ist es denn passiert?«

»Sie kam von ihrem Feld zurück und hackte Holz«, erzählte sie mir zwischen zwei Schluchzern. »Sie fühlte sich plötzlich nicht wohl. Der Häuptling war nicht da. Es war ziemlich schwierig, ein Auto aufzutreiben. Wie es heißt, war sie schon tot, bevor sie im Krankenhaus ankam.«

Sie trat dicht an mich heran und flüsterte:

»Weißt du, warum sie gestorben ist? Ein Jäger hat angeblich einen Panther, ihr Totem, erlegt, das gleiche Totem wie das ihres Gatten. Seit sechs Jahren ist der alte Stammeshäuptling tot, und das Totem irrte ohne Schutz durch den Busch. Aber der Jäger hat keine Schuld. Er hat es ja nicht gewußt.«

Ich betrachtete sie ein bißchen erstaunt. Glaubte sie das wirklich?

»Chantal, ich mache mir Sorgen um unseren Ehemann, aber ich kann Violette nicht länger hier aufhalten. Und sie möchte nicht, daß ich in meinem Zustand hier bleibe. Ich fahre mit ihr zurück. Paß auf ihn auf, geh nicht zu weit weg. Ich werde versuchen, morgen wiederzukommen.«

Meine Freundin, die Hebamme, und ich kehrten nach Bangwa zurück.

Gegen zwei Uhr morgens hielt ein Auto vor dem Haus. Es war der Stammesführer mit einigen seiner Diener. Er verlangte nach Sophie, und ich gab sie ihm. Er nahm sie ganz verschlafen in den Arm und trat einige Schritte zur Seite. Er sprach lange mit ihr, dann fuhr er wieder fort.

Nach einigen Stunden Schlaf stieg ich in ein Taxi und kehrte zum Hof zurück. Die Menge war nicht mehr ganz so groß. Viele Leute befanden sich bereits am Ort der Beerdigung. Chantal kam mir entgegen:

»Das Begräbnis findet in einer Stunde statt«, informierte sie mich. »Der Stammeshäuptling ist im Thronsaal. Er weint nicht mehr, aber er hat die ganze Nacht kein Auge zugemacht. Wird er das aushalten?«

Durch meine Schwangerschaft erschöpft, hielt ich mich während der ganzen Feierlichkeiten abseits. Die Mutter des Stammesführers wurde im Zimmer ihres Hauses, außerhalb des Hofs, auf der anderen Seite des Marktplatzes beigesetzt. Dann brachten die Diener ihren Sohn im Auto zum Palast zurück. Kaum angekommen, hatte er einen Schwächeanfall. Man legte ihn auf die Couch.

»Begleite mich ins Krankenhaus«, verlangte er.

Mit Hilfe der Diener nahm ich einige Sachen mit. Zwei Autos fuhren bis Bangangté. Der Arzt stellte erhöhten Blutdruck fest und gab ihm Spritzen. Darauf fiel er in einen unruhigen Schlaf. Ich verbrachte die Nacht an seinem Bett, ohne ein Auge zuzumachen. Als er aufwachte, fühlte er sich besser. Ich brachte ihn wieder zum Hof zurück. Dort begannen die Wehen, und schon saß ich wieder im Auto zur Entbindungsstation in Bangwa.

Die Wehen hörten wieder auf, und ich verbrachte eine relativ gute Nacht bei Violette. Erst am nächsten Nachmittag setzten die Schmerzen wieder ein. Man brachte mich in den Kreißsaal. Kaum war ich dort, tauchte mein Gatte in Begleitung eines befreundeten Stammesoberhaupts auf.

Die Geburt ließ nicht länger auf sich warten, und ich war ganz auf meine Wehen konzentriert.

»Wie fühlst du dich?« fragte er voller Anteilnahme.

Ich blieb ihm die Antwort schuldig. Er redete weiter, mit einer merkwürdigen und sanften Sicherheit:

»Denke an nichts. Hab keine Angst. Es wird alles gut. Ich muß jetzt wieder gehen. Mach dir keine Sorgen. Es wird alles gut.«

Eine halbe Stunde später brachte ich einen kräftigen, pausbäckigen Jungen zur Welt. Es war der 1. August 1980. Drei Tage zuvor war die Häuptlingsmutter gestorben.

Wie schon bei Sophies Geburt war Matcha, meine Trauzeugin, auch diesmal gekommen. Sie verbrachte eine Woche an meiner Seite und kümmerte sich in erster Linie um den Empfang der ständigen Besucher und Besucherinnen.

Der Stammesführer kam mitten in der Nacht. Ich teilte ihm mit, daß sein Sohn Rudolf heißen würde, nach dem Mann der einzigen weißen Freundin aus meiner Kindheit in Mfetom, Marie-Josée Majo. Der Kontakt zu ihr war in den ganzen achtzehn Jahren, die ich in Frankreich gelebt hatte, nie abgebrochen. So hatte ich ihren Mann kennengelernt, einen österreichischen Unternehmer, der nun, da er meinem Sohn seinen Vornamen gab, auch ein bißchen mein Sohn wurde, wie das in Bangangté üblich ist.

Njiké Pokam François schien glücklich und stolz auf seinen Sohn und auch erleichtert. Am nächsten Tag erklärten mir Chantal und andere Mitfrauen, warum er mich vor der Entbindung unbedingt beruhigen wollte. Man hatte ihn gewarnt, daß böswillige Menschen durch unheilvolle Riten versucht hätten, das Kind in meinem Bauch »festzuhalten«. Aber auf Bitten des Stammeshäuptlings hatten die Schamanen Rudolfs Geburt aus der Ferne verfolgt, um dem Fluch entgegenzuwirken. Wie ein General am Tag der Schlacht hatte mein Mann alle mobilisiert, die ihm im Kampf gegen das Unheil beistehen konnten. Und Matcha war als tapferer Soldat zur Entbindungsstation geschickt worden, um mir ein Gebräu, das sie bei einem Schamanen zuvor geholt hatte, zu verabreichen. Doch sie kam zu spät. Mein kleiner Rudolf war stark genug, den Fluch allein zu überwinden – mit der Hilfe seiner Mutter und Violette, natürlich.

Bei meiner Rückkehr zum Hof, vier oder fünf Tage nach der Entbindung, erzählte mir Chantal in allen Einzelheiten, was bei der Mitteilung von Rudolfs Geburt vorgefallen war. Der Stammesführer hatte sofort erklärt, die Tränen seien zu trocknen und seine Mutter sei nicht mehr zu beweinen. Alle hätten sich nun über die Geburt von *Nsiwù*, den »Korb der Trauer«, zu freuen. Es war Brauch, den Trauernden einen Korb voll Nahrungsmittel zu bringen, um ihnen in ihrem Schmerz beizustehen. Rudolf war also der *Nsiwù*, den Gott dem Stammesführer geschickt hatte, um ihn in seiner Bewährungsprobe zu trösten und zu zeigen, daß Er mit einer Hand nahm, was Er mit der anderen gab, wann Er es für richtig hielt. Sobald der Stammeshäuptling es befohlen hatte, gingen der Hof und das ganze Volk der Bangangté von den Tränen der Trauer zu den Tränen der Freude über. Njiké Pokam François hatte selbst diejenigen aufgeweckt, die im Haus seiner Mutter direkt auf dem Boden schliefen, um mit ihnen zu tanzen und zu singen, an dem Ort, an dem sie ruhte.

Trotz Rudolfs Geburt mußte die Trauer einen Monat dauern. Jeden Tag ohne Unterbrechung empfingen wir Bangangté aus ganz Kamerun. Manche kamen einzeln, andere als Gruppe eines Tanzbunds. Die Lager des Palastes waren bis an den Rand mit Lebensmitteln und Getränken gefüllt, die die Trauernden mitgebracht hatten. Wir wußten schon nicht mehr, wohin damit, und stapelten sie in allen Räumen. Überall war Freude. Traurigkeit kam nur auf, wenn jemand einen Blumenkranz brachte, Kränze, die man für einige Tage bei einem Bestattungsinstitut in der Stadt mieten konnte.

»Claude, heute weine ich über mich. Denn nach meinem Tod wird niemand meine Trauer organisieren. Wir waren nur zwei, meine Mutter und ich, ich war ihr einziger Sohn. Möge Mamfen Ketchiamen in Frieden ruhen. Gott hat uns geliebt, als er sie vor mir zu sich nahm.«

Diese düsteren Worte hatte der Stammeshäuptling mit monotoner Stimme gesprochen. Aber am Ende der Trauerzeit strahlte er wie früher. Drei Tage und drei Nächte wurde getanzt. Er riß alle mit seiner Kraft und seiner Freude mit, und sie bewunderten ihn dafür. Seinem Volk mußte er zeigen, daß er dank dessen Unterstützung gestärkt aus dieser schrecklichen Bewährungsprobe hervorgegangen war. Außerdem mußte jeder wissen, daß der Stammeshäuptling Njiké in der Lage war, Trauerfeierlichkeiten zu organisieren, die allen lange im Gedächtnis bleiben sollten. Am dritten Tag, einem Sonntag, tanzte er mit allen Gruppen und unterbrach den Tanz nur, um ein Musikinstrument zu spielen. Zunächst tanzte er wie ein Mann, dann plötzlich nach Art der Frauen. Die Umstehenden klatschten und schrien ununterbrochen. Diener folgten ihm, um die Enden seiner Gandura zu tragen. Die mächtigsten und höchsten Frauen des Landes gingen rückwärts vor ihm her, bewegten dabei die Hände knapp über dem Boden, so als wollten sie dem tanzenden Herrscher den Weg bahnen. Und er tanzte auf sie zu, lächelnd, leuchtend. Am

Fenster des Wohnzimmers betrachtete ich voller Freude den tanzenden Stammesführer.

Bei Einbruch der Nacht endete der Spuk. Am nächsten Tag begann wieder die tägliche Routine, aufräumen, saubermachen. Die Magazine waren leer, der Stammeshäuptling hatte alle Geschenke an sein Volk verteilt. Man darf Geschenke, die zu einer Trauerfeier mitgebracht werden, nicht für sich behalten.

Die Monate vergingen. Mit Unterstützung meiner Mitfrauen übernahm ich allmählich wieder die Arbeit auf den Feldern.

Rudolf wuchs zusehends, Sophie sprach schon sehr ordentlich, aber nur Bangangté. Sie würde später noch Gelegenheit haben, Französisch zu lernen, und sei es auch erst in der Schule. Ich dachte und denke auch heute noch, daß eine Sprache das Bild, das sich ein Volk von der Welt macht, in der es lebt, zum Ausdruck bringt. Rudolf und Sophie würden das Leben auf Bangangté verstehen, daraus die ganze Philosophie übernehmen und mit tiefen Wurzeln in diesem Land aufwachsen. Sie bewegten sich völlig frei mit ihren Halbbrüdern und -schwestern innerhalb des Hofs. Ich wollte zwar immer wissen, was sie den ganzen Tag über getan hatten, ließ sie aber ihre Zeit verbringen, mit wem sie wollten, so wie andere Kinder ihre Zeit bei mir verbrachten.

Bereits im ersten Jahr seiner Regierung hatte der Häuptling zwei Plantagen gegründet: eine in Bantoum, etwa zwanzig Kilometer vom Häuptlingshof entfernt, die andere in Tchudim, etwas näher an seiner Residenz. Anfangs wurde viel investiert. Wir waren damals noch nicht verheiratet. Gelegentlich hatte ich in meinem Auto die Frauen mitgenommen, die ihm beim Pflanzen der Kakaobäume in Bantoum und der Kaffeebäume in Tchudim halfen. Jede Ehefrau besaß eine Parzelle, die sie auf eigene Rechnung bewirtschaften konnte. Dafür pflegte sie die Bäume und Sträucher des Stammesoberhaupts, der für den Transport der Menschen und der Ernte aufkam. Nach zwei oder drei Jahren wurden diese Pflanzungen aus mir unbekannten Gründen aufgegeben. Bei meiner Hochzeit waren sie wieder Brachland. Seit längerem ging mir ein Gedanke durch den Kopf, eine Idee, die mehr und mehr Form annahm.

Ich erinnerte mich an einen einsamen Abend, als ich noch Leiterin der Mfetom-Schule war und auf meiner Gitarre im Wohnzimmer improvisierte. Verschwommen tauchten in meiner Erinnerung der Herrensitz von Ville-au-Ray und der Bauernhof meines Großvaters Jean mit den großen Granitblöcken auf, die quietschende Brunnenpumpe hinten im Hof... Auf den Feldern, in den Obstgärten, von denen ich träumte, wogte kein Weizen, standen keine kugelförmigen Apfelbäume, ganz im Gegenteil: In meiner Vision herrschte tropische Üppigkeit, große Bananenstauden mit glänzenden Blättern, dicke Taroknollen und kräftige Jamswurzeln, unter der Last der schweren Früchte gebeugte Mangobäume, in allen Farben Cézannes ... Also stellte ich mir in meinem Haus in Mfetom eine Plantage vor, hier, unter dem Himmel Afrikas, meine Plantage. Es stand so viel Land zur Verfügung, daß man nur seine Hacke ansetzen, die Früchte wachsen lassen und ernten mußte. Dieser Traum wurde zur festen Absicht. Eines Tages würde ich mein eigenes Feld besitzen, meinen eigenen Bauernhof, mein »Ville-au-Ray« in den Hügeln des Bamiléké-Landes. Ich war hierher zurückgekehrt, um mein Land wiederzufinden. Und in diesem Land wollte ich nun Wurzeln schlagen, denn ich bin ein Kind dieser Erde.

Später am Hof, als ich meine Mitfrauen ebenfalls über ihre Erde gebeugt arbeiten sah, dachte ich, gemeinsam könnte man eine herrliche Landwirtschaft betreiben. Mein Traum beim Gitarrespiel an einem Abend in Mfetom wurde ein Vorhaben. Wir, die fruchtbaren Frauen, konnten gemeinsam sehr gut arbeiten. Auch die Erde des Bangangté-Landes ist fruchtbar. Jetzt, wo ich am Hof lebte, nahmen diese Vorstellungen konkrete, realisierbare Formen an. Eines Abends bat ich daher unseren Ehemann, uns die Ländereien zu überlassen, die er aufgegeben hatte. Er war einverstanden, und es wurde nicht mehr darüber gesprochen.

Ich schrieb meiner Familie, erklärte ihnen mein Projekt und bat sie um eine bescheidene finanzielle Unterstützung, um bessere Voraussetzungen zu schaffen. Die Antwort ließ nicht lange auf sich warten: eine kategorische Ablehnung. Wenn ich jedoch nach Frankreich zurückkehren wollte, wären sie jederzeit bereit, hieß es, mir und meinen Kindern bei der Wiedereingliederung zu helfen. Sollte ich jedoch weiterhin darauf bestehen, in Kamerun zu bleiben, stand mir ihrer Meinung nach nur eine Möglichkeit offen, eine bezahlte Arbeit.

Das kam wiederum für mich nicht in Frage. Ich hatte mich daran gewöhnt, mein Leben, wenn auch ärmlich, ohne feste Zeiten, ungebunden und bei diesen Menschen, die ich liebte, zu leben.

Offensichtlich wollte mein Gatte seinerseits keinen Pfennig in mein Projekt investieren. Er ging einer Antwort aus dem Weg, blieb vage, kurz, er zog nicht recht mit. Also bat ich ihn, hinter dem Palast eine Farm aufbauen zu dürfen. Dazu war er gerne bereit und unterstützte uns, indem er Hennen kaufte, Schafe und sogar Schweine. Mit dem Erlös aus dieser Zucht könnten wir uns mit der Zeit eine Rücklage schaffen. Doch als die Zahl der Tiere zunahm, schenkte er sie jedem, der ihn darum bat, nach der alten Bamiléké-Regel: »Der Häuptling teilt und verteilt ohne Unterschied.« Ich war ja nicht dagegen und konnte sowieso nichts dagegen tun, doch letztendlich war das nicht der Sinn der Sache.

Ich mußte also eine andere Lösung finden. Eines Tages lieh ich mir das Auto des Stammeshäuptlings und brachte Lydie, die zweite Ehefrau, Chantal und ein paar Nichten zu den aufgegebenen Kakaoplantagen in Bantoum. Es war genug für eine reiche Ernte vorhanden. Wir kamen mit einem Auto voll Kakaoschoten zurück. Erneut versuchte ich, unseren Ehemann zu überreden, uns diese Pflanzung instand setzen zu lassen. Er könnte ziemlich viel Geld mit den Kakaobohnen verdienen, die wir ernten und trocknen würden. Er war bereit, mir für die Fahrten nach Bantoum sein Auto zu überlassen und würde sogar das Benzin bezahlen. Er verkaufte die ersten beiden Säcke Kakaobohnen zu einem guten Preis. Dann sprach ich von der Möglichkeit, daß die Frauen die Pflanzung zu ihrem eigenen Vorteil betreiben könnten. Von da an begannen die Probleme. Er brauchte das Auto immer dann, wenn wir zur Arbeit fahren wollten, oder er behauptete, er habe kein Geld für das Benzin. Als ich einmal einen Bangangté, der zu Besuch am Hof war, bat, uns etwas Benzin zu leihen, begann er mir zu drohen:

»Wenn du noch einmal eine meiner Frauen oder eines meiner Kinder zu dieser Plantage bringst, werdet ihr alle bei einem Unfall ums Leben kommen.«

Ich glaubte zwar nicht an diesen Fluch, aber bei einem Auto kann menschliches Versagen leicht den bösen Kräften nachhelfen. Mit diesem Tag endete unsere Arbeit. Es lohnte sich nicht, mein Leben und das meiner Freundinnen aufs Spiel zu setzen.

Wieder wartete ich einige Monate, bevor ich den letzten Versuch unternahm. Der Vater von Njiké Pokam François hatte dort einst ein Haus aus Stein bauen lassen. Ohne große Renovierungsarbeiten hätte uns dieses Gebäude als Unterstand in der Regenzeit dienen können.

Zusätzlich zu seinem eigenen Auto hatte unser Ehemann gerade einen Kleinbus gekauft. Er war bereit, ihn mir zu leihen. Die Arbeiten konnten beginnen. Jede Frau bestellte ihr eigenes Feld. Wir hatten Furchen gezogen, gesät, Unkraut gejätet. Die Ernte ließ sich gut an. Diesen Augenblick wählte der Stammeshäuptling, um den Kleinbus einem seiner Diener zu leihen, der ihn zwei Wochen fuhr, bevor eine Pleuelstange brach. Wieder war unsere Arbeit umsonst gewesen. Ich war wütend, regte mich auf, denn ich verstand nicht, warum er meine Bemühungen sabotierte. Allmählich verlor ich die Geduld. Er muß es wohl gefühlt haben, denn bei den nächtlichen Versammlungen mit allen Ehefrauen – informellen Gerichtsverhandlungen – griff er mich immer häufiger an:

»Du glaubst wohl, weil du studiert hast, bist du etwas Besseres als deine Mitfrauen? Du denkst wohl, die Schule macht intelligent?«

Ich sagte nichts, und er wechselte sofort das Thema. Es war sinnlos, ihn zu überreden. Der Alkohol bekam ihm immer schlechter und schadete zunehmend seinem Charakter. Doch am nächsten Tag gewann das Leben wieder die Oberhand, mein Mann fand wieder zurück zu seinem Charisma, seiner Aura, die mich so sehr verzauberte. Auch meine gute Laune war nicht gespielt, wenn ich Besucher ins Wohnzimmer führte.

Eines Tages, es war 1982, verlangte der Stammeshäuptling, ich solle ihn zu einem Empfang bei einer wichtigen Persönlichkeit der Stadt zur Taufe eines seiner Kinder begleiten. Ich hatte nicht die geringste Lust, ging jedoch mit. Das Essen verlief relativ angenehm, auch wenn sich mein Mann nicht gerade von seiner besten Seite zeigte. Auf der Rückfahrt wirkte er äußerst schlecht gelaunt. Er setzte mich am Hof ab und rief mir zu:

»Sag Chantal, sie soll eine Ziege schlachten und braten. Ich komme heute abend mit Freunden zum Essen.«

Leider war an diesem Tag am ganzen Hof keine Ziege zu finden, und das wußte er sehr wohl … Zu spät, er war schon weg.

»Mach ihm Hähnchen«, sagte ich zu Chantal, meiner Mitfrau. »Ich glaube sowieso nicht, daß er Gäste mitbringen wird.«

Zur vereinbarten Zeit parkte er sein Auto vor dem Palast. Er war allein und hatte getrunken. Chantal bekam es mit der Angst zu tun.

»Wo ist die gebratene Ziege?« knurrte er.

»Es war keine Ziege da«, begann Chantal. »Also habe ich Hähnchen geschlachtet …«

»Ich habe eine Ziege verlangt, etwas anderes solltest du nicht schlachten. Du kannst sie selbst essen, deine Hähnchen. Oder wirf sie doch den Hunden hin, wenn du willst.«

Ich hörte schon gar nicht mehr hin, sondern war zu Bett gegangen und stillte Rudolf. Es war ganz klar, daß er diese Ziege verlangt hatte, damit wir seinem Befehl nicht gehorchen konnten – also waren wir im Unrecht. Er ging hinaus. Chantal schloß die Tür hinter ihm. Der Motor wurde angelassen, wieder abgestellt. Die Autotür schlug zu. Ich hörte seine Schritte auf mein Zimmer zukommen.

Plötzlich sah ich nur noch Sternchen, ein unerträglicher Schmerz im Kopf ließ mich einen Schrei ausstoßen, viel zu leise, um den Schmerz auszudrücken, den ich empfand. Er hatte mir einen Faustschlag mitten ins Gesicht verpaßt, so unerwartet, daß ich weder ausweichen noch den Schlag abwehren konnte.

Wie lange ich betäubt liegenblieb, weiß ich nicht. Als ich wieder zu Bewußtsein kam, lag ich auf dem Boden neben dem Bett, hatte einen pelzigen Geschmack im Mund und konnte mich nicht rühren. Ich hörte den Stammeshäuptling, der meine Mitfrauen geholt hatte, mit ungewöhnlicher Aggressivität herumbrüllen. Und ich hörte das

Weinen von Sophie und Rudolf. Aber nichts, absolut nichts zählte in diesem Augenblick mehr als der körperliche Schmerz, der körperliche und der seelische Schmerz. Aus meinem Mund und meiner Nase floß Blut.

Laßt mich allein! Ich will mich nur noch zurückziehen, in mich selbst verkriechen. Er redete und redete, betäubte sich selbst mit Worten, als wollte er sich vor meinen Mitfrauen rechtfertigen, und beharrte auf seiner Machtposition. Um mich kümmerte sich niemand, keine wagte sich zu mir, um mich wenigstens aufs Bett zu legen. Natürlich, ich war nicht die erste und sicher auch nicht die letzte, die solche Gewalttätigkeit zu spüren bekam. Meine Mitfrauen erwarteten nichts anderes, als daß ich wie die anderen akzeptierte, was geschehen war. Klaglos!

Empörend fand ich die Feigheit, mit der er auf mich losgegangen war. Noch halb bewußtlos schwor ich mir, ihm nie zu verzeihen.

»Nehmt meinen Sohn, und legt ihn in mein Bett schlafen«, wiederholte er beharrlich.

Rose, die Königin, und Lydie, die zweite Ehefrau, weigerten sich. Nur der Stammeshäuptling darf einen seiner Söhne auf sein Bett legen. Dieses Verbot gilt für alle Sitzgelegenheiten, die er benutzt. Er sprang drohend auf sie zu. Rose nahm Rudolf, der zu weinen aufgehört hatte. Mit Lydie im Schlepptau verschwand sie. Njiké Pokam François drehte sich zu mir um und sagte:

»Ich erwarte dich!«

Ich blieb sitzen, wo ich war, mit dem Rücken ans Bett gelehnt. Die meisten meiner Mitfrauen verschwanden. Ein paar wuschen mir das Gesicht mit warmem Wasser. Ich sagte nichts. Sophie war wieder eingeschlafen.

Im Morgengrauen zog ich mich endlich neben ihr aufs Bett. Draußen begannen die Hähne zu krähen, zumindest diejenigen, die Chantals Massenschlachtung entgangen waren. Ich hörte meine Gefährtinnen, wie sie ihrer täglichen Beschäftigung nachgingen. Ich liebkoste meine Tochter, ohne ihren kindlichen Schlaf zu stören. Und Rudolf? Was war mit ihm geschehen?

Ich stand unter Schmerzen auf. Die Sonne stand bereits hoch.

Wie ein Roboter ging ich zum Haus des Stammeshäuptlings. Die Tür stand offen, er lag schnarchend auf dem Bett. Ich mußte lächeln. Um das Verbot nicht zu brechen, hatten Rose und Lydie Rudolf, weich auf Kissen gebettet, in das Becken gelegt, in dem der Stammesführer badete. Auf diese Weise hatten sie ihn nicht auf das Bett seines Vaters legen müssen. Ich nahm meinen Sohn in die Arme, verließ das kleine Haus, stieg die Treppen zur Veranda des Palastes hinauf und gelangte wieder in mein Zimmer. Dort stillte ich Rudolf und schlief ein.

»Der Stammesführer ist ausgegangen.«

Chantal stand an meinem Bett. Ich stand auf, ging mich waschen und warf einen Blick in den Spiegel. Ich mußte laut lachen. Der Faustschlag hatte mein Gesicht entstellt, ich sah aus wie ein Clown.

»Und du findest das auch noch lustig«, meinte Chantal. »Komm jetzt, ich habe dir etwas zu essen gemacht.«

Diese ganze Geschichte machte sie sichtlich wütend, doch konnte ich trotzdem nicht aufhören zu lachen, ganz im Gegenteil. Ihre entsetzten Blicke machten es noch schlimmer. Die Königin und die zweite Ehefrau kamen mich auch besuchen, dann folgten die anderen. Sie sahen aus, als wollten sie mir ihr Beileid aussprechen. Aber ich lachte nur, lachte über das Gesicht, das mir der Häuptling verpaßt hatte, und ihre Empörung konnte mich auch nicht beruhigen.

Abends kam Njiké Pokam François schließlich nach Hause. Er machte keinerlei Andeutung über das Geschehen der vergangenen Nacht. Er sah mich an, als bemerkte er mein verbeultes Gesicht überhaupt nicht. So ging es mehrere Tage lang. Auch ich tat, als sei nichts geschehen. Als mein Gesicht wieder normal aussah, als sich meine Nase, zu meinem großen Erstaunen, wieder aufrichtete, ließ er mich mehrmals rufen, um die Nacht mit mir zu verbringen. Natürlich entzog ich mich unter dem Vorwand, ich fühlte mich nicht wohl.

Eine Frau konnte jederzeit ablehnen, in das Zimmer unseres Ehemanns zu kommen. Es kam sogar vor, daß eine solche Weigerung zum allgemeinen Streik führte, wenn er sich zu widerlich benahm. Und er mußte das Kommen und Gehen seiner Ehefrauen unaufhörlich beobachten, um zu wissen, welche in seinem Haus schlafen würde. Wenn eine mehrere Tage lang nicht auftauchte, wußte er, daß sie »draußen war«, daß sie ihre Regel hatte. Er wußte auch, wann sie bereit war, ein Kind zu empfangen. Die langen nächtlichen Sitzungen dienten nicht zuletzt auch dazu, ihn über den Stand der Fruchtbarkeit seiner Frauen zu informieren. Er bat mich oft, ihm bei dieser Beobachtung zu helfen.

Allerdings wurde meine Aufgabe schwierig, wenn der Aufstand zu grollen begann. Er hatte die Gabe, gelegentlich alle zu verärgern.

»Hol mir die Soundso.«

Ich kam unverrichteter Dinge zurück: »Sie ist draußen.«

»Dann hol mir die Soundso.«

Gleiches Ergebnis, einmal holte ich mir fünf Absagen an einem Abend. Bei der fünften, als ich wieder allein zum Palast zurückkam, ging meine Taschenlampe aus. Die Birne war kaputt, und ich schlug mit dem Kopf gegen die Schranke. Auf leisen Schwingen hoben ein paar Uhus ab. Durch den Schlag stolperte ich und fiel in ein Wasserloch, dabei verstauchte ich mir den Knöchel. Ich gab auf. Was er wirklich wollte? Ich sollte die Nacht mit ihm verbringen. Also gut, ich würde es tun. Ich kehrte in sein Haus zurück. Er schnarchte, die Tür stand offen. Ich drehte den Schlüssel um, was mir verboten war. Bei Gefahr konnte er ja immer noch aus dem Fenster klettern, dachte ich böse, oder sich in einen Grashalm verwandeln.

Die richtige Lösung war das natürlich nicht. Denn die Überlieferung verlangte von ihm, keine Nacht ohne Frau zu verbringen. Und da ich seine Exklusivvermittlerin geworden war, mußte ich wohl oder übel improvisieren. Wenn er einschlief, ohne eine Frau bestimmt zu haben, suchte ich selbst eine von denen aus, die gerade auf gutem Fuß mit ihm standen.

An jenem Morgen Ende 1981, der Häuptling schlief noch, plauderte ich im Thronsaal mit Moïse, einem früheren Schulkameraden meines Bruders, der häufig zum Hof kam, über dies und jenes, meist über Kindheitserinnerungen. Plötzlich wechselte er das Thema:

»Es ist die pure Verschwendung, Claude. Du mit all deinen Diplomen verbringst dein Leben auf den Feldern. Das gefällt uns, den Bangangté, gar nicht. Ich kenne ein paar Leute vom Nationalen Erziehungsministerium, sie würden deine Unterlagen in Nullkommanichts fertig haben, und du könntest beim nächsten Schulanfang wieder deinen Unterricht am Gymnasium von Bangangté halten.«

Er hatte recht, ich steckte in einer Sackgasse. Mit einem festen Einkommen könnte ich genügend sparen, um endlich die Plantage meiner Träume aufzubauen.

»Ich nehme an«, erwiderte ich nach kurzer Überlegung, »aber unter zwei Bedingungen. Erstens, du redest mit dem Stammeshäuptling. Wenn er es mir erlaubt, was ich stark bezweifle, brauche ich ein Auto. Ich bin nicht kräftig genug, jeden Morgen und jeden Abend die vier Kilometer von hier bis zur Schule zu Fuß zu laufen.«

Entgegen jeder Erwartung akzeptierte mein Mann Moïses Vorschlag ohne Widerrede. Er half mir sogar bei der Zusammenstellung meiner Unterlagen und ließ von den Bangangté in Bafoussam einen seiner Unfallwagen herrichten, den er mir zur Verfügung stellte. Sobald ich sicher wußte, daß ich mit Beginn des Schuljahrs 1982/1983 an das staatliche Gymnasium von Bangangté gerufen würde, schrieb ich die gute Nachricht meinen Eltern. Das würde ihnen bestimmt gefallen und sie im Hinblick auf meine Zukunft beruhigen.

Da irrte ich gewaltig. Einige Zeit später erhielt ich einen Anruf von meiner Schwester. Mireille teilte mir zunächst mit, daß eine gutmeinende Seele meinen niedergeschmetterten Eltern erzählt habe, ich sei wieder schwanger. Das war völlig aus der Luft gegriffen, denn angesichts meiner neuen Haltung meinem Mann gegenüber hätte man schon an die Unbefleckte Empfängnis glauben müssen. Zumindest in diesem Punkt beruhigt, fuhr Mireille fort:

»Würdest du gerne für drei Wochen nach Frankreich kommen? Jean-Pierre und ich würden euch gerne den Flug schenken, dir, Sophie und Rudolf.«

Ich hätte sie am liebsten geküßt. Seit acht Jahren war ich nicht zu Hause gewesen. Seit vier Jahren lebte ich ohne Serge und Laurent. Mireille sagte, ich sollte mich schon um Visa und Impfungen kümmern. Sie wollte die Flugscheine an ein Reisebüro in Douala schicken. Ich legte auf.

Das Schwierigste war noch nicht geschafft, den Stammeshäuptling zu überreden. Damals konnte eine Frau mit ihren Kindern aus Kamerun nur mit schriftlicher Genehmigung ihres Mannes ausreisen. Außerdem mußte er für die Visa und Impfungen aufkommen. Sobald er am Abend zurückkam, packte ich den Stier bei den Hörnern und erzählte ihm von dem Telefongespräch und der Einladung meiner Schwester.

»Eine gute Idee«, erwiderte er. »Ich hatte auch schon daran gedacht. Deine Eltern müssen schließlich ihre Enkelkinder kennenlernen.«

Damit war ein großer Schritt getan. Aber ich ließ mich nicht reinlegen, sondern blieb mißtrauisch. Er war so unberechenbar geworden, er würde mir sicher noch Hindernisse in den Weg legen und die Reise zum Scheitern bringen. Und tatsächlich ließ er nichts unversucht, um mich davon abzubringen: Er hielt Versprechen nicht ein, machte mir vor meinen Mitfrauen den Prozeß, drohte mir und schlug mich. Anstatt mich zu ärgern, ließ ich es geschehen, auch wenn ich später in meinem Zimmer heimlich weinte. Mein Bruder und meine Schwester hatten mir zum richtigen Zeitpunkt das schönste Geschenk gemacht, von dem ich nur träumen konnte. Niemand würde Serge und Laurent daran hindern können, Sophie und Rudolf kennenzulernen. Ich konnte mir gut vorstellen, was meinem Mann Sorgen bereitete: Er witterte ein Komplott, das meine Familie und ich gegen ihn geschmiedet hatten, um ihm die Kinder wegzunehmen, um vom Hof zu flüchten. Ein solcher Gedanke wäre mir nie gekommen, und nichts würde mich daran hindern, nach meinem Aufenthalt in Frankreich wieder zurückzukehren. Aber am meisten bekümmerte mich sein mangelndes Vertrauen zu mir. Wie konnte er nur einen Augenblick glauben, ich könnte ihm je die Kinder entführen, die er so sehr liebte? Wußte er überhaupt, daß ich ihn noch liebte und daß ich ihm nicht böse war wegen seines gewalttätigen Verhaltens, seiner Launenhaftigkeit ...

Also begann ich mit viel Geduld, ihn über meine Absichten aufzuklären und zu beruhigen, wann immer ich glaubte, er sei nüchtern und gewillt, mir zuzuhören. Ich erhielt alles, was ich für meine Reise brauchte. Der Tag der Abreise kam immer näher, und die Atmosphäre entspannte sich zusehends zwischen uns.

Eines Abends kehrte er früher zurück als sonst – und er war nüchtern. Fröhlich teilte er mir mit, daß er mir einen Wagen schenken wollte, der in weit besserem Zustand sei als das für mich reparierte Auto. Er sei fast neu und hätte ein ausgezeichnetes Autoradio, wie er immer wieder betonte. Er schwieg einen Moment und sagte dann ganz ernst:

»Ich habe lange nachgedacht, bevor ich dich frage. Ich möchte gerne, daß wir zusammen zu einem Schamanen gehen. Ich möchte dich panzern, damit du gegen Menschen geschützt bist, die dir Böses wollen. Du brauchst keine Angst zu haben. Wenn es ein Gebräu zu trinken gibt, werde ich es vor dir trinken.«

Mich panzern? Gegen wen? In Frankreich wollte mir niemand Böses. Und warum mußte er vor mir trinken? Um mir zu beweisen, daß diese Säfte nicht vergiftet waren, obwohl ich ihm voll vertraute? Er mißhandelte mich vielleicht unter dem Einfluß von Zorn und Alkohol, aber niemals vorsätzlich. Außerdem hatte ich nicht die geringste Absicht, ihn zu verlassen, und noch weniger, ihm seine Kinder zu stehlen. Ich hatte es ihm hundertmal gesagt. Diese Geschichte mit dem Schamanen und der Panzerung war lächerlich. Aus Angst, er könnte mein Schweigen falsch verstehen, akzeptierte ich jedoch sofort:

»Gut, gehen wir zu ihm.«

Es war bereits dunkel. Wir fuhren über Sandpisten, die ich nie zuvor befahren hatte, und ich wäre heute nicht in der Lage, sie wiederzufinden. Die Fahrt dauerte etwa eine Stunde. Dann hielt das Auto endlich mitten im dunklen und lautlosen Busch. Ein Unbekannter tauchte auf, er hielt eine Petroleumlampe in der Hand. Der Schamane! Er machte uns Zeichen, ihm zu folgen. Ab und zu blieb er stehen und bückte sich am Fuße eines Baumes, um eine kleine Schale aufzunehmen, die er uns hinhielt. Sie enthielt einen Sud, in dem verschiedene Rinden schwammen. Der Häuptling trank, reichte mir die Schale, und ich trank ebenfalls. Der Schamane redete inzwischen in einem Dialekt, den ich nicht kannte. Ich tat alles, was man von mir verlangte, um zu beweisen, daß ich keinerlei Hintergedanken hatte, daß ich meine Reise nicht nutzen würde, um meinen Mann zu verlassen.

Es war merkwürdig. Wie groß war der Unterschied zwischen dieser Welt und der, die ich in einigen Tagen wiederfinden würde. Ich mußte im Dunkel der Nacht lächeln. Wenn mich meine Mutter so sehen könnte!

Die letzten Tage vor der Abreise vergingen voller Freude und Aufregung. Meine Mitfrauen gaben mir ungeheure Mengen Erdnüsse mit, die ich an meine Familie verteilen sollte.

An einem dieser Tage stand unvermittelt ein nagelneues Auto vor dem Hof. Der Stammeshäuptling hatte sein Versprechen tatsächlich gehalten. Sogar das Autoradio fehlte nicht. Meine Koffer waren rasch gepackt. Zweifellos würde ich mit mehr Gepäck zurückkommen, denn jeder hatte mir eine Liste von Dingen gemacht, die ich mitbringen sollte: kleine Spiele, Uhren, Walkmen, Schuhe usw. Der Häuptling war jetzt völlig entspannt und nahm gerne an diesem fröhlichen Spektakel teil.

Am Abend vor meiner Abreise rief er mich ins Wohnzimmer. Er saß auf dem Sofa, so majestätisch und sanft wie damals, als ich ihn zum ersten Mal sah. Ein paar Minuten schaute er mich schweigend an.

»Claude, nur Gott allein kennt die Zukunft, die er uns bereitet...« sagte er schließlich. »Aber bevor du zu deinen Eltern zurückkehrst, sollst du wissen, daß ich dich liebe, daß ich unsere Kinder liebe. Nichts kann meine Liebe zu dir ändern.«

Seine Augen füllten sich mit Tränen. Was sollte ich antworten? Einige Sekunden vergingen.

»Hol mir die Soundso«, sagte er dann.

Ich gehorchte und kehrte mit der Auserwählten zurück. Sie gingen hinunter zu seinem Haus. Ich schloß die Tür hinter ihnen.

Er kam nicht mit nach Douala. Aber ich bekam eine ganze

Eskorte. In zwei Fahrzeugen begleiteten mich meine Mitfrauen, Matcha und Monsieur Jean. Die Flugscheine lagen wie vereinbart beim Reisebüro für mich bereit. Die Nacht verbrachte ich in einem Hotel in Ndé, in dem häufig auch Bangangté auf der Durchreise in Douala abstiegen. Endlich saßen die Kinder und ich am nächsten Tag im Flugzeug. Während des gesamten Flugs machte ich mir Gedanken, wie mich meine Eltern und Geschwister wohl aufnehmen würden. Würden sie versuchen, mich unter Druck zu setzen, damit ich in Frankreich bliebe? Wie würden sie es anfangen? Und Serge und Laurent – auf welche Seite würden sie sich schlagen?

Da waren sie. Ich hatte sie als kleine Jungen verlassen. Jetzt standen zwei sehr junge Männer, die sehr ordentlich wirkten, vor mir. Serge war schon sechzehn, Laurent vierzehn Jahre alt, und doch war es, als wären wir nie getrennt gewesen. Sie waren mit Mireille und ihrem Mann gekommen. Überschwengliche Begrüßung, Tränen, Lachen. Meine Schwester gab zu, daß sie sich bis zuletzt Sorgen gemacht hatte. Sie fürchtete, der Stammeshäuptling würde mich nicht abreisen lassen, und wollte, daß ich noch vom Flughafen aus unsere Eltern anriefe. Am anderen Ende sagte Mama nur, daß sie erleichtert seien und froh zu wissen, daß ich gut angekommen war. Meine Schwester und mein Schwager waren freundlicherweise bereit, mich von Aix-en-Provence nach Blieux zu fahren, von Blieux nach Bordeaux und schließlich nach Kerzeau zu unseren Eltern.

Diese Reise und dieses Wiedersehen hinterließen einen leicht bitteren Geschmack von Vergangenem. Alle gaben sich mir gegenüber sehr herzlich, aber seltsamerweise hatte ich das Gefühl, den anderen hinterherzuhinken. Es wollte mir nicht gelingen, ganz natürlich zu sein, ich war immer in der Defensive. Jedes meiner Worte wurde genau unter die Lupe genommen, auf die Waagschale gelegt. Niemand war aggressiv, aber ich wurde eher beobachtet als herzlich aufgenommen. Meine beiden Welten gingen ineinander über, und ich hatte keine Kontrolle darüber. Es ging alles zu schnell, zu ungeordnet. Ich wurde das Gefühl nicht los, wie ein Paket von einem Ort zum anderen weitergereicht zu werden.

Nur zwischen meinen Kindern lief alles problemlos. Rudolf war noch zu klein, er klammerte sich ängstlich an mich. Sophie mit ihren vier Jahren verbrüderte sich im wahrsten Sinn des Wortes mit ihren beiden älteren Brüdern. Und sie waren begeistert von ihrer kleinen Schwester.

In Kerzeau war die Atmosphäre noch angespannter. Mit meinen Onkeln, Tanten und Cousins unterhielt ich mich völlig ungezwungen über mein Leben »da unten«. Ich versuchte ihnen zu schildern, wie ich lebte und warum ich mich für dieses Leben entschieden hatte. Mama mochte solche Gespräche nicht. Sie ärgerte sich über jede Anspielung auf Bangangté, also sprach ich nicht mehr darüber, wenn sie dabei war.

Sophie und Rudolf, von Serge und Laurent verwöhnt, entdeckten die Freuden des Strands, das Baden im Meer, und es machte ihnen Spaß, auf dem kleinen Segelboot, das mein Vater gekauft hatte, hinauszufahren.

Zumindest in den Augen meiner Mutter benahmen sie sich wie kleine Wilde. Am Häuptlingshof verhielten sie sich wie die anderen Kinder. Sie aßen zum Beispiel, wo sie wollten und wann sie wollten. Manchmal tauchten sie inmitten einer Schar Kinder in einem Haus auf, wenn eine der Frauen gerade die Töpfe vom Feuer nahm. Unversehens schüttete die Köchin dann alles, was sie zubereitet hatte, in eine Schüssel oder auf einen großen Teller. Da es im Bamiléké-Land keinen Tisch gibt, wurde das Gefäß auf den Boden gestellt, und die Kinder setzten sich im Kreis darum herum. Das älteste Kind verteilte das Fleisch, das jedes in der linken Hand hielt, während es mit der rechten Hand Gemüse aus dem Topf angelte. Dann zog die kleine Bande nach draußen und aß in aller Ruhe ihr Fleisch auf.

Bei ihrer ersten Mahlzeit in der Bretagne nahmen die Kinder des Bangangté-Häuptlings ganz natürlich die Steaks in die linke Hand, aßen die Pommes frites mit der rechten und gingen dann nach draußen in den Garten, um ihr Fleisch aufzuessen. Am Familientisch entstand ein langer Moment der Verlegenheit. Dann erklärte ich das Verhalten meiner Kinder, und alle lachten, auch Mama. Aber in den wenigen Tagen bis zu unserer Abreise unternahm sie den Versuch einer Art Dressur:

»Wenn ihr nicht bei Tisch eßt, bekommt ihr Klapse«, erklärte sie Sophie und Rudolf, und schwang die Fliegenklatsche.

Tief beeindruckt von den Drohungen der alten Dame verschlang Rudolf seine Portion in wenigen Augenblicken. Sophie erwies sich dagegen als würdige Tochter ihrer Mutter und ließ lieber eine Mahlzeit aus, als sich diesen Forderungen zu beugen. Ich mischte mich nicht ein, sondern ließ Mama tun, was sie schon immer mit Kindern getan hatte. Sophie und Rudolf mußten ihre doppelte Kultur irgendwie begreifen lernen. Und wenn ich morgen sterben sollte, wer, wenn nicht ihre Großmutter, würde sich um sie kümmern?

Serge und Laurent klebten an meinen Fersen. Doch wenn meine Eltern anwesend waren, konnten wir nicht ein Wort wechseln. Spät am Abend, wenn alle im Haus schliefen, konnte ich mich endlich mit meinen beiden Söhnen unterhalten. Anfangs stellten sie unzählige Fragen über die Menschen in Kamerun, die sie gekannt hatten, über den Stammeshäuptling, meine Mitfrauen, Matcha, ihre Spielkameraden ... Sie hatten nichts vergessen, und es war nicht gelungen, sie umzuerziehen. An einem Abend schaute mich Serge ernst an:

»Weißt du, Mama, Laurent und ich haben viel diskutiert«, fing er an. »Wir möchten zurück nach Kamerun. Das ist nicht nur so eine Idee, wir möchten dort unten Bauern sein. Wenn uns der Stammesführer Land geben könnte ...«

Nach diesem zu kurzen Aufenthalt empfand ich im Flugzeug, das mich nach Douala zurückbrachte, neben meinem Kummer, Serge und Laurent zu verlassen, auch eine gewisse Bitterkeit. Ich mußte unbedingt von Zeit zu Zeit zurückkommen, und sei es nur, um ein offenes Gespräch mit meinen Eltern zu führen. In diesen vierzehn Tagen waren sie einer solchen Unterhaltung immer aus dem Weg gegangen.

In Douala empfing mich der Häuptling selbst mit zahlreichem Gefolge. Unsere Freudenschreie hallten durch den ganzen Flughafen ...

»Ich war sicher, daß du zurückkommen würdest«, sagte er.

Dann stellte er mir eine neue Ehefrau vor. Ich erkannte schnell, daß sie nur eine jener Flammen war, die nicht lange brannten. Zurück in Bangangté, wurde ein Fest für mich ausgerichtet. Ich verteilte die zahlreichen kleinen Geschenke, die ich in Frankreich gekauft hatte. Sophie war völlig außer sich und erzählte ihre Abenteuer jedem, der sie hören wollte. Dann verschwanden sie und Rudolf, und ich sah sie erst abends beim Schlafengehen wieder.

Ich selbst erlebte eine eher unangenehme Überraschung: Der nagelneue Wagen, den mir der Häuptling vor meiner Abreise geschenkt hatte, war total verbeult, ein Scheinwerfer war kaputt, und die Sitze waren zerrissen. Aber er fuhr noch, das war das wichtigste. Ich konnte im Gymnasium meinen Stundenplan abholen, denn der Schulanfang stand unmittelbar bevor. Wieder war ich Lehrerin, diesmal an einer staatlichen Schule.

Meine neuen Kollegen und Vorgesetzten nahmen mich sehr gut auf. Die zur Aufsicht abgestellten Hilfslehrer staunten bald darüber, daß ich nie einen Schüler bestrafte. Ich schickte die Verspäteten nicht hinaus, auch nicht die, die nicht in der vorschriftsmäßigen Uniform erschienen. Außerdem schimpfte ich nicht, wenn der Reinigungstrupp noch nicht in meinem Klassenzimmer gewesen war und ich im Schmutz und Staub unterrichten mußte. Es war meine Aufgabe, den Unterricht interessant zu gestalten, trotz der materiellen Umstände. Die Schüler sollten ihn nicht als Strafe empfinden und völlig unnütze Dinge lernen müssen. Insgesamt schlüpfte ich ziemlich mühelos wieder in die Rolle der Lehrerin, und es machte mir Freude, den Schülern mein Wissen zu vermitteln.

Am Hof war es nicht ganz so einfach. Die erste Woche war kaum zu ertragen. Der Stammeshäuptling ließ mich spät am Abend noch Essen servieren. Wenn er mitten in der Nacht nach Hause kam, weckte er mich und stellte mir tausend Fragen, immer die gleichen. Zum Glück hatten meine Mitfrauen meine neue Lage akzeptiert. Abends hoben sie mir das Essen auf, und tagsüber kümmerten sie sich um Rudolf und Sophie. Meine Tochter ging nun in den Kindergarten, und bald würde Rudolf sie begleiten können.

Endlich erlaubte mir der Stammesführer, sein Büro zu benutzen, einen Raum, den ich damals renoviert und der bisher leergestanden hatte. Ich baute meine alte Tischtennisplatte, die ich von der Mission mitgebracht hatte, und eine Tafel auf. Jetzt konnte ich in aller Ruhe arbeiten. Ich half den Schulkindern des Hofs bei ihren Hausaufgaben. Der Raum führte direkt in den Thronsaal, und abends, wenn ich von der Schule nach Hause kam, wurde der Palast zu einem wahren Pausenhof. Die Kinder rannten schreiend herum und spielten, so daß ich gelegentlich eingreifen mußte, um Ruhe zu schaffen. So wurde ich zur großen Zufriedenheit aller die Lehrerin des Hofs, die »Mutter«.

Allerdings gab es von nun an keine freie Minute mehr für mich. Keine Rede mehr von meinem geruhsamen und trägen Leben. Ich gewöhnte mir an, immer öfter eine »kleine Stärkung« aus den Vorräten meines Mannes zu mir zu nehmen, und so kam, was kommen mußte.

Im April 1983 starb ein Diener, der ältere Bruder der Königin. Das Begräbnis und die Trauerfeierlichkeiten waren ziemlich anstrengend. Danach rief uns der Stammesführer noch zu einer langen Nachtsitzung zusammen und überhäufte uns mit unbegründeten Vorwürfen. Als ich schließlich schlafen ging, überkam mich eine Darmverstimmung und so heftiges Erbrechen, daß ich glaubte, sterben zu müssen.

Im Krankenhaus von Bangwa kam ich, eine Infusionsflasche über mir, wieder zu Bewußtsein. An meinem Bett saß zum Glück meine Freundin Violette, immer noch genauso energisch und fürsorglich wie eh und je. Es war unmöglich, etwas anderes als Wasser zu trinken zu bekommen. Nach einer Woche ging es mir besser, und ich konnte zum Hof zurückkehren. Die reichlich konfuse Diagnose der Ärzte lautete »atypische Erkrankung«. Dann kam der Rückfall, erneute Aufnahme im Krankenhaus. Man verabreichte mir unglaubliche Mengen Medikamente. Erneute Rückkehr, wieder Rückfall, diesmal stieg das Fieber auf über vierzig Grad. Ich war zum Skelett abgemagert. Typisch oder atypisch, eine Diagnose folgte der anderen. Die Ärzte wollten mich an der Gallenblase operieren. Da tauchte eine französische Krankenschwester auf, eine Entwicklungshelferin, mit der ich bald Freundschaft schloß. Sie war wütend:

»Das ist ja unmöglich! Man schneidet doch nicht den Bauch auf, bevor der Zustand der Gallenblase untersucht wurde. Und diese Unmengen von Antibiotika, die du da schluckst!«

Sie bat eine gemeinsame Freundin, eine einflußreiche Frau, die in der Nähe von Mfetom wohnte, meinen Mann über die Gefahr, in der ich mich befand, zu informieren. Was genau die Krankenschwester ihr erzählt hat, weiß ich nicht, auf jeden Fall rief die einflußreiche Dame vor meinem Ehemann aus:

»Die Protestanten haben beschlossen, Claude sterben zu lassen, als Vergeltung für die Kränkung, die sie ihnen angetan hat, als sie dich heiratete. Du mußt sie retten.«

Njiké Pokam François fackelte nicht lange. Er warf sich in den Kampf. Matcha, Monsieur Jean, zu Hilfe! Gegen Mitternacht tauchten zwei Autos vor dem Krankenhaus auf. Man hob mich aus dem Bett. Der Krankenpfleger der Nachtwache versuchte noch zu protestieren, aber vor ihm stand sein Stammesoberhaupt. Matcha sammelte meine Sachen ein. Es war wie eine Entführung. Man brachte mich nach Bafoussam und von dort per Flugzeug nach Jaundé. Durchgeschüttelt, bewegungsunfähig, aber bei vollem Bewußtsein war ich alledem ausgeliefert.

Mein Aufenthalt im Zentralkrankenhaus der Hauptstadt dauerte vier Monate, doch wurde außer einem großen Abszeß, der auf die übermäßige Einnahme von Antibiotika zurückzuführen war, nichts festgestellt. Der Stammeshäuptling saß, sooft er nur konnte, an meinem Bett. Chantal blieb die ganze Zeit über bei mir. Ihre Gegenwart, ihre Freundschaft und ihre Lebensfreude waren zweifellos die beste Medizin für mich. Auch Matcha war mir eine große Hilfe, sie kam so häufig wie möglich. Ohne weitere Behandlung erholte ich mich allmählich. Nach zwei Monaten konnte ich in den Gärten des Krankenhauses spazierengehen, war aber noch äußerst schwach.

Die Gerüchte nahmen dennoch kein Ende. Schamanen hätten

mich mit einem Fluch belegt, man habe versucht, mich zu vergiften … Manche behaupteten sogar, meine Mitfrauen seien die Ursache des Übels und wollten meinen Tod. Andere schlugen dem Stammesführer vor, einen Zauberer hinzuzuziehen, um mich zu retten. Doch davon wollte er nichts wissen. Schließlich konnte ich nach Bangangté zurückkehren. Eine Französin, die sich auf der Durchreise am Hof aufhielt, war entsetzt über meine Magerkeit und meine Schwäche.

»In Paris habe ich einen Freund, der kann über die Entfernung hinweg heilen, ausgehend von einem Foto. Geben Sie mir eins, er wird Ihnen wieder auf die Beine helfen«, bot sie mir in bester Absicht an.

Aus Neugier nahm ich das Angebot an. Einen Monat später erhielt ich ein Schreiben des Heilers auf einer Folie, darin hieß es:

»Aus Eifersucht haben Ihre Mitfrauen Sie abmagern lassen, damit Sie so häßlich werden, daß Ihr Mann Sie nicht mehr liebt.«

Er schlug vor, seine »Behandlung« erst einmal einen Monat lang durchzuführen, wenn ich mich danach besser fühlte, wollte er mir seine Rechnung schicken. Als ich diese Zeilen las, war ich gleichzeitig zornig und amüsiert. Dieser Scharlatan hatte keine Ahnung von meinem Leben am Hof. War das nicht absurd? Rassistische Vorurteile und keine Ahnung von den Beziehungen zwischen den Mitfrauen eines polygamen Haushalts! In der langen Zeit, die ich im Krankenhaus lag, hatten meine Mitfrauen sich in mütterlicher Liebe um Sophie und Rudolf gekümmert – und um meine Felder. Wenn sie mich besuchen kamen, brachten sie mir so viel Zärtlichkeit, so viel Freundschaft entgegen. Als er mein Foto befummelte, hatte dieser Pariser Hexer wohl den Stammeshäuptling nicht »gesehen«. Wie konnte er sich nur vorstellen, mein Ehemann könnte mich wegen meiner Magerkeit aus dem Hof jagen?

Für mich jedenfalls war es eine lehrreiche Lektion. Auch in Europa glaubte man, die Übel kämen von bösen Geistern. Auch dort beschuldigte man die anderen, bevor man nach den einfachsten, den natürlichsten Ursachen der Krankheiten suchte. Selbstverständlich bekam dieser Scharlatan keine Antwort von mir.

Zum Schulanfang 1983/84 nahm ich meine Tätigkeit am Gymnasium wieder auf. Ich war noch immer nicht wieder bei Kräften, doch hatte ich durch die Krankheit erkannt, wie sich meine künftige Beziehung zum Häuptling gestalten sollte... Ich war gerade vierzig geworden. Mein Mann führte ein immer ausschweifenderes Leben, entfernte sich weiter von seinen Frauen. Als er mich eines Abends bat, die Nacht mit ihm zu verbringen, stellte ich die Dinge endgültig klar: »Du hast viele junge Frauen. Und du wirst noch viele andere haben. Ich bin jetzt alt. Eine fünfte Schwangerschaft würde ich nicht überstehen. Erlaube mir, mich auszuruhen, mich noch eine Zeitlang um die Kinder zu kümmern. Sie sind zu jung, um ihre Mutter zu verlieren.«

Meine Schwäche und meine Magerkeit waren überzeugende Argumente. Von diesem Zeitpunkt an bis zum Schluß blieb ich bei dieser Entscheidung. Ich blieb seine treueste Freundin, aber nie wieder verbrachte ich eine Nacht mit ihm.

Noch immer hatte ich die Plantage meiner Träume im Kopf. Zuerst mußte ich jedoch völlig gesund werden und dann... Hoffentlich kam mein Gehalt bald! Mein zweites Schuljahr war schon weit fortgeschritten, und seit meiner Anstellung hatte ich nicht einen Pfennig erhalten. In Kamerun mußten Beamte des öfteren mit derartigen Verzögerungen zurechtkommen.

Als im dritten Quartal 1984 endlich die längst fällige Zahlung kam, hatte sich eine hübsche Summe angesammelt, umgerechnet etwa sechstausend D-Mark. Ich beschloß, einen Teil davon auszugeben, um die großen Ferien mit den Kindern in Frankreich zu verbringen und dort Ärzte aufzusuchen, die vielleicht die wahren Ursachen meiner Krankheit herausfinden könnten. Ich wollte mich auch nicht mit dem Scheitern meines kurzen Aufenthalts vor zwei Jahren abfinden. Der Stammeshäuptling hatte nichts gegen mein Vorhaben einzuwenden. Außerdem mußte er kein Geld ausgeben und er war auch zufrieden, daß der Hof von den Nahrungsmitteln, die ich über das Erziehungsministerium erhielt, profitierte, denn wir bekamen Öl, Salz, Kleidung, Transportmittel usw. Meine Mitfrauen begannen schon, mich als ihren »Ehemann« zu bezeichnen, da ich einen Teil der Ausgaben übernahm, die eigentlich er bezahlen mußte.

Außerdem begriff mein Mann auch, daß er persönlich nichts von meinem Gehalt bekommen würde, das ich nun regelmäßig Ende des Monats erhielt. Dieses Geld käme nur seinen Frauen und Kindern zugute. »Im Grunde ist der Betrag, über den ich verfüge, im Verhältnis zu deinen Ausgaben unbedeutend «, erklärte ich ihm. »Er würde dir nicht viel helfen.« Diese Vereinbarung kam ihm sehr entgegen.

Anfang Juli 1984 flog ich wieder mit Sophie und Rudolf nach Frankreich. Gleich nach der Ankunft brachte mich meine Familie in eine Klinik in Bordeaux, wo ich gründlich untersucht wurde. Die Termine hatten sie schon vorher vereinbart.

Offensichtlich hatte sich die Familie bereits ihre Gedanken über meine Krankheit gemacht. Noch bevor ich überhaupt französischen Boden betreten hatte, wußten die Ärzte bereits, daß ich an einer »psychischen Krankheit« litt. Eine vorsichtige Umschreibung, um auszudrücken, daß ich das unglückliche weiße Opfer eines afrikanischen Hexenmeisters war. Zwei Monate später fand ich mich isoliert in der neurologischen Station einer Klinik in der Bretagne wieder. Die Ärzte betrachteten mich als einen besonderen Fall, um nicht zu sagen als eine geistig Verwirrte, eine Verrückte. Eines Tages ließ ein »Gott in Weiß« bei der Visite sogar seine Jünger in meinem Zimmer aufmarschieren, damit sie sich dieses einmalige Exemplar ansehen sollten – und sie kamen auf ihre Kosten!

Zum Glück holten mich meine beiden Ältesten gleich zu Beginn der Ferien heraus. Laurent, Sophie, Rudolf und ich quetschten uns in Serges »Ente«, und ab ging es nach Blieux. François, Catherine und die anderen bereiteten mir einen unvergeßlichen Empfang.

»Komm, Claude, probier doch mal diesen Weißwein.«

Vergessen waren die Beruhigungsmittel. Endlich konnte ich in der brüderlichen Atmosphäre von einst wieder aufatmen. Gemeinschaftliche Festessen, ausgiebige Gespräche, Lachen und Fröhlichkeit. Zusammen mit den anderen half ich sogar, im großen Wohnzimmer den Steinfußboden neu zu verlegen. Jetzt war ich geheilt.

Überglücklich war ich, als mir Serge und Laurent ankündigten, daß sie in den nächsten großen Ferien nach Kamerun kommen wollten, aber nicht als Touristen, sondern weil sie noch immer fest entschlossen waren, sich eines Tages in Bangangté niederzulassen. Ihr Vater, den ich in Aix-en-Provence wiedergesehen hatte, hatte keine Einwände. Außerdem war Serge volljährig, und Laurent würde es auch bald sein. Den August verbrachte ich mit meinen vier Kindern in der Bretagne bei meinen Eltern. Allerdings herrschte dort ein anderes Klima als in Blieux. Beim Frühstück erklärte meine Mutter kurz nach unserer Ankunft:

»Dein Vater und ich haben beschlossen, dich nicht nach Kamerun zurückkehren zu lassen, Claude. Wir werden dich retten, wenn es sein muß auch gegen deinen Willen.«

Ich blieb ruhig, denn ich wußte, daß sie keinerlei Mittel hatten, mich zurückzuhalten.

»Mama, ich bin doch aus eigenen Stücken, mit eigenen Mitteln hergekommen, um euch zu besuchen. Ich lebe in Bangangté nicht im Gefängnis. Daß ich hier bin, ist der Beweis. Njiké Pokam François hat mich nach Frankreich fahren lassen, weil er mir vertraut. Und du verlangst von mir, ihn zu verraten, ihm seine Kinder wegzunehmen? Das wäre doch gemein. Versteh mich nicht falsch, Mama. Falls ich eines Tages den Häuptlingshof verlasse, dann, weil ich es so will, und mit der Zustimmung des Stammeshäuptlings, und auch nicht unbedingt, um nach Frankreich zurückzukehren.«

Jeden Tag die gleiche Diskussion, doch trotz meiner körperlichen Erschöpfung wurde ich allmählich wirklich wütend. Daß meine Heirat nicht ihren Idealvorstellungen entsprach, wußte ich, aber mußten sie deswegen laut verkünden, ich sei verhext worden? Wie konnten sie nur glauben, es genüge, den Hof zu verlassen, um wieder gesund zu werden? Warum bemühten sie sich nicht wenigstens zu verstehen, wie vielschichtig die Beziehungen waren, die ich in Bangangté geknüpft hatte? Schließlich waren sie doch die Ursache dafür, daß ich dort das Licht der Welt erblickt und viele Jahre meiner Kindheit verbracht hatte. Aber es war nichts zu machen – mein Leben in dem Dorf, in dem ich aufgewachsen bin, meine Liebe zu Njiké Pokam François und meine noch viel tiefere Bindung an dieses Land, meine Liebe zu diesem Volk – alles wurde unter dem Gesichtspunkt meiner »Verblendung« betrachtet und darauf reduziert. Die Atmosphäre wurde zunehmend gespannter, ein schweres Gewitter zwischen meiner Mutter, Serge und Laurent hing in der Luft. Wegen einer Kleinigkeit, einem nicht rechtzeitig oder nicht richtig gedeckten Tisch, erlitt sie einen Nervenzusammenbruch, wie schon früher, als ich noch klein war. Sie jagte meine beiden Großen mit den Worten, sie wolle sie nie wieder sehen, aus dem Haus. Vergeblich versuchte ich, die Gemüter zu besänftigen, aber Serge und Laurent knallten die Tür hinter sich zu.

Ich mußte noch zwei Wochen bei meinem Eltern bleiben. Trotz meiner schwachen Konstitution – manchmal konnte ich nicht einmal aus meinem Sessel aufstehen – bemühte ich mich weiterhin geduldig, ihnen klarzumachen, daß ich das Leben, das ich führte, nicht aus Trotz gewählt hatte, auch nicht, um ihnen etwas zu beweisen. Und sie sollten doch versuchen, die positiven Aspekte dieses Lebens zu sehen, und es nicht pauschal verteufeln. Endlich bemühten sie sich um etwas Verständnis. Seit Serges und Laurents Abreise hatte sich Mama beruhigt. Allerdings muß ich auch sagen, daß meine beiden Söhne in ihrem jugendlichen Ungestüm nicht gerade diplomatisch vorgegangen waren. In den letzten vierzehn Tagen, die ich bei meinen Eltern verbrachte, herrschte Friede zwischen uns. Ich fand sogar dieses Glücksgefühl wieder, das uns einst verband, als wir vor neun Jahren zusammen in Mfetom lebten. Am letzten Tag brachten sie mich zum Flughafen nach Lorient.

»Ich habe viel gebetet, Claude«, sagte meine Mutter im Auto. »Und ich glaube nun, daß du dort unten in Bangangté leben mußt – als Prüfung Gottes.«

Warum sollte ich sie über ihren Irrtum aufklären? Jetzt endlich hatte sie ihren Trost gefunden, und es war gut so. Ich würde sie wieder besuchen, alle zwei Jahre, in friedlicher Versöhnung. Als ich sie zum Abschied umarmte, wußte ich nicht, daß es das letzte Mal sein würde.

Wenige Tage nach meiner Rückkehr nach Bangangté erhielt ich aus Frankreich eine Nachricht, die mich erschütterte. Die Frau meines Bruders Jean-Pierre, Christiane, war nach sechzehn Jahren Ehe bei der Geburt ihres ersten Kindes gestorben. Bei meinem Aufenthalt in Bordeaux war keine Zeit für einen Besuch gewesen, denn sie durfte das Haus nicht mehr verlassen. Wir hatten aber lange miteinander telefoniert, und ich hatte das Gefühl, daß sie an die Aufrichtigkeit meiner Ehe glaubte. Ich war sehr traurig, trotzdem warfen mir meine Geschwister später meine Gleichgültigkeit vor. Sie konnten ja nicht wissen, daß ich bald darauf eine sehr schwierige Zeit zu bewältigen hatte.

In den letzten drei Monaten hatte sich Bangangté sehr verändert. Eine italienische Straßenbaufirma war mit etwa hundert Weißen und weit mehr Kamerunern aufgetaucht, um die großen Verbindungsstraßen zwischen den wichtigsten Städten des Bamiléké-Landes und der Hauptstadt Jaundé zu erneuern. Die Italiener hatten ihre Baracken keine vier Kilometer von der Stadt auf einem Grundstück aufgebaut, das ihnen der Häuptling gegeben hatte. Eigentlich war es mehr eine richtige Residenz, in der sich die Mitarbeiter mit ihren Familien niederließen, mit viel Komfort und hübschen Gärten rund um ihre Bungalows.

Noch nie hatte es in meinem Heimatdorf so viel Leben gegeben. Es wurde zunehmend schwieriger, sich an den Markttagen einen Weg durch die Menge zu bahnen. Dank dieses Bevölkerungszuwachses entwickelte sich in Bangangté eine wohlhabende und fröhliche Atmosphäre. Ich hatte häufig Kontakt mit diesen Italienern, ganz besonders mit dem Direktor der Straßenbaugesellschaft und seiner Frau. Der Stammesführer, der sie sehr sympathisch fand, billigte meine Beziehungen zu diesen Europäern, die er als meine »Brüder« bezeichnete.

Andererseits ging ich nicht oft aus, sondern bemühte mich vielmehr, mich nach der anstrengenden Arbeit am Gymnasium so weit wie möglich auszuruhen. Allmählich kam ich wieder zu Kräften. Ich hatte noch immer mein eigenes Auto, das ich selbst warten konnte. Dabei dankte ich jedesmal meinem Vater, daß er mir seine Leidenschaft für alles Mechanische vererbt hatte. Ich konnte mein Gehalt mit meinen Mitfrauen und unseren Kindern nach eigenem Gutdünken ausgeben.

Manchmal erinnerte ich den Stammeshäuptling daran, mir endlich dieses seit langem versprochene Land zu geben. »Hab doch noch ein wenig Geduld«, sagte er einmal zu mir. »Die Straßenbaufirma baut gerade eine Fahrpiste zu einem Steinbruch, in dem sie im Noun-Tal Sand und Kies abbauen wollen. Dort gibt es ausgezeichnete Böden.«

Also faßte ich mich in Geduld. Einmal, als alle Mitfrauen dabei waren, erläuterte er uns seine umfassenden Vorhaben. Er habe gerade seine große Pflanzung begonnen, und die Landmaschinen, die er kaufen wollte, könnten für alle Arbeiten eingesetzt werden. Fünfzehn Millionen wollte er investieren, ein Haus mit Elektrizität, Fernseher und Kühlschrank bauen und sich darin mit seinen Lieblingsfrauen einrichten. Natürlich mit keiner von uns, denn wir würden ja nie auch nur den Fuß über die Schwelle setzen, behauptete er. Oh ja, er würde uns schon zeigen, wie man reich werden konnte, wenn man das Land nur richtig bewirtschaftete. Mir erschien das alles ein bißchen kindisch. Ich wußte, daß er, wie üblich, seine Projekte nie zu Ende bringen würde. Also ließ ich ihn reden, aber auf mich und meine Ratschläge konnte er nicht zählen. Wie er mir kurz zuvor empfohlen hatte, faßte ich mich in Geduld.

Die Weihnachtsferien standen vor der Tür. Am Montag morgen war ich sehr früh aufgestanden und schaute auf der Veranda hinter dem Palast noch einmal die Aufsätze durch, die ich am Vortag korrigiert hatte. Plötzlich sah ich, wie Rose, die Königin, angelaufen kam. Sie war schweißnaß, und Blut lief an ihrem Bein hinunter:

»Eine Schlange hat mich gebissen«, sagte sie außer Atem.

Sie hatte ihren Schal zum Abbinden genommen.

»Steig sofort ins Auto«, rief ich ihr zu und rannte los, um meine Handtasche zu holen.

Lydie, die zweite Ehefrau, fuhr mit. Im Bezirkskrankenhaus gab es kein Serum. Ich rief die einzige Apotheke der Stadt an, auch nichts. Die Krankenschwestern hatten das Bein neu abgebunden und rieten mir, nach Bangwa zu fahren. Das ließ ich mir nicht zweimal sagen. Die zehn Kilometer waren eine einzige Baustelle, bei jeder tiefen Spur konnte es zum Unfall kommen, aber ich nahm den Fuß nicht vom Gaspedal.

»Geh keine unnötige Gefahr für mich ein«, bat mich die Königin. »Ich glaube, es ist schon zu spät, mein Herz schlägt so merkwürdig.«

Dann redete sie weiter, wie im Selbstgespräch:

»Niemals habe ich jemandem etwas Böses gewünscht, ich kann nichts dafür, daß mir das passiert ist. Ich habe nur getan, was meine Pflicht war. Ich bin auf mein Feld gegangen, weil man es mir aufgetragen hat. Ich bin unschuldig. Ich bin nicht schuld an meinem Tod.«

Ich flehte sie an, still zu sein, ruhig zu bleiben. Vor dem Krankenhaus in Bangwa konnte sie nicht mehr allein aussteigen. Auf einer Bahre wurde sie in die Notaufnahme getragen. Während man eine Infusion anlegte, bat sie mich, sie zu massieren, um die unerträglichen Schmerzen zu lindern. Ihr Körper fühlte sich kalt an, als ob das Blut nicht mehr zirkulierte. Ihr Bein schwoll zusehends an.

Es kamen immer mehr Leute aus Bangangté in das Zimmer. Anfangs murmelten sie, doch langsam schwoll der Ton an:

»Jemand versucht, sie zu töten. Diese Schlange ist zu ihr geschickt worden. Sie muß zu einem *ngaka*, einem Heiler gebracht werden. Wenn sie im Krankenhaus bleibt, wird sie sterben.«

Mich packte die Angst. Ich mußte mich entscheiden. Sie auf »einheimische Art« heilen zu lassen würde bedeuten, ein unnötiges Risiko einzugehen, und das Krankenhaus würde mich für den Tod der Patientin verantwortlich machen. Wenn ich sie aber nicht zum *ngaka* brachte und die Königin starb, würden mich die Bangangté beschuldigen, mich in ihre Sitten und Gebräuche eingemischt zu haben. Und schließlich, wenn die Königin daran glaubte, mit welchem Recht hinderte ich sie daran? Ich nahm den Arzt beiseite.

»Doktor, lassen Sie mich einen Heiler holen.«

»In die Notaufnahme?«

»Nein, nein, ich glaube ebenso wenig daran wie Sie, aber wenn es ihr hilft… Sie wissen doch auch, wie wichtig der psychologische Faktor bei einer Heilung ist.«

Ohne zu zögern, willigte der Arzt ein. In Begleitung eines Dieners machte ich mich auf die Suche nach dem *ngaka*. Es war dunkel geworden, eine mondlose Nacht. Wir waren im hohen Gras in einer uns unbekannten Gegend im Busch unterwegs. Aber ich hatte anderes im Kopf, als mich von Phantasievorstellungen erschrecken zu lassen. Das erste, was der Heiler mir an der Schwelle seiner Tür sagte, zeigte mir, daß auch er sehr konkrete Sorgen hatte:

»Bezahlen Sie mich jetzt gleich, und ich folge Ihnen.«

Zum Glück hatte ich meine Handtasche nicht vergessen. Ich bezahlte ihn, fuhr zurück nach Bangwa. Die Menschenmenge drängte sich in der Notaufnahme, im Flur, draußen, alle wollten bei der Heilung durch den *ngaka* dabei sein. Dieser legte seinen Mund auf die Wunde, saugte lange und hielt endlich einen kleinen Y-förmigen Stachel hoch, den »Speer« der Schlange! Mir schien es eher wie eine Fischgräte auszusehen. Andererseits konnte ich es ihm auch nicht verübeln, denn die Behandlung im Krankenhaus schien auch nicht mehr zu bewirken als sein Hokuspokus.

Ich blieb vier Tage an der Seite der Königin. Sie war bei vollem Bewußtsein, konnte jedoch kaum sprechen und war unfähig, sich zu bewegen. Auf keinen Fall durfte ich in ihrer Anwesenheit weinen, ich fühlte mich so hilflos. Wie konnte ich ihr nur helfen? Vielleicht durch mein Schweigen und dadurch, daß ich wie sie versuchte, das Unabwendbare, das Schicksal zu akzeptieren.

Am Morgen des fünften Tages ließ mich der Schulleiter des Gymnasiums von Bangangté holen. Ich war die einzige, die die Zeugnisse für dieses Quartal nicht abgegeben hatte. Die Zeugnisse … Ich verließ das Krankenhaus und verbrachte den ganzen Tag mit der Erfüllung dieser lästigen Pflicht. Dann fuhr ich zurück zum Hof.

Gegen fünf Uhr nachmittags, als ich mich gerade auf den Weg nach Bangwa machen wollte, erhoben sich im ganzen Palast Schmerzensschreie. Ich erstarrte – ich wußte, was das zu bedeuten hatte. Madeleine kam laut weinend auf mich zu. Als sie bei mir war, beruhigte sie sich. »Sie hat den ganzen Tag nach dir verlangt, du solltest sie zum Hof zurückbringen. Sie wollte die Kinder noch ein letztes Mal sehen … sie ist von uns gegangen.«

»Warst du schon beim Stammeshäuptling?« fragte ich sie.

»Nein.«

»Wo ist die Königin jetzt?«

»Im Leichenschauhaus. Der Arzt sagte, er würde den Leichnam erst herausgeben, wenn die Krankenhauskosten bezahlt sind.«

Ich setzte mich ins Auto, allein. Unterwegs traf ich meinen Mann und fragte ihn, was zu tun wäre. Er wußte es auch nicht und wollte erst einmal zurück zum Hof. Schluchzend fuhr ich nach Bangwa. Ich beweinte nicht nur meine Königin, sondern Rose, meine Freundin, mutig, ergeben, gut, treu, meine wichtigste Stütze in schwierigen Zeiten.

Die Bangangté sagen, der Tod sei ein Spiel. »Schon bei der Geburt wisse, daß dir nur noch zu sterben bleibt. Du hast keine Macht über dein Leben, und es kann dir jederzeit wieder genommen werden. Warum glaubst du dann immer noch, du könntest es so einrichten, wie es dir gefällt?«

In Bangwa stand eine riesige Menschenmenge am Leichenschauhaus, einer Hütte am Rande des Weges unter den großen Bäumen. Ich bezahlte in der Buchhaltung, was zu bezahlen war. Und ich wartete. Die Zeit verging, kein Auto kam aus Bangangté. So konnte es nicht weitergehen. Ich ließ Roses Leichnam in mein Auto legen, nachdem ich den Beifahrersitz nach hinten gekippt hatte. Die beiden älteren Schwestern der Verstorbenen setzten sich nach hinten.

Während der ganzen Fahrt weinten und sangen sie. Ich fuhr langsam, die Leiche meiner Mitfrau neben mir. Ich hatte den Eindruck, daß es meine Pflicht war, eine heilige Pflicht, mir Zeit zu nehmen und meine Königin zu ihrer letzten Ruhestatt zu bringen, meine liebe Rose, diese Frau, die alle gern hatten. Ich weinte nicht mehr.

Auf der ganzen Strecke durch Bangangté und hinauf zum Hof des Stammesoberhaupts rollte das Auto durch eine dichte Menschenmenge. Manche warfen sich schreiend auf die Kühlerhaube. Ich mußte den Motor aufheulen lassen, um mir einen Weg durch die Menge zu bahnen. In der Hauptallee war es noch schwieriger. Ich konnte nicht einmal die Tür öffnen, so sehr drängten sich die Menschen um den Wagen. Endlich kamen Diener zu uns durch, transportierten den Leichnam in ihr Haus und legten ihn auf ihr Bett. Ich folgte ihnen. Im Hof, genau vor ihrem Haus, wurde bereits das Grab ausgehoben. Es war Nacht, wir betraten das Zimmer, und ich begann mit fünf meiner Mitfrauen, den Leichnam zu waschen. Die alten Mamas sagten uns, wie wir vorzugehen hatten. Ihre Zöpfe mußten aufgeflochten, jeder Schmuck abgenommen werden.

»Sie muß in die Erde zurückkehren so nackt wie am Tag ihrer Geburt«, erklärten sie uns.

Draußen gingen die Schreie und Gesänge weiter. Wir waren kaum fertig, als Diener hereinkamen, uns beiseite drängten und schimpften, wir dürften die tote Königin nicht sehen, es sei absolut verboten.

Erst nach dem Begräbnis verstand ich, warum es während der Trauerfeierlichkeiten immer wieder zu einem ungewöhnlichen Durcheinander gekommen war. Seit Gedenken der Bangangté war nie eine Königin vor ihrem Ehemann gestorben.

Die Diener schlossen sich im Haus der Königin ein, kamen jedoch wenige Minuten später wieder heraus. Sie trugen Roses Leichnam, eingehüllt in das traditionelle Batiktuch. Plötzlich hörten die Schreie auf. Im ganzen Hof herrschte absolute Stille. In tiefem Frieden blieb jeder auf seinem Platz stehen, die Nacht wurde von den wenigen Öllampen kaum erhellt. Die Diener warfen die Tote rücksichtslos einfach in das Erdloch. Ein Diener blieb einen Augenblick unten stehen, stieg dann mit einem blutigen Dolch in der Hand wieder heraus. Er hatte sie verstümmelt, damit sie uns nicht als Gespenst belästigen konnte. Bei diesem Anblick und solange das Grab zugeschüttet wurde, hörte man Schluchzen, Schreie, lautes Weinen.

Ich saß etwas abseits auf dem Boden und weinte leise. Doch alle wußten, daß mein »europäischer« Kummer ebenso tief empfunden war wie der ihre.

Njiké Pokam François hatte sich in sein Haus hinter dem Palast zurückgezogen. Keine von uns durfte einen Gegenstand berühren, der ihm gehörte, also auch nicht für ihn kochen. Um das zu umgehen, bestimmten die Weisen rasch die neue Königin, ein Bangangté-Mädchen, das sie so unvermutet »einfingen«, wie der Stammeshäuptling damals »eingefangen« worden war. Neun Tage lang blieb die junge Frau auf ihrem Thron, einem Bananenstamm, sitzen. Dann nahm sie sämtliche vorgeschriebenen Riten vor. Jahre später erfuhr ich, daß der Stammesführer verlangt hatte, ich solle die neue Königin werden. Zum Glück standen zu viele Hindernisse meiner Krönung im Wege, und sie konnten ihn davon abbringen. Ich sage zum Glück, denn ich wäre dann verpflichtet gewesen, Rituale zu erfüllen, an die ich nicht glaubte, und wäre so eine schlechte Königin gewesen. Ich glaube, daß ich dann lieber davongelaufen wäre.

Erst sechs Wochen später, Ende Januar 1985, nahm das Leben am Häuptlingshof wieder seinen gewohnten Gang. Doch der Tod dieser Frau, dem tragenden Pfeiler unserer Gemeinschaft, die immer für Ausgleich gesorgt hatte, hinterließ eine große Lücke. Ich bemühte mich, sie so gut ich konnte zu füllen. Ich richtete das Haus ein, das ich mir endlich ohne Genehmigung im Viertel der Königin genommen hatte und in dem ich schon seit einiger Zeit meine Ernte lagerte. Chantal schlief dort, denn ich blieb lieber im Palast, weil ich dort elektrisches Licht zum Arbeiten hatte.

Chantal und ich wollten dieses kleine Lehmhaus mit dem Wellblechdach zum neuen Anziehungspunkt für die Kinder und die alten Mamas machen. Hier bekamen von nun an die etwa zwanzig Schulkinder ein Frühstück. Insgesamt ernährten wir hier fast fünfzig Menschen, denn kaum waren die Kinder außer Haus, nahmen die alten Mamas ihre Plätze ein. Chantal war zuständig, jeden Tag für alle, die sie einlud, zu kochen. Ich konnte mit meinem Lehrergehalt dafür aufkommen. Trotz Roses Tod ging das Leben nun wieder weiter.

Der Tod hatte in meiner Umgebung hemmungslos zugeschlagen, und auch mich hatte die Sense gestreift. Sein Hunger schien noch nicht gestillt. Kurz nach der Trauer um unsere Königin erfuhr ich durch einen Telefonanruf, daß Mama an Kehlkopfkrebs operiert werden mußte. Was konnte ich tun? Mit dem nächsten Flugzeug hinfliegen und einige Tage bei ihr verbringen? Das war finanziell nicht möglich, obwohl ich gerne durch meine Gegenwart, durch Blicke und Gesten meine Zuneigung gezeigt hätte, trotz der Gegensätze zwischen uns. Die Operation verlief problemlos, zumindest behauptete sie das mir gegenüber. Sie schien vertrauensvoll zu hoffen, aber ich war nicht bei ihr. Ich rief sie oft vom Hof oder von dem Büro der Straßenbaufirma an, denn meine italienischen Freunde stellten mir gerne ihr Telefon zur Verfügung.

Wir klebten beide am Telefonhörer und tauschten doch nur Banalitäten aus. Ich konnte die wohltuenden Worte für den Menschen, den ich liebte, nicht finden. Es war schon schwierig genug gewesen, als wir uns ein paar Monate zuvor noch gegenübergestanden hatten. Wenn ich dann auflegte, gingen die Gefühle mit mir durch, und ich schluchzte hemmungslos in den Armen von Chantal, Lydie oder Madeleine. Ich mußte Mama schreiben, doch die Zeit verging zu schnell, und es wollte mir nicht gelingen, den Stift zur Hand zu nehmen.

Außerdem trat ein Ereignis ein, von dem ich damals noch nicht ahnen konnte, wie sehr es meine Zukunft beeinflussen würde. Als ich an einem schulfreien Tag in meinem Arbeitszimmer saß, kam der Stammeshäuptling herein und sagte ohne Einleitung:

»Ich glaube, ich habe dir schon von der Pflanzung erzählt, die ich im Noun-Tal angelegt habe.«

Oh ja, das hatte er ... Wollte er jetzt wieder mit seiner Prahlerei anfangen?

»Nun«, fuhr er fort, »es läuft alles bestens. Ich habe mindestens zehn Hektar unter den Pflug genommen, und bald kann ich aussäen. Ich werde die Arbeit überwachen müssen und dem Baggerführer sagen, was zu tun ist. Aber mein Auto ist kaputt. Würdest du mich hinüberbringen?«

Zuerst wollte ich ablehnen, allerdings war ich schon sehr gespannt auf dieses Noun-Tal, von dem er uns so viel erzählt hatte. Also klappte ich die Bücher zu und folgte ihm. Sob Yimga, einer der großen Weisen des Häuptlingshofs, begleitete uns. Wir verließen die Umfriedung, fuhren die Sandpiste nach links hinunter und nahmen die Nationalstraße Richtung Jaundé. Eine scharfe Kurve, und schon waren wir auf dem Weg, der über fünfhundert Meter Höhenunterschied langsam zum Fluß Noun hinunterführte.

Plötzlich erstreckte sich vor uns eine wunderbare Ebene bis zum

Horizont, Tausende Hektar hohes Gras und Wälder. Verschwunden war das Gewirr der Hügel, die den Horizont verstellten. Das Land entfaltete sich offen und grenzenlos, und ganz in der Ferne, fast unwirklich, schwebten die Yoko-Berge und die erloschenen Vulkane der Foumban-Region im hellen Blau des Himmels, am Ende der Welt. Dicht an den hochgelegenen Gebieten des Bamiléké-Plateaus wirkte die rote Lateriterde viel fruchtbarer, viel einladender. Hinter einer rundlichen Erhebung zu meiner Rechten erahnte ich einen Bach, der dem Fluß zustrebte. Hier flogen sogar die Vögel freier durch die Lüfte.

Der Stammeshäuptling bat mich, an einer bestimmten Stelle anzuhalten. Die beiden Männer stiegen aus.

»Hier ist es, warte auf uns.«

Als sie am Ende des Weges verschwunden waren, stieg ich auch aus. Die Luft war weich. Ich folgte dem Weg, den sie genommen hatten. Ich hörte das Rauschen des Flusses weit hinten im Tal, sanft und gleichmäßig. Der Pfad mündete in ein riesiges gepflügtes Feld. Ich nahm eine Handvoll Erde. Sie hatte eine herrliche Farbe, dunkel, fast schwarz. Sie mußte unglaublich fruchtbar sein. Warum war dieses Land bis jetzt nicht genutzt worden, obwohl es so nahe bei Bangangté lag? Die Regenzeit hatte gerade erst eingesetzt, es war noch nicht zu spät für die Aussaat.

Auf dem Rückweg fragte ich Sob Yimga, wobei ich gleichzeitig bemüht war, meinen Mann nicht zu beunruhigen:

»Wenn die Frauen des Stammeshäuptlings eine neue Pflanzung beginnen, wählt dann nicht die Königin das erste Feld und weist dann ihren Mitfrauen die anderen Felder zu?«

Trotz ständiger Unterbrechungen durch den Stammesführer erfuhr ich schließlich, was ich wissen wollte. Mein Mann hörte besorgt zu, aber mein Entschluß stand fest. Ob es ihm nun paßte oder nicht, wir, seine Ehefrauen, würden einen Teil seiner Pflanzung übernehmen und selbst bewirtschaften.

Endlich erklärte mir der große Weise, daß diese Ländereien hier *ku ntshobe*, das »wahre Wort« genannt wurden.

Zurück am Hof berichtete ich meinen Mitfrauen voller Begeisterung, was ich gesehen hatte, und schlug der neuen Königin und Lydie, der zweiten Ehefrau, vor, gleich bei Sonnenaufgang hinzufahren. Der Gedanke gefiel ihnen sehr.

Bei Morgengrauen waren wir dort. Meine beiden Gefährtinnen sagten kein Wort, aber die Königin begann auf der Stelle, ihre Parzelle abzuschreiten, und Lydia folgte ihr.

»Was macht ihr denn da?« fragte ich erstaunt und ein bißchen beunruhigt.

»Wir machen uns an die Arbeit«, erwiderte die zweite Ehefrau.

»Aber wir sind doch nur gekommen, um uns umzusehen ...«

Ich wollte diesen Boden unbedingt bestellen, allerdings nicht ohne dem Stammeshäuptling Bescheid zu sagen, und ich war bereit, ihm die Stirn zu bieten, falls er das ablehnen sollte. Im Augenblick aber hatten wir nicht einmal das Recht, hier spazierenzugehen.

»Genau«, sagte Lydie, »jetzt haben wir es gesehen. Nimm deine Parzelle neben meiner, und mach dich ans Werk. Wenn wir diese Fahrt nur zum Anschauen gemacht hätten, wäre es verlorene Zeit und verschwendetes Benzin.«

Noch war ich dagegen, denn es war doch der Stammesführer, der das Land bestellt hatte, und wir wollten nun an seiner Stelle säen. Ich suchte nach einem Vorwand:

»Ich habe keine Werkzeuge dabei, und ich habe am Hof zu tun.«

»Das kann warten. Und mach dir keine Sorgen wegen der Werkzeuge, wir haben auch für dich welche mitgebracht. Schau doch mal in den Kofferraum.«

Was blieb mir übrig? Mir gefiel es gar nicht, hinter dem Rücken meines Mannes zu handeln. Ich versuchte es noch einmal mit einem letzten Argument:

»Die Aufteilung des Bodens muß die Bedeutung der einzelnen Frauen berücksichtigen. Es gibt viele Frauen, die ihr Feld vor mir bekommen müssen.«

Die neue Königin hob nicht einmal den Kopf:

»Ich habe dir gesagt, du sollst dein Feld so abgrenzen, wie du es für richtig hältst«, beharrte sie. »Und hör auf, uns auf die Nerven zu gehen.«

Also machte ich mich an die Arbeit, fühlte mich aber gar nicht wohl bei dem Gedanken, den Stammeshäuptling vor vollendete Tatsachen stellen zu müssen. Er würde es mich sicher büßen lassen, mich oder mein Auto.

Nach ein paar Stunden, als wir schon ziemlich viel Gestrüpp entfernt hatten, hielt ein Wagen an, es war unser Ehemann. Aufgebracht kam er auf uns zu. Offensichtlich hatte man ihn informiert. Meine beiden Mitfrauen richteten sich nicht auf. Er blieb vor mir stehen:

»Ich habe doch deutlich gesagt, daß ich keine von euch hier sehen will.«

Ich schaute ihn direkt an: »Ich habe keinen Rang unter deinen Ehefrauen. Wende dich an die Königin.«

Die Würfel waren gefallen. Ich beugte mich wieder über diese herrliche schwarze Erde. Er stand einige Sekunden lang gedankenverloren da. Woran mochte er wohl denken? Wir ignorierten einfach seine Gegenwart und setzten unsere Arbeit fort. Schließlich ging er, ohne ein weiteres Wort.

Was wir gesät hatten, ging wunderbar auf. Nie zuvor hatte ich eine so gute Ernte erlebt, Mais, Bohnen, Erdnüsse, Melonen. Gern spielte ich den Fahrer für meine fröhlichen Bäuerinnen und die Kinder. Für die Kleinen war hier das Paradies. Sie halfen bei der Arbeit wie im Spiel. Und dann waren sie natürlich begeistert über die Fahrt im Auto, das Picknick, das Baden in dem kleinen Zufluß zum Noun hinter der großen Baumhecke.

Entgegen meinen Befürchtungen akzeptierte der Stammeshäuptling, daß wir diese Parzellen, die wir uns in einer Art Staatsstreich angeeignet hatten, bestellten. Und er erklärte mir sogar, daß es gut wäre, wenn wir die Bananenschößlinge pflegen könnten, die er pflanzen wollte, um die Ernte zu verkaufen.

Es herrschte Hochstimmung. Nicht weit von dort grüßten die Italiener fröhlich aus der Sandgrube zu uns herüber und interessierten sich sehr für unsere Arbeit. Manchmal machten sie sich auf freundliche Weise ein bißchen lustig über mich:

»*Poverina*, mit diesen Hacken werden Sie es nicht weit bringen.

Versuchen Sie es doch mit dem Pflug, wie wir in Europa. Das ist viel wirksamer, Sie werden schon sehen.«

Ich ließ sie reden. Die fruchtbare Schicht im Noun-Tal war dünn und verlangte sorgfältige und präzise Bearbeitung. Nur die Hacke mit ihrem knotigen Schaft konnte die Furchen so vorsichtig graben und die Beete abrunden, ohne die Scholle zu beschädigen. Bei einem Pflug oder einem Bulldozer bestand die Gefahr, daß die Erdschicht für immer zerstört wurde.

Anfang Juli trafen Serge und Laurent ein. Der Stammeshäuptling war so freundlich, die Flugscheine für »seine Kinder« zu bezahlen. Auf der Straße von Douala nach Bangangté fragte ich meine Söhne nach Neuigkeiten aus der Familie, vor allem wollte ich etwas von Mama wissen. Sie gaben zu, daß sie sie seit ihrem plötzlichen Auszug in den letzten Ferien nicht mehr gesehen, ja nicht einmal mit ihr telefoniert hatten. Der Empfang am Hof war sehr bewegend. Alle freuten sich, die beiden jungen Männer wiederzusehen, die sie als Kinder gekannt hatten, wie sie mit gleichaltrigen Spielgefährten fröhlich herumtollten. Sie wurden mit Fragen bestürmt, wie es meiner Familie, meinen Eltern ginge, was sie in den langen Jahren ihrer Abwesenheit getan hatten. Sie wollten alles wissen, sogar über Menschen, die sie nicht persönlich kannten, von denen ich ihnen nur erzählt hatte. Man machte sich Gedanken, was aus ihnen geworden war, als handele es sich um nächste Verwandte.

Abends rief mein Mann Serge und Laurent allein in sein Wohnzimmer. Sie unterhielten sich bis tief in die Nacht, bevor meine beiden Söhne im Gästezimmer des Palasts schlafen gingen.

Mir stand eine höchst unangenehme Überraschung ins Haus. Ich fand mein Auto nicht mehr. Der Stammeshäuptling hatte meinen kurzen Aufenthalt in Douala genutzt, um es zu zerlegen und die Ersatzteile zur Reparatur seines Wagens zu benutzen. Ich war wütend, denn nun konnte ich nicht mehr zur Pflanzung hinüberfahren, und ich hatte auch keine Möglichkeit mehr, die Jungen in ihren Ferien ein bißchen herumzufahren. Hatte er das getan, um uns am Hof festzuhalten?

Er erklärte, er wolle mir einen kleinen Wagen kaufen, der sehr viel sparsamer im Verbrauch sei. Es hatte keinen Sinn, darauf zu beharren. Da er nicht sehr stolz auf sein Verhalten war, willigte er rasch ein, mir sein Auto für die Einkäufe zu leihen. Ich fuhr schnell zum Lager der Straßenbaufirma, um mit meinem Freund, dem Direktor, zu sprechen. Ich wußte nämlich, daß er seinen Pritschenwagen loswerden wollte, einen dieser breiten Kleinlaster, auf deren Ladefläche Menschen und Güter transportiert werden konnten. Ich bot ihm an, den Wagen zu kaufen und in Raten zu bezahlen. Das Geschäft kam zustande, und zwei Tage später hatte ich meinen Wagen. In dem kleinen Zweikampf mit dem Stammeshäuptling hatte ich eine Runde gewonnen.

Ich erklärte ihm, daß sein Freund, der Direktor, mir freundlicherweise ausgeholfen hatte, bis der neue Wagen geliefert wurde. »Außerdem weißt du ja selbst, wie der Pritschenwagen aussieht. Ich bin nicht sicher, ob er überhaupt hält, bis du mir das versprochene Auto schenkst.«

Diesmal mußte Njiké Pokam François nachgeben. Der Pritschenwagen genügte mir, um wenigstens mit den Jungen spazierenzufahren und sie zu unserer Pflanzung im Noun-Tal mitzunehmen. Ich hatte keine Versicherung, keine Fahrzeugpapiere, aber... zwei Jahre später waren die Papiere in Ordnung.

Der Stammeshäuptling hatte Serge und Laurent angeboten, sich ein Grundstück im Noun-Tal auszusuchen, was sie sofort taten. Sie nutzten ihre ersten Ferien und pflanzten gleich Eukalyptusbäume, denn sie wollten mit diesem Holz später ein Dach decken.

Leider war der Aufenthalt meiner Kinder bald zu Ende. Die Pflanzung unserer Träume hatte in dieser Zeit jedoch gewisse Fortschritte gemacht, und sie baten mich, bis zu ihrer Rückkehr ein Haus für sie zu bauen.

Wir standen vor meinem Haus im Viertel der Königin und zeichneten Pläne, als Chantal plötzlich auftauchte:

»Deine Schwester in Frankreich ist am Telefon. Komm schnell.«

Als ich außer Atem im Arbeitszimmer des Palasts eintraf, wußte ich schon Bescheid. Mama… Ich brach in Tränen aus. In kürzester Zeit war der Saal voller Menschen. Meine kleine Sophie mit ihren sieben Jahren kam ebenfalls. Jemand muß ihr gesagt haben, daß ihre Großmutter gestorben war.

Sie begann als erste, voll ergreifender Trauer zu schluchzen, obwohl die Erinnerung an ihre Großmutter in der Bretagne geprägt sein mußte von Klapsen mit der Fliegenklatsche und langen Tagen des Stubenarrests. Die Frauen nahmen sie sofort in die Arme, drückten und trösteten sie. Doch Sophie klammerte sich an mich, weinte laut und herzzerreißend. Der Stammeshäuptling kam und sagte mir, er wolle meine Schwestern aus meiner Kinderzeit und die Menschen in Mfetom verständigen.

Noch am selben Abend wurde in Bangangté landesweit die traditionelle Trauer um meine Mutter verkündet. Denn das Stammesoberhaupt ist verpflichtet, alle seine Schwiegermütter zu beweinen, vor allem, wenn aus der Verbindung mit der Tochter der Verstorbenen Kinder hervorgegangen waren. Diese Trauer würde außerhalb des Hofs stattfinden, denn dort wurden nur der Stammesführer und seine Frauen beweint.

Von überall her strömten Generationen von »Töchtern« der Madame Bergeret herbei, ihre Töchter, meine Schwestern… Der Stammeshäuptling bot ihnen Unterkunft und Verpflegung. Sie schliefen in den Häusern der Frauen auf dem Boden. Wie viele kamen wohl aus ganz Kamerun herbei? Und wie viele, die meine Mutter nicht einmal gekannt hatten? Die Diaspora der Bangangté versammelte sich in der Stadt, überall herrschte Trauer. Jeder war erschüttert von diesen Trauerfeierlichkeiten, Protestanten, Katholiken und alle anderen. Sie kamen, um Madame Bergeret, ihrer »Mama«, ein letztes Lebewohl zu sagen.

Meine Schule nahm ebenfalls an der Trauer teil, die Lehrerinnen und die Frauen der Lehrer veranstalteten ein großes Festmahl für meine Mitfrauen. Außerdem organisierten sie eine Kollekte und unterstützten mich moralisch und finanziell in jeder Hinsicht. Zuletzt kam der gesamte Lehrkörper zu einer langen Totenwache zusammen, die bei Sonnenaufgang mit Tänzen und Gesängen endete.

Die feierlichste Zeremonie wurde erst eine Woche später abgehalten. Leider konnten Serge und Laurent nicht mehr daran teilnehmen. Ihre Ferien waren gerade zu Ende gegangen, und sie mußten nach Frankreich zurückkehren.

Sämtliche Mädchen von Madame Bergeret und die Protestantische Kirche wollten meine Eltern ehren, die ihnen so viele Jahre beigestanden hatten. Der Tag begann mit einer Prozession, die einmal um die ganze Stadt zog, bevor sie sich zur Kirche auf dem Hügel von Mfetom begab.

Aus unersichtlichen Gründen hatte der Stammesführer meinen Mitfrauen untersagt, an diesem Gottesdienst teilzunehmen. Da ich diese Entscheidung ungerecht und willkürlich fand, beschloß ich, mich darüber hinwegzusetzen und heimlich alle Frauen, auch die alten Mamas, in die Kirche von Mfetom mitzunehmen. Dicht gedrängt hielten sie sich ganz im Hintergrund. Der Gottesdienst begann. Jedoch nach zwei oder drei Minuten wurde er durch die Ankunft von vier Stammesoberhäuptern gestört. Alle nahmen an der Schwelle ihre Kopfbedeckungen ab, bis auf einen, unseren Ehemann. Die Nebenstehenden baten ihn flüsternd und höflich, auch er möge seinen Fez abnehmen. Er beachtete sie gar nicht, denn er befand sich in einem religiösen Dilemma. Einerseits müssen die Christen, unabhängig von ihrer Stellung in der Gesellschaft, beim Betreten einer Kirche ihr Haupt entblößen, andererseits darf ein Bamiléké-Häuptling sich nicht ohne Kopfbedeckung in der Öffentlichkeit zeigen. Aber da die animistische Religion viel toleranter ist als die christliche, gaben die meisten Stammesführer in diesem Konflikt mit der eigenen Überlieferung gerne nach. Nicht so Njiké Pokam François. Warum er, der sich üblicherweise in diesem Bereich so flexibel zeigte, in diesem Punkt auf der Tradition beharrte, weiß ich nicht. Er argumentierte so:

»In einer Kirche sind die Leute gut zu sehen. Ich darf mich ihnen aber nicht ohne Kopfbedeckung zeigen. Aber Gott sehe ich nicht, weder hier noch anderswo. Warum verlangt man dann, daß ich gerade in der Kirche meine Kopfbedeckung vor ihm abnehmen soll? Wenn er aber überall ist, müßte ich doch auch meine Kopfbedeckung überall abnehmen.«

Logisch … Nachdem er sich aber lange genug hatte bitten lassen, nahm er dann doch den Fez ab. Die Predigt wurde fortgesetzt. Dann wollten zahlreiche Menschen ihre Liebe zu Herrn und Frau Bergeret bezeugen. Viele meiner Schwestern sagten bewegende, einfache Worte, um meinen Eltern ihre Dankbarkeit auszudrücken. Die wichtigsten Persönlichkeiten der Kirche traten ebenfalls vor, um ein paar Worte an die Versammelten zu richten. Ich selbst wollte lieber nichts sagen, ich hätte kein Wort herausgebracht. Für Papa zeichnete ich alles auf Kassetten auf. Als letztes wurden die Honoratioren zu einem Abschiedsessen in das Haus eingeladen, das meine Eltern gebaut und bewohnt hatten. Nie hätte ich geglaubt, dieses Haus wiederzusehen, in dem ich meine Kindheit verbracht hatte und in dem die Liebe zu meinem Mann herangereift war. Viele der Pastoren waren gekommen, die mir damals bei meiner Heirat immer neue Steine in den Weg gelegt hatten. Der Tod meiner Mutter zog nun einen Strich unter unsere Auseinandersetzungen, und alles schien vergessen.

Als ich meine Mitfrauen zurückbrachte, war es längst Nacht. Im Hof begegnete ich einigen meiner Schwestern, die mir sagten, daß der Stammeshäuptling sie zu dem Empfang eingeladen hätte, den er am gleichen Abend im Palast geben wollte. Ich ließ durchblicken, daß diese Einladung nur so dahin gesagt wäre und hier gewiß nicht stattfinden würde. Trotzdem warteten sie eine ganze Stunde, die wir damit verbrachten, Fotos anzuschauen. Dann brachte ich sie zurück in die Stadt. Endlich kam ich zum Hof zurück. Mein Mann saß mit einem anderen Stammesführer beisammen. Offensichtlich hatte er auf den verschiedenen Empfängen zum Tode seiner Schwiegermutter fleißig den Getränken zugesprochen.

»Was hast du heute abend noch in der Stadt gemacht?« fragte er mich schroff.

Nach den zahllosen Zeremonien dieser Woche war ich erschöpft und fand nicht wie sonst den richtigen Ton, um ihm aus dem Weg zu gehen. Er setzte seine eigensinnige Fragerei, sein eindringliches Verhör fort. Schließlich konnte ich mich nicht mehr beherrschen:

»Ich habe jetzt genug von deinen sinnlosen Fragen. Und ich wüßte auch nicht, warum ich darauf eingehen sollte. Ich gehe jetzt schlafen.«

»Du weißt wohl am besten, welches die richtigen Fragen sind, nicht? Und du hältst dich auch für klüger als alle anderen?«

Mir war klar, daß ich zu weit gegangen war. Ich hatte dem Gespräch eine Wendung gegeben, die nichts Gutes verhieß. Andererseits war ich am Ende meiner Geduld und konnte mich nicht mehr zurückhalten:

»Fängst du schon wieder an mit deinem Gerede über Intelligenz. Kannst du sie messen? Wiege unsere beiden Intelligenzen, und sag mir, was dabei herauskommt. Ich gehe jedenfalls schlafen.«

Und machte mich auf den Weg in mein Zimmer. Er kam mir nach und zerrte mich am Arm zurück ins Wohnzimmer, wo der andere Stammeshäuptling noch immer wartete. Ich starrte meinen Mann wütend an und betonte jedes Wort:

»Wenn du mir endlich sagen würdest, was du willst, werde ich es dir geben. Bis dahin laß mich einfach in Ruhe.«

Wieder drehte ich ihm den Rücken zu. Ich wollte im Frauenviertel schlafen, doch kaum hatte ich den Palast hinter mir gelassen, als ich einen schrecklichen Schlag verspürte. Wie durch ein Wunder fiel ich nicht gegen einen Betonpfeiler. Ein ungeheurer Schmerz durchfuhr meinen Nacken, und ich brach zusammen. Er trat mich mit Füßen. In meinem Kopf explodierte etwas. Dann hörte alles auf.

»Steh auf, Claude, bemüh dich, versuch' es doch wenigstens. Bitte steh doch auf! Ich versuche, ihn zurückzuhalten!«

Der andere Stammesführer rief mir diese Worte zu. Ich richtete mich wie eine Schlafwandlerin auf, überquerte den Palastplatz und stolperte in die Nacht hinaus. Hinter mir hörte ich, wie mein Mann auf mein Auto einschlug. Dann hörte ich Lydies Stimme. Sie nahm mich bei der Hand und zog mich in ihr Haus. Ich sank auf das Bett, und sie versorgte vorsichtig meine Verletzung am Hals. Ich konnte die ganze Nacht nicht schlafen, ich weinte und weinte, konnte gar nicht aufhören und wußte eigentlich nicht warum.

Bei Sonnenaufgang ging ich trotz unerträglicher Kopfschmerzen hinaus, um besorgt nach meinem Auto zu sehen. Es war einiges kaputt, vor allem im Innern, aber der Motor sprang fast sofort an. Ich fuhr zu der Straßenbaufirma. Freundlich, und ohne mir Fragen zu stellen, waren der Werkstattleiter und seine Gehilfen bereit, die Schäden mit Ersatzteilen vom Schrottplatz zu reparieren. Nach zwei Stunden sah mein Wagen zwar nicht wie neu aus, aber doch wieder wie vor dem Wutausbruch des Stammeshäuptlings. Gegen Mittag kam ich nach Hause, parkte den Pritschenwagen an derselben Stelle und versteckte mich in meinem Haus. Wie erhofft ging mein Mann gleich, nachdem er aufgestanden war, zum Auto, öffnete die Tür, schaute ins Innere und ging prüfend außen herum. Dann blieb er gedankenverloren stehen. Durch welchen Zauber war der Wagen trotz seiner heftigen Schläge unbeschädigt geblieben? Er kratzte sich am Kopf. Dann verschwand er, sichtlich verstört. Ich freute mich diebisch. Eine kleine Rache ist manchmal besser als die größte Vergeltung.

Abschied
von einer grossen Liebe

Am gleichen Tag beschloß ich, nicht mehr im Palast zu schlafen. Ich wollte keinen endgültigen Bruch, keine Scheidung, ich wollte mich nur nicht mehr den unberechenbaren Launen und Wutanfällen meines Ehemanns aussetzen.

In meinem kleinen Haus, im Viertel der Königin, wohnte Chantal, die gerade ihr zweites Kind bekommen hatte. Ich legte meine Matratze einfach auf den Boden in der Küche und schlief künftig mit Sophie und Rudolf hier. Meine Sachen ließ ich alle in meinem Arbeitszimmer, wo ich elektrisches Licht hatte und abends meinen Unterricht vorbereitete, die Arbeiten korrigieren und die Hausaufgaben der Kinder des Hofs überwachen konnte. Aber wenn ich nachts das Auto des Stammeshäuptlings kommen hörte, verließ ich den Palast durch die Hintertür und ging in mein Haus, in dem die Kinder längst schliefen.

Von nun an wußte mein Mann, daß ich nicht freiwillig zu ihm kommen würde und daß er mich erst holen lassen mußte, wenn er seine Ehefrauen zu diesen endlosen Sitzungen, die wie Gerichtsprozesse verliefen, zusammenrief. Wäre ich nur durch eine dünne Wand von ihm getrennt gewesen, hätte ich mich seiner Aufforderung nicht entziehen können.

Dennoch wich ich ihm tagsüber nicht aus, ganz im Gegenteil. Ich tat so, als sei nichts geschehen. Niemals erwähnte er mir gegenüber seinen brutalen Angriff, und ich wollte auch nicht darüber sprechen, um keine Wunden aufzureißen. Ich sah wohl in seinem Blick, daß er verlegen war, daß er Gewissensbisse hatte, ein warmer Blick, der mir sagte: Verzeih mir, ich habe nicht gewußt, was ich tue.

Ich konnte ihm nicht böse sein, sein unausweichliches Schicksal machte ihn zu einem anderen Mann, weit entfernt von dem, den ich einmal leidenschaftlich geliebt hatte. Wenn wir uns begegneten, sprachen wir über dies und jenes, den Häuptlingshof, was er den ganzen Tag gemacht hatte, vom Leben in Bangangté und manchmal über das Noun-Tal. Wir waren wie zwei gute Freunde, verläßlich und treu.

Es schmerzte ihn jedoch, daß ich die Nächte nicht mehr im Palast verbrachte, er wagte es aber nicht, mich zu bitten, wieder in mein Zimmer zurückzukehren. Lieber »entsandte« er Freunde, meist andere Stammeshäuptlinge, die mich überreden sollten. Ihr Hauptargument war, daß eine Frau wie ich nicht in einer Küche auf einer Matratze schlafen sollte. Meine Antwort stand fest:

»Ich schlafe auf dem Boden, weil ich um meine Mutter trauere. Und ich werde so lange dort schlafen, wie mein Kummer anhält.«

So mancher empfand dieses Ritual der Trauer, das ich für diesen Zweck erfunden hatte, sicher als höchst unmenschlich. Aber niemand wußte oder wollte den wahren Grund meines Umzugs wissen.

Jedenfalls fühlte ich mich trotz des geringen Komforts in der Atmosphäre des Frauenviertels wohl. Es gab nur das Licht der Öllampen, dennoch blieben wir oft bis spät in die Nacht auf, besuchten uns gegenseitig. Ich freute mich vor allem, wenn Tchuleu, meine alte Lieblingsmama, bei uns vorbeischaute.

Einmal zeigte sie mir, wie man Pfeife raucht und wie man den Pfeifenkopf mit dem einheimischen, nicht verfeinerten Tabak stopft. Ich atmete einige Züge ein und glaubte, mir würde der Schädel platzen. Es war ein Gefühl, als sei ich betrunken. Halb bewußtlos mußte ich mich hinlegen, während sich Tchuleu kaum halten konnte vor Lachen:

»Du mußt nicht so heftig ziehen, Ntechun, und darfst nicht zu lange rauchen.«

Von diesem Abend an hatte ich meine Pfeife immer dabei.

Das Jahr 1985, das in Trauer und mit zahlreichen Schwierigkeiten begonnen hatte, endete heiter und gelassen. Ich fühlte mich in glänzender Form, voller Kraft und Ausdauer.

Die Elektrik meines Pritschenwagens machte Probleme. Um ehrlich zu sein, es war ein Kabelbrand. Ich hatte den Schaden zusammen mit einem Mechaniker der Straßenbaufirma repariert, und jetzt wollte ich auch den ganzen Motor überholen lassen. Immerhin hatte ich mir schon 125 000 CFA-Francs (etwa 1250 französische Francs) zusammengespart. Nachdem ich dem Stammeshäuptling Bescheid gesagt hatte, fuhr ich nach Duala, um die Teile zu kaufen.

Ich stieg im Hotel Ndé ab und traf ausgerechnet dort den Ehemann einer Nichte meines Mannes, eine seiner »Töchter«. Der Mann war also mein Schwager. Er lud mich ein, bei ihnen zu übernachten, und ich nahm an. Am nächsten Tag brachte er mich zum Autohändler. Der Kostenvoranschlag für meinen Auftrag war viel höher als erwartet: über 600 000 CFA-Francs (etwa 6000 französische Francs).

»Macht nichts«, sagte ich, »dann kann ich eben nur die nötigsten Teile nehmen.«

Mein Schwager griff ein:

»Kommt gar nicht in Frage, Claude. Dein Auto hilft allen im Dorf. Es ist der rettende Engel für unseren Hof. Wir werden alle Bangangté in Duala besuchen. Und du kannst mir ruhig glauben, sie werden tief in die Tasche greifen!«

Also machten wir die Runde durch die Diaspora, von einem Geschäft zum anderen, von Haus zu Haus. Da ich meinem Schwager gesagt hatte, daß ich nicht gut bitten konnte, übernahm er das Sammeln des Geldes. Überall hieß es:

»Das ist auch unser aller Auto. Wir werden dir helfen.« Manche gaben 40 000 Franc, andere 50 Franc. Einige versprachen, ihren Beitrag später zu zahlen. Am Ende unserer Runde fehlten noch 170 000 Franc. Der Händler, der uns gerne Bangangté sprechen hörte, bot uns einen Preisnachlaß in Höhe von 74 000 Franc an.

»Ich lege den Rest dazu«, sagte daraufhin mein Schwager.

Und er bezahlte die letzten 100 000 Franc. Ich hatte alle Teile, die ich wollte, und das Auto würde wie neu sein.

Zehn Jahre später ist mein alter Pritschenwagen, das »Auto von Ntechun«, zum rettenden Engel für das ganze Bangangté-Land geworden, eine wahre Legende. Verbeult, zerkratzt und hustend hält er noch heute tapfer den Schlaglöchern der Sandpiste nach Noun in Schlamm und Staub stand. Männer, Frauen, Ernten und Tiere drängen sich auf der Ladefläche auf dem Weg in die Stadt zum Markt zusammen. Und ich fange schon an, mit ihm zu reden, auch wenn man mich für verrückt hält, ihm Mut zuzusprechen wie einem alten Haustier. Natürlich kaufe ich mir ein neues Auto, wenn ich einmal das Geld dazu habe, aber meinen alten Wagen werde ich nicht hergeben, sondern ihm einen glücklichen Lebensabend bescheren mit gelegentlichen kurzen Fahrten zwischen meinem kleinen Feld und meinem Haus. Vielleicht wird er einem anderen Rentner, meinem Pferd, als Futterplatz dienen.

Mein Leben spielte sich zwischen den achtzehn Wochenstunden Unterricht, den Hausaufgaben, die abends im Hof zu korrigieren waren und vor allem meiner Pflanzung am Noun ab. Fast täglich fuhr ich hinaus, denn mein Stundenplan ließ mir genügend Zeit. Die Wochenenden und Ferien verbrachte ich fast ganz dort. Anfangs, als ich noch den alten Wagen hatte, mußte ich die Fahrt vom Hof zu unseren Feldern oft dreimal machen. Die erste Fahrt um vier Uhr morgens brachte meine Mitfrauen ins Tal, Hin- und Rückfahrt dauerten etwa eineinhalb Stunden. Die letzte Ladung bestand aus Kindern. Insgesamt transportierte ich gut dreißig Personen. Mit dem Pritschenwagen reichte eine Fahrt. Alle drängten sich stehend auf der hinteren Ladefläche, hielten sich am Gerüst des Verdecks fest, wurden von den Schlaglöchern durchgerüttelt und mußten, so gut es ging, dem Riedgras und den niedrigen Ästen entlang der Piste ausweichen.

Viele Leute der Straßenbaufirma waren zu Freunden geworden. Sie liehen mir gerne einmal ihren Bagger, und ich mußte lernen, ihn zu bedienen. Gegen sechs Uhr morgens wollte ich den Fahrer holen, der leider gerne ein bißchen zu tief ins Glas schaute und für den Rest der Nacht in meinem Auto schlief. Ich hatte Mühe, ihn zu wecken. Ich bat ihn, mir beizubringen, wie man das Fahrzeug bediente. Bald saß ich an den Hebeln, während er friedlich schlief. Es bereitete mir ein sinnliches Vergnügen, die Kraft dieser schweren

Maschine zu beherrschen. Ich legte auf diese Weise die Terrasse für mein künftiges Haus an und vergrößerte meine Felder.

Auch unsere alten Mamas sollten ihre Parzellen bekommen, leicht zugänglich und immer auf unserer Seite des Weges, denn die andere gehörte schon zum Grundstück des Stammesoberhaupts. Er interessierte sich jedoch schon lange nicht mehr für seine längst verfallenen Pflanzungen. Er ging immer sehr energisch an die Umsetzung seiner Projekte, kaufte Kettensägen, Wasserpumpen und vieles mehr... und das war's dann. Ich hätte ihn gerne beteiligt, zumindest geistig, damit er wieder neue Energie und Begeisterung schöpfen konnte. Als er jedoch von meinen Arbeiten erfuhr, sagte er nur:

»Da du schon mal eine schwere Maschine hast, kannst du mir ja eine Straße um mein Feld und den Wald ziehen. Ich möchte gerne ein Jagdgebiet daraus machen.«

Das tat ich gerne, in der Hoffnung, er würde vielleicht öfter wieder ins Noun-Tal kommen. Doch es half nichts. Immerhin hatten wir wieder eine harmonische Beziehung.

Unsere Pflanzungen wuchsen zusehends – Kochbananen, Bananen, Yamswurzeln, Mais –, und wir hatten einen großen Gemüsegarten mit Auberginen, Kartoffeln, Paprika, Basilikum und Tomaten. Damit konnten wir die Kantine der Straßenbaufirma leicht versorgen. Im Hof meines künftigen Hauses säte ich verschiedene Blumensorten und machte den Ort für die italienischen Familien zum Ziel ihres Sonntagsspaziergangs – und der Jagd. Die Italiener hatten zu diesem Zweck die Fahrbahn flußabwärts ein ganzes Stück weitergeführt.

Ebenfalls Ende 1985 erhielt ich einen Anruf aus Frankreich. Catherine und François kündigten mir an, daß sie Blieux Anfang Januar verlassen wollten, um mit einem ihrer Freunde vierzehn Tage bei mir zu verbringen. Ich freute mich riesig darauf, daß sich meine beiden Welten in dieser glücklichsten Zeit meines Lebens wieder vereinten. Sofort informierte ich meinen Mann, der gleich bereit war, ihnen das Gästezimmer des Palastes zur Verfügung zu stellen. Die Abendessen sollten aber nicht im Palast stattfinden, denn unsere gemeinsamen

Abende konnten allzu leicht durch das Hereinplatzen meines zornigen Ehemanns gestört werden. Also europäisierte ich mein Haus im Viertel der Königin ein bißchen. Ich zimmerte eine Veranda, einen Tisch und Bänke – Möbel, die die Bamiléké-Tradition nicht kennt. Schließlich sollten sich ja meine französischen Freunde nicht vor ihren Tellern auf den Boden kauern müssen. Außerdem würde es uns an die langen Nächte in Blieux erinnern, als wir mit einer Tasse Kaffee in der Hand die Welt neu gestalteten.

Sie blieben zwei Wochen, zwei herrliche Wochen, die viel zu schnell vergingen. Meine Mitfrauen nahmen sie ohne weiteres auf und waren erstaunt, daß sich Weiße so einfach und spontan dem Rhythmus des Häuptlingshofs anpassen konnten. Catherine und François waren auf allen Fahrten ins Noun-Tal dabei, und wie alle, Frauen und Kinder, stampften auch sie das potopoto, das für die Herstellung der Ziegel für mein kleines Haus gebraucht wurde. So arbeiteten die Holzfäller aus dem Asse-Tal als Maurer Hand in Hand mit den Bäuerinnen der Noun-Ebene.

Als sie schließlich abreisten, blieb nur ein kleiner Vorbehalt. Sie fanden, daß Kinderarbeit eine Form der Ausbeutung darstellt. Europäer haben große Mühe sich vorzustellen, daß Mädchen und Jungen, die noch keine zehn Jahre alt sind, Unkraut jäten, säen und pflanzen wie Erwachsene. Wären François und Catherine jedoch länger geblieben, hätten sie erkannt, daß diese Kinder nicht aus Zwang für ihre »Mutter« arbeiteten, im Tausch gegen den Spaziergang, den ich ihnen versprochen hatte, sondern für sich selbst, aus eigenem Vergnügen, aus Freude. Schon bald nach der Geburt nehmen Bangangté-Kinder an der Arbeit der Erwachsenen teil. Für sie ist das Feld ein Pausenhof, ein Schulzimmer, in dem sie das bäuerliche Leben, einfach das Leben, lernen. Kaum angekommen, rennen sie zu »ihrem« Beet, neugierig, wie der Mais aufgegangen ist, den sie gesät haben. Sie »spielen« Bauer, ein Spiel voller Nachahmung, immer wieder gewürzt mit Wettbewerben auf allen möglichen Gebieten.

Ich weiß ganz sicher, daß Catherine und François auch das verstehen werden, wenn sie wiederkommen – und sie werden wiederkommen.

Mein erstes Haus am Noun-Fluß war gerade noch vor der Regenzeit fertig geworden. Und ich selbst wurde wieder europäisch. Neben den Italienern von der Straßenbaufirma hatte ich viel Kontakt mit französischen, schweizerischen und deutschen Entwicklungshelfern an den Schulen in Bangangté oder in den Krankenhäusern von Bangwa und Mbo. Außerdem war eine Amerikanerin am Hof aufgetaucht, um eine Doktorarbeit über die traditionellen Heilweisen der Frauenkrankheiten zu schreiben. Da sie sich von meiner Sicht der Dinge nicht beeinflussen lassen wollte, richtete sie sich in einer alten, längst nicht mehr benutzten Hütte ein und durfte sich fast uneingeschränkt überall umsehen. Das hinderte sie jedoch nicht daran, in den acht Monaten ihres Aufenthalts an meinem Tisch und auf meiner Bank viele Nächte lang mit mir engagierte Diskussionen zu führen.

Gelegentlich erhielt ich auch Besuch von Touristen, die gerne »die weiße Frau des Häuptlingshofs« sehen wollten, wie es im »Guide bleu«, dem Reiseführer für Kamerun hieß. Ein weiteres Anzeichen für meine Rückbesinnung auf die westliche Kultur war meine Kleidung. Bei der Feldarbeit trug ich nun nicht mehr die landesüblichen Wickelkleider, sondern fühlte mich in der langen Hose wohler, wenn ich mit Hacke und Pflanzholz umzugehen oder den Bagger zu steuern hatte.

Etwa zwei Kilometer tiefer im Tal hatte ich eine neue, weit größer angelegte Pflanzung in Angriff genommen, die ich allein oder zumindest nur mit Hilfe von bezahlten Landarbeitern aus dem nahegelegenen Dorf bewirtschaften wollte. Jede meiner Mitfrauen hatte ihre Parzelle, Jeanne, die neue Königin, Lydie, die zweite Ehefrau, Rosalie, die Ehefrau vor der Thronbesteigung, Madeleine und Chantal. Wir waren, zumindest finanziell, unabhängig von unserem Ehemann, denn im Noun-Tal ernteten wir weit mehr als auf unseren kleinen Feldern am Hof, die wir dennoch nicht aufgaben.

»Unser Ehemann«, so nannten mich meine Mitfrauen und die alten Mamas halb im Spaß und halb ernst, da ich im täglichen Leben weitgehend die Rolle des Stammeshäuptlings übernommen hatte. Ich war die einzige mit einem regelmäßigen Einkommen und einem

Auto, ganz zu schweigen von meiner kleinen Unterkunft im Noun-Tal, in der wir manchmal sogar die Nacht verbrachten. In den Schulferien blieben wir sogar eine ganze Woche dort.

Im August würde Laurent wiederkommen, für immer! Diese zweite Pflanzung hatte ich ja angefangen, um sie meinen beiden Ältesten zu überlassen. Serge wollte noch etwas länger in Frankreich bleiben und später nachkommen. Diese Tausende Hektar Busch und Wald, die sanft vom Fluß zur Straße hinauf anstiegen, boten so viel Platz, daß alle Menschen, an denen mir in Frankreich und in Kamerun gelegen war, ihr eigenes Feld haben könnten.

Mit der Ankündigung, daß Laurent bleiben würde, nahm die Idee, die mir schon lange durch den Kopf ging, etwas konkretere Formen an. Eines Tages wollte ich mich am Noun niederlassen. Als ich Njiké Pokam François von der Rückkehr meines jüngeren Sohnes informierte, versuchte ich ihm auch so schonend wie möglich beizubringen, daß ich den Hof gerne verlassen würde.

»Dann bleibt mir ja wenigstens noch Laurent, mit dem ich mich unterhalten kann«, sagte er nur.

»Aber ich komme dich oft besuchen!« entgegnete ich.

Er schien sich mit meinem Auszug abzufinden. Dennoch kam er in den nächsten Tagen immer wieder auf dieses Thema zu sprechen. Offenbar glaubte er, ich wolle ihn definitiv verlassen, und ich versuchte ihm klarzumachen, daß das überhaupt nicht in meiner Absicht lag. Unser Verhältnis war wieder einmal gespannt. Ich wollte die Dinge nicht unnötig verschlimmern, denn nichts drängte mich. Ich konnte recht gut so weiterleben wie bisher, zwischen meinem Arbeitszimmer im Palast, meinem Haus im Viertel der Königin und meiner Pflanzung. Durch einen allzu demonstrativen Auszug könnte es leicht zum Krach kommen. Außerdem wollte ich ja Bangangté, das Gymnasium und den Unterricht für die Kinder des Häuptlingshofs nicht aufgeben, selbst wenn Noun inzwischen einen ebenso großen Platz in meinem Herzen einnahm wie mein Dorf und meine Kinder, Sophie, Rudolf, Serge und Laurent, aber auch Vicky, Aimé und all die anderen Kinder meines Mannes, die auch meine Kinder waren.

Schon seit einiger Zeit klagte unser Ehemann über verschiedene Wehwehchen. Es war leicht zu erraten, woher sie kamen. Ich versuchte, ihn zu einem ruhigeren Leben zu bewegen, aber er befolgte meine Ratschläge nicht. Er hörte nur auf den Ruf seines Schicksals. Letzten Endes ließ er sich dank der Überredungskunst seiner Freunde aus Bangangté – und er hatte weiß Gott genug Freunde – ins Krankenhaus in Mbo einweisen. Der Chefarzt vertraute ihn einem französischen Entwicklungshelfer, Jean-Louis, an. Er war Facharzt für Gastroenterologie und nahm kein Blatt vor den Mund:

»Ihr Mann leidet an einer fortgeschrittenen Leberzirrhose«, teilte er mir mit. »Sie kann sich noch stabilisieren, wenn er eine strenge Diät einhält.«

Jean-Louis bat mich, meinen ganzen Einfluß auf den Stammeshäuptling geltend zu machen, um ihn zu einer strikten Ernährungsweise zu bewegen. Es sei eine Frage von Leben oder Tod. Deshalb ließ ich meinem Herzen freien Lauf und sagte Njiké Pokam François schonungslos, wie es um ihn stand, hatte aber wenig Hoffnung. Von nun an entschied er allein, ob er den Kampf gegen die Krankheit aufnehmen wollte oder nicht. In den zwei Monaten, die er im Krankenhaus verbrachte, besuchte ich ihn dreimal in der Woche nachmittags und stellte fest, daß ihm seine Behandlung gut bekam. Er hatte seine Lebenskraft, seinen Humor, seine Großzügigkeit, seinen Charme und seine menschliche Wärme wiedergefunden. Als er Anfang Juli 1986 entlassen wurde, empfanden alle Mitarbeiter des Krankenhauses eine tiefe Verbundenheit und Freundschaft für ihn. Jean-Louis sprach nur noch von ihm. Ohne sich darum zu bemühen, gewann dieser Mann die Zuneigung aller.

Einen Monat später holte ich Laurent am Flughafen in Duala ab. Von vornherein erklärte er mir, daß er nicht im Hof, sondern am Noun wohnen wollte, um direkt vor Ort zu sein. Er sprudelte über vor Begeisterung und Schaffenskraft. Da das Haus der zweiten Plantage, die ich für meine beiden Ältesten angelegt hatte, noch nicht fertig war, brachte ich ihn vorerst in dem kleinen Haus unter. Außerdem teilte Laurent mir mit, daß ihm der ausgewählte Platz überhaupt nicht gefiele. Nach langem Suchen fand er endlich die ideale Stelle und machte sich daran, einen Wald zu roden, der wirklich die Bezeichnung »Urwald« verdiente. Ich selbst hätte nie den Mut gehabt, ein solches Werk in Angriff zu nehmen, aber ich hütete mich wohl, ihn davon abbringen zu wollen. Schließlich war es sein Werk, sein Leben, das er sich aufbaute. Ein bißchen überrascht war ich aber schon, als er ankündigte, daß sein künftiges Haus rund sein würde.

»Und wie machst du das mit dem Dach?«

»Nichts leichter als das. Ich schlage die Wellbleche flach und passe sie der Form des Dachstuhls an.«

Und so geschah es! Nach einer Zeit des Zurechtfindens und des Lernens machte er sich auch an die Bearbeitung der Felder. Er pflanzte Obstbäume, machte sich mit Gemüseanbau vertraut und kümmerte sich um den Gemüsegarten für die Kantine der Straßenbaufirma.

Geh nur, Laurent, geh du nur mit den Schritten eines Mannes, eines freien Mannes, mit deinen Schritten, die ihren tiefen Abdruck in meiner Heimaterde hinterlassen.

In den Weihnachtsferien erlebte Njiké Pokam François eine große Genugtuung: Eine meiner Cousinen und ihr Mann kamen zu Besuch nach Bangangté. Für meinen Mann war das, als hätte ihn meine französische Familie endlich anerkannt, nachdem sie ihn so lange abgelehnt und verteufelt hatte. Er empfing sie voll Freude und Freundschaft und überhäufte sie mit Geschenken.

Doch meine Cousine brachte mir schlechte Nachrichten. Mein Vater hatte Lungenkrebs im fortgeschrittenen Stadium. Es bestand keine Hoffnung mehr, denn er war schon fünfundsiebzig. Von Mireille und aus seinen eigenen Briefen wußte ich, daß er unter starken Atembeschwerden litt. Er selbst wußte nichts über seinen wahren Zustand; er glaubte, er habe eine Pilzerkrankung.

Seit Mamas Tod schrieben wir uns regelmäßig. Er war so stolz auf die Trauerfeierlichkeiten, die die Menschen in Bangangté seiner Frau bereitet hatten. Jedem, der sie hören wollte, spielte er die Aufzeichnungen vor, die ich ihm geschickt hatte. Ich glaube, er hatte verstanden, daß diese Zeremonien, diese Reden, diese ernstgemeinten und ergreifenden Lobgesänge nicht nur seiner Frau galten, sondern ihnen beiden: Monsieur und Madame Bergeret, Vater und Mutter von Mfetom.

»Wie ich diesen Ort liebe, ein wahres Geschenk des Himmels.«

Diese Worte murmelte ich leise vor mich hin, während ich durch die afrikanische Nacht fuhr. Auf beiden Seiten der Strecke wirkte das hohe Gras wie eine wogende Mauer. Ich fuhr Schlangenlinien, um den unzähligen Schlaglöchern und Steinen auszuweichen.

Anfang Januar hatte mein Mann mir angekündigt, er wolle nach Duala fahren, um einige Probleme in der Gemeinde der Bangangté zu regeln.

»Was soll ich dir aus Duala mitbringen?«

»Eine Wasserpumpe. Ich möchte den Gemüsegarten im Noun-Tal vergrößern. Mit unseren Gießkannen und Eimern schaffen wir es nicht mehr.«

Eine Woche später kam er mit zwei Pumpen zurück, eine für mich und eine für ihn, denn er wollte sich nun auch im Gemüseanbau versuchen. Außerdem hatte er sich eine Kettensäge gekauft in der Absicht, ein großes Stück Urwald hinter Laurents Land zu roden. Die Anwesenheit und Energie meines Sohnes, unseres Sohnes, inspirierte ihn offenbar zu neuen Taten.

Die Erschließung des Noun-Tals durch die verschiedenen Projekte machte gute Fortschritte. Die Arbeiten gingen mit Riesenschritten voran, die Pflanzungen entwickelten sich prächtig, und allmählich ließen sich die Menschen in dieser weiten Steppenlandschaft mit ihren Bäumen und Flußläufen nieder.

Und doch, was würden die Menschen in einem Flugzeug, hoch oben über dem Tal am sternenübersäten afrikanischen Himmel, über das kleine Licht meiner Scheinwerfer denken, das sich hier unten in dieser schwarzen Grenzenlosigkeit langsam bewegte? Es war neun Uhr abends, ich war auf dem Weg zu Laurent, um ihm Lebensmittel zu bringen. Tagsüber hatte ich so viel zu erledigen gehabt, daß ich keine Zeit für ihn gefunden hatte. Ich wollte draußen vor meinem Feld übernachten und am frühen Morgen direkt in die Schule fahren.

Es machte mir Freude, nachts zu fahren, ich ließ meine Gedanken schweifen, überlegte mir neue Projekte und hing meinen Zukunftsträumen nach. Hier draußen erschienen mir meine kleinen Eheprobleme ziemlich lächerlich. In einer Wohnung in Aix oder Paris hätten sie mein gesamtes Blickfeld getrübt. Doch mitten im Noun-Tal waren sie unbedeutend, ein ganz kurzer unangenehmer Moment, bevor ich wieder die kräftige, reine und leichte Luft atmen konnte, die meine Lungen mit Leben füllte. Und morgen früh würde sich mein Blick wieder in der grünen Grenzenlosigkeit verlieren.

Diese Welt war wirklich unbeschreiblich. Dort drüben, weit weg, drängten sich die Massen auf wenigen hundert Metern zusammen, ohne sich zu sehen, ohne miteinander zu reden. Und hier waren wir so wenige und kannten uns so gut, obwohl wir auf Tausende Hektar verstreut in einem Reich ohne König lebten, begrenzt lediglich durch den Fluß dort unten, durch die Straße weiter oben und … ganz einfach überall durch die Natur. Es gab nicht einmal richtige Grenzsteine, nur den Busch. Trotzdem fühlte ich mich nie allein. Manchmal mußte ich mitten in dieser Wüste wegen einer Autopanne, eines platten Reifens oder eines anderen Problems anhalten. Es dauerte nie lange, bis ein Mann, eine Frau oder ein Kind aus dem Steppengras auftauchte, um mir Hilfe anzubieten. Am nächsten Tag wußte jeder im Tal bis ins kleinste Detail von dem unbedeutenden Vorfall.

Ich kam in der Nähe des schlafenden Mbororo-Lagers vorbei. Wie jedes Jahr waren sie Anfang Dezember mit ihren buckligen Langhornrindern aus dem weit entfernten Norden gekommen. Seit Jahrhunderten war das Tal ihr Weideland in der Trockenzeit. Der Bach und der Fluß boten Tränken für ihre Herden. Doch waren nicht alle Nomaden, einige blieben manchmal zehn Jahre, bevor sie mit ihrer Familie wieder in den Norden Kameruns zogen. Diese großen, schlanken, sanft lächelnden und geheimnisumwitterten Viehzüchter lebten nicht weit von hier in ihren runden, strohgedeckten Lehmhütten. Laurent war mit ihnen befreundet. Sie hatten ihn gebeten, ihnen Französisch beizubringen, denn bis jetzt konnten sie außer ihrer eigenen Mundart nur Arabisch lesen und schreiben, das sie in der Koranschule gelernt hatten. Inzwischen war es aber leichter, ihre Rinder in der Westprovinz zu verkaufen, zumindest die Tiere, die sie abzugeben bereit waren, denn aus ästhetischen oder emotionalen Gründen behielten sie manchmal bestimmte Kühe ihr Leben lang.

Vielleicht würde auch ich eines Tages meine Herde auf einem Hang des Tals weiden lassen. Inzwischen hatte ich aber so viele andere Projekte und andere Träume. Seit fast zwölf Jahren war ich »ins Dorf« zurückgekehrt, seit fast neun Jahren war ich mit dem Stammeshäuptling verheiratet.

Plötzlich tauchte hinter einer Kurve ein Panther im Scheinwerferlicht auf. Instinktiv trat ich auf die Bremse. Er ging langsam und geschmeidig, fast träge. Es sah aus, als wolle er mir als Nachttier den Weg weisen.

Wieso hast du es so eilig, Ntechun? Du wirst noch früh genug nach Hause kommen.

Langsam folgte ich ihm, staunte über die kraftvolle und feingliedrige Schönheit der Katze mit dem schwarzgefleckten goldenen Fell. Aber ich bin ein Mensch, kein Panther, ich hatte noch anderes zu tun und konnte nicht die ganze Nacht in Schrittgeschwindigkeit die Straße entlang fahren. Laurent wartete auf mich, er würde sich Sorgen machen. Ich ließ den Motor kurz aufheulen, und mit einem Satz war das Raubtier im Steppengras verschwunden.

Gleich bei meiner Rückkehr zum Hof am nächsten Tag erzählte ich meinem Mann von dieser magischen Empfindung beim Anblick dieser perfekten Schönheit, die das nächtliche Erscheinen der Großkatze in mir ausgelöst hatte.

»Du mußt dich irren«, erwiderte er schroff. »In dieser Gegend gibt es seit langem keine Panther mehr.«

Ich konnte mir überhaupt nicht erklären, warum diese Geschichte ihn so wütend machte. Aber wozu die Dinge verschlimmern? Ich beharrte lieber nicht darauf und ging anderen Beschäftigungen nach.

Am nächsten Tag, einem Samstag, fuhr ich wie üblich mit der ganzen Kinderschar und Chantal, Lydie und Rosalie übers Wochenende ins Noun-Tal. Zwei herrliche Tage der Arbeit, des Lachens, Singens und des Essens nach Belieben mit großem Appetit.

Am Montagmorgen um sechs Uhr brachte ich die Kinder in die Schule; ich wollte nicht zu spät ins Gymnasium kommen. Wir waren gerade abfahrbereit, als am Ende des Weges ein Auto auftauchte. Es waren Monsieur Jean und ein Diener, sie nahmen mich beiseite:

»Der Häuptling wurde gestern abend nach Bangwa ins Krankenhaus gebracht«, sagten sie mit leiser Stimme. »Er hat die ganze Nacht nach dir verlangt. Du mußt sofort mitkommen. Er spuckt Blut.«

Plötzlich fühlte ich Beklemmung in mir aufsteigen, und mein Gehirn stand fast still. Trotzdem mußte ich mich bewegen, mußte handeln. Wie lange ich wohl so dastand vor meinem Haus? Die Männer blickten mich an. Endlich gelang es mir herauszubringen:

»Fahrt schon vor. Ich bin in einer Stunde in Bangwa.«

Ich mußte wenigstens vorher noch meinen Mitfrauen auf ihren Feldern oder in ihren Zimmern Bescheid geben und sie zum Hof zurückbringen, damit sie sich bereithielten. Die Kinder durften nicht zu spät zur Schule kommen, und das Gymnasium mußte informiert werden, daß ich nicht kommen konnte. Laurent mußte ich sagen, daß... Gerade wollte ich reagieren, als die englischsprechenden Männer von der Plantage des Stammesführers kamen.

»Wir möchten die Kettensäge abholen. Wir fangen heute mit den großen Bäumen an...«

»Später, später! Hört auf zu arbeiten, bis ich es euch sage.«

Wie sollten sie denn bezahlt werden, wenn er... Ich schob alle ins Auto, und schon kletterte der Wagen die Sandpiste hinauf. Es war still. Dann die asphaltierte Straße, der Häuptlingshof, die Schule, endlich Bangwa und die steile Allee hinauf. Njiké Pokam François lag in der Notaufnahme; außer mir hatte niemand Zutritt. Die Krankenpfleger ließen mich hinein.

Jonas, der Arzt aus dem Tschad, und einer seiner besten Freunde, kämpfte gegen die Krankheit mit Spritzen und Infusionen.

»Blutung in der Speiseröhre«, murmelte er mir zu. »Gerade hat das Erbrechen wieder eingesetzt.«

Mein Mann bewegte sich unruhig, fast hätte er die Schläuche herausgerissen. Ich faßte seine Gelenke und drückte sie aufs Bett. Er öffnete die Augen und sah mich an:

»Meine Freundin, endlich bist du da.«

Nur nicht weinen, jetzt nur nicht weinen. Er fuhr fort:

»Das ist das Ende, ich fühle es.«

Ich konnte nichts sagen, sonst wäre ich in Schluchzen ausgebrochen. Also fixierte ich meinen Blick auf die präzisen Bewegungen von Jonas, bis – endlich – die Blutung gestillt war und der Stammesführer einschlief. Später kamen Matcha und Monsieur Jean, um ihm Blut zu spenden.

Drei Tage und drei Nächte blieb ich an seinem Bett. Am nächsten Morgen hatte er sich ein wenig erholt, und ich erklärte ihm, ich wolle Chantal holen, damit sie mich ablöst, am Häuptlingshof nach dem Rechten sehen und einen Sprung bis zur Plantage machen, weil Laurent dort allein und seit meiner Abfahrt nach Bangwa ohne Transportmittel zurückgeblieben war.

In der Nacht rollte mein Wagen vorsichtig die Sandpiste zum Noun hinunter. Eine Woche nach seinem ersten Erscheinen, fast zur gleichen Zeit und am selben Ort tauchte der Panther mit seinem eleganten Schritt wieder im Licht meiner Scheinwerfer auf.

Die folgenden Tage verbrachte ich wieder im Krankenhaus. Njiké Pokam François konnte nun aufstehen und fühlte sich sogar stark genug, wieder nach Bangangté zurückzukehren. Sein Zustand war nicht mehr beunruhigend, so daß ich den Sonntag auf der Pflanzung verbringen konnte. Mitten in der Trockenzeit mußten Gemüse- und Blumengarten unbedingt gegossen werden. Deshalb blieb ich die Nacht von Samstag auf Sonntag mit den Kindern des Hofs im Tal. Am nächsten Morgen stand der Fahrer meines Mannes vor mir, um mich abzuholen. Ich mußte dringend zum Hof zurückfahren, allein. Vor dem Palast wartete Lydie auf mich:

»Schau doch mal«, sagte sie.

Sie zog mich ins Bad. In der Wanne lagen die blutbefleckten Leintücher, die gerade gebracht worden waren.

»Die Ambulanz der Straßenbaufirma bringt ihn gerade nach Jaundé«, erklärte mir meine Mitfrau. »Chantal ist mit ihm gefahren.«

Diesmal war ich mir sicher, unseren Ehemann nicht mehr wiederzusehen. Ich kehrte ins Noun-Tal zurück, holte die Kinder und informierte Laurent, daß ich den Hof in den nächsten Wochen wahrscheinlich nicht verlassen könne. Als ich gerade meine kleine Schar um mich versammelte hatte, kam erneut der Fahrer auf mich zu. Er brauchte nichts zu sagen. Es war fast vier Uhr nachmittags, am Sonntag, den 7. Februar 1987.

Ich fuhr hinter dem Auto des Fahrers her. Dann verließen wir die Straße und folgten der roten Sandpiste, die sich durch die Felder zum Häuptlingshof zog. Schon tauchten die ersten Häuser auf, die Menschenmenge wurde zunehmend dichter. Offensichtlich wußten die Menschen bereits, was geschehen war. Sie hielten den Kopf mit beiden Händen, weinten oder schrien. Die Älteren hatten keine Tränen, sie blickten ernst und traurig.

Dieser Morgen der Verzweiflung war völlig anders als der Tag, an dem die Königin, meine liebe Rose, gestorben war. Es gab keine Ordnung, kein Versammeln am Ort der Trauer. Ganz im Gegenteil, es sah aus wie ein Ameisenhaufen, alle liefen ohne erkennbaren Sinn in größter Verwirrung durcheinander.

Wohin sich wenden, nun, da das Stammesoberhaupt gestorben, der *baobab* gefallen war? Alles war zusammengebrochen. Jetzt mußte erst ein neuer Trieb hervorgebracht werden, und wie würde die Zukunft aussehen?

In diesem unbeschreiblichen Chaos ging ich langsam die Allee hinunter und bahnte mir, so gut es ging, einen Weg. Überall waren Polizisten, die Fenster und Türen des Palastes waren geschlossen und versiegelt. Auch hier in diesem haarsträubenden Durcheinander weinten manche, andere überhaupt nicht, viele gaben ihrem Schmerz durch Murmeln Ausdruck, wieder andere blieben still. Ein paar Mitfrauen hatten sich die Kleider vom Leib gerissen. War das Lamm schon geschlagen worden, so kurz nach der Rückführung des Toten? Eigentlich darf beim Tod eines Häuptlings niemand weinen, solange nicht das Signal gegeben wurde. Und dieses Signal war das herzzerreißende Blöken eines Lamms, das geschlagen wurde. Später erfuhr ich, daß viele nicht gewartet hatten, weil sie die Überlieferung vergessen hatten oder weil sie ihren Schmerz nicht länger zurückhalten konnten. Um diese Verfehlung wettzumachen, mußten sie in der folgenden Nacht eine Prise von einem bestimmten Pulver, gemischt mit etwas Palmöl, aus der hohlen Hand lecken. Dies soll daran erinnern, daß man immer die Regeln zu beachten hat, die dazu beitragen, den Zusammenhalt eines Volkes zu stärken. Viele von uns leckten das Pulver, auch ich.

Als Chantal heulend in Fetzen herbeistürzte, konnte ich meine Tränen nicht zurückhalten. Sie umarmte mich laut schluchzend und zog mich neben sich auf den Boden.

»Unser Mann«, sagte sie, »ist bereits in der Grabhütte seiner Vorfahren beigesetzt worden. In der Ambulanz hat er mich zu sich hinuntergezogen und gemurmelt: Sag Claude auf Wiedersehen. Dann hat er das Bewußtsein verloren.«

Da brach meine ganze Trauer heraus, die Tränen flossen unaufhörlich. Ich beweinte die Liebe meines Lebens, aber auch etwas völlig Undefinierbares, Tieferes in meinem Körper und in meiner Seele – *ngô gha bagte*, »das Land ist zerstört«.

Nach einiger Zeit erhob ich mich und lehnte mich an eine Säule am Eingang des Palasts. Dort stand ich und betrachtete dieses Gewimmel der Hoffnungslosigkeit. Plötzlich schoß mir ein Gedanke mit solcher Heftigkeit durch den Kopf, daß ich laut vor mich hin sagte:

»Bald werde ich hier meinen Platz verlieren.«

Der Bürgermeister von Bangangté und der Präfekt traten auf mich zu und forderten mich auf, mich zu den anderen Witwen zu setzen. Ich lehnte ab und tauchte in der Menge unter. Anonym wollte ich jetzt werden, in all dem, was nun kommen würde, keine Rolle mehr zu spielen haben. Ich war aus Liebe zu Njiké Pokam François an den Hof gekommen, aus Liebe zu dem Leben, das man dort führte. Aber jetzt, in diesem Augenblick, wenige Stunden nach dem Tod meines Ehemanns, fühlte ich bereits, daß ich hier nicht mehr zu Hause war. Ich wollte nicht bei meinen Mitfrauen und den alten Mamas sein, die zusammengedrängt in einer Ecke saßen. Mein Platz war nicht mehr unter ihnen.

Ich ließ mich in der Menge treiben, begegnete bekannten und unbekannten, schwarzen und weißen Gesichtern wie dem von Giovanni, einem Italiener, der erschüttert ständig wiederholte, er habe seinen besten Freund verloren. Zufällig im Vorübergehen hörte ich Gespräche:

»Ein so dynamischer Mann … Warum hat ihn Gott so früh zu sich gerufen? Er war erst vierzig und hatte noch viele Dinge zu erledigen … Seine armen Kinder, die er noch so klein hinterläßt …«

Unsere Kinder, Sophie, Rudolf, alle unsere Kinder, Aimé, Vicky, Claude-Zwilling und die anderen, die ganze kleine turbulente Horde des Lehrzimmers im Palast. Von nun an träumte ich von der Zukunft, vom Noun und all denen, die mich »Mutter« nannten.

Die Straßenbaufirma hatte auf dem Marktplatz des Hofs in der Zentralallee und vor dem Palast starke Scheinwerfer aufgebaut, die alles taghell erleuchteten. Der Generator brummte ununterbrochen. Unsere italienischen Freunde erwiesen dem Stammeshäuptling in dieser Form die letzte Ehre, doch fürchteten sie zweifellos auch, daß es bei einer solchen Menschenmenge im Dunkeln leicht zu Unfällen kommen könnte. Diese anhaltende Beleuchtung war für die Kinder wie ein Fest, sie waren noch zu jung, die Tragödie zu erfassen. Es gab keinen Tag mehr und keine Nacht, sie liefen überall herum, schliefen nicht mehr, aßen und spielten zu jeder beliebigen Tages- und Nachtzeit.

Von überall strömten die Bangangté herbei, aus Jaundé, aus Douala und noch viel weiter. Die Straße, die durch die Stadt zum Hügel des Häuptlingshofs hinaufführte, war nur noch ein langes Band von Fahrzeugen, die inmitten der Fußgänger und Zweiräder Schritt fuhren und den roten Staub aufwirbelten. Es kamen immer mehr, Tag und Nacht.

In den Hütten entlang der Allee hatten sich die Geheimbünde eingerichtet. Dort wurde meditiert, Palmwein getrunken, geredet, vielleicht auch geschlafen. Plötzlich hatte jemand das Bedürfnis, seine Ratlosigkeit zum Ausdruck zu bringen, seinen nicht zu unterdrückenden Kummer spontan zu singen und zu tanzen, ohne Ordnung, ohne Riten. Und schon erhoben sich aus der einen oder anderen Hütte Stimmen und das Trommeln der Tamtams. Oft stimmten alle mit ein, manchmal auch nur wenige. Dann wurde es still, bevor sich wieder der Schmerz eines verwaisten Bangangté zu seinem Oberhaupt erhob, zum Vater der Bangangté.

Ich selbst hatte mich in mein Haus im Viertel der Königin zurückgezogen. Viele Menschen kamen, um mir ihr Beileid auszusprechen, Freunde natürlich, Bekannte, aber auch Menschen, die ich noch nie gesehen hatte. Andere behaupteten, mich gut zu kennen. Vielleicht stimmte es, vielleicht auch nicht, wozu widersprechen? Und zuletzt kamen auch die Neugierigen:

»Ich habe erfahren, daß du kurz vor seinem Tod einen Panther gesehen hast. Stimmt das?«

»Ja, auf der Strecke ins Noun-Tal. Doch am nächsten Tag sagte mein Mann, ich müsse mich geirrt haben.«

»Weißt du, Ntechun, du hast wirklich einen Panther gesehen. Sein Totem wußte, daß der Stammeshäuptling sterben würde, und wollte es dir, die über der Königin steht, ankündigen.«

Sobald sich eine Gelegenheit bot, stellte ich klar, daß ich den Hof verlassen würde, unabhängig davon, wer der Nachfolger meines Mannes wurde, und daß ich die Trauerrituale, denen sich die Witwen zu unterziehen hatten, nicht mitmachen wollte. »Ich habe einen Mann geheiratet, keine Dynastie«, wiederholte ich immer wieder.

Der Rat der Neun, die Weisen, die Diener und die benachbarten Häuptlinge mußten so eindeutig wie möglich darüber informiert werden. Andererseits wollte ich auch nicht den Eindruck der Flucht erwecken. Ich würde meinen Augenblick wählen, rechtzeitig.

Eine Woche nach dem Tod des Stammesoberhaupts nahm ich an den offiziellen Trauerfeierlichkeiten teil, die für die zivilen und kirchlichen Behörden und die nach europäischem Stil lebenden Bangangté stattfanden. Dies war meine Art, Njiké Pokam François Lebewohl zu sagen, vor allen Würdenträgern. Doch im Innersten meines Herzens wußte ich, daß ich meinem Mann schon vor langer Zeit auf Wiedersehen gesagt hatte. Lange vor seinem Tod hatte uns das Schicksal getrennt. Warum? Ich weiß es immer noch nicht. Aber ich weiß, daß wir uns immer geliebt und geachtet haben, bis zum

Schluß. An der Seite der fünf letzten Ehefrauen, die noch übrig geblieben waren, sah ich den Sarg vorbeiziehen, in dem nur ein Bananenstamm ruhte. Und die Menge, die riesige Menschenmenge dahinter, überflutete die Hügel von Bangangté wie ein Meer.

Eine weitere lange und erschöpfende Woche verging in Ratlosigkeit. Man hätte meinen können, das Land zögere, zerspringe wie die Erde unter der brennenden Februarsonne. Der Trommelwirbel der Tamtams aus den Hütten der Geheimbünde dröhnte noch lange nach Eintritt der Stille in unseren Köpfen. Eines Morgens wurden die siebzehn Kinder des verstorbenen Stammesführers, auch Sophie und Rudolf, auf dem Platz vor dem Palast zusammengerufen. Ich blieb im Schatten meiner Veranda, denn das alles betraf mich nicht mehr. Plötzlich ertönten schrille Schreie, ein ohrenbetäubender Lärm als brülle die ganze Gegend. Dann stieg dort unten an der Allee eine riesige rote Staubwolke auf, die sich zum Eingang bewegte. Kaum eine Minute später herrschte wieder Ruhe.

Sie müssen verrückt sein, bei dieser Hitze so zu schreien und herumzurennen, dachte ich. Was am Hof geschah, interessierte mich nun nicht mehr. Fast amüsierte es mich wie eine Mutter, die ihren Kindern beim Kriegspielen zuschaut.

Der neue Stammesführer war »gefangen« und ins *lakwa* gebracht worden. Nachdem die Menge die Palastumfriedung verlassen hatte, wandte sie sich nach rechts und kehrte dann zu jenem ersten provisorischen Häuptlingshof zurück, der etwas tiefer am Hang lag. Ein Bagger hatte sogar den Pfad verbreitert, damit ihn die Autos der Würdenträger problemlos erreichen konnten. Dort würde der neue Stammesführer neun Wochen lang bleiben. Ich wußte noch immer nicht, wer durch das Zepter des Balengou-Häuptlings bestimmt worden war.

Mehrere Menschen kamen angelaufen:

»Mama, Mama, sie haben Sophie gefangen. Sie hat geweint, sie hat so sehr geweint ...«

Das Blut gefror mir in den Adern. Sophie gefangen, entführt von dieser rasenden Menge, ins *lakwa* gebracht, warum denn? Sie war erst neun, ein Kind noch. Ich schaute die Kleine an, die mir die Nachricht gebracht hatte, eine Halbschwester meiner Tochter, fast im gleichen Alter. Sie hatte schreckliche Angst. Inzwischen kamen auch einige Erwachsene, ebenso entsetzt, als hätte uns eine schreckliche Katastrophe ereilt, als sei mein Kind tot. Sie redeten alle gleichzeitig:

»Sie hatte solche Angst. Sie haben auch Vicky und Aimé gefangen...«

Meine kleinen Schülerinnen aus dem Schulsaal des Palastes, meine Kinder des Noun-Tals...

»Der neue Stammeshäuptling... ist Seydou!«

Ein jüngerer Bruder meines Mannes, Diplomlandwirt. War er nun der Regent, der Häuptling? Ich wußte es nicht, es war nicht mehr meine Sache. Aber meine Sache war Sophie, meine kleine Tochter. Ein stechender Schmerz durchzuckte meinen Körper. Warum sie? Zweieinhalb Monate würde ich sie nicht wiedersehen. In welchem Zustand bekäme ich sie zurück? Wollten sie mich treffen, weil ich beschlossen hatte, sie zu verlassen, wieder frei zu sein?

Ich mußte mich erst beruhigen, mich zur Vernunft bringen, bei klarem Verstand bleiben. Vor allem durfte ich nicht in die allgemeine Panik verfallen. Also brüllte ich mit meiner ganzen Autorität:

»Seid ruhig, seid alle ruhig!«

Ich sprach ruhig, sanft, vernünftig mit ihnen. Ich war die Mutter, Sophie war als *menko*, sozusagen als Blutsprinzessin, gefangen worden. Eigentlich konnte ihr nichts Schlimmes geschehen. Die Gesetze, die im Bamiléké-Land die Erbfolge regeln, sind streng, verhindern jedes Risiko der Blutsverwandtschaft und schützen vor allem die Kinder. Und ihre beiden Halbgeschwister, Vicky und Aimé, würden die Titel *nkwebo* und *tàmfem* erhalten. Nach dieser Zeit der Einführung würden sie wieder zu uns zurückkehren.

Meine Freunde beruhigten sich, ich auch. Natürlich würden mir diese zweieinhalb Monate ohne Sophie lang vorkommen. Aber absichtlich würde ihr niemand weh tun. Ich konnte nichts daran ändern. Schließlich war es ihr Leben, das Leben dieser kleinen Person. Ich mußte das respektieren und durfte mich nicht einmischen. Vor ihr hatten schon andere diese Bräuche, die ich mir sehr beschwerlich vorstellte, überstanden. Warum nicht auch Sophie? Wenn sie nicht stark genug war für diese Prüfung, wäre das meine Schuld, denn dann war ich nicht in der Lage gewesen, ihr durch meine Erziehung das Umfeld, in dem sie lebte, verständlich zu machen. Wozu also klagen?

Am Tag nach dem »Einfangen« des neuen Stammeshäuptlings mußten sich die Witwen vor dem zweiten Portal einfinden. Sie saßen in einer Reihe, rasiert, durften sich nicht waschen und hatten die Mahlzeiten, die ihnen ihre Familien brachten, aus einer Tonscherbe zu essen. Während dieser neun Wochen im *lakwa* mußten sie in den kleinen Bambushäuschen am zweiten Portal schlafen. Die Mutter des neuen Stammesführers ließ mich rufen und bat mich, neben den fünf anderen Platz zu nehmen.

»Bleib nur drei Tage da«, verlangte sie.

»Warum drei Tage? Du glaubst wohl, ich kenne den Brauch nicht? Drei Tage, wie die Ehefrauen, deren Kind als Säugling gestorben ist? Meine Kinder leben. Das kommt überhaupt nicht in Frage.«

Noch einmal versuchte ich, in aller Ruhe meine Position zu erklären. Zu Lebzeiten meines Mannes hatte ich getan, was zu tun war, aus Liebe zu ihm und zu meinem Heim.

»Jetzt ist er tot, ist nicht mehr da, sieht mich nicht mehr.«

»Aber mit den anderen Frauen zu gehen ist Teil der Trauer, du mußt dich für ihn diesem Ritual beugen.«

»Für ihn? Nein, für die Schaulustigen!«

Jetzt war es klar genug. Sie bestand nicht mehr darauf. In den ersten Tagen nach dem Tod von Njiké Pokam François wusch ich mich nicht, wie die anderen Ehefrauen, um jede Provokation zu vermeiden. Aber Matcha, die mir oft Gesellschaft leistete, riet mir:

»Wasch dich doch hinter deinem Haus. Solange dich niemand sieht...«

Sie hatte recht. Mein Mann hatte das auch immer gesagt – solange dich niemand sieht... Rituale und Tabus müssen unter den Augen der Öffentlichkeit erfüllt werden, denn sie stellen Bindungen dar, Gesetze, die dazu dienen, den Zusammenhalt zu festigen. Matcha brauchte mich nicht lange zu überreden. Von da an und bis zum Ende meines Aufenthalts am Häuptlingshof seifte ich mich heimlich hinter dem Haus ab und zog dann meine schmutzigen Kleider wieder an – und keiner hat es gesehen. Ich verbrachte noch einen Monat am Hof. Das gesamte Leben hatte sich zum *lakwa* verlagert, und auch dort begann es wieder zu pulsieren, denn man war eifrig dabei, die etwas komfortableren Hütten des *lankam* zu errichten. Der große Häuptlingshof selbst dämmerte noch im Halbschlaf dahin. Man hätte glauben können, daß nur noch meine fünf Mitfrauen da waren, die halbnackt vor den kleinen Hütten am zweiten Portal saßen. Alle anderen Frauen hatten, eine nach der anderen, den Hof lange vor dem Tod unseres Ehemanns verlassen.

Eine Wächterin begleitete die fünf Hinterbliebenen, wenn sie ihre Notdurft verrichten wollten, um aufzupassen, daß sie nicht mit Wasser in Berührung kamen. Vor Angst, jemand könnte sie mit einem Fluch belegen, trennten sich die Witwen nie von ihrem Korb, in dem sie ihre Haare aufbewahrten. Man hatte ihnen ihre Plätze nach Zugehörigkeit zum Hof oder nach ihrem Rang in der Hierarchie zugewiesen. Chantal hatte als einzige ein Gewehr neben sich liegen. Sie durfte es keinen Moment aus den Augen verlieren, selbst wenn sie nur kurz aufstand, um ihre Notdurft zu verrichten. Wozu ein Gewehr? Weil sie Nina auf die Welt gebracht hatte, das letzte Kind des Stammesführers, erklärte man mir. Ich konnte zwar den Zusammenhang nicht erkennen, aber bitte …

Ich half ihnen, wo ich nur konnte, vor allem finanziell, kochte für sie, leistete ihnen Gesellschaft und empfing ihre Familien. Chantals Mutter kam regelmäßig und kochte ihre Mahlzeiten in meinem Haus im Wohnviertel der Königin. Wir trugen beide dazu bei, ihnen diese schwere Zeit so gut wie möglich zu erleichtern.

Ich selbst schickte Pakete an Sophie, Aimé und Vicky, die im *lakwa* wohnten, und sie erinnern sich alle drei noch heute an die Leckerbissen, die ich ihnen zukommen ließ. Später erfuhr ich von meiner Tochter, daß ihre Zeit in dem kleinen Häuptlingshof sehr angenehm verlaufen war, daß sie sogar viel Spaß gehabt hatten.

Mein Zuhause am Fluss

Einen Monat später übersiedelte ich ins Noun-Tal, vor aller Augen und am hellichten Tag. Ich brachte meine Sachen, vor allem meinen großen Tisch und meine Bänke, hinüber. Nur meine Küchengeräte ließ ich zurück, damit die Familien der Witwen weiterhin in meinem Haus Essen für meine Mitfrauen kochen konnten. Eineinhalb Monate mußten sie noch ausharren, bevor endlich bewiesen war, daß sie unseren Ehemann nicht getötet hatten.

Wenige Tage nach meinem Umzug holte mich ein Diener zurück an den Hof. Meine Schwester Mireille hatte aus Frankreich angerufen. Der neue Stammeshäuptling erlaubte mir, sein Telefon zu benutzen.

Ich hatte es schon geahnt: Papa war gestorben. Ich war nicht einmal traurig, als ich nach Bangangté zurückfuhr, denn ich hatte seit langem gewußt, daß sein Zustand hoffnungslos war. Aber ich liebte meinen Vater noch immer mit der gleichen Intensität, mit der ich ihn immer geliebt hatte, selbst wenn wir uns stritten. Er war für mich ein Vorbild, daran hatte sich nichts geändert. Wie er habe ich immer versucht, ehrlich zu mir selbst zu stehen und mein Bestes zu geben. Nein, traurig war ich nicht, in meinen Gedanken lebte er weiter, für immer. Er hatte sich für eine einzige Religion entschieden, und das konnte und wollte ich nie. Vielleicht war das der einzige Punkt, in dem wir nicht übereinstimmten.

Das Haus des neuen Stammesoberhaupts lag in der Nähe des Marktplatzes. Es dauerte nicht lange, bis ich Mireille am Apparat hatte. Sie berichtete, daß Papa bis zum Schluß bei klarem Verstand gewesen war.

»Am vorletzten Tag hat er dir noch geschrieben. Ich habe den Brief zur Post gebracht.«

Als ich auflegte, verging mir rasch das Weinen, denn ich sah nur Augen, denen mein Schmerz gleichgültig war, neugierige, vielleicht ein bißchen feindselige Blicke. Ich ging hinüber zum Häuptlingshof, um meinen Mitfrauen, die noch immer vor dem zweiten Portal saßen, diesen neuen Trauerfall mitzuteilen. Doch auch hier schlug mir nur Gleichgültigkeit entgegen. Egal, ich wollte sowieso mit niemandem reden. Ich wollte nach Hause, zum Noun.

Es sah so aus, als hätte Bangangté Monsieur Bergeret vergessen. Selbst die Kirche unternahm nichts. Offenbar waren alle der Meinung, daß die Trauerfeierlichkeiten für meinen Vater gleichzeitig mit denen meiner Mutter vor zwei Jahren stattgefunden hatten. Im Grunde waren meinem Vater dank der Kassetten, die ich aufgezeichnet hatte, die Freude und das Privileg zuteil geworden, seine eigenen Grabreden zu hören und an seiner eigenen Beerdigung teilzunehmen.

Sein letzter Brief traf erst drei Wochen nach seinem Tod ein. Darin drückte er seine Freude darüber aus, daß ich den Hof verlassen hatte. Aber er machte sich große Sorgen um Sophie. Er war stolz auf Laurent und glücklich, daß wir zusammen waren. Am Schluß klang jedoch Besorgnis an:

»Mir scheint, der Status der Frauen von Stammesoberhäuptern hat sich gewandelt, seit ich Kamerun verlassen habe. Sei trotzdem aufmerksam, achte auf dich und deine Kinder, und nimm dich vor bösen Zungen in acht. Ich befürchte, daß nicht alle die Art und Weise, wie du aus dem Häuptlingshof ausgezogen bist, gutheißen. Schreib mir oft, ich werde alles tun, um dir zu helfen.«

Auch lange nach seinem Tod hilft mir Papa immer noch.

Am Ende der neun Wochen zog der neue Stammeshäuptling endlich in den *lankam* um, und ich bekam Sophie zurück. Sie hatte die lange Zeit der Initiation gut überstanden. Obwohl man mir sichtlich mißtraute, machte mir niemand Schwierigkeiten. Man wartete aber, welche Haltung der neue Stammesführer mir gegenüber einnehmen würde.

Ich suchte ihn in seiner vorläufigen Residenz auf, um ihm unter vier Augen meinen Standpunkt darzulegen. Früher wäre es für mich nicht möglich gewesen, ins *lakwa* zu gehen. Das war den Witwen, die mit dem vorhergehenden Stammeshäuptling Kinder gezeugt hatten, untersagt. Nun aber erklärte ich ihm ohne Umschweife, daß ich lange vor dem Tod meines Mannes beschlossen hätte, seinen Nachfolger nicht zu heiraten, falls Njiké Pokam François vor mir sterben sollte, obwohl die Sitten das verlangten. Und wieder einmal machte ich deutlich, daß ich einen Mann geheiratet hatte, keine Dynastie. Die Unterhaltung war schwierig, an einigen Stellen angespannt, dann wieder freundlich, fast herzlich. Ob er mein Verhalten billigte, weiß ich nicht, auf jeden Fall ließ er mich mit Sophie gehen. Bis November 1992 stattete ich ihm immer wieder Höflichkeitsbesuche ab.

Ein weiteres Problem war noch zu regeln. Ich war für vierzehn Kinder verantwortlich, die ihr Schuljahr abschließen mußten. In Bangangté hatte ich kein Haus mehr, auch keinen Raum für die Unterrichtsstunden. Jeden Morgen und jeden Abend zwischen Noun-Tal und der Schule hin- und herzufahren war auch nicht möglich.

Und siehe da, es trat ein, was ich mir in den neun Jahren am Häuptlingshof nicht hätte träumen lassen, die Lösung kam ... aus Mfetom. Die beiden Schweizer Entwicklungshelfer, Thierry und Kira, die die Schule meiner Eltern leiteten, gaben mir einen Schlüssel zu ihrem Haus, zum Haus meiner Kindertage, als sie erfuhren, daß ich für die Schultage keine Bleibe hatte. Sie hatten mir schon oft in der Zeit der Trauer geholfen. Der Pastor der Region Ndé, der für Bangangté und die Umgebung zuständig war, kümmerte sich dagegen um nichts. Und das, obwohl ihn der Präsident der Evangelischen Kirche Kameruns wegen unserer früheren Zusammenarbeit und aus Dankbarkeit meinen Eltern gegenüber gebeten hatte, mir bei der Suche nach einer Unterkunft zu helfen. Als Bangangté mißbilligte er offenbar meinen Auszug aus dem Häuptlingshof, obwohl er mich als Pastor vor neun Jahren wegen meiner Heirat verurteilt hatte. In Kamerun gibt es viele Diener der Kirche, die zwischen der Überlieferung der Vorfahren und den Gesetzen ihrer Kirche hin- und hergerissen sind – eine schwierige, zum Teil paradoxe, manchmal fast komische Situation. So erinnere ich mich an einen anderen Pastor, der einmal sagte:

»Im Gegensatz zur allgemeinen Auffassung sind bei der Vielehe nicht die Frauen, sondern der Ehemann zu bedauern.«

Die Frage meiner eigenen Unterbringung war also geklärt. Und Matcha – wieder einmal Matcha – fand eine Lösung für die Schulkinder. Sie nahm sie an den Schultagen in ihrem Haus auf, nur wenige Schritte von der Grundschule entfernt, wo ich sie angemeldet hatte.

In den folgenden Monaten häuften sich jedoch die Probleme. Ich wurde mehrmals krank, die Kinder ebenfalls. Es waren vierzehn, die ich von meinem Gehalt gerade eben ernähren, kleiden und versorgen konnte. Zum Glück fand ich unter den Europäern, die in Bangangté und Mbo lebten, freundliche Unterstützung.

Ganz zu schweigen von der Hilfe, die ich später durch Jonas erhielt. Dieser Arzt aus dem Tschad am Krankenhaus von Bangwa, der letzte Freund meines Mannes, war ein Vorbild des guten Willens, des Mutes, der Intelligenz und der menschlichen Wärme.

Als Kind hatte er sich immer sehr für Landwirtschaft interessiert. Doch eines Tages sagte sein Lehrer im Zusammenhang mit jungen Ärzten, die aus Frankreich zurückgekehrt waren, zu seinen Schülern:

»Ihr Faulpelze, ihr werdet niemals ein so langes Studium erfolgreich abschließen.«

Jonas stellte sich der Herausforderung. Vergessen waren seine landwirtschaftlichen Pläne. Als er in sein Land zurückkehrte, war er Doktor der Medizin. Doch der Tschad war von schrecklichen, aus dem Ausland gesteuerten Bürgerkriegen zerrissen. Der Diktator, Hissène Habré, hatte beschlossen, alle Führungskräfte und Akademiker aus dem Land zu weisen. Auch Jonas, Arzt und Stammesführer, mußte mit seiner Frau und den vier Kindern ohne das geringste Gepäck nach Kamerun fliehen.

Seine Anstellung im Krankenhaus von Bangwa hatte er der evangelischen Kirche zu verdanken. Hier entstand seine tiefe Freundschaft zu meinem Mann. Njiké Pokam François kannte die Leidenschaft seines Arztes für die Landwirtschaft. Deshalb hatte er ihm kurz vor seinem Tod angeboten, einen Teil der fruchtbaren Böden des Noun-Tals zu bewirtschaften. Für Jonas war es Liebe auf den ersten Blick. Alles, die Erde, die Vegetation, die Landschaft, erinnerte ihn an seine Heimat. Zusammen mit seiner Frau und seinem jüngeren Bruder, der ihnen gefolgt war, rodeten sie kaum einen Kilometer von meinem Land entfernt eine Parzelle und bauten vier Häuser. Hier verbrachte er jede freie Minute. Er hob Teiche aus, in denen es bald von Fischen wimmelte. Es dauerte nicht lange, und seine Plantage wurde eine Musterpflanzung für alle, ein Anreiz für mich und die anderen »Pioniere« des Tals. Vielleicht weckte sie bei manchen auch Neid.

1992, nach fünf Jahren, rief die neue Regierung des Tschad seine im Exil lebenden Bürger zurück, um das Land wieder aufzubauen. Jonas und seine Familie kehrten nach Hause zurück, doch wir blieben in Verbindung. Er hat dort, ebenso blühend wie die erste, eine neue Plantage angelegt und eine Klinik gebaut. Hier im Noun-Tal sind junge Leute seinem Beispiel gefolgt und haben seinen Platz eingenommen.

Nach dem Tod meines Mannes mußte ich zahlreiche finanzielle und gesundheitliche Schwierigkeiten bewältigen. Gegen Ende des Jahres 1987 erhielt ich einen Brief von Serge, in dem mein ältester Sohn mir ankündigte, daß er nun auch nach Kamerun kommen wolle. Allerdings auf dem Weg der Winde: Er hatte eine zehn Meter lange Segelyacht gekauft und wollte zusammen mit einem Freund in Martigues, westlich von Marseille, ablegen. Er umsegelte die Balearen und kam durch die Meerenge von Gibraltar, an den Kanarischen Inseln vorbei nach Douala, wo er sein Schiff an einen französischen Unternehmer verkaufte.

Trotz der schwierigen Überfahrt konnte ich dann endlich im Februar 1988 meine vier Kinder um mich versammeln. Serge rodete sein eigenes Stück Urwald, errichtete darauf sein Haus, eine ziemlich windige Konstruktion, und legte trotz seiner häufigen Malaria-Anfälle eine herrliche Bananenpflanzung an.

Ich hatte vor der Ankunft meines Ältesten damit begonnen, weiter vorne im Tal ein größeres Haus zu bauen. Etwa dreißig Leute halfen mir bei dieser Arbeit, darunter auch Carmen und Gerhard, zwei deutsche Entwicklungshelfer vom technischen Gymnasium in Bangangté. Wie die anderen stampften auch sie das *potopoto*, schütteten diesen Lehm in die Holzformen und schichteten dann die darin geformten, schweren Ziegel zu einer Mauer auf.

»Wenn ich daran denke, daß wir dieses ganze Haus zweimal hintereinander transportiert haben werden, bevor es uns Schutz bietet…« seufzte Carmen völlig erschöpft.

Der Gedanke hinderte sie und Gerhard jedoch nicht daran, jedes Wochenende und die Ferien hier zu verbringen. Sie bauten sich sogar ein eigenes Haus. Als sie zwei Jahre später nach Europa zurückkehrten, überließen sie es mir zur Aufsicht. Es wartet noch immer auf ihre Rückkehr.

Doch nicht alles im Noun-Tal verlief reibungslos. Die Probleme nahmen ständig zu. 1992 war dann das schlimmste Jahr. Es begann im Januar, als ich mir eine dreifache Fraktur des Fußgelenks zuzog, die mich für sechs Monate nahezu bewegungsunfähig machte. Doch die Felder mußten trotzdem bestellt und die Saat ausgebracht werden. Also machte ich mich mit meinem Gipsfuß ans Werk, konnte deshalb aber in dem Jahr nur einen kleinen Teil meiner Felder bewirtschaften. Durch diesen Umstand lernte ich, daß es besser ist, im kleinen Rahmen und dafür gut und sorgfältig zu arbeiten, als großartige Projekte über weite Flächen zu starten, die gar nicht oder nur mangelhaft ausgeführt werden konnten. Das Ei des Kolumbus? Zweifellos, doch der Beweis liegt vor mir. Die Ernte war qualitativ besser und der Ertrag im Verhältnis zur Fläche deutlich höher. Seither beherzige ich diese Lektion, die außerdem den Vorteil bietet, daß sie den Boden nicht auslaugt. Ich konnte auch meine Nachbarn, meine Kinder und meine Freunde davon überzeugen.

Im übrigen beweist eine bedauerliche Erfahrung der fast industriell betriebenen Landwirtschaft im Noun-Tal, daß ich recht hatte. 1989 hatte hier ein einflußreicher Großhändler eine Menge Kapital investiert. Mein Mann hatte ihm damals siebenhundert Hektar verkauft. Der Großhändler hatte Personal eingestellt und ein ganzes Arsenal modernster landwirtschaftlicher Maschinen – Pflüge, Saatmaschinen, Traktoren, Eggen – gekauft. Er ließ eine riesige Trockenkammer mit einem Heizkessel bauen, der heiße Luft in den Raum blies. Kein Vergleich mit meiner Hacke, meinem Pflanzstock und meinem alten Pritschenwagen. Doch er hatte seinen Betrieb nicht im Griff. Sehr rasch ging das Unternehmen unter, und heute ist alles verfallen. Nur zwei Wächter leben noch dort. Die Erde des Noun-Tals läßt sich nicht mit Gewalt nehmen, läßt sich nicht bezwingen, sie will mit Geduld und Zärtlichkeit gezähmt werden.

1992 war eindeutig ein schwarzes Jahr. Zuerst mein Unfall, dann wachsende finanzielle Schwierigkeiten. Die Abwertung des CFA-Franc, der Kameruner Währung, verursachte eine Explosion der Preise und brachte mich an den Rand des finanziellen Abgrunds, vor allem auch durch die Kinder, die an den Hof zurückgekehrt waren. Ich half ihnen bei ihren Schulproblemen – auch diese kleine Welt wollte gefüttert werden.

Im November glaubte ich wirklich, das Ende sei gekommen. Ich wurde krank – Diagnose: Krebs. Ich mußte mich im Krankenhaus in Jaundé operieren lassen. In Kamerun ist eine derartige Operation weit schwieriger als in jeder größeren französischen Stadt. Die Ärzte und Krankenschwestern des Krankenhauses waren seit vier Monaten nicht bezahlt worden, und ich hätte es ihnen nicht wirklich verübeln können, wenn sie gerade dann in Streik getreten wären, als ich auf dem Operationstisch lag. Zweitens wurden die Untersuchungen vor der Operation an verschiedenen Stellen der Stadt vorgenommen, ich mußte also sehen, wie ich von einem Ende der Stadt zum anderen kam. Und letztendlich mußte ich alles, was zur Operation gebraucht wurde, vom besten und teuersten Medikament bis zum kleinsten Wattetupfer, selbst beschaffen. Nachdem ich drei oder vier Apotheken abgeklappert hatte, konnte ich mich endlich in mein Krankenhausbett legen, um meine fünf Zimmer- und Leidensgenossinnen kennenzulernen. Nach einer halben Stunde kam ein Pfleger herein und teilte mir mit, daß man vergessen hatte, mir zu sagen, daß ich auch Betäubungsmittel und Medikamente zur Hemmung der Blutgerinnung besorgen sollte. Also zog ich mich wieder an und lief erneut von Apotheke zu Apotheke. Mit dem Betäubungsmittel hatte ich keine große Mühe, aber das zweite Medikament war nicht aufzutreiben – nichts mehr auf Lager. Mein Pech, falls sich während der Operation Blutgerinnsel bilden sollten. Ich kehrte ins Krankenhaus zurück, legte mich wieder ins Bett und wartete. Ein anderer Pfleger kam ins Zimmer. Er sprach mich auf Bangangté an, war hocherfreut und fühlte sich geehrt, der Witwe seines früheren Stammeshäuptlings helfen zu dürfen. Ich erklärte ihm mein Problem mit dem zweiten Medikament. Er bat mich um Geduld, verschwand und kam wenige Minuten später mit dem unauffindbaren Mittel zurück. Etwas beruhigt verbrachte ich eine ziemlich gute Nacht.

Am vereinbarten Tag, als man mir bereits eine Sonde gelegt hatte und mich gerade in den Operationssaal schob, kam ein Bangangté, ein Freund von Carmen und Gerhard, mit einer Handvoll Faxkopien herein. Mein Bruder, meine Schwester und alle meine Freunde in Frankreich wünschten mir Mut und boten mir ihre finanzielle Unterstützung an. Was mich am meisten beruhigte, war ihr Versprechen, daß meine Kinder nicht ohne Vormund dastehen würden, sollte ich den Operationssaal nicht mehr verlassen. Außerdem hatte sich Matcha, meine treue Freundin in guten und in schlechten Zeiten, bereit erklärt, mein Testament zu vollstrecken, trotz ihres Mannes. Monsieur Jean hatte wieder die gleichen Vorbehalte wie damals, als seine Frau meine Trauzeugin wurde. Wie gewöhnlich würde sie ihn schon rechtzeitig überzeugen… Ich konnte in Frieden einschlafen, auch für immer.

Einige Stunden später kam ich wieder zu mir. Die Operation schien gut verlaufen zu sein. An meinem Bett saß Charlotte, meine einstige Mitfrau. Da ich wußte, daß sie in Jaundé lebte, hatte ich sie gebeten, mir zu helfen.

Damals am Hof unseres Ehemanns hatten wir uns ausgezeichnet verstanden. Sie war mir noch immer dankbar. Als ich noch Direktorin in Mfetom war, hatte ich mich bei ihrer schweren Entbindung, bei der ihr Erstgeborenes starb, für ihre Aufnahme ins Krankenhaus von Bangwa eingesetzt. Sie verließ den Häuptlingshof 1983 und ließ sich in Jaundé nieder. Dennoch blieben wir immer eng verbunden. Handel lag ihr mehr als Feldarbeit, deshalb lehnte sie es immer ab, zu mir ins Noun-Tal zu kommen. Allerdings half sie mir noch immer beim Verkauf meiner Erzeugnisse auf dem Markt in der Hauptstadt.

Während der Tage nach der Operation kümmerte sich Charlotte wie eine Mutter um mich. Ich hatte große Schmerzen. Unsere Plaudereien auf Bangangté amüsierten das Pflegepersonal. Alle – Dr. Yondo aus Bangangté, die beiden behandelnden Ärzte, die Krankenpfleger und meine Zimmergenossinnen – lasen mir jeden Wunsch von den Augen ab, machten mir Mut und verhinderten so, daß ich mich gehen ließ. Dank der Unterstützung durch Charlotte und die anderen fühlte ich mich nach einer Woche gesund genug, um das Krankenhaus zu verlassen. Die nächsten zehn Tage verbrachte ich bei Freunden in der Hauptstadt, dann ließ ich mich von einem Buschtaxi nach Hause bringen. Seit den Arbeiten der italienischen Straßenbaufirma war die Straße von Jaundé nach Bangangté geteert. Die Fahrt war daher nicht allzu anstrengend. Die nächste Etappe war Bangangté, dann die Sandpiste zu meinem Haus im Noun-Tal. Serge saß am Steuer. Ein großes Kissen schützte meine noch frische Narbe.

Mein Körper sagte mir zwar, daß ich über den Berg war, doch meine europäischen Freunde – Entwicklungshelfer in Kamerun, Bekannte in Österreich oder Holzfäller in Blieux – sie alle bestanden um jeden Preis darauf, daß ich zu Nachuntersuchungen nach Frankreich kam. Allerdings hatten sich die Ärzte in Jaundé als ebenso qualifiziert und kompetent erwiesen wie die Götter in Weiß in Paris oder Marseille, vielleicht sogar noch kompetenter, wenn man an die sanitären Bedingungen und die mangelhafte Bezahlung denkt.

François und Catherine informierten das französische Konsulat in Douala. Der stellvertretende Konsul kam sogar nach Bangangté, um mir die Rückführung nach Frankreich anzubieten. Schließlich akzeptierte ich seinen Vorschlag und flog im März 1993 nach Frankreich. Dort verbrachte ich zweieinhalb Monate in einem Krankenhaus in Marseille. Untersuchungen, Röntgen … nichts. Die Operation in Jaundé war ein voller Erfolg gewesen.

Meine Krankheit, die ich als letztes Stadium meines Lebens gesehen hatte, war ein neuer Anfang. Finanziell lösten sich meine

Probleme. Sophie erhielt durch das französische Generalkonsulat ein Stipendium für das französische Gymnasium in Douala. Und ich bezog nun eine Witwenrente, mit der ich überleben konnte, bis das Gymnasium und vor allem unser Teil des Tals unsere Bedürfnisse deckten.

In den ersten drei Jahren gab es im Tal nur mein Haus, verloren im hohen Steppengras. Heute stehen mehr als sechzig Unterkünfte verstreut im Tal, zwischen der Straße und dem Fluß. Die Plantagen blühen und gedeihen, das Leben geht weiter. Ich habe einen weiteren Faden gesponnen zurück zu meiner Kindheit, eine unsichtbare Brücke zwischen dem Bauernhof meines Großvaters Jean in Saint-Malo und meinem Haus aus Lehmziegeln und Wellblechdach hier am Noun.

Im Schuljahr 1988/1989 kehrten die meisten der mir anvertrauten Kinder zu ihren Familien oder an den Hof zurück. Zurück blieben nur noch Sophie, Rudolf und Doido, einer ihrer Halbbrüder. Anstatt sie jeden Morgen zur Schule zu bringen, beschloß ich, sie in meinem neuen Haus auf der Plantage zu unterrichten. Der Schuldirektor in Bangangté akzeptierte meinen Vorschlag. Sie mußten nur noch zu den Aufsätzen am Ende jedes Trimesters in die Schule kommen. Als sie in die höhere Schule kamen, übernahm auch der Rektor des Gymnasiums diese stillschweigende Vereinbarung, allerdings nur für zwei Jahre. Dann waren zumindest Sophie und Doido groß genug, um an den Tagen, an denen ich keinen Unterricht hatte und auf den Feldern blieb, allein in der Stadt zu bleiben und weiter ins Gymnasium zu gehen. Die letzten beiden Schuljahre konnte Sophie dank eines Stipendiums vom Konsulat in Douala absolvieren. Rudolf dagegen …

Zu Beginn des Schuljahrs 1988 stellte ich mit Befremden fest, daß er offensichtlich die Buchstaben nicht kannte. Aus der Vorschule hatte man ihn aber problemlos in die erste Klasse übernommen. Wurde der Sohn der früheren Leiterin der Schule in Mfetom und des verstorbenen Stammesführers bevorzugt behandelt? Vielleicht. In diesem Jahr hatte ich durch den Tod meines Mannes und die großen Probleme, die sich daraus ergaben, weder Zeit noch Lust gehabt, seine Schulkenntnisse zu überprüfen. Ich war davon überzeugt gewesen, daß Rudolf ebenso wenig Schwierigkeiten beim Lernen haben würde wie seine Schwester. Nun versuchte ich, das Versäumte nachzuholen, ein schwieriges Unterfangen. Ich brauchte unendlich viel Geduld, um ihm wenigstens die Grundbegriffe des Lesens und Schreibens beizubringen. Rudolf reagierte auf Lernen ebenso allergisch wie ich in seinem Alter. Und er war äußerst gerissen, wenn es darum ging, die Schule zu schwänzen. Wenn ich gelegentlich wegen seiner Unwilligkeit schimpfte, verschwand er einfach.

Rudolf besitzt einen geheimen Garten, oder besser eine geheime Insel. Eines Tages, als er wieder einmal von zu Hause ausgerissen war und mitten im Fluß bewegungslos dahintrieb, entdeckte er einen richtigen kleinen Urwald, den vielleicht noch nie ein menschliches Wesen betreten hatte. Er nahm ihn in Besitz, und da er genau in der Mitte des Grenzflusses zwischen dem Bangangté-Land und der übrigen Welt lag, erklärte er, daß außer ihm niemand Anspruch darauf habe. Inzwischen kennt er seine Insel bis in den letzten Winkel, und sie hat, weiß Gott, viele Winkel.

Jeder andere würde sich ohne den Fürsten der Noun-Insel in diesem Wald verirren. Für Rudolf ist es ein eigener kleiner Häuptlingshof, auch wenn er nur über Vögel, Fische und Flußpferde regiert. Aber in den letzten zehn Jahren sieht man immer seltener Flußpferde im Tal. Die Tiere sind nicht begeistert von uns, schließlich haben wir ihr Land gerodet. Viele sind fortgezogen. Es sind jedoch genügend Herden zurückgeblieben, daß sich die Bangangté – dieses Volk der Jäger – noch keine Sorgen machen muß. In unseren ausgedehnten Savannen und Wäldern wimmelt es von Büffeln, Antilopen, Rehen, Affen, Eichhörnchen und Schlangen. Die Bangangté gehen nachts auf die Jagd und verfolgen das Wild oft über weite Strecken.

Kaum hatte die Straßenbaufirma die Piste zur Sandgrube angelegt, kamen auch schon die ersten Pioniere ins Tal. Auf den ersten Blick scheint es keine schwierige Aufgabe zu sein, dieses Land zu bestellen. Man braucht nur die Erde ein bißchen aufzulockern, die Setzlinge zu pflanzen, und alles wächst von allein. Doch noch vor der ersten, sehr vielversprechenden Ernte war alles verwüstet. Büffel, Affen und Nilpferde hatten sich über diese gesegnete Mahlzeit hergemacht. Außerdem war die Sandgrube bald ausgebeutet, und die Firma schlug ihre Zelte anderswo auf. Ohne die großen Fahrzeuge war die Piste schnell überwuchert. Und die erste Welle der Pioniere zog wieder ab.

Als Lydie, die zweite Ehefrau, und ich in das Tal kamen, war nur noch einer dieser Pioniere da, Tâbâ, und sicher hätte auch er das Handtuch geworfen, wenn er mir nicht beim Bau meines Hauses zugesehen hätte. Nun wollte auch er bleiben, baute sich eine neue Unterkunft und ließ seine Frau Mabou nachkommen.

Den Pflanzungen drohte aber auch von anderer Seite her Gefahr. In der Trockenzeit drängten von allen Seiten die Herden des Mbororo-Stammes ins Tal. Im Dezember 1985 – ich wohnte schon etwa ein Jahr hier – erkannte ich, daß wir, ohne es zu wollen, unsere Pflanzungen auf den jahrhundertealten Weidegründen dieses Nomadenvolkes angelegt hatten. Im nächsten Jahr machte ich mich dennoch mit Eifer und Energie daran, auf großen Feldern verschiedene Pflanzen anzubauen. Doch die ganze Arbeit war umsonst, denn im nächsten Dezember verwandelten die Herden meine Felder wieder in Weideland. Aus dem hohen Steppengras ragten nur noch die gebogenen Hörner der Mbororo-Buckelrinder heraus.

»Du mußt sie anzeigen, vor Gericht«, riet man mir. Im Bangangté-Land wird leicht prozessiert. Doch ich weigerte mich, diese Menschen vor den Kadi zu ziehen. Der Eindringling war schließlich ich. Die Mbororo waren weit im Norden, als ich zu pflügen und säen begann. Die Nomaden würden lange brauchen, um sich an unsere bäuerliche Seßhaftigkeit zu gewöhnen. Ich wollte weder das Noun-Tal verlassen, noch mich auf einen Kleinkrieg mit diesem Volk einlassen, dessen Weidegründe ich mir genommen hatte. Andererseits ist die Noun-Ebene so unermeßlich groß, daß man sich kaum auf die Füße treten kann ... beziehungsweise auf die Hufe.

Ich beschloß also, das zu tun, was ich von Anfang an hätte tun sollen: einen Zaun zu bauen. Da kam der Mbororo-Häuptling zu mir, schlank und aufrecht in seiner weißen Gandura. Er hatte mich die ganze Zeit beobachtet, ohne daß ich es merkte, und er wartete geduldig auf meine Reaktion. Jetzt war er sicher, daß ich keinen Streit wollte. Als Dank schenkte er mir … Stacheldraht für meinen Zaun. Er war froh, daß ich nicht vor Gericht zog. Dann entschuldigte er sich für den Schaden, den er ohne es zu wissen in meinen Pflanzungen angerichtet hatte. Zum Schluß erklärte er:

»Gott hat uns in dieser Ebene zusammengeführt. Von nun an sind wir eine Familie.«

Eine große Familie, in der die Nomaden wie entfernte Verwandte betrachtet werden, diskrete, aber rücksichtsvolle und aufmerksame Reisende. Die Mbororo sind Freunde geworden, vor allem für Laurent, ihren Französischlehrer.

Eines Tages erwies mir der Botschafter von Frankreich, ein in Kamerun äußerst angesehener Mann, die Ehre seines Besuchs, hier hinten in meinem Tal. Dieses Ereignis, das sich allmählich zu einer der herausragenden Augenblicke unserer Saga entwickelt, wird zweifellos mit einem weißen oder besser noch mit einem blau-weiß-roten Kreuz in die Annalen des Noun-Tals eingehen.

Einmal erzählte mir Frédéric, der neue französische Entwicklungshelfer an der evangelischen Thomas-Noutong-Schule in Bangangté, ein sanfter Junge mit rundem Mondgesicht, daß der Botschafter, Philippe Selz, auf seiner offiziellen Reise durch die Westprovinz gerne die »weiße Königin« kennenlernen wolle, die er im Fernsehen gesehen hatte, jene Französin, die sich bei der Erschließung dieses Tals große Verdienste erworben hat.

Und so kam es, daß ich eines Morgens den offiziellen Konvoi ins Tal geleiten durfte. Er bestand aus den beiden langen Fahrzeugen mit französischer Flagge und einem Landrover, der die Geschenke transportierte, die der Vertreter Frankreichs in der Westprovinz erhalten hatte. An der Spitze fuhr ein Motorrad mit laut heulenden Sirenen, die jedoch verstummten, als wir die asphaltierte Straße verließen und in einer spitzen Kurve die Sandpiste erreichten. In der Nacht hatte es geregnet und der alte, von der italienischen Straßenbaufirma angelegte Weg war nur noch ein einziges Schlammloch. Der Motorradfahrer hielt an: Schließlich war er als Eskorte hier und nicht als Motocross-Fahrer. Der Fahrer des Diplomatenwagens blickte voller Verzweiflung um sich. Wie würde sein sorgfältig poliertes Auto aussehen? Pflichtbewußt fuhr er jedoch ein Stück weiter. Peng, ein schreckliches, quietschendes Krachen. Er saß fest.

»Exzellenz, es geht nicht. Wir kommen da nicht durch«, flehte er, am Rande eines Nervenzusammenbruchs.

Der Diplomat drehte sich zu mir um: »Hat Ihr Fahrzeug Allradantrieb?«

Mein armer, alter Pritschenwagen? Sicher nicht.

Der Generalkonsul von Frankreich, Lucien Geara, blickte nach hinten: »Ich sehe die anderen nicht mehr hinter uns.«

Wir fuhren rückwärts wieder den Hang hinauf. Dort wartete der Rest der Begleitfahrzeuge. Die Fahrer kannten nur Teerstraßen, auf denen sich solche Würdenträger üblicherweise fortbewegen. Entsetzt blickten sie um sich.

»Ich sage euch, was wir tun«, erklärte jetzt der Botschafter. »Wir laden sämtliche Geschenke aus dem Landrover aus und fahren damit weiter. Wer nicht mitfahren will, bleibt hier am Straßenrand und bewacht die anderen Fahrzeuge und die Geschenke.«

»Und außerdem«, fügte der Konsul hinzu, »ist Madame Njiké auf dieser Piste noch nie etwas passiert. Warum sollten wir es also nicht schaffen?«

Gesagt, getan. Während die Eskorte am Straßenrand die wertvollen Geschenke bewachte – so wie andere hier Bananen und Mandarinen auf verrosteten Fässern verkaufen –, begab sich der französische Generalkonsul im Landrover hinunter in mein Reich.

Sie verbrachten den ganzen Vormittag auf meiner Plantage. Die beiden Diplomaten wollten alles sehen, alles besichtigen, trotz des aufgeweichten Bodens. Dann trank der Botschafter einen letzten Kaffee aus einer der beiden blauen Tassen, den Zucker rührte er mit dem Griff der Gabel um. Seither gehört er zur Noun-Familie, und seine Tasse steht für ihn bereit. Mit schelmischem Augenzwinkern reicht Serge nun unseren hochrangigen Besuchern immer eine der blauen Tassen, die er als die »Tasse des Botschafters« bezeichnet. Ob es wohl die richtige ist? Auch das Noun-Tal hat eben seine Geheimnisse …

Mühsam holpert mein alter Pritschenwagen die Piste hinauf. Hinten auf der Ladefläche stehen Papi und Fernand, die Saatgut kaufen müssen, und Severin, der seinen Sack Mais auf dem Markt verkaufen will. Sie plaudern, halten sich am Metallgerüst fest, während neben mir die Frau eines der »Jungen« Platz genommen hat, ihr kleines Söhnchen auf dem Schoß. Mutter und Kind werden an der nächsten Haarnadelkurve ein bißchen zusammenrücken müssen, denn Rikatou wartet vor ihrem Haus auf uns. Sie möchte ebenfalls ihre Bananen auf dem Markt verkaufen. Zierlich und grazil setzt sie sich in ihrem gelben Wickeltuch mit dem hübschen schwarzen Muster zu uns. Seydou, ihr Ehemann, hilft den Jungen, die Ernte aufzuladen.

Seydou und Rikatou gehören zu den ersten »Siedlern« im Noun-Tal. Sie kamen 1986, doch sie folgten nicht dem Vorrücken der Bagger der Straßenbaufirma, sie kamen den Fluß entlang.

Eines Tages tauchten die beiden zu Fuß an meinem Feld auf. Dort kamen ihnen zwei Männer mit Gewehren entgegen.

»Diese Erde sieht fruchtbar aus«, sagte Seydou. »Ich würde gerne ein Stück bestellen. Glauben Sie, daß es noch Parzellen gibt?«

»Ganz bestimmt«, erwiderte ihnen mein Ehemann mit einem Augenzwinkern zu seinem Begleiter, »aber fragen Sie doch lieber meine Frau. Wie heißen Sie?«

»Seydou. Und das ist meine Frau Rikatou.«

»Sie sehen aus wie ein guter Schütze. Hätten Sie nicht Lust, für mich zu arbeiten?«

So wurde Seydou der offizielle Jäger des Hofs von Bangangté.

Am Rande des Weges, ungefähr auf der Höhe der alten Jonas-Häuser, taucht Dieu auf. Er ist untersetzt und trägt einen kurzen dichten Bart. Auch er muß dringend in die Stadt. Hinter ihm kommt Aimé, ein Sohn von Njiké Pokam François – ein hochaufgeschossener und immer fröhlicher Junge – zusammen mit Jacqueline, einer meiner Mitfrauen. Eigentlich ist er eines meiner Kinder und Schüler und wohnt mit einem alten Zeugen Jehovas zusammen. Aimé ist der junge Bangangté-Prinz, der *tàmfem*, der vor zehn Jahren zusammen mit Sophie »geschnappt« wurde. Er hat sich ausgezeichnet in die Gruppe der »jungen Leute« des Tals eingegliedert.

Mein kleiner Lastwagen ist schon ziemlich voll, als wir die Fahrt fortsetzen. Ab und zu steht jemand am Straßenrand, deutet mit dem Finger direkt vor sich auf den Boden, um mich zum Anhalten zu bewegen. Er weiß, daß er nichts bezahlen muß. Andernfalls würde er mit den Handflächen nach oben eine bittende Bewegung machen. Ich habe es immer abgelehnt, Geld für die Fahrt zu nehmen. Erstens fahre ich sowieso in die Stadt, ob mit zehn Fahrgästen oder nur einem, zweitens kann ich so den einen oder anderen Mitfahrer ablehnen, wenn ich das möchte. Manche Mitfahrer übertreiben nämlich wirklich. Ihre Sachen nehmen soviel Platz ein, daß die anderen stehen müssen. So etwas macht man mit mir aber nur einmal.

Ich halte vor Lydies Haus an. Sie ist noch immer so schön und würdevoll wie eh und je. 1987, nach dem Tod unseres Ehemanns, mußte sie wie die anderen drei »ersten Ehefrauen« unmittelbar nach der Trauerzeit den Hof verlassen. Nach alter Sitte suchte ihr der junge Stammeshäuptling einen neuen Ehemann, mit dem sie mindestens eine Nacht verbringen mußte. Dann konnte sie, von der Seele ihres Mannes befreit, selbst entscheiden, ob sie mit diesem Mann leben oder ihn verlassen wollte. Diese Tradition ist wie eine Sozialhilfe für die Witwe, die aus ihrem Haus vertrieben wird. Ohne diese Einrichtung würde sie ohne Haus, ohne Feld, mit leeren Händen praktisch auf der Straße stehen. Lydie verbrachte also eine Nacht mit dem ihr zugewiesenen Ehemann, verließ ihn jedoch und kam ins Noun-Tal. Sie ist am stärksten mit diesem Flecken Erde verwurzelt. Seit dem Tag, als sie sich als zweite nach Jeanne, der neuen Königin, ihre Parzelle aussuchte und unseren Ehemann und mich vor vollendete Tatsachen stellte, indem sie Unkraut jätete, ist das Tal für sie der Weg des Schicksals. Im Grunde war sie damals der geistige Anführer unseres kleinen Aufstands.

Wenn ich auch durch mein festes Einkommen und mein Auto die Schatzmeisterin und Generalsekretärin des Noun-Tals bin, ist

Lydie doch seit diesem historischen Moment die Gründerin und Präsidentin. Nachdem sie sich endgültig hier niedergelassen hatte, heiratete sie einen Italiener, dem sie Zwillinge schenkte; aber nur eines der kleinen Mädchen überlebte. Der Italiener kehrte jedoch bald wieder in seine Heimat zurück.

Im Lauf der arbeitsreichen Jahre hat das schöne, sanfte Gesicht herbere Züge angenommen. Lydie hat ihren eigenen Kopf, einen ziemlich harten noch dazu, und da auch ich manchmal auf mein Recht poche, kommt es gelegentlich zu kleineren Zusammenstößen zwischen uns. Aber ich finde, auch das gehört zu einer Freundschaft. Nach dem Tod unseres Ehemanns hatte Lydie mehr Probleme als ich im Zusammenhang mit dem Häuptlingshof. Ich mußte nur mit dem Übereifer eines Dieners fertig werden, der mich an der Ernte meiner Früchte hindern wollte, indem er überall auf meiner Pflanzung Äste des Friedensbaums auslegte. In einem persönlichen Gespräch mit dem neuen Stammesführer konnte die Sache jedoch beigelegt werden.

Für Lydie war es nicht so leicht. Sie geriet sogar in Lebensgefahr und mußte sich nach unglaublichen nächtlichen Szenen, die in jeden schlechten Western gepaßt hätten, mit meiner Hilfe für mehrere Monate nach Douala retten. Ich möchte die Mißgeschicke meiner Mitfrau hier jedoch nicht erzählen, man soll schließlich nicht schlafende Hunde wecken.

Lydie ist eine mutige Frau. Sie kehrte nach einiger Zeit zurück und heiratete Baobab. Das ist natürlich ein Spitzname. Dieser besonnene, ruhige Mann ist der älteste Bewohner des Tals und somit auch »der Weise«. Außerdem ist dieser ehrenwerte Herr so stark wie der Baum, dessen Namen er angenommen hat, denn neben Lydie kann er sich noch vier weitere Frauen leisten.

Heute steigt Lydie zu mir in den Wagen, um wie die anderen Bauern des Noun-Tals einen Teil ihrer Ernte auf dem Markt zu verkaufen. Die Narben ihrer Mißgeschicke sind mit der Zeit fast verheilt, den Rest wird der laue Dezemberwind vertreiben – hoffe ich.

Endlich sind wir auf der Teerstraße. Mein alter Wagen, der auf der Sandpiste wie ein mächtiges Monster wirkt, das Schlaglöcher und

Abgründe schluckt, ist jetzt nur noch ein ächzender Oldtimer, der von den nagelneuen Buschtaxis und Bussen laut hupend überholt wird. Wie üblich fahre ich nicht die Straße bis zum Markt hinunter, sondern biege lieber vorher links in einen Weg ein, der zum Häuptlingshof hinaufführt. Ich kenne die Polizisten in Bangangté gut, aber ich möchte trotzdem nicht auf einen jungen, übereifrigen Beamten stoßen, der mich wegen eines defekten Blinklichts oder eines abgefahrenen Reifens anhalten und belehren könnte.

Kurz vor dem Hof wird aus der Piste eine Teerstraße. Im Vorbeifahren werfe ich durch das von kleinen Pyramiden überragte Portal einen Blick auf die Mittelallee. Erscheint sie mir nur aus Nostalgie so verlassen? Wo sind denn die Kinder, die dort früher wild herumtollten? Wo sind die Frauen, die damals in kleinen Grüppchen lachend und schwatzend ihrer Arbeit nachgingen?

Die Straße führt bergab und wieder bergauf, vorbei an der von rotem Staub überkrusteten Grundschule, dem Justizpalast, der Präfektur oben auf dem zweiten Hügel und der gegenüberliegenden Post. Hier parke ich. Vielleicht finde ich einen Brief von meinem Sohn Rudolf im Postfach, oder zumindest eine Nachricht von François und Catherine. Ich wechsele ein paar Worte mit meinem früheren Schulleiter, der gerade vorbeigeht. In seinem dunkelblauen Anzug sieht er immer noch elegant aus, sein schwarzer Schnurrbart ist sorgfältig gestutzt.

Von der Post aus hat man einen herrlichen Rundblick über die Stadt. In der Ferne sehe ich links in seiner grünen Einfassung, mit den am Hang klebenden Häusern, meinen Hügel, mein Mfetom, kaum erkennbar hinter den hohen Eukalyptusbäumen. Von der Schule meiner Eltern besteht nur noch ein kleiner Teil. Die meisten Gebäude sind an Privatpersonen vermietet, einige der Hütten sind fast verfallen, und in das Haus meiner Kindheit wird bald ein neuer Pastor einziehen. Vielleicht bringen frühere Schülerinnen, die heutigen Mamas, eines Tages neues Leben in diesen Ort, der ihnen so sehr am Herzen liegt. Durch ihre Gemeinschaftskasse wären sie dazu wohl in der Lage. Seit der Kindheit sind sie eng miteinander verbunden, und niemand könnte diese Solidaritäts- und Kreditkasse besser verwalten, die es überall im Bamiléké-Land gibt. Durch diese Kasse haben alle eine Chance, ihre Pläne zu verwirklichen, und jede spart so viel sie eben kann. Die Schwestern aus meiner Kindheit kommen im Leben gut zurecht. Eine von ihnen, Emilie, ist Abgeordnete – und das will schon etwas heißen! Eine andere, Elisabeth, war sogar Ministerin für Wirtschaftsplanung.

Auch Denise lebt im Noun-Tal und bestellt ihren Acker. Genau, Denise, dieses kleine Scheusal aus Mfetom, dieselbe, von der meine Mutter damals sagte:

»Wenn ich sie während der Unterrichtsstunden draußen herumlaufen sah, wußte ich, daß du nicht weit sein konntest, Claude!«

Denise, meine Schwester aus Mfetom, lebt nun im Noun-Tal. Vor vierzig oder fünfzig Jahren hatte ihr Vater weiter oben im Tal, im Nkutchub, eine Pflanzung angelegt. Der Boden war schon damals äußerst fruchtbar, es gab jedoch keine Straße und keine Lastwagen, um die Ernte zum Markt zu bringen. Daher mußte Denises Vater schließlich wieder aufgeben. Als sie erfuhr, daß ich ins Tal gezogen war, kam sie mir nach, übernahm das Land ihres Vaters und verlieh ihm wieder die Fruchtbarkeit von einst. Ich bin froh, meine frühere Komplizin beim Schuleschwänzen als meine Nachbarin zu haben, nur wenige Kilometer entfernt. Sie besucht mich sehr oft, obwohl wir uns nur selten über unsere Kindheitserinnerungen unterhalten. Die Gegenwart ist viel wichtiger …

Auf dem Markt herrscht reges Treiben. Einige meiner Mitfahrer sind bereits in der Menge verschwunden. Wir werden uns am Abend vielleicht in der Bäckerei oder an der Tankstelle wiedertreffen, und wenn nicht, dann suchen sie sich eben andere Mitfahrgelegenheiten, um ins Tal zurückzukehren.

Der Markt erstreckt sich über die gesamte Länge der Straße, die hier wie ein erhöhter Damm verläuft. In völligem Durcheinander haben die Händler hier einfach ihre Waren ausgebreitet, kleine Häufchen Gewürze, Gemüse, Bananen, Schuhe, Bierflaschen im Sechserpack, Zigaretten und tausend andere Dinge. Überall wird die Ware lauthals angepriesen, dort singt jemand, drüben schreit ein Händler, es wird gestritten bis hinüber zum Taxistand. Die Fahrer warten, bis ihre Fahrzeuge, die sie »Gottes Wille« oder »Die Gnade des Himmels« nennen, bis an die Grenze der Belastbarkeit beladen sind. Dann fahren sie nach Douala, Jaundé oder Bafoussam. Irgendwo krächzt ein Lautsprecher den neuesten Schlager, dessen Titel »Von vorne, von hinten« oder so ähnlich ein bißchen doppeldeutig klingt. Hinter diesem scheinbaren Chaos der Stände befinden sich die Boutiquen und Läden. Die Friseursalons bestehen nur aus vier Holzplanken, sie nennen sich »Der Furchtbare« oder »Der Schreckliche« und liegen direkt neben der »Telefon-Fax-Fotokopier-Zelle«.

Ich helfe Matcha, sie hat Öl auf dem Markt verkauft. Wir plaudern einen Augenblick. Manchmal schaue ich später noch einmal bei ihr vorbei und kaufe ein paar Dinge. Oder ich besuche sie in ihrem wunderschönen Haus am Hang von Mfetom. Vielleicht schaue ich kurz bei ihrem Mann, Monsieur Jean, vorbei, der früher einmal Bürgermeister von Bangangté war.

Da es auf meinem Weg liegt, bleibe ich kurz vor Daniels Haus stehen. Daniel, mein zweiter Vater, der alte Gärtner aus der Schule meiner Eltern, der immer strahlt und noch immer den selben braunen Pullover trägt, den ich ihm damals gestrickt habe. Er nimmt mich bei der Hand, bietet mir einen Platz auf seiner Veranda an und erzählt mir von seinen beiden Söhnen, auf die er so stolz ist. Paul und Charles – Ebenbilder ihres Vaters – sind die besten Buschtaxifahrer von ganz Bangangté.

Ich habe meine Leute wieder eingesammelt. Nur Dieu, Papi, Tété und ein paar andere bleiben lieber noch ein bißchen bei einem Bier im Hinterzimmer der Bäckerei. Am Nebentisch sitzen drei Stammeshäuptlinge, frühere Freunde meines verstorbenen Mannes, und unterhalten sich bei einem Glas Orangensaft oder Soda. Wir haben vorhin ein paar Worte gewechselt, nachdem ich sie, der Tradition entsprechend, durch Händeklatschen und das vorgeschriebene *azé* begrüßt habe. Wir sehen uns selten, doch verbindet uns noch immer eine enge und tiefe Freundschaft. In ihrer freundlichen Art geben sie mir zu verstehen, daß ich sie öfter in ihrem Häuptlingshof besuchen soll.

Abgesehen von einigen Mbororo, die ich unterwegs aufgelesen habe, muß ich eine neue Bewohnerin des Tals abholen, Jacqueline, eine meiner Mitfrauen, Aimés Mutter. Sie will bei ihrem Sohn wohnen, der sich nun in der Lage sieht, ihr zu helfen. Ihr Umzug ist schnell erledigt. Ihre ganze Habe steht auf dem Marktplatz des Hofs: eine Tasche mit ihren persönlichen Dingen, eine dünne Matratze, ein paar Küchenutensilien und, besonders wichtig, über fünfzig Schößlinge der Jamswurzel. Das alles paßt gerade noch zwischen die Beine und Laurents Düngersäcke und die Getränkekisten, die Rikatou für ihren Ausschank gekauft hat. Jacqueline klettert auf die Ladefläche, in einer Stunde ist sie zu Hause bei ihrem Sohn. Jeder Neuankömmling in meinem fruchtbaren Tal ist wie eine Geburt.

Unvermittelt wird es Nacht. Ich habe mein großes Rechnungsbuch geschlossen. Wie immer sitze ich an dem langen Holztisch auf der Veranda. Für die Kinder des Tals ist es das Klassenzimmer. Für mich ist es mein Büro. Ich arbeite gerne hier nachts beim Schein der Öllampe in der völligen Stille, die durch das ewige Rauschen des Flusses noch stärker zu spüren ist. Elektrizität ist noch nicht bis zu uns vorgedrungen. Weiter oben, entlang der Sandpiste, gibt es schon die ersten Masten, aber hier unten... Vielleicht bringen Bruno und Isabelle, die beiden Entwicklungshelfer und Freunde des Noun-Tals, eines Tages aus Europa eine Turbine mit, die sie am Flußufer aufbauen können, wie sie es sich damals ausgemalt hatten. Für Solarplatten reichen meine Mittel nicht aus.

Am anderen Ende des Tisches blättert Serge im Licht der Lampe in den feuchten Blättern einer alten Zeitschrift über Schiffe, die er irgendwo ausgegraben hat. Ich bin mir nicht sicher, aber ich glaube daß sich mein ältester Sohn, der vor fast zehn Jahren mit einem Segelschiff nach Kamerun zurückgekommen ist, nach dem Meer sehnt. Doch ich weiß, daß seine augenblicklichen Projekte auf dem Land stattfinden. Er möchte erst einmal sein neues Haus auf dem Hügel fertigstellen. Es liegt gleich hinter meinem Haus und neben Severins Heim. Nach seinen Plänen zu schließen wird es zweifellos das schönste Haus im Tal.

Das Leben in meinem Tal pulsiert, und es gibt viele Menschen – Freunde, Nachbarn, Brüder und Schwestern –, von denen ich nichts erzählt habe. Und wenn eines Tages mein Herz zu schlagen aufhört, werden sie mich in dieser geliebten Erde ohne Sarg begraben – so spät wie möglich, hoffe ich. Bis dahin fühle ich mich trotz der menschlichen und natürlichen Einschränkungen frei, mein Leben jeden Tag so zu gestalten, wie es mir gefällt. Und morgen? Was heißt schon morgen, nur die Gegenwart zählt. Nichts ist endgültig, alles ist möglich im Tal des Noun.

DANKSAGUNG

Ein großes Dankeschön geht in erster Linie an Olivier Ikor, ohne den dieses Buch nicht zustande gekommen wäre.

Weiter gilt mein Dank Ariane und Olivier Janotto, die mir in den langen Tagen und Nächten, in denen ich an diesem Buch gearbeitet habe, ihren Computer, ihr Haus und ihre Freundschaft zur Verfügung gestellt haben.

Ich danke auch Pater Éric de Rosny, der mir seine Unterstützung zuteil werden ließ und mir durch seine Kenntnisse über das Leben und Schaffen der Missionare und über afrikanische Traditionen geholfen hat, meine eigenen Erinnerungen aufzufrischen.

Frédéric Faverjon, dem neuen Entwicklungshelfer, der mein kleiner Bangangté-Bruder geworden ist, danke ich ganz besonders für seine Fragen und sein Bestreben, hinter die Dinge zu blicken, was mich dazu veranlaßte, klar und deutlich zu formulieren, was ich meinen Freunden und meiner Familie vermitteln wollte.

Und natürlich danke ich all denen, die mir ihre Zuneigung und ihr Verständnis geschenkt haben. Insbesondere denke ich dabei an meine Freunde in Kamerun und alle Freunde, die mir nach der Fernsehsendung »L'Envoyé spécial« geschrieben haben, um mir Mut zu machen, meine Geschichte zu erzählen.

Der Hof des Stammeshäuptlings

....   Palisaden aus Strauch- oder Bambushecken

————————————   Pfade und Wege

🌳 🌳 🌳 🌳   Sträucher des Beets an der Zentralallee

   Heilige Wälder

⊠   Frauenhütten

■   Häuser der Geheimbünde

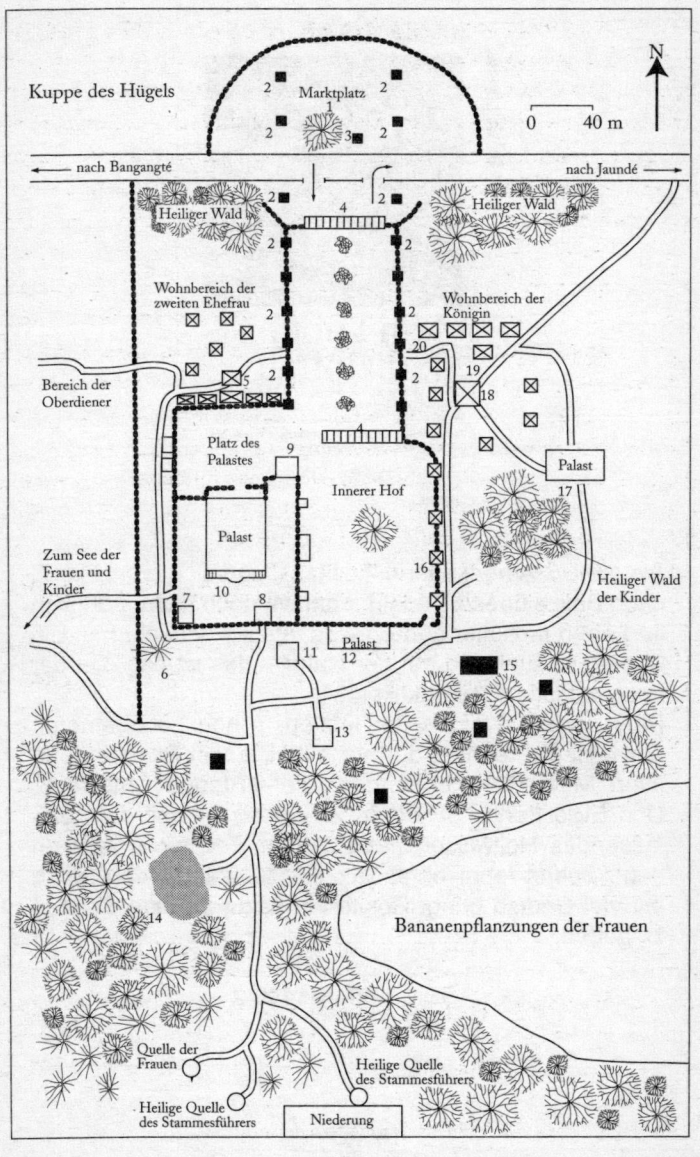

Kuppe des Hügels

Marktplatz
1

2   2

2   3

nach Bangangté →   ← nach Jaundé

N
0   40 m

Heiliger Wald
2   4   2

Heiliger Wald

2   2

Wohnbereich der
zweiten Ehefrau

Wohnbereich der
Königin

2

20

2

19

18

Bereich der
Oberdiener

5

Platz des
Palastes   9

Palast

Innerer Hof

Palast
17

Zum See der
Frauen und
Kinder

16

Heiliger Wald
der Kinder

7   10   8

Palast
12

6

11

15

13

14

Bananenpflanzungen der Frauen

Quelle der
Frauen

Heilige Quelle
des Stammesführers

Heilige Quelle
des Stammesführers

Niederung

Erfuhrungen

Rosita Arvigo

Mein Leben als Medizinfrau

Die Geheimnisse der Pflanzen hatten die Heilpraktikerin Rosita schon immer fasziniert. Als
sie dann den alten Maya-Heiler Don Elijito
kennenlernt, setzt sie alles daran, um von ihm
als Schülerin angenommen zu werden ...

BASTEI LÜBBE

Als die US-Amerikanerin Rosita Arvigo sich entschließt,
nach Belize überzusiedeln, ahnt sie noch nicht, daß sich
ihr Leben radikaler ändern wird, als sie gedacht hat. Ein
Dasein im Einklang mit der Natur – das ist das Ziel der
ausgebildeten Heilpraktikerin.

Dann lernt sie einen der letzten, schon hochbetagten
Maya-Heiler kennen, der nur mit Hilfe von Pflanzen und
alten Maya-Riten behandelt. Sie faßt den Entschluß,
Don Elijio Pantis Schülerin zu werden, damit sein um-
fassendes Heilwissen nach seinem Tod nicht verloren
geht. Zuerst lehnt er es ab, sie zu unterrichten, doch
mit viel Geduld bringt Rosita ihn dazu, ihr eine Chance
zu geben.

ISBN 3-404-61440-2

BASTEI LÜBBE